BESTSELLER

Mario *Pacho* O'Donnell nació en Buenos Aires. Doctor en medicina, se especializó en psiquiatría y psicoanálisis. Es reconocido experto en el género biográfico. Su libro *El grito silenciado*, una relectura de la historia argentina, vendió más de 100.000 ejemplares. Ha escrito biografías de éxito de importantes personajes como Juana de Azurduy, Monteagudo o Juan Manuel de Rosas. Exiliado en España, al regresar a su país fue agregado cultural en España, senador, ministro de Cultura y embajador en Panamá y Bolivia. Las familias de O'Donnell y el Che fueron amigas desde la infancia de ambos. El padre del autor fue pediatra del Che.

PACHO O'DONNELL

Che

La vida por un mundo mejor

DeBOLSILLO

Diseño de la portada: Departamento de diseño de Random
House Mondadori
Directora de arte: Marta Borrell
Diseñadora: Maria Bergós
Fotografía de la portada: © AGE Fotostock

Primera edición en Debolsillo en México, 2006
Primera reimpresión para EE.UU., 2006

© 2003, Pacho O'Donnell
© 2003, Random House Mondadori, S. A.
  Travessera de Gràcia, 47-49. 08021 Barcelona

D. R. 2006, Random House Mondadori, S. A. de C. V.
  Av. Homero No. 544, Col. Chapultepec Morales,
  Del. Miguel Hidalgo, C. P. 11570, México, D. F.

www.randomhousemondadori.com.mx

Comentarios sobre la edición y contenido de este libro a:
literaria@randomhousemondadori.com.mx

ISBN: 0-307-27369-5

Fotocomposición: Lozano Faisano, S. L. (L'Hospitalet)

Impreso en México/ Printed in Mexico

Distributed by Random House, Inc.

A mi esposa, mis hijas y mis hijos,
porque los amo

AGRADECIMIENTOS

A María Graciela Zornetta, por su talento y su paciencia con mis borradores.

A Araceli Bellota, Leticia Manauta, Felipe Pigna, Víctor Ramos, por sus lecturas del texto.

A José María Aller, Alberto Matheu, Ronald Méndez, Eduardo Porretti, porque sin su colaboración algunas entrevistas hubieran sido imposibles.

ÍNDICE

Prólogo 13

De Rosario a México D.F. 15
Sierra Maestra 123
Alfombras rojas 199
Kigoma 327
Ñancahuazú 391

Composición de la guerrilla en Bolivia 545
Bibliografía 547
Índice onomástico 555

PRÓLOGO

Quien asesinó al comandante Ernesto Che Guevara el 9 de octubre de 1967 en el poblado de La Higuera, el sargento Mario Terán, dará su única versión del suceso al entonces ministro del Interior boliviano, Antonio Arguedas. Lo visitará en marzo de 1968 reclamando la recompensa prometida, pues sólo le habían entregado un reloj ordinario «de esos que apenas valen ochenta pesos», y en cambio otro suboficial de su mismo apellido había sido enviado por error a la sede de los «boinas verdes» estadounidenses en Panamá a disfrutar de la beca que a él correspondía.

Su relato textual fue el siguiente, tal como lo registró Arguedas:

Cuando llegué al aula el Che estaba sentado en un banco. Al verme dijo:

—Usted ha venido a matarme.

Me sentí cohibido y bajé la cabeza sin responder.

Entonces me preguntó:

—¿Qué han dicho los otros?

Se refería a Willy y al Chino. Le respondí que no habían dicho nada y él comentó:

—¡Eran unos valientes!

Yo no me atrevía a disparar. En esos momentos veía al Che grande, muy grande, enorme. Sus ojos brillaban intensamente y temí que se me echara encima y que con un movimiento rápido me quitase el arma.

—¡Serénese y apunte bien! —me dijo como si me ordenase—. ¡Va usted a matar a un hombre!

Entonces di un paso atrás, hacia el umbral de la puerta, cerré los ojos y disparé la primera ráfaga. El Che con las piernas destrozadas cayó al suelo, se contorsionó y comenzó a regar muchísima sangre. Recobré el ánimo y disparé la segunda ráfaga que lo alcanzó en un brazo, en un hombro y en el corazón.

Ya estaba muerto.

DE ROSARIO A MÉXICO D.F.

Los que no han sufrido no saben nada. No conocen
ni el bien ni el mal, no conocen a los hombres ni se
conocen a sí mismos.

FENELÓN

En la borrosa filmación familiar se ve a un niño de tres o cuatro años pedaleando vigorosamente en su triciclo como si deseara arrollar al camarógrafo, mientras una sonrisa pícara le ilumina la cara. La toma es breve, inhábil, de no más de cinco segundos, y no registra el recrudecimiento del ahogo asmático que el esfuerzo habrá provocado en Ernestito Guevara de la Serna ante la mirada preocupada de su madre, doña Celia, quien, refrenando su impulso de socorrerlo, lo incitará a seguir pedaleando hasta el límite de sus fuerzas.

El padre, don Ernesto, quizá observando la escena desde alguna de las ventanas de Villa Nydia, llegará una vez más a la conclusión de que su esposa es una mujer muy especial y se lamentará, como escribirá años más tarde, de que «cada día apareciese una nueva restricción a nuestra libertad de movimiento, y cada día nos encontráramos más sometidos a esa maldita enfermedad».*

El futuro Che nacerá en una familia de abolengo de cuyo árbol genealógico pendían aventureros, revolucionarios, exiliados políticos, millonarios y viajeros, cuyas andanzas se recordaban, se fantaseaban y se magnificaban con regocijo y orgullo, lo que operaría como mandato familiar no sólo para Ernestito sino también para sus hermanos, todos ellos adeptos al «vivir peligrosamente».

Mediocre estudiante de arquitectura, don Ernesto dejó la carrera para adentrarse en el mundo de los negocios con suerte

* Ernesto Guevara, *Mi hijo el Che*, Editorial Sudamericana, Buenos Aires, 1984.

fluctuante, habitualmente esquiva. Las malas lenguas comentaban que su matrimonio con Celia de la Serna fue por interés, con el objetivo de gozar en algún momento de la herencia que correspondería a su esposa, descendiente directa del virrey español que protagonizara la última resistencia contra las ansias independentistas en Sudamérica. Él tiene en ese entonces veintisiete años; ella no llega a los veinte.

Apuesto, con un mentón enérgico que heredarían casi todos sus hijos, don Ernesto usaba anteojos gruesos por sufrir de astigmatismo. Era de personalidad sociable y extrovertida; los que lo conocieron le atribuyen una imaginación frondosa y los típicos síntomas de quien padece una devoradora necesidad de cariño, que explicaría su obsesión de seducir a cuanta mujer se cruzaba en su camino. Todo ello alimentó las frecuentes y no pocas veces fragorosas discusiones con su esposa Celia, que giraban siempre en torno al exceso de infidelidades y a la escasez de dinero y que, con el correr de los años, desembocaría en la separación definitiva.

Doña Celia de la Serna cursó su secundario en un colegio para niñas de la alta sociedad, el Sagrado Corazón, y era entonces una católica ferviente que introducía trocitos de vidrios en su calzado para martirizarse y hasta pensó en convertirse en monja. Más tarde, con esa misma pasión, se proclamó agnóstica y, años después, identificada con su amado hijo, se transformará en una activa militante socialista y defensora de la revolución cubana, lo que le valdrá persecución y cárcel.

María Elena Duarte, su nuera, esposa de Juan Martín, el menor de los hermanos del Che, afirmaría: «Ella se reía porque sus antepasados tenían una fortuna de millones y millones de dólares, y nada o casi nada había llegado a ella. Fue una mujer avanzada en su época, la primera en muchas cosas. Cuando yo la conocí tenía una posición política tomada, sin duda influenciada por su hijo Ernesto. Había una interrelación muy grande entre ellos. Celia era como un Che femenino».

El abolengo, en un país sin títulos de nobleza, se sostenía sobre la posesión de insólitas extensiones de pampa fértil. Ésa era la oligarquía argentina y a ella pertenecían los Guevara, los Lynch y los De la Serna, aunque algunos de sus miembros se hubieran empobrecido en los avatares de una Argentina perennemente convulsionada, en la que era fácil enriquecerse o empobrecerse rápidamente. Esa pertenencia a una familia de innegable raigambre aristocrática, con parientes y antecesores con importantes estancias en la provincia de Buenos Aires, daría al Che la identidad de ser «el pobre» en un mundo de ricos, lo que le habrá ayudado a confraternizar con los desamparados y habrá fomentado su rencor hacia los propietarios. También le habrá otorgado su legendario desparpajo para desenvolverse entre los poderosos de la tierra, que eran los de su clase.

La familia de doña Celia se había opuesto al casamiento, pues no confiaba en el apuesto pero poco fiable Ernesto Guevara Lynch, pero los jóvenes se amaban con un sentimiento fogoneado por el saboteo familiar y nunca ocultarían la atracción sexual que los imantaba, sobre todo en las reconciliaciones habitualmente subrayadas por el nacimiento de un nuevo hijo.

Finalmente se casaron el 20 de diciembre de 1927 en casa de Edelmira Moore de la Serna porque no tenían dinero para alquilar los salones de algún club de moda. Celia estaba embarazada de dos meses por lo que, fieles a su clase social, para evitar el escándalo parten hacia el yerbatal de Caraguatay, en la provincia de Misiones, que había comprado Guevara Lynch antes de casarse, seducido por las promesas del «oro verde», la yerba mate. Da contradictorias versiones sobre el origen de los fondos para esa adquisición: en ciertas ocasiones dirá que fue una herencia de su familia y en otras la adjudicará a la de su esposa.

La casa proyectada por don Ernesto, que así reivindicaba sus frustrados estudios de arquitectura, era precaria y sólo se accedía a ella navegando por el río Paraná. Allí afrontarán circunstancias difíciles, «impactos emocionales» los llamará don Ernesto: «los "escapados" de los obrajes y yerbatales, los capangas asesinos, las bestias feroces, los trabajos peligrosos, los robos y asesinatos, los ciclones en la selva, las interminables lluvias y las enfermedades tropicales». Además, debido a que romperá las reglas de juego de los patrones del lugar y pagará a sus peones con dinero y no con vales, sus cultivos y equipos sufrirán saboteos por parte de quienes sienten amenazado ese rentable sistema de explotación feudal.

Cuando el parto es inminente, los Guevara navegan hacia Buenos Aires, pero no pasan de Rosario, donde Celia da a luz a su primer hijo, Ernesto, el 14 de junio de 1928, según la partida de nacimiento; sin embargo, todo indica que se produjo un mes antes, y que falsearon ese dato para ocultar la verdadera fecha del embarazo. Ernesto Guevara de la Serna, el futuro Che, nace transgrediendo las normas sociales, rompiendo los moldes de lo que «debe ser».

Poco después de nacer, Ernestito sufrirá su primera enfermedad, una bronconeumonía tan grave que su abuela Ana Lynch y su tía Ercilia viajan de urgencia a Rosario para ayudar a esa inexperta madre primeriza, en la atención de ese bebé casi desahuciado por los médicos. Pero Ernestito mejoraría y la familia volverá al yerbatal de Misiones, donde los resultados económicos nunca serían boyantes debido a la inexperiencia, al saboteo y al escaso sentido práctico del jefe de familia. En marzo de 1929, Celia queda embarazada de nuevo y, para aliviar sus tareas, toman una nodriza gallega, Carmen Arias, que se quedó con ellos ocho años y que será quien imponga a Ernestito el apodo de Teté, el balbuceo con que el niño reclamaba su chupete.

Don Ernesto contará en su libro *Mi hijo el Che* una anécdota de su primogénito que ya anunciaba determinación y tozudez: «Ernestito comenzaba a caminar. Como a nosotros nos gustaba tomar mate lo mandábamos hasta la cocina, distante unos veinte metros de la casa, para que nos lo cebara. Entre la cocina y la casa cruzaba una pequeña zanjita que ocultaba un caño. Allí tropezaba el chico y caía con el mate entre sus manitos. Se levantaba enojado y cuando volvía con otra cebada, volvía a caerse. Empecinado siguió trayendo y volcando el mate una y otra vez hasta que aprendió a saltar la zanja». En este recuerdo se evidencia la actitud poco sobreprotectora de esos padres que pretendían que sus hijos ganaran confianza en sí mismos, sin evitarles golpes.

A fines de 1929 se trasladaron a Buenos Aires a un chalet que alquilan a Martín Martínez Castro, casado con una hermana de don Ernesto, María Luisa, en el elegante barrio de San Isidro. En diciembre de ese mismo año nació Celita. La vida familiar comenzará entonces a girar en torno al distinguido Club Náutico San Isidro. Fue allí donde Ernestito sufrió su primer ataque de asma, enfermedad que lo torturaría a lo largo de toda su vida. Guevara padre atribuiría la responsabilidad a su esposa por bañarse en el río con su hijo de apenas dos años un frío día otoñal. «Celia era muy joven y, como tal, algo desaprensiva», la acusará en su libro.

Pero es sabido que la patogénesis del asma no es tan sencilla y que, además de una propensión genética, pudo influir la angustia de un niño expuesto a las ruidosas desavenencias de sus padres, como también un condicionante casi siempre presente en la psicología de este mal: una relación madre e hijo tan estrecha que puede asfixiar a este último. En ello habrá influido el sentimiento de culpa de doña Celia, que no habrá podido olvidar las acusaciones de don Ernesto que generaron en ella el deseo de reparación a través de los cuidados y la dedicación.

Guevara Lynch estaba asociado con su amigo Germán Frers en un astillero. Frers era un famoso deportista, campeón de regatas internacionales, que se empecinaba en fabricar veleros que eran obras de arte náutico, pero cuyo coste de producción solía superar el precio de venta. Para colmo de males, el astillero se incendió y al no tener seguro don Ernesto lo perdió todo. Le quedó la embarcación *Kid*, que utilizaba en Misiones para recorrer los arroyos y para pescar con sus hijos. Además su primo, en magra compensación por las pérdidas, le dejó el *Ala*, un yate de cierta importancia que tiempo después será vendido para pagar deudas.

Durante una época vivirán de lo producido por la plantación misionera, cuya administración habían cedido a desgana a un amigo de la familia, porque el afligente asma de Ernestito les impedía regresar por la contraindicada humedad del lugar.

Su economía también se vio aliviada al recibir la renta de unas tierras de Celia, luego de un dictamen judicial contra la familia De la Serna. Entonces, en 1930 se mudan a un departamento alquilado en Buenos Aires, en la intersección de las calles Sánchez de Bustamante y Peña, en el residencial barrio de Palermo; allí estarán cerca de la abuela Ana Lynch y de la tía Beatriz, personas entrañables para Ernesto Guevara de la Serna y decisivas en su vida. En mayo de 1932 nace su hermano Roberto.

Pero Ernesto, para desasosiego de sus padres, tampoco soportará el clima porteño. Guevara Lynch escribirá: «Celia pasaba las noches espiando su respiración. Yo lo acostaba sobre mi vientre para que pudiese respirar mejor, y por consiguiente yo dormía poco o nada». Inseparable, más constante que cualquier amor, el asma acompañó al Che toda su vida, justificando con creces el párrafo que a su muerte le dedicaría su primera esposa, Hilda Gadea: «Y qué decir de tu heroísmo, de tu doble o triple heroísmo, al enfrentar la lucha guerrillera en una selva inhóspita con tu inseparable compañera desde los tres años: el asma. Si para cualquiera es heroísmo enfrentar estos peligros, para alguien como tú lo es mucho más». Y sabía de lo que hablaba porque lo había asistido en Guatemala y en México en durísimos ataques a los que parecía no sobrevivir.

Las crisis indomables del primogénito provocan el traslado de la familia a Córdoba pues mi padre, reconocido pediatra y su médico de confianza, les aconseja el clima seco de las serranías cordobesas. Así lo registrará don Ernesto: «Nos dimos cuenta de que lo único razonable era buscar otro clima y escuchamos las palabras de nuestro médico y amigo, el doctor Mario O'Donnell, quien siempre nos aconsejaba buscar un clima propicio en vez de tantos medicamentos».

Su amigo, médico y compañero en las campañas de Sierra Maestra y el Congo, el hoy general Óscar Fernández Mell, afirmará, cincuenta años después en La Habana, que su preocupación no era tanto por la asfixia sino porque las elevadas dosis de adrenalina que aspiraba y se inyectaba terminasen por afectar el corazón del Che.

Tras casarse, los Guevara Lynch-De la Serna, por vocación o por obligación, llevarán una vida trashumante: Misiones, Rosario, San Isidro, Palermo, Alta Gracia, Córdoba capital, y finalmente Buenos Aires otra vez. También en Alta Gracia cambiarán de casa debido a que dejaban de pagar o a que quienes les facilitaban el alojamiento a precios irrisorios reclamaban su devolución: en un principio se alojaron en el hotel La Gruta; en 1933 ocupan Villa Chichita; en 1934 Villa Nydia; en 1937 el chalet de Fuentes; en 1939 el de Ripamonte y en 1940 otra vez Villa Nydia. No es difícil entender la tendencia al nomadismo de su primogénito, al que también habrá contribuido su necesidad de aire y de espacio, típico del asmático, que lo lleva a viajar por su país primero, por mar luego y por América Latina dos veces, viviendo y muriendo lejos de los suyos.

La familia vivirá principalmente de las rentas de holgura variable que recibe doña Celia, y menos a menudo de sueldos o contratos ganados por don Ernesto; lo que los hará llevar un ritmo de vida desigual, a veces de buen pasar y otras de restricciones extremas, que hará del desorden y de la bohemia un estilo propio, que algunos interpretarán como una actitud rebelde ante las estrictas normas de la clase social a la que pertenecían, pero cuyos privilegios apenas podían disfrutar. Entre éstos estaban las vacaciones gratuitas en la estancia de los Moore de la Serna en Entre Ríos y en la estanzuela de los Lynch en Portela, partido de Baradero.

En casa de los Guevara no había horarios fijos y cada uno comía cuando tenía hambre; nadie se extrañaba si, para ahorrarse el trayecto por el exterior, alguno de los niños cruzaba el salón de estar en bicicleta; para entrar no se tocaba el timbre, y podían verse juntos a miembros de la alta sociedad cordobesa alternando con caddies del campo de golf cercano, obreros, emigrados españoles; todos ellos exentos del cumplimiento de normas sociales.

NUNCA DIGAS QUE ALGO ES IMPOSIBLE

Habla Rosario López, Rosarito, quien fuera cocinera de los Guevara
de la Serna desde los cuatro años de Ernestito hasta los once*

Muchas veces, cuando Ernestito venía de jugar con sus amiguitos, casi no podía caminar, morado por la asfixia, con la parte superior del cuerpo doblada, boca abajo, sin poder enderezarse. Era una desesperación. Yo salía corriendo a ayudarlo, a ponerle una silla o a llevarlo al dormitorio, a sentarme con él hasta que se recuperaba algo. Qué quiere que le diga, yo he sufrido al lado de Ernestito. Cierta vez, nunca lo olvidaré, con ocho o nueve años, me dijo muy serio: «Si el asma sigue atacándome tanto, voy a terminar pegándome un tiro».

Lo que me admiró en él cuando entré a trabajar en casa de los Guevara de la Serna era que leía los diarios, corría rápido para recibirlos, porque en aquellos tiempos se llevaban a las casas, se ponía de rodillas, los extendía sobre el piso y los leía. Y yo me decía: ¿cómo es esto de que un niño de cuatro años esté leyendo el diario? Seguramente me llamaba más la atención porque yo era analfabeta. Había un diarucho que se llamaba *El Mundo*, chiquito como el que viene ahora adentro de *La Voz del Interior*, y Ernestito cortaba para mí las recetas de cocina. Todavía las tengo pegadas en un cuaderno. «Tomá para vos que te gusta cocinar», me decía.

El niño tenía actitudes que ya lo marcaban como un fuera de serie. Por ejemplo, cierta vez, lo veo salir con uno de sus pantalones en la mano, y es de aclarar que no tenía muchos, y cuan-

---

* Entrevista realizada por el autor en Alta Gracia, Córdoba, el 22 de octubre de 2002.

do le pregunto adónde lo lleva me responde: «Son para el Negro Albornoz que los tiene rotos». Se los regalaba a uno de sus amiguitos pobres. Y no fue la única vez, a menudo tenía detalles como ése.

Otro día yo me lamenté por algún motivo que ahora no recuerdo, por algo que nunca iba a tener o hacer. Entonces Ernestito me regañó: «Rosarito, nunca digas que algo es imposible, todo lo que te propongas hacer, si te lo proponés seriamente, lo vas a lograr. Hasta podés viajar a la luna, si querés, vas poniendo un cajón arriba de otro y si perseverás al final llegás». Después se reía y comentaba: «Claro que si te resbalás y te caés, te vas a pegar un porrazo bárbaro».

Sus padres eran buena gente, con mucha personalidad. En Alta Gracia les gustaba ir por las noches al hotel Las Sierras y los chicos se quedaban conmigo. Eran buenos patrones, trataban bien a la servidumbre. Cierta vez se demoraron tres meses en el pago de mi sueldo porque les habían robado un vagón de yerba, pero después don Ernesto me pagó de más: «Por haber tenido paciencia», me dijo. El dinero no les importaba.

Me fui de esa casa para casarme y a Ernestito no lo volví a ver hasta algunos años después. Yo debía pasar frente a un colegio y los chicos estaban en la puerta, acababan de salir y tenían esa excitación típica de la salida de clases. Yo tenía miedo de que se burlasen de mí y entonces aceleré mi paso y bajé la mirada. Entonces me percaté de que uno de ellos caminaba a mi lado y me apresté a descargar un carterazo sobre su cabeza. Entonces oí una voz que me decía: «¿Ya no me saludás, Rosarito? ¿Ya te olvidaste de mí?». Era Ernestito que me sonreía con aquella sonrisa inigualable y me dio un beso delante de los demás chicos.

La actitud de doña Celia no será de sobreprotección sino por el contrario, como adepta al deporte, inducirá a su hijo a enfrentar su enfermedad, a derrotarla, a no doblegarse ante ella. En vez de inmovilizarse por la asfixia, lo anima a desafiarla practicando el más rudo y agotador de los deportes; lo que no tendrá éxito como terapia, pero blindará a Ernesto Guevara de la Serna con una legendaria fortaleza de carácter que a nada temerá, mucho menos a una muerte con la que forcejea desde sus primeros días, haciendo de lo siniestro un hábito. Así se acostumbrará a nadar contra la corriente, trepar árboles hasta la copa, enfrentarse a carneros furiosos, correr más rápido que los demás, taclear rivales siempre más corpulentos, hacer furiosamente el amor, trepar montañas ariscas, andar por selvas nubladas de humedad, desplazarse entre multitudes que lo amaron hasta la sofocación, emboscar al enemigo asordinando el jadeo, realizar trabajos voluntarios hasta el desmadre, vadear ríos demasiado caudalosos, recorrer diferentes continentes y diferentes climas. Siempre con su asma a cuestas haciéndole todo más difícil.

Los destacados alergistas estadounidenses Korenblatt y Wedner sostendrán, muchos años después, que, al cabo de prolongadas y rigurosas investigaciones, se puede afirmar que «niños de edad preescolar con asma severa tienen un elevado riesgo de sufrir problemas de conducta en su desarrollo emocional ... El 55 por ciento de los niños estudiados tienen mínimas dificultades de comportamiento, mientras que el 45 por ciento tendrá perturbaciones que van de moderadas a graves ... Especialmente oposición a los padres (autoridad), tendencias a la confrontación con ellos, cinco veces más marcada en los niños asmáticos». Además este antagonismo es más persistente en comparación con niños sanos. Esto no «explica» al Che, pero ciertamente ofrecería una base biológica a su personalidad indómita y original.

Contrariando el acendrado y conservador catolicismo de la clase alta cordobesa, los Guevara solicitan a la escuela de sus hijos que se los exceptúe de las clases de religión. Rosarito me contará acerca de una escena de violencia, cuando el sacristán de la iglesia tomó rudamente de un brazo a doña Celia, y la sacó fuera por asistir a misa con mangas cortas y pantalones. A partir de ese momento, ningún miembro de la familia volverá a pisar la iglesia, y Roberto, el hermano que seguía en edad a Ernestito, recordará que los dos integraban el equipo de «no creyentes» en los partidos de fútbol que se organizaban contra el mucho más numeroso de los «creyentes». Fue éste sin duda un poderoso mensaje de los padres a sus hijos acerca de que no debían ocultarse las diferencias, ser leales con los propios principios, aunque se corriese el riesgo de la maledicencia y la marginación.

El despiadado combate de Ernesto Guevara de la Serna contra el asma duraría toda su vida. Años más tarde, viajando por Guatemala, Ernesto se entusiasmó con la posibilidad de un puesto de médico en el Petén, zona húmeda y selvática. Entonces escribiría en su diario de viaje: «El Petén me pone frente al problema de mi asma y yo, frente a frente, y creo que lo necesito. Tengo que triunfar sin medios y creo que lo haré, pero también me parece que el triunfo será obra más de mis condiciones naturales —mayores de lo que mi subconsciente cree— que la fe que ponga en ello».

El tiempo que duraban las crisis y los períodos de recuperación Ernestito los aprovechaba para leer, hábito que no abandonará a lo largo de su vida. De allí las fotos y filmaciones del Che leyendo en medio de las peores circunstancias de sus campañas guerrilleras. Sus lecturas son amplias pero ordenadas: poesía, historia, novelas, cuentos, biografías, ensayos, teatro. Precozmente ya hojeaba a Freud, tal vez buscando respuestas sobre la sexualidad vacilante de todo adolescente, y, aunque no es seguro que haya comprendido cabalmente los desarrollos del genial austríaco, es indicativo de su obsesión por saber, de la importancia que siempre, aun en los peores momentos, dio a la formación a través del estudio.

En uno de esos momentos de forzada inmovilidad, don Ernesto le enseñará a jugar al ajedrez que, de allí en más, se constituirá en el mayor canal de comunicación entre padre e hijo, y pasará a ser uno de los pasatiempos preferidos del Che, que llegará a jugarlo tan bien como para sostener meritorias partidas con ajedrecistas profesionales.

Era inconformista y despiadado con la estupidez. Cierta vez uno de sus pequeños compañeros de escuela dijo que llevarse a la boca tinta o una tiza era veneno, y quien lo hiciese moriría en el acto. «Mirá», le advirtió Ernestito y hundió una tiza blanca en su tintero como quien moja un cruasán en el café con leche; luego se la llevó a la boca y le arrancó un pedazo con los dientes. «Está rica», comentó a sus aterrados compañeros, que también lo vieron beberse un sorbo de tinta y luego alejarse con una sonrisa irónica y sin señales de agonía inminente. Ésa será la actitud que tendrá ante el peligro toda su vida.

Dolores Moyano, su amiga de infancia, escribirá que «su desafío con la muerte, su cortejo con el peligro al estilo Hemingway, no era irreflexivo ni exhibicionista. Cuando hacía algo riesgoso o prohibido era para probar si era posible hacerlo o no, y en caso de que se pudiese, cuál era la mejor manera de hacerlo. La actitud subyacente era intelectual, la determinante experimental. Ernestito no era un niño que buscara impactar asustando con sus audacias sino un experimentador incansable y no convencional».

Uno de sus autores favoritos fue Emilio Salgari. En su obra *Sandokan, el pirata de la Malasia*, cuyas páginas devoró varias veces, habrá podido leer sin percibir su sentido premonitorio:

—Ya es hora de terminar con un pirata tan audaz.
—¿Me odian mucho?
—Tanto que se contentarían con perder hasta la última de sus naves con tal de destruirte.
—¡Ah!

—¿Puedes dudarlo? Hermanito mío, son muchos los años en que tú les haces una peor que la otra. Toda la costa tiene las marcas de tus correrías, todos los pueblos y ciudades conocen tus asaltos y las huellas de fuego de tu presencia, todos los fuertes holandeses, españoles e ingleses han recibido tu castigo y el fondo de los mares está lleno de naves que has cañoneado y hundido.

—Es verdad, mas ¿quién tiene la culpa? Los hombres de la raza blanca han sido inexorales conmigo: ¿no asesinaron a mi madre, a mis hermanos y han tratado por todos los medios de aplastarme, borrarme de la faz de la tierra? Por ello los odio, sean españoles, holandeses, ingleses o portugueses; los execro y me vengaré de todos terriblemente; ¡lo he jurado sobre los cadáveres de mi familia y mantendré el juramento!

El Ernestito que también leía el *Don Quijote*, ya convertido en el Che, muchos años después escribirá a sus padres, despidiéndose antes de una de sus epopeyas: «Queridos viejos: Otra vez siento bajo mis talones el costillar de Rocinante, vuelvo al camino con mi adarga al brazo».

ALGUNA VEZ SE IBA A ROMPER LA CABEZA

Habla Enrique Martín, amigo de infancia del Che*

Ernesto era muy buen amigo, divertido, siempre tenía ideas y los de la barra lo seguíamos. Poco tiempo después de que los Guevara llegaran a Alta Gracia, nos invitaron a su casa. Nosotros no sabíamos si ir porque ellos eran de familia rica, mientras que nosotros éramos de familias humildes, división típica de los lugares de veraneo. Después nos acostumbramos a ir y siempre éramos bien recibidos. Nos daban de almorzar o tomábamos la merienda, y no importaba si había amigos copetudos de Córdoba capital o de Buenos Aires, nos mezclábamos todos.

Lo que más destacaba en Ernesto era su temeridad. En «el paredón de los jesuitas» hay un remanso del río donde se junta un poco de agua. Él se subía a un saliente de piedra que hay a más de cuatro metros por encima y se zambullía. También lo hacía desde un sauce muy alto que ya no está. Los demás no nos animábamos y estábamos convencidos de que alguna vez se iba a romper la cabeza.

Los otros biógrafos les han hecho entrevistas a sus amigos ricos, los que venían en las vacaciones de verano o de invierno y algún que otro fin de semana, pero Ernesto vivía todo el año en Alta Gracia y nosotros éramos sus verdaderos amigos: los Vidosa, Chicho y el Negro Albornoz, Óscar Suárez, todos hijos de caseros, Juanchilo Míguez cuyo padre era pintor, mi hermano Leonardo y yo, hijos de taxista, y otros que ahora no recuerdo.

* Entrevista realizada por el autor en Alta Gracia, Córdoba, el 22 de octubre de 2002.

En el jardín de atrás de los Guevara cavábamos trincheras, que reforzábamos con las puertas de alambre que sacábamos del cerco, y los mayores hacían guerras tirándose unos frutos duros que parecían higos y que los más chicos les alcanzábamos. Una vez Ernesto asomó su cabeza con tan mala suerte que recibió un proyectil en el ojo, que al rato se le puso negro. El padre se enojó mucho y nos retó, pero esa misma tarde ya estábamos otra vez tomando el café con leche en su casa.

Un día vinieron a caballo unos pibes que veraneaban allí, y nos quisieron atropellar. Uno de ellos era Calica Ferrer, que después se hizo muy amigo de Ernesto, y entonces nosotros sacamos nuestras armas, las gomeras, y los acribillamos a pedradas obligándolos a rendirse. Otra vez Ernesto nos propuso hacer una broma a los Aguirre Cámara, una familia muy distinguida de Córdoba que festejaban la Navidad. Encendió una cañita voladora con tan buena puntería que pasó rozando la mesa volteando copas y botellas. Salieron todos los invitados a perseguirnos, pero era imposible alcanzarnos porque éramos muy ágiles y porque conocíamos todos los escondites del pueblo. Otra vez él y Robertito apedrearon un auto verde en que viajaban los curas y fueron a dar a la comisaría del pueblo.

Los ataques de asma de Ernesto eran muy fuertes y nos asustábamos mucho. A veces lo teníamos que llevar alzado hasta la casa, y después espiábamos por la ventana y lo veíamos tendido sobre su cama, inmóvil, blanco y creíamos que estaba muerto. Para salir de dudas lo chistábamos y entonces él movía un poco la mano para convencernos de que todavía estaba vivo.

A medida que Ernesto crece, lee de una manera intensiva, caótica, pero indudablemente con un método, con una extraña guía. Literatura de aventuras y acción, libros de viajes, autores latinoamericanos como Quiroga, Ingenieros, Neruda. Sólo asiste regularmente en segundo y tercer grados de la escuela primaria, primero y cuarto los dará libres, y con asistencia parcial quinto y sexto; muchas veces postrado por la asfixia, bajo la paciente supervisión de su madre, lo que contribuirá a simbiotizarlos en una relación que, por momentos, parecerá demasiado estrecha. Doña Celia también le enseñará un francés tan bueno como para que, treinta años más tarde, el presidente argelino Ben Bella se admire de la fluidez idiomática de su amigo el Che Guevara.

Ernestito lee a Baudelaire en su idioma original, y *El Decamerón* de Boccaccio. Le interesa particularmente la psicología, Jung y Adler. El padre de su amigo González Aguilar, médico, lo sorprende leyendo a Freud y comenta con sus hijos que es una lectura antes de tiempo. Años después Alberto Granado, el compañero de su primer viaje por Latinoamérica, no acaba de creer que haya leído tanto o más que él, a pesar de la diferencia de edad. Discurren sobre Steinbeck, Zola, se apasionan con *Santuario* de Faulkner.

También asomarán sus primeros pinitos en el interés por el otro sexo. Su prima, la Negrita Córdova Iturburu, hija del escritor, recordará que «cuando íbamos a los bailes, Ernestito sacaba a las más feas, para que no se quedaran sin bailar, aunque él era sordo para la música». Ella parece haber sido su primer amor: «En plena adolescencia, Ernestito y yo fuimos un poco más que amigos. Un día me preguntó si yo ya era una mujer y hubo una especie de idilio amoroso». Contará también que ese apuesto joven de diecisiete años «se sabía los *Veinte poemas de amor y una canción desesperada* de Neruda. Comenzaba a recitarlos uno a uno y no terminaba hasta el final; tenía una gran memoria».

Su primo le dedicará esos bellos poemas quizá sin saber que están inspirados en otro amor clandestino, pues Neruda aún no se había separado de la argentina Delia del Carril pero andaba en amoríos con la chilena Matilde Urrutia.

> *… Pero cae la hora de la venganza, y te amo,*
> *cuerpo de piel, de musgo, de leche ávida y firme.*
> *¡Ah los vasos del pecho! ¡Ah los ojos de ausencia!*
> *¡Ah las rosas del pubis! ¡Ah tu voz lenta y triste! …*

Cayetano Córdova Iturburu, Policho, era tío del Che, casado con Carmen de la Serna, hermana de Celia. Comunista, escritor prolífico y de cierto renombre fue también periodista y corresponsal del diario *Crítica* en la guerra civil española. Es ése un motivo más para que la sangrienta contienda ibérica sea la primera conmoción política que Ernesto va a vivir con conciencia.

Ya es un niño de ocho años cuando la República española es derrotada y llegan a Córdoba los primeros refugiados republicanos, que son recibidos en casa de los Guevara-De la Serna. Sus hijos pronto se harían amigos de los de don Ernesto y doña Celia, y de allí en más se comentaría con pasión el fusilamiento de García Lorca, las ejecuciones sumarias de Franco, la heroica defensa de Madrid, las ominosas purgas de la cheka, etc.

La hermana mayor de Celia, Carmen, describirá aquella casa de Alta Gracia, Villa Chichita, la «casa de los fantasmas», una de las tantas que ocuparán los Guevara: «Aquélla era una casa de dos pisos, tan mal construida que presentaba grietas por todas partes. Había goteras y cuando la perrita orinaba arriba el pis caía a la planta baja. No era una residencia impecable.

»El desorden gobernaba a todos y sólo hacían grandes limpiezas cuando se festejaba algo. Mi hermana Celia, muy descuidada, se había adaptado a la manera muy despreocupada de vivir de su marido. Pero en ese vive como quieras todos parecían felices ... Esto otorgaba a los hijos una valiosa independencia que Ernestito y Robertito sabían aprovechar muy bien.

»Ernestito no era un chico muy simpático con la gente; era más bien hosco, muy callado, introvertido ... El asma, que lo acosaba constantemente, era su enemigo más temible, el único que lo vencía, y cuando le daba un ataque buscaba desesperado el inhalador en los bolsillos, el que más de una vez había perdido en sus correrías. Los hermanos, que conocían su punto débil cuando se peleaban con él, llenaban una jarra con agua para volcársela encima y provocarle así un espasmo bronquial que lo paralizaría».

El agua aparece en la vida del niño como un enemigo; ya sea bañándose en las frías aguas del Náutico o en los chorreantes ataques de sus vengativos hermanos. También asistió aterrado al salvamento de su madre, que se hubiera ahogado en Caraguatay de no haber sido por la corajuda acción de dos hacheros guaraníes que la rescataron del correntoso Paraná. Todo ello quizá baste para explicar la resistencia al contacto con el agua, lo que dará al Che la fama, que nunca se molestó en desmentir, como viajero, funcionario o combatiente, de rehuir la higiene.

Las cartas de Policho Córdova Iturburu eran leídas en familia, y cada avance o retroceso de las tropas republicanas o nacionales era seguido sobre el mapa. Ernestito escuchaba a su padre resaltar con entusiasmo el heroísmo de los voluntarios de las Brigadas Internacionales, y fantasear con incorporarse a esas tropas mal equipadas que enfrentaban a un enemigo poderoso, ayudado por la Italia de Mussolini y la Alemania de Hitler. Ya antes, durante la guerra boliviano-paraguaya, ese hombre amable, que siempre sustituyó la realidad por la fantasía, en sus peleas con su esposa amenazaba con irse al Chaco a pelear del lado paraguayo con el que se sentía identificado por su amor a la selva misionera de Caraguatay.

Rosario López, Rosarito, la empleada doméstica en Villa Nydia, recordará a doña Celia como «una mujer muy libre, adelantada a su época. En aquel entonces era muy raro que las mujeres condujeran un auto, pero ella manejaba una *voiturette* descapotable y lo hacía a bastante velocidad, causando escándalo en la alta sociedad de Córdoba. Cargaba a sus hijos y a sus amigos y los llevaba de aquí para allá. Cierta vez tomó una curva y uno de los chicos cayó a la calle; ella no se dio cuenta y entonces Ernestito gritó, me parece escucharlo: "¡Mamáaa, se cayó Luisito, se cayó Luisito!", hasta que Celia se percató y volvió a recogerlo».

De Ernesto padre dirá Dolores Moyano que «era simpático, cordial y de gran vitalidad». Sus intereses eran más ideológicos que políticos y fue uno de los fundadores del Comité de Ayuda a la República Española, en Alta Gracia. Ello bastaba para ser considerado «de izquierdas» por la conservadora sociedad cordobesa. Uno de los exiliados españoles, a los que recibía en la casa familiar, era el general Jurado, célebre por haber derrotado a Franco en la batalla de Guadalajara, que en Argentina trabajaba como corredor de seguros.

Ernestito y Roberto, su hermano, influidos por el clima familiar, juegan a reproducir las feroces batallas que se libraban del otro lado del mar, y, en los fragorosos combates entre las trincheras improvisadas en el jardín, los bandos se disputarán el honor de ser republicanos, inevitables vencedores de los franquistas. Una de las gracias infantiles de los hermanitos, cuando los visitaba algún exiliado, era recitar de memoria los nombres de decenas de generales rojos, aunque demostraban una especial atracción por el Campesino y por el general Líster.

Juan González Aguilar, médico, había sido jefe de Sanidad de la República española y, cuando la suerte de las armas comenzó a mostrarse esquiva, envió a toda su familia a la seguridad de Argentina. Su mujer y cuatro hijos se radicaron en Alta Gracia y los niños se hicieron enseguida amigos de los Guevara, no sólo por la hospitalidad de los argentinos sino también porque las casas estaban muy cerca y sus edades eran parejas: Carmen, la mayor, era de la edad de Ernesto y se convirtió en su mejor amiga; Juan y Paco coincidían con Roberto y Celia, mientras que los más chicos, Ana María Guevara y Pepe González, también congeniaban.

Una anécdota de entonces cuenta que una tarde Ernesto vio entrar en casa de los González Aguilar a un hombre pequeño y flaco, de sesenta y pico años.

—¿Quién es este viejito? —preguntó a su amiga Carmen—. ¿Tu abuelito?

—No, es un amigo de mi papá —contestó la niña—. Tocaba el piano en España…

Se trataba nada menos que de Manuel de Falla, el eximio músico español que en 1939 se refugió en la Argentina, donde intimó con el melómano González Aguilar, estimulando la creación de un cuarteto de laúdes que dirigiría el médico español.

Rosendo Godoy Zacarías, amigo de Ernestito en aquellos años, recuerda: «Éramos doce pibes, seis porteños y seis cordobeses. Nos juntábamos siempre a jugar al fútbol; Ernestito era uno de los que siempre jugaban, y cuando terminábamos nos corríamos a lo del "viejito", como le decíamos a Falla, que nos convidaba con un chocolate humeante y riquísimo. Los que ganaban podían repetir».

Para hacerse una idea de cómo influyó y seguiría influyendo en el Che aquella conflagración europea que tanta resonancia tuvo en su hogar, en la que sus padres tomaron abierto y activo partido por quienes sostenían ideas socialistas, en contra de aquellos que decían defender el orden establecido y la religión, señalemos que cuando Ernestito tuvo que bautizar una perrita recogida de la calle, lo hizo con el nombre de Negrina, porque era negra y en honor a Negrín, primer ministro de la República.

Otro amigo que Ernesto suma a raíz de la guerra civil en España es Fernandito Barral, que con su madre estuvieron internados en un campo de concentración en Argelia, hasta ser reclamados por un tío que vivía en Argentina. Radicados en Córdoba, Fernandito se hizo amigo de Paco González y éste lo introdujo en casa de los Guevara. Allí conoció a Ernesto. Le confesará al biógrafo Hugo Gambini su secreta envidia de entonces hacia Ernesto por la decisión, audacia y seguridad en sí mismo que demostraba, pero sobre todo por su temeridad: «Había una notoria diferencia de carácter entre él y todos nosotros, considerados "niños buenos", más o menos domesticados. Él no entraba en esa categoría. Tal vez por eso se me grabó tanto esa viveza y decisión que caracterizaban las acciones de Ernesto, y sobre todo su independencia».

Años después Barral, perseguido por alguna de las dictaduras que asolaron a la Argentina, se asilará en Hungría donde recibirá un mensaje del ya ministro Che Guevara invitándolo a colaborar con la revolución cubana, y será uno más de los amigos de infancia y juventud que responderá a su llamada.

También la Segunda Guerra Mundial será seguida con mucho interés por la familia Guevara-De la Serna y, a instancias de don Ernesto, se fundará una filial de Acción Argentina, una asociación de apoyo a los aliados, que se dará a la tarea de vigilar a los muchos alemanes que vivían en esa zona de Córdoba; entre otros motivos, porque allí habían sido internados los marinos del acorazado *Graf Spee*, hundido por destroyers ingleses en lo que dio en llamarse el combate del Río de la Plata. Ernestito recibiría su carnet de miembro y colaboraría como mensajero y también como espía.

Carmen de la Serna describirá cómo su sobrino, un niño constreñido por el asma, con el correr del tiempo pudo transformarse en un adolescente muy atractivo: «Cuando era muy joven, tenía los hombros levantados por la respiración forzada, pero luego se le ensanchó la caja torácica con el deporte y el aire de Córdoba le oxigenó mejor los pulmones». Carlos Calica Ferrer me contará que Ernesto se sometió a un tratamiento con un kinesiólogo japonés para corregir el típico «pecho de pollo» de los asmáticos, es decir las costillas en punta hacia delante con el esternón sobresaliente. Eso le ensanchó notoriamente la caja torácica.

Ernesto no escapó al condicionante de su clase de iniciarse en el sexo con mujeres de inferior posición social, como si lo supuestamente pecaminoso no debiese «contaminar» a las jovencitas, de familias encumbradas económica y socialmente, que frecuentaban. Lo haría a instancias de su amigo Calica, quien años más tarde sería su acompañante en el segundo viaje por Latinoamérica. La Negra Cabrera era la mucama de los Ferrer y se prestaba con gusto a los instintos de los hijos de sus patrones y sus amigos. «Lo hacía por gusto, sin cobrar», me contará Calica en Buenos Aires, muchos años después.

Cierto día, éste invitó a sus amigos a compartir tal privilegio y fueron pasando uno tras otro, mientras los demás espiaban por el ojo de la cerradura. Durante mucho tiempo Ernesto debió soportar las bromas de quienes lo imitaban corcoveando exitosamente sobre la mujer, pero interrumpiendo la briosa ceremonia una y otra vez para bombear adrenalina en sus bronquios. Siempre con la complicidad del amigo leal, Ernesto siguió visitando a la Negra Cabrera y a veces le llevaba de regalo alguna prenda de vestir o perfume, que hurtaba del ropero de su madre.

Carlos Figueroa, vecino veraniego de los Guevara en Alta Gracia, me contará en Buenos Aires: «Necesitábamos ganar plata y entonces con Ernesto pusimos una fábrica; envasábamos un cucarachicida muy fuerte que bautizamos "Vendaval". Quisimos ponerle "Al Capone"; hasta habíamos imaginado el eslogan: "porque mata a todos", pero alguien nos convenció de que la familia Capone nos iba a reclamar derechos por usar el apellido. En realidad era el DDT que fabricaba Duperial y que nosotros reducíamos con talco, y hacíamos todo el proceso de envase y venta. El negocio fracasó pero fue divertido. Lo que sucedía era que andábamos siempre secos y buscábamos la forma de ganarnos un peso».

Ya a sus diecinueve años Ernesto Guevara de la Serna escribirá, demostrando su precoz intimidad con la muerte y su apuesta a la fuerza de voluntad y al coraje:

> ¡Lo sé! ¡Lo sé!
> Si me voy de aquí me traga el río…
>   Es mi destino: ¡hoy debo morir!
> Pero no, la fuerza de voluntad todo lo puede.
> Están los obstáculos, lo admito.
> No quiero salir.
> Si tengo que morir, será en esta cueva.
> Las balas, qué me pueden hacer las balas
> si mi destino es morir ahogado. Pero voy

a superar mi destino. El destino se puede
alcanzar con la fuerza de voluntad.

Morir, sí, pero acribillado por
las balas, destruido por las bayonetas, si no, no. Ahogado no...
Un recuerdo más perdurable que mi nombre
es luchar, morir luchando.

EL SUEÑO DE UN ALTO DESTINO

Habla Jorge Beltrán, amigo de juventud del Che*

Conocí a Ernesto en Alta Gracia, a través de los González Aguilar. Él tenía diecinueve años y yo diecisiete. Me cayó muy bien y nos hicimos amigos, aunque no entrañables porque discrepábamos mucho; a él le gustaba confrontar, era polémico.

Era muy lector, pero con una actitud diferente de la que yo tenía como típico adolescente; él no leía por por puro placer, leía estudiando. Yo tenía en casa *La historia universal* de Oncken, un autor alemán que estuvo de moda a fines del siglo XIX y principios del XX. Los tomos tenían ilustraciones atractivas que me inducían a leer tal o cual monografía o batalla. Ernesto, en cambio, leyó esta obra de dieciocho volúmenes desde el principio hasta el final, de forma totalmente ordenada. Una autodisciplina extraordinaria.

Yo pienso que hay en el Che de aquel entonces el sueño de un alto destino. Un alto destino que pasaba por el sacrificio. Hablaba con frecuencia de medicina, de leprosos; no tenía todavía un sentido americanista. Y adquiría una cultura extraordinaria. Por ejemplo, había unas ediciones económicas de la editorial Tor; yo conocía alguna obra de Quevedo, otras de Cervantes; él las conocía todas porque las leía en el orden en que iban apareciendo. Tenía un compromiso consigo mismo de lograr un cierto nivel de erudición. Hacía una gimnasia de la lectura como llevaba a cabo también una preparación física en busca de la for-

---

* Entrevista realizada por el autor en Córdoba, Argentina, el 24 de octubre de 2002.

taleza ruda a través del rugby. Insisto en que, con la perspectiva que dan los años, él se estaba preparando para un alto sacrificio.

Era un chico que sufría bastante por el asma, una enfermedad que lo hacía leer porque lo tiraba en la cama. No había televisión en aquellos tiempos. Cuando se sentía bien le gustaba divertirse, participaba con nosotros tomando alguna copa o saliendo con chicas, pero nunca fue frívolo.

Yo vivía en la plaza España y él en la calle Chile al 280, a dos cuadras de casa y a una de lo que ahora es la Casa de Gobierno. Todavía está; una casa a la que había que subir por una escalerita. Al frente se encontraba un profundo pozo baldío donde había ranchos; en aquel entonces casi no existían las «villas miseria», eran ranchos, y me acuerdo que, una de las tantas veces que fui a visitarlo a su casa, me contó que venía de tomar mate en esos ranchos porque le gustaba alternar con esa gente. También me acuerdo que me dijo entonces algo diferente de lo que opinaban nuestros padres, liberales y terriblemente antiperonistas; me dijo que le disgustaban la demagogia, la falta de libertades públicas y la corrupción económica del peronismo, pero que valorizaba la obra social de Evita y de Perón. Él se manifestaba socialista y ya tenía una visión materialista de la historia. Decía por ejemplo, me acuerdo, «es la posición la que determina la situación», o sea que es el estrato socioeconómico el que induce a una toma de posición.

Nos juntábamos en la casa de los González Aguilar, entre Obispo Oro y Boulevard Chacabuco. También en Malagueño, la estancia de don Martín Ferreyra y doña Rita, su mujer, quienes nos trataban como a hijos; ellos no los tenían y nos permitían todo tipo de gastos y diversiones. El Che nunca perteneció a ese grupo de «gente linda»; es por su amor hacia Chichina que aparece con una presencia abrasiva, porque él se complacía en manifestar su antiestética, su arreglo desaliñado y bohemio. En la mesa de don Martín se respetaban los buenos modales y a él le divertía burlar todas sus reglas.

Le encantaba molestar a los burgueses, alterarlos, más que lo típico de un chico de veinte años. Es cierta la famosa anécdota del zapato marrón y el zapato negro, y el argumento de que los había comprado baratos por la quemazón de una zapatería; yo lo he visto con un zapato marrón y otro negro. Quizá buscara notoriedad fastidiando, exagerando los malos modales en la mesa, comiendo como un perro, salpicando. Era un muchacho formidable, no muy lírico, no leía mucha poesía. A mi entender, su destino ya estaba marcado: lo aguardaba la épica. Era muy valiente, temerario inclusive; se arriesgaba en actividades deportivas o atléticas propias de nuestra juventud, no le tenía miedo a nada.

Ernesto me dijo dos veces, no recuerdo a santo de qué, una frase que decía haberla sacado de algún volumen de Joaquín V. González, pero que podría haber sido un epígrafe de Goethe: «Toda estrella mirada a través de una lágrima es una cruz». Me emociono cuando evoco este recuerdo tan premonitorio. No creo que él tuviera entonces el proyecto de inmolarse; nunca coincidí en que el Che estuviese dominado por una compulsión suicida, todo lo contrario: esa imagen preanunciaba su destino, mirar un objetivo alto con un sentido de la vida como sacrificio y entregarla en pos del logro de su realización magna.

El Che es un líder revolucionario, un idealista, un romántico. Lo de romántico para mí es un alto piropo. Serlo cuando todo el mundo tiene un estúpido utilitarismo, un materialismo pragmático y cruel, debería servir para que todos tengamos su vida y su pensamiento como referencia de un líder romántico que nunca vaciló en sus ideales. Sin miedo y sin tacha, su vida es una parábola perfecta, sin objeciones.

Al asesinarlo lo convirtieron en una leyenda, y al cortarle las manos cometieron una crueldad innecesaria y estúpida porque lo que valía en el Che eran el corazón y las bolas.

Movido por su pasión de viajar, explicable desde un punto de vista psicológico por un anhelo inconsciente de liberarse del nirvánico y sofocante amor de la madre que, a medida que se profundizan sus conflictos con don Ernesto, ha ido colocando a su primogénito en el lugar de padre de familia, Ernesto se ve forzado a «salir al aire libre» en busca de su verdadera identidad, de reconocer su propio deseo; también a desafiar a su asma y a probarse a sí mismo que su mal no lograba paralizarlo. Ernesto Guevara de la Serna emprenderá entonces su primer viaje largo y aventurero que no terminará, con distintas variantes, hasta su último aliento.

Su amigo de juventud cordobesa Carlos Figueroa me contará que le pareció admirable «cuando recorrió un montón de provincias en una bicicleta traccionada por un motorcito. Fue un viaje muy importante porque ahí le tomó el gusto a la aventura, se demostró a sí mismo que era capaz de valerse solo y comprobó que aunque el asma se ensañara con él no alcanzaba para derribarlo. Para que le creyeran hacía registrar su paso en todos los Automóvil Club de los lugares por donde pasaba».

El fabricante del motorcito, un ingeniero italiano que copiaba a los peninsulares motores Cucciolo, no podía creer que hubiese andado tanto y recién se convenció cuando Ernesto le mostró ese registro; entonces, negociaron un nuevo motor a cambio de la publicidad. Fue entonces cuando apareció en *El Gráfico* la foto de Ernesto montado en la bicicleta, donde firmaba Ernesto Guevara Serna, «desaristocratizando» su apellido.

Su primer objetivo fue llegar hasta Pilar, a sesenta kilómetros del punto de partida; una vez allí, se propuso alcanzar Pergamino, a doscientos kilómetros. Finalmente, movido por lo que sería una constante en su vida, se desafió a sí mismo a lograr lo inimaginable: recorrer doce provincias, más de cuatro mil quinientos kilómetros en un medio de locomoción tan precario que una y otra vez lo obligaba a emparchar pinchaduras o a limpiar bujías. Años más tarde, ser ministro de Industria y presidente del Banco Nacional de Cuba tampoco será un punto de llegada, sino sólo una etapa en su trayectoria vital.

Durante el viaje solitario, en una carta a su familia desde Salta, muestra cómo la miserable situación de la mayor parte de la gente de esa región lo ha conmovido, una realidad que el perímetro de su clase social le había vedado conocer hasta entonces. Relata que a esas provincias no se las conoce «por su Altar de la Patria, la Catedral donde fue bendecida la enseña de la Patria, la casa en que fue muerto Lavalle, el Cabildo de la revolución, etc.» sino que «su alma verdadera está reflejada en los enfermos de los hospitales, los detenidos en las comisarías o el transeúnte ansioso a quien uno llega a conocer».

Ese viaje erizado de dificultades, sólo posible en base a un vigoroso amor propio y preanunciador de futuras epopeyas y calvarios, dejará huellas que los tiempos por venir se encargarán de significar. El joven aventurero, por ejemplo, demostrará con buena prosa en sus notas de viaje una honda sensibilidad y una visión no convencional ante lo que la naturaleza pone ante sus ojos: «Esperaba en cada momento oír el rugido del león, ver la silenciosa marca de la serpiente o el paso ágil de un ciervo… y de pronto se escucha el rugido, pero en él se reconoce a un camión que sube la cuesta. Parece entonces que se rompiera con fragor de cristalería el castillo de mi ensueño y me volviera a la realidad. Me doy cuenta entonces de que ha madurado en mí algo que hace tiempo crecía dentro del bullicio ciudadano: el odio a la civilización, a gentes moviéndose como locos al compás de un ruido tremendo que se me ocurre la antítesis odiosa de la paz, de esa en que el roce silencioso de las hojas forma una melódica música de fondo».

Lo que Ernesto Guevara busca montado en su bicicleta es dar un sentido a su vida, eso que encontrará finalmente en Guatemala y en México, gracias a su impulso viajero que transformará la aventura en compromiso político llevado a su paroxismo. Eso asoma en su humorístico comentario acerca del agobiado trabajador que venía de recolectar algodón en el Chaco y se dirigía a la vendimia sanjuanina y que, enterado de que el esfuerzo del joven tenía sólo una motivación raidista, suspirará: «Mama mía, ¿usted gasta toda esa fuerza inútilmente?».

En la misma anotación, descubriendo una vez más su inconsciente búsqueda de una razón de ser para su vida, relata el trágico destino de un motociclista que se ofrece para remolcarlo. Ernesto se niega, pues ya ha tenido la experiencia de dolorosos porrazos en circunstancias similares y algunos kilómetros más adelante, en Rosario de la Frontera, se entera de que el piloto de la potente Harley Davidson había muerto en un accidente. Su comentario, leído hoy, no tiene desperdicio: «El saber que un hombre va buscando el peligro, sin tener siquiera ese vago aspecto heroico que entraña la hazaña pública, y a la vuelta de una curva muere sin testigos, hace aparecer a este aventurero desconocido como provisto de un vago "fervor" suicida».

Figueroa me contará otras facetas de su amigo de juventud: «Le decíamos "chancho" porque era muy negligente para vestirse; no le importaba absolutamente nada andar planchado o no planchado, o con la ropa manchada. A lo mejor íbamos a salir con alguna chica y era tal su aspecto que yo le decía "no podés salir así, sos un chancho", y de ahí en adelante le quedó el apodo. A él no le importaba nada que le dijeran así puesto que en la revista de rugby que publicamos firmaba "Chang-cho"».

Será don Ernesto quien se enfade con el mote, con lo que sólo logrará que la pandilla de jóvenes pase a nombrarlo como «el chancho padre».

«Con las chicas era un ganador —continúa Figueroa—, no sabía bailar pero siempre se las arreglaba para conquistarlas. Tenía una conversación muy interesante, era muy buen mozo y eso de ser distinto a los demás seducía mucho. Todos envidiábamos su éxito con las mujeres.»

Sin embargo, no tendrá éxito con la niña de quien se enamorará perdidamente, Chichina Ferreyra, joven bella e inteligente, perteneciente a una de las familias más aristocráticas y ricas de Córdoba. «A Ernesto lo conocí en octubre de 1950 en lo de González Aguilar, en el casamiento de Carmen, siendo él ya estudiante de medicina en Buenos Aires, aunque tengo recuerdos de habernos cruzado en el barrio y en el club de Villa Allende cuando ellos vivían en Córdoba», me contará Chichina más de cincuenta años después, sentados al reparo de la elegante galería de Malagueño, rompiendo sólo parcialmente el pacto consigo misma de no hablar de su relación con el futuro Che. En parte por recato ante su actual esposo, pero también por la imposibilidad de incorporar a su firme pertenencia a una clase social conservadora y acérrimamente anticomunista una historia amorosa con el símbolo planetario de la revolución socialista. Ese silencio, que ninguno de los biógrafos del Che había logrado quebrar, sigue siendo un pedido de disculpas a los de su clase. Lo mismo sucede con no pocos de sus amigos ricos de infancia y juventud, renuentes a dejarse entrevistar para hablar sobre Ernesto Guevara de la Serna, cuya juvenil proximidad han negado a lo largo de muchos años en que fue claramente visualizado como un peligroso enemigo de sus privilegios y convicciones.

Dolores Moyano, una de las integrantes del grupo, escribirá acerca de esa ubérrima estancia de dos mil hectáreas de fértil pradera: «Comprendía dos canchas de polo, caballos árabes y un pueblo feudal de obreros de la cantera de la familia. Todos los domingos los Ferreyra iban a misa en la iglesia del pueblo, y ocupaban una capilla propia a la derecha del altar con su propia entrada y una baranda donde comulgar, lejos de la masa de trabajadores. En muchos sentidos, Malagueño debía de ser un ejemplo de todo lo que Ernesto detestaba. Sin embargo, impredecible como siempre, Ernesto se había enamorado locamente de la princesa de ese pequeño imperio, mi prima Chichina Ferreyra, una niña extraordinariamente hermosa y encantadora que, para consternación de sus padres, se sentía igualmente fascinada por él».

En Malagueño, Ernesto se relacionará con los jóvenes pudientes y *à la page* de clase alta que frecuentaban ese lugar paradisíaco, y forzará su lugar seduciendo a la joven con el despliegue de conductas e ideas inconformistas, irreverentes, compitiendo con los otros concurrentes en cultura y audacia. Y los horrorizaba con su vestimenta, compuesta de una infaltable camisa de nailon originariamente blanca que con el uso se había vuelto gris, y a la que llamaba «la semanal» pues declamaba lavarla sólo una vez por semana, y pantalones demasiado anchos y jamás planchados que algunas veces exhibieron una banda adhesiva para tapar un corte.

Es de imaginar el efecto que producía en un grupo de jóvenes pertenecientes a una oligarquía provincial, que destinaban tiempo y dinero en estar a la moda, en aquella época de importaciones restringidas. «No eran las camisas de seda italiana, los perfumes franceses o los pullovers británicos lo que nos desvivía, sino los jeans norteamericanos, lo que hacía rabiar a "tatita" porque dejábamos de usar las bombachas salteñas», recordará Chichina.

Según Dolores Moyano, «no era Ernesto quien se embarazaba ante nosotros sino nosotros ante él». Quizá porque ya entonces quien luego devendría el Che Guevara representaba una verdad denunciatoria, estalladora de convenciones tranquilizantes.

Tomás Granado, uno de sus más cercanos amigos y compañero del colegio Deán Funes, en la ciudad de Córdoba, hoy residente en Caracas, me contará por teléfono: «Durante el primer año y parte del segundo, Ernesto viajó todos los días desde Alta Gracia en tren. Luego toda la familia se trasladó a Córdoba ciudad. Pocos meses antes de terminar el bachillerato, su padre nos hizo hacer un curso de "laboratorista de suelos" y luego nos consiguió empleo en Vialidad Provincial para hacer análisis de materiales. A mí me destinaron a Colonia Tirolesa y a Ernesto a Villa María».

Desde allí Guevara hijo escribirá a su padre, quien se preocupaba porque Ernesto no se dejase tentar: «Me contaba el encargado que yo era el único laboratorista, que él había conocido en veinte años, que no aceptaba la comida (por parte de la empresa adjudicataria), y uno de los dos o tres que no coimeaba».

Allí trabajó de diciembre a marzo, pero cuando se enteró de que su querida abuela estaba muy grave en Buenos Aires, lo dejó todo y viajó para atenderla. Luego de su fallecimiento ya se quedó allá y empezó a estudiar medicina, mientras Tomás se graduaba de ingeniero en la Universidad de Córdoba. A pesar de la distancia continuaron viéndose con frecuencia porque Ernesto, cuando sus ocupaciones y el dinero se lo permitían, viajaba a Córdoba para encontrarse con Chichina.

Es indudable que es el inconsciente deseo de curarse del asma el que lo mueve a decidirse por la carrera médica, como lo prueba su inclinación a especializarse en alergología, y mucho menos, como afirmarán otros biógrafos, la muerte de su querida abuela a quien acompañará durante sus últimos días. Otro motivo, y no menos importante, es la reciente operación de cáncer de mama a que es sometida su madre y que, según sus amigos cercanos, lo conmueve profundamente.

También porque la medicina, y en ello influirían sus lecturas de Cronin, prometía, más que la ingeniería, satisfacer su deseo de «ser un famoso investigador que trabajaba infatigablemente para descubrir algo que pudiera poner definitivamente a disposición de la Humanidad». Ya es clara, en esta temprana anotación en su diario personal, la vocación por el sacrificio en pos de lo que él considera el bienestar del prójimo. También su anhelo de un destino superior.

En la facultad conocerá a Tita Infante, una compañera de estudios que milita en la Juventud Comunista, y será ella la primera en hablarle de Marx y de la revolución socialista. Y lo hará con la suficiente convicción como para interesar a Ernesto, quien leerá algunos textos sobre el tema y la acompañará a reuniones políticas. Ella se enamorará perdidamente del atractivo compañero de curso y ambos sostendrán una relación epistolar de alternada frecuencia a lo largo de los años, aunque él nunca la tuteará en sus cartas tratándola con afecto, pero sin efusividad.

Años después, Tita le contaría a Ernesto Guevara Lynch cómo fue aquel primer encuentro con su hijo, durante una clase de anatomía, ante el horrendo espectáculo de los cadáveres descuartizados que les servían de práctica: «Comenzaba el año 1947. En un anfiteatro de anatomía de la facultad de medicina escuché varias veces una voz grave y cálida, que con su ironía se daba coraje a sí mismo y a los demás, frente a un espectáculo que sacudía aun al más insensible de esos futuros galenos ... Por su aspecto era un muchachito bello y desenvuelto. El fuego ya chisporroteaba en su mirada. Una mezcla de timidez y altivez, quizá de audacia, encubría una inteligencia profunda y un insaciable deseo de comprender».

Según la hermana menor de Ernesto, Tita estuvo muy enamorada, pero no pudo precisar si en algún momento fue correspondida. Lo cierto es que el corazón del apuesto joven parecía pertenecer a Chichina Ferreyra, la princesa cordobesa, el mejor partido de aquella aristocracia provinciana. Aunque según Calica Ferrer, el supuesto amorío de su amigo no era más que uno de esos desafíos que entusiasmaban a Ernesto, la conquista de algo que parecía imposible pero que, como había aleccionado a Rosarito, nada lo era si uno se lo proponía con inteligencia, tenacidad y convicción.

Entre febrero y junio de 1951, agobiado por su estrechez económica y también para poner distancia con un clima hogareño irrespirable por los conflictos entre sus padres, que habían decidido otra vez separarse, Ernesto busca trabajo en la marina mercante y es contratado en los buques *Anna G.*, *Florentino Ameghino* y *General San Martín*, en los que cumplirá funciones de enfermero. Viajará desde la gélida Patagonia argentina hasta el tórrido Caribe de Trinidad y Tobago, recorriendo también las costas de Brasil, Venezuela y Curaçao. El tiempo muerto, que abunda, lo aprovechará para estudiar las materias médicas que luego rendirá como libre, causa de que sus notas nunca sean destacables.

Luego, aburrido del estudio y convocado por su espíritu nómada, vendría el tiempo de planear otro viaje.

9

«ERA VALIENTE, NO SUICIDA»

*Habla Alberto Granado, compañero del Che en su primer viaje
por América**

Siempre, desde que lo conocí a los catorce años, se caracterizó por despreciar el peligro, una necesidad de arriesgar más que el resto de la gente. Cuando atravesaba las vías del ferrocarril, en vez de ir por la parte normal, lo hacía por donde más peligro había, cruzando por encima de las columnas de las vías. Pero era valiente, no suicida.

Yo tenía veinte años y Ernesto catorce. Vino a verme y me preguntó si lo quería entrenar al rugby; me conocía porque mi hermano más chico, Tomás, era su compañero de estudios y le había comentado que yo dirigía un equipo de segunda división en el club Estudiantes. A él lo habían rechazado de otros clubes por ser asmático, pero me compadecí porque también yo tuve dificultades debido a que siempre fui muy esmirriado y eso me creaba problemas.

Lo hice saltar por encima de una vara a una altura bastante considerable y caer sobre su hombro. Era una prueba que yo les tomaba a todos los candidatos, pues así no sólo chequeaba su aptitud física sino también si tenían el coraje necesario para un deporte rudo como el rugby. El Che lo hizo una vez y después otra y otra, y habría seguido hasta el infinito si no lo hubiera frenado.

Era un empachado de lectura porque tenía una capacidad extraordinaria, ya entonces, de transformar lo negativo en posi-

* Entrevista realizada por nuestro colaborador Coco López en La Habana, Cuba, el 12 de mayo de 1997.

tivo. Debía encerrarse horas y horas en un cuarto para aspirar unos sahumerios como tratamiento contra el asma, y Ernesto elegía hacerlo en la biblioteca del padre que estaba muy bien provista, y entonces aprovechaba el tiempo en leer todo lo que encontraba. Cuando lo conocí llevaba un cuaderno de esos comunes, escolares, donde anotaba, por ejemplo, «Julio Verne: leí *Veinte mil leguas de viaje submarino*. Me faltan tal, tal y tal otro». Una especie de diario que él llamaba «diccionario filosófico». Esa capacidad de lectura la mantuvo durante toda su vida. Podía hablarte tanto de William Faulkner como de Albert Camus. Cuando tenía oportunidad —como en el caso de Sartre y Simone de Beauvoir, que lo visitaron en Cuba— discutía con los autores. Podía recitar de memoria los versos de Neruda o de Almafuerte. Con éste hacía algo curioso: después de recitar siete u ocho de sus versos decía: «pero Almafuerte a mí no me gusta» y seguía con otro autor.

Otra de sus características era que se trataba de esas personas a las que se quiere o se odia; no había término medio. Era imposible que, tanto el Ernesto que yo conocí como el Che de después, pasara desapercibido. No era fácil ser amigo de él porque era muy crítico. Hay quien a los amigos les aguanta todo; en cambio él, si se transgredía alguna de sus normas, no tenía empacho en decírtelo de frente y cara a cara. Por eso, al que no le gustaba que le cantaran las cuarenta chocaba con esa forma de ser de Ernesto.

Pero ese rigor lo aplicó siempre, sobre todo consigo mismo. Años después, cuando él era ministro en Cuba, me invitó a almorzar en su despacho y fui con Delia, mi mujer. Tenía un cocinero que se llamaba Félix, que había combatido a su lado en la Sierra Maestra, y el Che le dijo: «Félix, aquí tengo dos amigos argentinos, a ver si les cocinas algo bueno». Félix volvió con tres platos. El Che miró el suyo y le preguntó con brusquedad: «¿Qué día es hoy?». «Miércoles», respondió el hombre, ya cohibido. Entonces el Che le descerrajó, furioso: «¿Desde cuándo yo como carne los miércoles? Traeme lo que me corresponde».

Cuando Félix se fue, le cuestioné que hubiese sido violento con quien sólo había querido hacerle un homenaje. Y el Che me respondió: «¿Vos creés que sos el único que come conmigo? Si cada vez que viene un invitado me sirven un bife, yo comería catorce mientras que los cubanos comen uno solo». Lo que más me impresionó era que se trataba de algo privado, nadie se enteraría de eso.

Siempre procuro que recuerden al espectacular Che, capaz de arriesgar su vida para recoger a un compañero herido en medio de las balas, pero que no olviden a ese otro Che que era capaz de enojarse cuando le traían algo que no le correspondía, aquello que podía interpretarse como un privilegio.

Ernesto tenía sólo quince años cuando me vino a visitar al Departamento de Policía, donde estaba detenido sin proceso. Nosotros impulsábamos una huelga de estudiantes secundarios en solidaridad con los universitarios encarcelados. A pesar de lo agitado de la política en esos años, Ernesto no tenía una participación activa. La mayoría de la gente que frecuentaba la familia Guevara era antiperonista por una cuestión de clase, no soportaba la «negrada» que apoyaba al peronismo. Recuerdo que entonces me dijo que éramos unos idiotas porque hacer manifestaciones en la calle, para que la policía nos moliera a palos, no tenía sentido; que cuando él saliese lo iba a hacer con un revólver en la mano para matar a quien correspondiese.

En el año 49, cuando yo estaba en Buenos Aires como becario, él hizo un viaje en barco hasta el Caribe, observó todo y, como era su costumbre, lo anotó en su cuaderno, y cuando volvió hablamos de sus experiencias y de la situación en la Argentina. Yo tenía problemas económicos y le eché la culpa al peronismo. Ernesto me escuchó y me contestó con pocas palabras: «Si conocieras el Caribe serías menos antiperonista». Él ya tenía esa percepción de lo que significaba el fenómeno del peronismo; lo había podido comparar con otras realidades sociales y políticas de América Latina. Además, en una carta que le escribió a la madre en 1955, cuando la Revolución Libertadora derrocó a Perón, le dice: «Yo sé que tus amigos estarán muy contentos, los de la Marina sobre todo, pero sé también que para el pueblo argentino eso no significa una mejoría».

Es cierto que no le gustaba mucho bañarse. Hacerlo le provocaba ataques de asma. Yo fui culpable de uno que tuvo durante el viaje: hicimos un campeonato de tiro y tumbé un pato con el revólver; el que perdía tenía que tirarse al agua e ir a buscarlo. A pesar de que no era un sitio muy profundo, y de que estábamos en el mes de enero y hacía bastante calor, después de salir del agua le dio un ataque tan fuerte que me arrepentí de haberlo obligado a pagar la apuesta.

El Che tenía un defecto, o una virtud, vaya uno a saber. Era muy enamoradizo. Era un tipo atractivo; las mujeres lo buscaban a él más que a otros. No era alegre sino sarcástico y eso a ellas les gustaba. Pero había una dificultad y era que él estaba siempre ocupado en algo. Si no estaba viajando, preparaba una asignatura en la facultad, tenía que escribir un artículo para una revista o realizaba algún trabajo ocasional. Le gustaba andar por la sierra, viajar en bicicleta, caminar por el monte. Por todo esto no perdía mucho tiempo en enamorarse. Eso no impedía que a veces fuera muy osado. Durante nuestro viaje, se tiró varias veces muy duro y directo y tuvimos que escaparnos porque la indiada no estaba muy contenta con esas actitudes de conquistador. No era muy exigente en cuanto a belleza femenina; entre una feíta fácil y una bonita menos fácil, iba por el camino más corto. Era sabido que tenía relaciones sexuales con una mucama muy fea que trabajaba en su casa, Sabina Porta.

Como bailarín era deplorable. Yo traté de enseñarle algunos pasos: «mirá, en el tango se hace así: un-dos-tres-cuatro, un-dos-tres-cuatro», de esta manera aprendió lo poco que sabía. Cierta vez en el Perú habíamos convenido que cuando sonara un tango, como él era incapaz de reconocer los ritmos, yo le daría un codazo para que se lanzase a la pista. Pero resulta que se escuchó una pieza que entonces estaba de moda, «Delicado», y yo le di un codazo porque era la pieza preferida de Chichina, y él interpretó que era la señal convenida; entonces, bailó un ritmo rápido caribeño como si fuese un tango y yo casi me muero de la risa. Muchos me preguntan cómo hacía Ernesto para conquistar sin saber bailar y la respuesta es sencilla: él era un enamorador de anécdotas, de lecturas, de conversadera.

Había otro factor que nos unía y era el deseo de viajar. Desde que tengo uso de razón he hablado de viajes; siempre he querido conocer mundo. Y ésa era una conversación *leitmotiv* con Ernesto: cómo se podía ir a Arabia, a la India, a Chile. El Che también en eso fue un ejecutor, no solamente un teorizador.

Por diversas circunstancias dejé mi trabajo en el leprosario, y coincidió que él no tenía muchas ganas de seguir estudiando, por lo que resolvimos cumplir con nuestras fantasías viajeras y partir a conocer América Latina. En realidad hicimos un pacto secreto: trataríamos de llegar hasta Caracas, pero a amigos y parientes, por si no cumplíamos con el objetivo, les dijimos que nuestra meta era Chile; así, evitábamos eventuales tomaduras de pelo.

Salimos de mi casa de Córdoba el 29 de diciembre de 1951, un día después del 28 para que no nos acosaran con que nuestro viaje era sólo una broma del día de los Inocentes. Cuando partimos yo era el jefe, el capitán, por ser el mayor. A mí me decía Mial (Mi Alberto), y Mial era el jefe y él, Fuser (Furibundo de la Serna), el subjefe. Pero ya a poco de partir, me di cuenta de que Ernestito se estaba volviendo Ernesto Guevara y me estaba superando. Le iban brotando otras vetas, rasgos de personalidad que se acentuarían en su madurez y conformarían el Che Guevara.

10

El joven Guevara lo registrará en sus anotaciones con el pretencioso título de *Pródromos*:

«Fue una mañana de octubre. Yo había ido a Córdoba aprovechando las vacaciones del 17. Bajo la parra de la casa de Alberto
Granado, tomábamos mate dulce y comentábamos todas las últimas incidencias de la "perra vida" mientras nos dedicábamos a
la tarea de acondicionar *La Poderosa II*.* Él se lamentaba de
haber tenido que abandonar su puesto en la leprosería de San
Francisco del Chañar y del trabajo tan mal remunerado del
Hospital Español. Yo también había tenido que abandonar mi
puesto, pero a diferencia de él estaba muy contento de haberlo
dejado; sin embargo, también tenía mis desazones, pero debidas
más que nada a mi espíritu soñador; estaba harto de Facultad de
Medicina, de hospitales y de exámenes.

»Por los caminos del ensueño llegamos a remotos países, na-
vegamos por los mares tropicales y visitamos toda el Asia. Y de
pronto, deslizada al pasar como una parte de nuestros sueños,
surgió la pregunta: ¿Y si nos vamos a Norteamérica?

»—¿A Norteamérica? ¿Cómo?

»—Con *La Poderosa*, hombre.

»Así quedó decidido el viaje que en todo momento fue seguido de acuerdo con los lineamientos generales con que fue
trazado: improvisación. Los hermanos de Alberto se unieron y

* Anteriormente Granado había tenido otra moto a la que había bautizado *La Poderosa*.

con una vuelta de mate quedó sellado el compromiso ineludible de cada uno de no aflojar hasta ver cumplidos nuestros deseos. Lo demás fue un monótono ajetreo en busca de permisos, certificados, documentos y salvar toda la gama de barreras que las naciones modernas oponen al que desea viajar. Para no comprometer nuestro prestigio quedamos en anunciar un viaje a Chile; mi misión más importante era aprobar el mayor número posible de materias antes de salir de viaje, la de Alberto acondicionar la moto para el largo recorrido y estudiar la ruta. Todo lo trascendente del viaje se nos escapaba en ese momento, sólo veíamos el polvo del camino y nosotros devorando kilómetros en la fuga hacia el Norte».

Ernesto y Alberto, montados sobre *La Poderosa II*, una moto Norton avejentada de quinientos centímetros cúbicos, enfilaron hacia Rosario, Buenos Aires, Villa Gesell y Miramar, este último lugar de veraneo en la costa atlántica para la clase pudiente, donde Chichina pasaba las vacaciones con una tía y varias amigas y amigos. Ernesto planeaba hacer el último intento de formalizar su relación, siempre y cuando ella aceptara compartir esa vida aventurera que lo atraía sin remedio. Su escaso optimismo estaba representado por el nombre que le había puesto al cachorrito que le llevaba de regalo, Come Back, y al que, quizá de buena fe, el joven adjudicaba pureza de raza, pastor alemán, lo que provocaría el ácido humor del padre de la festejada, quien le achacaría la condición de «policía secreto».

Miriam Urrutia, amiga de Chichina en aquellos años, me contará: «Los padres de Chichina no querían saber nada de Ernesto; incluso la madre hizo una promesa a la virgen del Valle que, si esa relación se cortaba, iba a ir hasta Catamarca a prenderle una vela».

Ernesto tenía fundadas dudas acerca de si ella esperaría su regreso. No se hacía demasiadas ilusiones, pero tenía alguna esperanza de que Chichina tuviese el coraje de saltar por encima de las convenciones y aceptar su amor. En todo caso si aceptaba el cachorro sería un símbolo de que lo esperaría hasta su regreso. Escribió en su diario: «Alberto veía el peligro y se imaginaba recorriendo solo los caminos de América, pero no levantó la voz. La pelea era entre ella y yo».

Chichina le contaría a su amiga Miriam: «Él me veía como si yo fuera un impedimento para la vida que quería hacer, una vida de aventurero. Se sentía atrapado y quería liberarse, y yo debo haber sido un escollo para eso. No sé adónde quería ir; deseaba salir y andar por el mundo».

La estancia de dos días se prolongó a ocho. Sobre la blanca arena de Miramar, un obstinado Ernesto trató de arrancar una promesa de Chichina, pero fue en vano. Desolado, le pidió su pulsera de oro para llevarla como recuerdo en el viaje, pero ella también se negó. «¡Pobrecita! Digan lo que digan, yo sé que no era el oro lo que le importaba: sus dedos trataban de sentir el amor que me llevaba a pedir los deseados quilates.» Chichina me dirá que es un recuerdo curioso porque ella no llevaba una pulsera de oro, aunque quizá se tratase de alguna fantasía de bajo precio. «Burlador burlado» será su sugestivo comentario.

El recuerdo que ella tiene de aquellos días no es agradable por la hostilidad de Ernesto hacia sus amigos, que por lo bajo lo llamarán «pitecantropus erectus», lo que creará situaciones de franca incomodidad; tanto es así que cuando los viajeros se deciden a partir, más que tristeza lo que ella sentirá es alivio. En su despedida Chichina le dará quince dólares para que Ernesto le compre un traje de baño en los Estados Unidos, desmintiendo así la versión de otros biógrafos que se refirieron a un pañuelo. También me contará que años después el encargo llegaría a sus manos portado por doña Celia, en uno de sus regresos a Buenos Aires.

«Todo fue una miel continua con ese pequeño sabor amargo de la próxima despedida que se estiraba día a día hasta llegar a ocho. Cada día me gusta más o la quiero más a mi cara mitad. La despedida fue larga ya que duró dos días y bastante cerca de lo ideal. A Come Back también lo siento mucho» (*Notas de viaje*). ¿Qué hubiera sucedido si la joven cordobesa hubiese accedido al requerimiento amoroso de Ernesto Guevara de la Serna? ¿Allí hubiese abortado el nonato Che? ¿Cómo se tejen y destejen los destinos?

Cuando *La Poderosa II*, tosiendo penosamente y escupiendo aceite, llegó a la comisaría de Bariloche, Ernesto recibió una carta de su amada Chichina: «Leí y releí la carta increíble. Así nomás, todos mis sueños se derrumbaron … Empecé a sentir miedo y me puse a escribir una carta plañidera, pero no pude; era inútil intentarlo». Ella, presionada por su familia y también resuelta a desembarazarse de lo que se parecía a un acoso prepotente de Ernesto, había resuelto no esperarlo. «En la penumbra que nos rodeaba, figuras fantasmagóricas giraban a mi alrededor, pero "ella" no quería venir … Debería pelear por ella, era mía, era mía, era m… Dormí.»

Miriam Urrutia divulgará una confesión epistolar de su amiga: «Yo le tuve que escribir una carta a Ernesto prácticamente obligada por la mamita. Me acuerdo que me encerré en la biblioteca de Chacabuco y llorando a chorros lo hice». Cuando meses después Ernesto volvió del viaje, Chichina ya no le prestó atención, acosada por otros festejantes menos problemáticos, más aceptables para su familia.

El joven Guevara quizá se arrepentiría de haberla provocado por despecho, humillándola al tener una relación sexual con una mucama de los Ferreyra en una carpa sobre la playa, a la vista de Chichina y de sus amigas. «A Chichina no le gustó demasiado —recordará Granado—. Y creo que me tenía rencor porque yo era el que alejaba a Ernesto de su lado.» Al respecto me comentará la distinguida dama cordobesa, que aún hoy conserva su belleza y atractivo: «Granado dice que yo le guardaba rencor. No tiene gollete. ¿Por un viaje? ¡Si era lo que todos deseábamos hacer! ¡Qué extrañas resultan las percepciones de la gente!»; un comentario que claramente apunta a quitar voltaje a esa historia romántica que la celebridad del protagonista masculino, el tiempo y la reserva a ultranza de Chichina han transformado en leyenda.

Ernesto se sentía en condiciones de emprender una aventura de previsible exigencia física porque estaba permanentemente entrenado para el rugby, el único deporte que practicó con regularidad, a pesar de que sus exégetas pretenden hacer de él un deportista múltiple, y llegan a adjudicarle un salto imposible en una competencia universitaria de garrocha, o un penalti decisivo atajado e inmortalizado en una final futbolística en la ciudad colombiana de Leticia.

Lo cierto es que el futuro Che nunca se destacó como juga-

dor de rugby, pero eran rescatables el vigor de su tacle y el furor de sus acciones, que le valieron el apodo de Fuser, apócope
de «el furibundo Serna». «De su muerte me enteré de una forma muy desagradable pues los cubanos no creían que el Che
hubiera muerto —dirá Granado en La Habana al ser entrevistado para este libro—. Me mostraron una fotografía donde aparecía él tirado en la camilla, con los brazos flácidos. En Cuba, el
Che tenía fama de ser un hombre fuerte, de mucha energía, y
entonces el periodista me dice: "Compañero Granado, mira si ese
hombre con esos bracitos va a ser el Che Guevara". Con mucho
dolor le dije que desgraciadamente era el Che, y que esos bracitos eran los suyos porque esa fuerza que le conocíamos no era
tanto muscular como nerviosa. Le conté entonces que, ya en la
época de jugador de rugby en Córdoba, nos sorprendía que con
esos bracitos pudiese hacer tacles tan violentos.»

Se inició en el humilde Estudiantes de Córdoba y su puesto
preferido siempre fue el de insider, aunque a veces se desempeñaba como medio-scrum. Cuando la familia se muda a Buenos
Aires, pasa a jugar en el San Isidro Club, el renombrado SIC, un
equipo de alta competencia en el que, si bien se desempeña en
reserva y nunca accede a la primera división, es sometido a intensos entrenamientos que alarman a sus padres y a sus médicos.
Como Ernesto no aceptaba abandonar la práctica de un deporte tan contraindicado para un asmático, su padre acudirá a la
estratagema de complotarse con su cuñado Martínez Castro,
entonces presidente del club, para excluirlo del equipo.

El joven no se dará por vencido y se incorporará al Yporá
Rugby Club, que disputaba la Liga Católica y que en 1949 cambiará su nombre por el de Atalaya Polo Club, y pasará a competir, con su casaca a cuadros amarillos y marrones, en la flamante
Unión de Rugby del Río de la Plata. Diego Bonadeo, quien con
los años se convertiría en un reconocido comentarista deportivo en Argentina, me contará que cumplía con la tarea de guardar el insuflador de Asmopul a un borde de la cancha y estar listo
para alcanzárselo al casi desfalleciente jugador, que cada diez o
quince minutos necesitaba hacer varias aspiraciones para continuar en la cancha.

También recordará que el futuro Che era el único insider que usaba orejeras, aditamento reservado para quienes forcejeaban y se golpeaban en los scrums. Como anécdota, me relata algo escuchado en una tribuna. Alguien preguntó: «¿Por qué no juega Guevara?», a lo que otro contestaría con un dejo de burla hacia el traidor de su clase social: «Creo que está haciendo una revolución en Panamá».

11

El 14 de enero de 1952 por fin partieron desde Miramar. Tardaron cuatro semanas en salir de la Argentina. Cuando pasaron por Bahía Blanca, Ernesto se enfermó con 40° de fiebre y debieron parar varios días en el hospital de Choele Choel, donde fue tratado «con una droga muy poco conocida: penicilina», como asentaría en una de sus cartas. Cuando llegaron a los Lagos del Sur, en el límite con Chile, ya no tenían qué comer y se volvieron especialistas en vivir a costa ajena; «mangueros motorizados», decía Ernesto. Pedían alimentos a las familias de la zona, dormían en graneros, garajes, cocinas y hasta en comisarías, donde compartieron celda y comida con los detenidos.

Cerca del lago Mariquiña, Ernesto escribiría a sus padres, haciendo gala de un humor negro que no lo abandonaría en toda su vida: «Allí nos dio alojamiento un casero austríaco que había sido corredor de motos en su juventud, fluctuando entre sus ganas de hacer "gauchadas" y su miedo a la patrona. Conversando en su media lengua nos contó que tenían un tigre chileno en la zona y que los tigres chilenos son bravos, atacan al hombre sin ningún miedo y tienen una enorme melena rubia. Nos alojó en un galpón abandonado donde había un cajón lleno de pasto especial para dormir. Hicimos nuestro fueguito para tomar mate y después nos fuimos a acostar. Cuando íbamos a cerrar la puerta nos encontramos que solamente cerraba la parte de abajo, de modo que nos dormimos con la idea del león chileno en la cabeza y el revólver en la cabecera. Estaba clareando ya cuando me despertó el ruido de unas garras que arañaban la puerta. Alberto a mi lado era todo silencio aprensivo. Yo tenía la mano crispada sobre el revólver, engatillado ya, mientras dos ojos fosforescentes me miraban recortados sobre las sombras de los árboles. Como impulsados por un resorte gatuno se lanzaron hacia delante mientras el bulto negro del cuerpo se escurría sobre la puerta. Fue algo instintivo, rotos los frenos de la inteligencia, y el instinto de supervivencia apretó el gatillo; el trueno del estampido golpeó un rato contra las paredes y encontró enseguida el agujero para irse rebotando entre los árboles.

»El austríaco venía gritando con la linterna encendida, llamándonos desesperadamente, pero nuestro silencio tímido sabía su razón de ser que adivinaba ya los gritos estentóreos del casero y los gemidos histéricos de la alemana, echada sobre el cuerpo exánime de su Boby, un perro antipático y ladrador como pocos».

Ernesto Guevara de la Serna se divierte contando peripecias, que sabe serán leídas con regodeo en un hogar donde el espíritu aventurero ha dominado el imaginario familiar desde siglos atrás. También sus amigos, me contará Calica Ferrer, se reunían semanalmente para escuchar las andanzas de los viajeros.

Así, familiares y amistades celebrarán que, en San Martín de los Andes, colaborando en la realización de un asado multitudinario, Ernesto y Alberto fingirán estar borrachos y se alejarán a simular vómitos cada dos por tres a orillas del lago, pretexto para llevar bajo sus ropas una botella de vino en cada viaje. Pero cuando, terminada la celebración y dispersados los participantes, se disponen a gozar de su trapisonda, descubren que alguien más astuto que ellos les ha birlado su tesoro alcohólico.

No faltarían tampoco los momentos de peligro, como reproducirá don Ernesto en su libro *Mi hijo el Che*: «Auxiliados solamente por dos panes nos pusimos a escalar un cerro con nieve en la punta. A las doce y cuarto iniciamos la ascensión, a la una y media caíamos, a las dos sudábamos, y a las cinco se habían acabado los yuyos y subíamos por la parte rocosa. Allí quedé encajado al caer en una piedra que me cerró el paso y no podía ir para arriba y tampoco para abajo. Al ver la caída de treinta metros que tenía abajo y la imposibilidad de subir, me di cuenta de que tenía un miedo bárbaro. Quedé media hora achatado contra las piedras, dándome valor mentalmente; al fin, sin mirar abajo, empecé a subir con una lentitud atroz hasta hacer pie en la roca firme. Alberto me esperaba anhelante.

»Seguimos, pero ya más silenciosos, lanzando breves exclamaciones contra los tábanos que nos seguían desde abajo pero que recién ahora molestaban. A las siete llegamos a la nieve y tras media hora de retozar y sacar una o dos fotos emprendimos la retirada. A las nueve dejábamos el arroyo. A las diez desesperados, nos tirábamos para abajo sin ver nada, cuando se le cayeron las antiparras a Alberto. Un pálido reflejo se vio por un momento rebotando entre las ramas. El petizo se lanzó decidido tras ellas y de pronto oí un grito. Había perdido pie y quedó agarrado de unas cañas. Después me contaba que al sentir sus pies en el vacío y sentir cómo la primera caña a la que se agarró cedía bajo su peso se sintió difunto. Salió trabajosamente de su situación, suspirando, pero sin antiparras».

Ya en Chile, en Valparaíso, conocieron a un grupo de médicos chilenos y se presentaron como leprólogos. Les dieron una carta de presentación para la Sociedad de Amigos de la Isla de Pascua, donde existía la única colonia de leprosos de Chile, y les prometieron pasajes gratis en barco a la isla. «¡La isla de Pascua…! Allá, tener un novio blanco es un honor para las hembras. Allá, ¡qué esperanza!, las mujeres hacen todo el trabajo. Uno come, duerme y las tiene contentas… Qué importaría pasar un año allá, a quién le importan el trabajo, los estudios, la familia, etc.»

Contará Granado para este libro: «En Chile, Ernesto tuvo su primer encuentro con la prensa, que estoy seguro lo marcó profundamente y quizá le anticipó lo que le sucedería años después cuando medios poderosos se ensañaron en su contra. Veníamos con la motocicleta y llegamos a un pueblito que se llama Temuco. Dábamos vueltas para conseguir combustible y nos cruzamos con un periodista que nos preguntó quiénes éramos. Al día siguiente publicó un artículo con el título "Dos expertos en leprología recorren Sudamérica en motocicleta". ¿Te das cuenta de lo ridículo del título? Pero desde entonces el trato de la gente cambió. Mientras no sabían que éramos "expertos", nos trataban con cierto desdén; en cambio, ahora nos abrían la puerta y nos festejaban. Imagínate si en vez de ser dos tipos decentes hubiéramos sido dos violadores…». Esa nota, aparecida el 19 de febrero de 1952, fue ilustrada con una fotografía en la que aparece Ernesto con los pulgares enganchados en el cinturón, con pose de galán de cine.

Después sería el turno de Valdivia. Allí, cebados, visitaron el diario local, *El Austral*, que publicó una nota con el título «Dos animosos viajeros argentinos en motocicleta pasan por Valdivia». La información decía que «ambos viajeros piensan llegar a Caracas, la capital de Venezuela, o hasta donde permitan los medios económicos a su disposición, porque ellos mismos se pagan la gira», y que «se especializan en las causas y consecuencias de la lepra, la peste blanca que aflige a la humanidad. En la entrevista concedida a este diario explicaron cómo habían visitado los leprosarios de Brasil, Uruguay y los de su propio país. Les interesa conocer los de Chile, en especial el de la isla de Pascua».

Pero poco después *La Poderosa II* desertaría de la aventura. Luego de andar un trecho la moto pegó un corcovo y mandó a Alberto y a Ernesto al suelo pedregoso. Examinaron la máquina y encontraron roto uno de los sostenes de la dirección, pero lo más grave del caso era que también se había hecho pedazos la carcasa de la caja de velocidades. Luego de un arreglo precario, quizá por la inestabilidad del vehículo y conduciendo Ernesto, atropellarán una vaca sin mayores consecuencias para ellos, aunque sí para el pobre animal. Finalmente, en una población llamada Cullipull, dejarían a *La Poderosa II* y continuarían su viaje a dedo o caminando.

Calica Ferrer me contará que al regreso del viaje con Granado, Ernesto le propondrá ir a buscar la moto a San Juan, donde había sido llevada por algún camionero generoso y, que luego de obstinarse en su costumbre de descomponerse y de arrojar a sus jinetes contra el duro suelo, terminaría siendo vendida para pagar parte de los pasajes del segundo viaje por Latinoamérica, el que ambos compartirían.

Cierta noche los jóvenes aventureros encontraron alojamiento en casa de unos alemanes. Ernesto escribió: «Durante la noche tuve un cólico que no sabía cómo detener; me daba vergüenza dejar un recuerdo en la bacinilla así que me trepé a la ventana y entregué mi dolor a la noche y la oscuridad… A la mañana siguiente me asomé para ver el efecto y vi que dos metros más abajo había una gran plancha de cinc donde secaban sus duraznos al sol; el espectáculo adicional era impresionante. Escapamos de ahí».

12

Después de que les confirmaron que ningún barco zarparía hacia la isla de Pascua, decidieron seguir su itinerario original, obligadamente a pie. Como no encontraron barco que les diera trabajo, se escondieron en la letrina del buque de carga *San Antonio*, que navegaba hacia el puerto de Antofagasta. El olor era tan hediondo que Alberto empezó a vomitar. Por fin, vencidos, «a las cinco de la tarde, muertos de hambre y sin costa a la vista, nos presentamos al capitán», quien los reprendió y ordenó que se les asignaran tareas para pagar su pasaje y comida. A Ernesto le tocó limpiar esa letrina inmunda y a Alberto pelar las papas. «¡No es justo! —escribirá Ernesto—. ¡Él agrega su buena porción a la mierda acumulada ahí y yo tengo que limpiarla!» Después, el capitán los tratará como huéspedes de honor: jugaban a la canasta y bebían hasta tarde.

Durante el viaje hacia la mina de Chuquicamata conocieron a una pareja que dejaría huellas en Ernesto. Él era militante del P.C. (Partido Comunista) y minero, recientemente liberado de la cárcel adonde había ido a parar por promover una huelga. Habían dejado a sus hijos con un vecino y se dirigían a una mina de azufre en las montañas, donde las condiciones de trabajo eran tan miserables que nadie se preocuparía por su filiación política. Ernesto escribió: «A la luz de la única vela que nos iluminaba, los rasgos crispados del obrero despedían un aire misterioso y trágico … La pareja, aterida en la noche del desierto, abrazándose, era la viva representación del proletariado en cualquier parte del mundo. Ni siquiera tenían una miserable frazada para cubrirse así

que les dimos una de las nuestras mientras Alberto y yo nos ta-
pamos con la otra lo mejor que pudimos. Fue una de las veces
que más sentí el frío pero fue la vez que me sentí un poco más
hermano con esta, para mí, extraña especie humana». Una especie
que muy pronto dejaría de serle extraña y a cuyo bienestar ofren-
daría su vida.

La visita a la mina de Chuquicamata será para Ernesto una
experiencia decisiva en su concientización política. Le dedicará
un capítulo entero de su diario viajero, en el que describió con
desdén a los administradores norteamericanos, «amos rubios, eficientes e insolentes», que les permitieron visitar la mina con la
condición de que se fueran lo antes posible, porque no se trataba de una «atracción turística» y porque era inminente una huelga
de sus trabajadores: «Gringos imbéciles, pierden millones de pesos por día en una huelga para negarle unos centavos a un pobre obrero».

Alberto Granado nos contará en La Habana: «En ese tiempo las minas de cobre y de salitre estaban en manos de los americanos o de los alemanes. Te podías dar cuenta de cómo se diferenciaba el chileno que trabajaba en esas empresas del chileno
común que era abierto, desprendido. Nosotros decíamos que la
diferencia entre la mentalidad colonizada de la sin colonizar era
de un milímetro, que es el espesor de un alambrado, el mismo
que diferenciaba a la mina del resto del país. Son cosas que fueron marcando al futuro Che». Éste hará preguntas desusadas:
«Dígame, ¿cuántos han muerto de silicosis en esta mina?». Y el
capataz, incómodo, responderá: «Bueno, nunca me habían hecho
esa pregunta y desconozco la respuesta».

Ernesto confesará, en vísperas de elecciones, su confusión por
la popularidad entre los trabajadores del candidato que calificará «de derecha», el ex dictador general Carlos Ibáñez del Campo, «con miras políticas parecidas a las de Perón, que recibe del
pueblo una confianza tipo caudillesca». En su creciente antinor-
teamericanismo recomendará a los chilenos que «el mayor esfuerzo a hacer es sacarse de encima al molesto amigo yanqui y esa
tarea es, al menos por ahora, ciclópea, dada la gran cantidad de
dólares invertidos y la facilidad con que pueden ejercer una pre-

sión económica eficiente apenas sienten que sus intereses están amenazados».

Luego tomarían dirección hacia Bolivia, subiéndose a los camiones que transportaban a los «collas» hasta el lago Titicaca. En el pueblo indígena de Tarata, Ernesto revelaría el poderoso aldabonazo en su sensibilidad que significó su, desde entonces, indeleble contacto con la miseria latinoamericana: «En las calle-citas estrechas del pueblo con sus sendas de piedra nativa, suma-mente desparejas, con las cholas con sus bebés sobre la espalda uno respira la evocación de los tiempos antes de la conquista española; pero lo que tenemos ante nosotros no es la misma raza orgullosa que se alzó continuamente contra la autoridad del Inca y los obligó a mantener un ejército permanentemente en estas fronteras, sino una raza derrotada que nos mira pasar por las ca-lles del pueblo. Sus miradas son mansas, casi temerosas y comple-tamente indiferentes al mundo exterior. Algunos dan la impre-sión de que viven sólo porque es un hábito que no se pueden quitar». Nadie podía entonces imaginar que allí se iniciaba un ca-mino que aún conmociona al mundo y que encontraría su fin físico en esas mismas desolaciones bolivianas, y que en esos tiem-pos por venir el Che tampoco sabría penetrar esa coraza inex-presiva, que secularmente defiende a los cholos de los opresores blancos. «Los aimarás nos miran con curiosidad, pero no se atre-ven a preguntar nada … tratamos de averiguar el nombre y el porqué de todas las cosas, pero los aimarás apenas si entienden algo y nos dan alguna que otra indicación en un embarullado castellano, lo que presta más emotividad al ambiente.»

Le impactó que el pálido color de su piel, a pesar de su me-nesterosidad mendicante, les otorgara privilegios. Cuando Alberto y él subían a los camiones, los invitaban a viajar en la cabina pues la caja descubierta era para los indígenas, a merced de la intem-perie. El jefe de la policía de uno de los pueblos les pagó un cuarto de hotel porque dijo: «¿Cómo? ¿Dos doctores argentinos van a dormir incómodos por falta de dinero?».

Para los indígenas eran «semidioses venidos nada menos que de la Argentina, el maravilloso país donde está Perón y su mujer, Evita, donde todos los pobres tienen las mismas cosas que los ricos, y no se explota al pobre indio, ni se lo trata con la dureza con que se lo hace en estas tierras. Tenemos que contestar miles de preguntas relativas a nuestra tierra y su modo de vida. Con el frío de la noche, todavía instalado en nuestros huesos, la imagen de la Argentina se convierte en una visión halagadora de un pasado de rosas». Antiperonista por pertenencia de clase, el joven e irónico Ernesto tendrá la honestidad de escribir: «Era fácil para nosotros pintar situaciones extraordinarias, acomodando a nuestro antojo los empeños de «el capo» [Perón], llenando sus ojos de asombro con nuestros relatos sobre la belleza paradisíaca de la vida en nuestra tierra». Comparando la situación de ambos países, Ernesto y Alberto vieron a Perón y a Eva bajo una luz más favorable.

Ya en el Perú pasaron horas en el museo y la biblioteca del Cuzco. Alberto visitó a un médico que había conocido en un congreso de leprología, quien les puso a disposición un Land Rover con conductor para visitar el Valle de los Incas y les consiguió pasajes gratis en el tren a las ruinas de Machu Picchu. Se alojaron en una hostería a cambio de algunas tareas, pero después de dos días el dueño les pidió que abandonaran el cuarto porque llegaba un contingente norteamericano: «Naturalmente, los turistas que viajan en sus cómodos ómnibus no saben nada de las condiciones de estos indios … La mayoría de los norteamericanos vuelan directamente de Lima al Cuzco, visitan las ruinas y vuelven, sin dar importancia a nada más».

Una de las pobres mujeres a las que asistió médicamente durante su peregrinaje lo hace reflexionar: «Allí, en los momentos finales de la gente cuyo horizonte más lejano siempre es mañana, se ve la tragedia que envuelve la idea del proletariado en todo el mundo; en esos ojos moribundos hay una disculpa sumisa y también, con frecuencia, un ruego desesperado de consuelo que se pierde en el vacío, así como su cuerpo se perderá rápidamente en la magnitud de la miseria que nos rodea. Cuánto durará este orden de las cosas basado en un absurdo sentido de casta no está en mí responder, pero es hora de que los gobernantes dediquen menos tiempo a propagandizar la compasión de sus regímenes y más dinero, mucho más dinero, a auspiciar obras de utilidad social». Si bien todavía no está la convicción de la lucha armada, y en cambio persiste el reclamo a gobernantes que más adelante apostrofará de «reformistas» y de «cómplices del imperialismo», está claro que algo nuevo iba gestándose en los pensamientos de Ernesto Guevara de la Serna.

Su odio contra los Estados Unidos aumentaba a la par que le era más evidente la enorme influencia norteamericana en la región. En su diario los fustigaba: «Corresponsales rubios de otro mundo con sus cámaras y sus camisas deportivas». En un capítulo titulado «La tierra del Inca» calificó a los yanquis de «ignorantes de la distancia moral que los separa de los restos vivientes del caído pueblo incaico, porque sólo el espíritu semiindígena del sudamericano puede apreciar estas diferencias sutiles». Había comenzado a sentirse hermano de estas razas secularmente conquistadas y ya había definido al culpable de su infortunio.

13

Desde que habían partido de Argentina, el asma casi no había afectado a Ernesto gracias al seco clima de montañas áridas, pero en la tropical Abancay sufrió un ataque grave. Alberto tuvo que darle tres inyecciones de adrenalina y temió, como tantas otras veces en el futuro, que el corazón de su compañero no aguantase el esfuerzo. Cuando llegaron a Huancarama, un pueblo entre cerros boscosos, el asma casi no le permitía estar en pie y pidieron al vicegobernador ayuda para conseguir caballos, y así llegar hasta el leprosario de Huambo. Allí, la estación de las lluvias hizo que el mal se agravase aún más por lo que hubo que internarlo en el hospital dos días hasta que pasó el ataque.

Óscar Fernández Mell, su médico y amigo en Cuba y en el Congo, me contará en La Habana que el riesgo de vida no era sólo la asfixia sino también la taquicardia, a veces extrema, que la adrenalina provocaba en el Che, lo que con frecuencia impedía inyectarle lo que aliviaría sus pulmones.

En los enfermos aquejados de crisis agudas de asma se hace palpable el sutil, frágil límite entre la vida y la muerte: bastará con que los bronquios se estrechen algunos milímetros más para que el paso a la otra dimensión sea inevitable. O que el corazón lata con tanta velocidad que deje de bombear sangre. Puede esto haber conferido a Ernesto Guevara de la Serna una consciente o inconsciente certeza de la finitud de la vida, instalando un acuciante reloj en lo más hondo de su alma, convenciéndolo de que sólo tiene sentido estar vivo si se sabe que los seres humanos no somos eternos, y que hay un tiempo para justificarse en esta aventura a veces absurda y otras excelsa de estar vivo. Ésa puede haber sido la base de una vida corta vivida con una impresionante intensidad, en la que ningún minuto parece haber sido desperdiciado. Por eso también su aparente convicción de que había más verdad en el sufrimiento de los enfermos graves o de los condenados a la miseria que en las personas «normales», atadas por convenciones, vaciadas de sentimientos profundos. A éstas menospreció y combatió, y a aquéllas destinó su vida hasta la inmolación.

Durante diez días viajaron entre los Andes y Lima. «Nuestro viaje continuó de la misma manera, comiendo de vez en cuando, cada vez que un alma caritativa se apiadaba de nuestra indigencia.» Fue la etapa más miserable del viaje. Ernesto cuenta la estrategia que usaban para lograr que los invitaran a comer y a beber: exageraban la tonada argentina para despertar curiosidad en el candidato. Esto servía para iniciar conversación. Luego, uno de los dos empezaba a «hablar en voz baja de sus penurias, con la mirada perdida en la distancia», mientras el otro mencionaba la coincidencia de que fuera el primer aniversario del viaje. Luego, «Alberto, mucho más caradura que yo, lanzaría un suspiro terrible y diría, como si me lo confiara a mí: "Qué vergüenza estar en estas condiciones, y que no podamos celebrarlo…"». A esas alturas el candidato caía en el lazo y se ofrecía a pagar unas copas. Ernesto y Alberto fingían rechazarlo al comienzo, pero luego aceptaban. «Después del primer trago yo me niego categóricamente a beber más alcohol y Alberto se burla de mí. El comprador se enoja e insiste y yo me niego sin dar razones. El hombre insiste y yo, con mucha vergüenza, confieso que en la Argentina se acostumbra a beber mientras se come.» La triquiñuela solía tener éxito…

Estas experiencias de obligada picaresca de supervivencia iban templando el carácter de ese joven de clase social acomodada, que había pasado del mundo protegido de su clase, de su familia venida a menos, pero que sabía aprovechar bien relaciones y parentescos, al desamparo de esa experiencia donde había desarrollado una asombrosa e inesperada capacidad para sortear difíciles circunstancias desconocidas. Circunstancias que se adaptaban mejor a su inconformismo que las formalidades de un refinamiento europeizado como el de la estancia Malagueño o el Club Náutico San Isidro.

El primero de mayo, luego de cuatro meses de viaje, llegaron a Lima. Después de vagar durante toda una mañana de una comisaría a otra hasta que les dieron un plato de arroz, visitaron a un reconocido leprólogo peruano, quien, bien impresionado por los viajeros, dispuso que los alojaran en el hospital para leprosos. El doctor Pesce ejercería una sorprendente influencia en la vida de Ernesto. Era el primer médico que había conocido que no dedicaba su vida al «bien común» para ganarse un pedazo del cielo prometido a los cristianos, sino movido por su ideología marxista. Su militancia en el comunismo peruano le había valido ser desterrado a los Andes pero luego, a favor de su prestigio como médico, le fue permitido volver a su puesto en la universidad.

Era ésa la clase de vida que Ernesto aspiraba a llevar. En momentos en que buscaba una filosofía que lo guiara, influido por su contacto con la miseria latinoamericana y ya decidido a no permanecer indiferente ante ella, las convicciones y el ejemplo de Pesce lo estimularon en un terreno ya abonado por la prédica de Tita Infante y sus compañeros de ruta de la universidad. Sin duda ese médico leprólogo fue su camino hacia el marxismo teórico, pues el joven Guevara imaginó que sus estudios podrían llevarlo a encontrar una vida similar tan útil para los demás como la de ese médico admirable.

Granado nos contaría una anécdota que pone en evidencia la personalidad de su compañero de andanzas: el doctor Pesce tenía veleidades literarias y se había atrevido a escribir una novela, *Latitudes de silencio*, de la que se sentía orgulloso. Una noche en que, como en casi todas, Ernesto y Alberto cenaban en su casa, les pide una opinión sobre la misma. Granado, en devolución a sus atenciones, se siente obligado a elogiarla y lo hace enfáticamente. Ernesto, en cambio, permanecerá callado, aparentemente absorto en su plato de sopa. El doctor Pesce, luego de algunos segundos de espera, vuelve a insistir con su solicitud, valorando más la opinión de Ernesto. Como éste insistía en su silencio, Alberto, incómodo, vuelve a arrancar con los elogios aún más excesivos. No satisfecho, en el momento de despedirse, con su habitual sonrisa amable, Pesce insiste. Por fin Ernesto hablará: «Me parece mentira, doctor, que un hombre con su capacidad y su formación haya escrito un libro tan mediocre».Y a continuación descargó una catarata de críticas al estilo, a la forma, al contenido. Objeta también el fatalismo de su protagonista indio, lo que le parece inicuo en un marxista, y lo acusa de no haber podido sobreponerse a su condición social que desprecia al indígena. Cuando se van, Granado está furioso y le reprocha haber maltratado a quien tanto los había ayudado con dinero, trabajo, pasajes... Entonces Ernesto se limitará a comentar dando por terminado el asunto: «Vos viste que yo no quería hablar. Él se debería de haber dado cuenta».

Muchos años después, el Che reconocería la influencia de Pesce en su destino cuando le dedicó su libro *La guerra de guerrillas*: «Al doctor Hugo Pesce, quien tal vez sin saberlo provocó un gran cambio en mi actitud hacia la vida y la sociedad, con el mismo espíritu aventurero de siempre, pero canalizado hacia objetivos más armoniosos con las necesidades de América».

Cuando Ernesto pudo recuperarse de una de sus frecuentes crisis asmáticas partieron hacia su próximo destino, la colonia de leprosos de San Pablo, el mayor de los tres centros de tratamiento de Pesce en la Amazonia peruana. El primero de junio arribarán a Iquitos donde Ernesto quedará postrado por otro agudo ataque de asma, y durante los seis días que pasaría en cama se inyectó adrenalina, leyó y escribió cartas a la familia. Le pidió a su tía Beatriz que le enviara a Bogotá un inhalador antiasmático y ampollas de adrenalina, que eran muy difíciles de hallar en los lugares por donde andaban. Tomó la precaución de tranquilizarla con una mentira: «No tengo asma, sólo quiero estar preparado por cualquier eventualidad».

Mientras esperaba el barquichuelo que lo llevaría hasta el leprosario, Ernesto vuelve a escribir en tono de humor a su tía Beatriz, quien coleccionará sus cartas con amorosa meticulosidad: «Lo que escribí sobre los cazadores de cabezas, etc., es mentira. Desgraciadamente parece que el Amazonas es tan seguro como el Paraná y el Putumayo como el Paraguay así que no voy a poder llevarte una cabeza reducida como deseaba ... También pensaba lucir mis cualidades de mártir en medio de las fiebres palúdica o amarilla pero parece que no hay más. ¡Es desesperante!». Irreverente una vez más, sabedor de que a la señora de alcurnia, en el fondo, le divierten sus procacidades, le pide que le diga a un pariente que en un futuro le escriba una carta en papel «porque uno no puede limpiarse el traste con tarjetas postales». Orgulloso agregará: «En cuanto a la oferta de dinero te diré que soy bastante machito para no manguear a un pariente, sobre todo porque sé que las arcas no están desbordantes».

A pesar de la crónica falta de dinero, se las arreglarán para tener satisfacciones sexuales. En una de ellas Ernesto recordará a su amada cordobesa: «Una caricia al descuido de la putita que simpatizaba con mi estado físico penetró como un punzón en los recuerdos dormidos de mi vida preaventurera. Durante la noche, incapaz de dormir debido a los mosquitos, pensé en Chichina, convertida ahora en un sueño remoto, un sueño que era muy agradable y cuyo final... deja más miel derretida que hielo en la memoria». Será la última referencia en sus diarios a quien en esos momentos imaginaba «diciendo alguna de sus frases extrañas y artificiosas a su nuevo enamorado».

Alberto Granado explicará el porqué de ese itinerario que enhebraba leprosarios: «Visitamos leprosarios porque yo había trabajado desde el año 1946 hasta que hicimos el viaje en el de San Francisco de Cañar, al norte de Córdoba. Ahí aprendí a querer a los leprosos. En el año 50, cuando Ernesto hizo un viaje por toda Argentina con una bicicleta con motor, pasó por el leprosario donde yo estaba y comprobó en carne propia que cuando le das a un leproso un gramo de cariño, te devuelve una tonelada. Él se dio cuenta de eso. También sucedía que mientras en cualquier parte del viaje nos atendían con una deferencia que no pasaba del límite de lo normal, cuando llegábamos a un leprosario era casi una fiesta; nos recibían con los brazos abiertos».

El leprosario de San Pablo tenía seiscientos pacientes que vivían en una aldea, aislados del personal administrativo y médico. Los viajeros, en cambio, se instalarán entre los enfermos durante quince días. Alberto pasaba horas mirando por el microscopio mientras Ernesto leía poesía, jugaba al ajedrez con los internados o pescaba con los médicos. Una tarde, a pesar de un asma que le silbaba en el pecho, se arrojó al ancho Amazonas y lo cruzó a nado en dos horas.

El 14 de junio de 1952, al cumplir veinticuatro años, los enfermos le brindaron una fiesta regada con pisco que agradeció con un discurso: «Creemos, y después de este viaje con mayor firmeza que nunca, que la división de América Latina en nacionalidades ilusorias e inciertas es completamente ficticia. Constituimos una única raza mestiza, que desde México hasta el estrecho de Magallanes presenta similitudes etnográficas notables. Por eso, tratando de liberarme del peso de cualquier provincialismo mezquino, brindo por el Perú y por una América Unida». En medio de los leprosos, paradójicamente, trocaba su vocación de servir a los enfermos por su creciente pasión por luchar contra las injusticias sociales.

Cuando se decidieron a partir, los enfermos y el personal construyeron para ellos una balsa que bautizaron *Mambo-Tango*; les dieron ropa, ananás, anzuelos de pesca y dos pollos vivos. La noche anterior una orquesta de leprosos vino en canoa a despedirlos. Ernesto lo describe en una carta a su madre, fechada el 6 de julio de 1952: «En realidad, fue uno de los espectáculos más interesantes que hemos visto hasta ahora: el cantante era ciego y el acordeonista no tenía dedos en la mano derecha y los había reemplazado por unos palitos atados a la muñeca». Los enfermos les agradecían así que hubieran convivido con ellos sin protegerse con delantales ni guantes de goma, que no hubieran tenido reparos en darles la mano o abrazarlos, ofreciéndoles un inusitado trato de seres humanos.

14

Luego de otras peripecias aterrizaron en Bogotá a bordo de un viejo hidroavión, *Catalina*, que, según Ernesto, «se sacudía como una bandeja de cócteles». La capital colombiana estaba políticamente convulsionada y Ernesto comentó en otra carta a sus padres: «De todos los países donde hemos viajado, en éste las garantías individuales están más suprimidas; la policía patrulla las calles con fusiles al hombro y constantemente le piden a uno el pasaporte … Es una calma tensa que presagia un alzamiento antes de que pase mucho tiempo. Los llanos están en abierta rebelión y el ejército es impotente para reprimirla, los conservadores se pelean entre ellos y no se ponen de acuerdo en nada y el recuerdo del 9 de abril de 1948 pesa como plomo sobre los espíritus».

Ernesto parecía haber desarrollado, en su contacto con la gente, en las eternas discusiones con Alberto y en las conversaciones con el doctor Pesce, una inesperada capacidad para analizar con lucidez las circunstancias sociopolíticas. Su referencia aludía al asesinato en abril de 1948 de Jorge Eliécer Gaitán, que provocó el derrumbe violento del sistema político colombiano, el «bogotazo», con tres días de enfrentamientos sangrientos. Los disturbios se produjeron durante una conferencia cumbre de cancilleres del hemisferio, convocados por los Estados Unidos para firmar la carta de la Organización de Estados Americanos (OEA). Simultáneamente se celebraba una conferencia estudiantil antiimperialista latinoamericana en protesta por la cumbre, a la que asistieron jóvenes dirigentes del continente, entre ellos un estudiante cubano en la carrera de leyes, Fidel Castro Ruz.

En la capital colombiana los viajeros tuvieron un roce con la policía por culpa del amor propio de Ernesto. Cuando iban al consulado argentino a recoger correspondencia un agente los detuvo, los interrogó y los palpó de armas. Encontraron la réplica en plata de un típico facón gaucho que le había regalado su hermano Roberto y que Ernesto solía llevar encima. Para empeorar las cosas, cuando el policía le preguntó sobre los medicamentos para el asma, Ernesto le contestó con una ironía: «Cuidado, es un veneno muy peligroso».

Los detuvieron, los llevaron por varias comisarías y finalmente fueron acusados ante un juez de «burlarse de la autoridad». Cuando demostraron su condición de médicos y convencieron de su inocencia, los dejaron en libertad, pero Ernesto se obstinó en recuperar su facón, haciendo de ello una cuestión de honor. Fue varias veces a hacer escándalo a la estación policial hasta que se lo devolvieron, pero ganándose el rencor de los uniformados.

El cónsul argentino y los estudiantes, de quienes se habían hecho amigos en la revuelta, les recomendaron que partieran lo antes posible porque la policía del dictador Laureano Gómez trataría de vengar sus afrentas, y hasta hicieron una colecta para ayudarlos. No le dieron importancia, consideraron que era una exageración, pero cambiaron de parecer cuando, al volver a la pensión, encontraron sus bultos desparramados en el pasillo y al dueño ordenándoles que abandonaran el lugar. No tuvieron dudas de que la policía había andado por allí. El futuro Che estuvo a punto de sufrir precozmente y en carne propia la violencia represiva de los uniformados latinoamericanos

Llegaron el 17 de julio a Caracas. Se alojaron primero en una pensión sórdida, pero después Margarita Caliento, tía de un amigo de Ernesto, les dio de comer y les consiguió alojamiento en un albergue de la Juventud Católica. Cincuenta años más tarde nos contará Alberto Granado: «Conseguí un buen puesto de investigador en un instituto en Caracas gracias a la recomendación de Pesce, y entonces le dije a Ernesto: "Mirá, Pelado, me gusta este lugar, trabajan seriamente y me voy a quedar. Volvé a Buenos Aires, te ponés a estudiar a todo trapo y cuando te gradúes, volvés, y mientras tanto yo te consigo un buen lugar para que trabajes". Así sucedió; el director del instituto donde yo investigaba le guardó un puesto de médico interno. Yo le decía: "No se apure, doctor Medina, el que va a venir es un muchacho muy estudioso, muy profundo; no se va a arrepentir de guardarle el puesto". Meses después ya Ernesto empezaba a ser el Che y me envió una carta en la que me decía que lo sentía mucho, que era más útil ser parte de una revolución que ir a ganar plata a Venezuela. Con ese papelito algo ofensivo tuve que decirle al director que Ernesto no venía».

Éste había conseguido un lugar en el avión que transportaba caballos, de su acaudalado tío Marcelo, de Miami a Buenos Aires y viceversa. El 26 de julio abordó el Douglas y llegó a Miami, donde debieron esperar varios días para reparar una avería. Ernesto se alojó con Jaime «Jimmy» Roca, un primo de Chichina que estudiaba arquitectura. Ninguno de los dos tenía dinero y entonces gozaron de la gratuidad de la playa y de las caminatas por la ciudad. Subsistían porque un mozo compatriota les servía porciones enormes de comida en un restaurante español, y porque en un bar otro amigo de Roca, a escondidas de sus dueños, los convidaba a cerveza y papas fritas.

Lo que vio Ernesto en Miami confirmó su predisposición negativa hacia los Estados Unidos. Dijo que había presenciado racismo y que la policía lo había interrogado sobre su filiación política. Allí compró el traje de baño encargado por Chichina, pues a pesar de haber pasado tantas dificultades económicas nunca gastó los quince dólares que ella le había dado.

Ernesto estaba en acelerada vía de convertirse en el Che. Algo de eso podía vislumbrarse en un comentario de sus *Notas de viaje*, escrito ya de regreso en Buenos Aires: «La persona que escribió estas notas murió al pisar nuevamente tierra argentina, el que las redacta y pule, "yo", no soy yo; al menos, yo no soy el mismo que era antes. Este vagabundear a través de nuestra América me ha cambiado más de lo que yo pensaba».

Una prueba de ese cambio, también en una nueva visión de la enfermedad que poco tendrá que ver con lo que le enseñaron en la universidad, es ya perceptible en un capítulo de su diario, redactado cuando aún no habían salido de Chile, en el que relata su contacto con una anciana indígena que padecía de asma: «La pobre daba lástima, se respiraba en su pieza ese olor acre de sudor concentrado y patas sucias, mezclado al polvo de unos sillones, única paquetería de la casa. Sumaba a su estado asmático una regular descompensación cardíaca. Frente a esos casos es cuando el médico consciente de su total inferioridad frente al medio desea un cambio de cosas, algo que suprima la injusticia que supone que la pobre vieja hubiera estado sirviendo hasta hacía un mes para ganarse el sustento, hipando y penando pero manteniendo frente a la vida una actitud recta.

»Es que la adaptación al medio hace que en las familias pobres el miembro de ellas incapacitado para ganarse el sustento, se vea rodeado de una atmósfera de acritud apenas disimulada en ese momento se deja de ser padre, madre o hermano, para convertirse en un factor negativo en la lucha por la vida y, como tal, objeto del rencor de la comunidad sana que le echa en cara su enfermedad como si fuera un insulto personal a los sanos que deben mantenerlo. Allí, en estos últimos momentos de gente cuyo horizonte más lejano fue siempre el día de mañana, es donde se capta la profunda tragedia que encierra la vida del proletariado de todo el mundo; hay en esos ojos moribundos un sumiso pedido de disculpas y también, muchas veces, un desesperado pedido de consuelo que se pierde en el vacío, como se perderá pronto su cuerpo en la magnitud del misterio que nos rodea. ¿Hasta cuándo seguirá este orden de cosas basado en un absurdo sentido de casta?».

15

Regresó a la Argentina en agosto de 1952, en medio de las manifestaciones de dolor popular provocadas por la muerte de Eva Perón, cinco días antes.

Del total de treinta materias de la carrera de medicina, había rendido quince, antes de partir con Granado, por lo que le quedaban quince a aprobar antes de marzo si quería obtener el diploma y así reiniciar su viaje. Los primeros exámenes estaban programados para noviembre. Ernesto estudiaba al tiempo que trabajaba en la clínica para alérgicos del doctor Salvador Pisani, a quien había conocido como paciente obteniendo una considerable mejoría en su asma gracias al tratamiento de desensibilización creado por él, consistente en inyectar al asmático pequeñas dosis de las sustancias que le provocaban los accesos, con el mismo criterio desensibilizador de las vacunas.

Cuando debía empezar a rendir los exámenes, enfermó gravemente de una fiebre provocada por el contacto con vísceras humanas infectadas. Pisani había comprado una máquina especial para reducirlas con fines de investigación y Ernesto, impaciente por estrenarla, había adquirido algunas muestras infectadas en la facultad de medicina. Las redujo sin colocarse el delantal protector.

Don Ernesto contará que permaneció a su lado como cuando lo acompañaba en sus ataques de asma infantiles y luego de algunas horas, habiendo superado su hijo el momento crítico, pero con recomendación médica de reposo absoluto, se acostó a dormir. De madrugada, se despertó por el ruido que hacía Ernesto vistiéndose. Cuando el padre, estupefacto, le preguntó qué hacía, contestó: «Tengo un examen; la mesa examinadora se reúne a las ocho de la mañana».

Pese a su mala salud aprobó tres exámenes en noviembre y otros diez el mes siguiente. Para ello contaría con los cuidados de su tía Beatriz, quien lo alojó en su departamento porteño de Arenales 2208 y se preocuparía, esa aristocrática dama sin hijos, de que su sobrino preferido contara con la libertad y el silencio necesarios para ese esfuerzo.

Roberto Nicholson, su primo y colega de estudios médicos, me contará que Ernesto llegaría a dar examen de clínica gine-cológica, somnoliento y vestido de cualquier manera, a las once de la mañana cuando los alumnos habían sido citados a las ocho. Nicholson era jefe de trabajos prácticos y entonces le pidió al titular de la cátedra, el doctor César Brea, si podía examinarlo a pesar de su tardanza. Brea, conociendo el parentesco, aceptó. Luego se franquearía con Nicholson y le diría que Guevara era un oportunista, que era evidente que no se había preparado, pero que, como ese día estaba de buen humor, lo iba a calificar con un aprobado.

Así, a los trompicones, mezclando estudio intenso con audacia y simpático desparpajo en las mesas examinadoras, logró que sólo le quedase un examen para abril, que también aprobaría comple-tando una auténtica proeza sin parangón en la historia de la ca-rrera médica en Argentina. El 11 de abril de 1953, Ernesto rin-dió su última materia. Desde la facultad llamó a su padre por teléfono y le dijo: «Habla el doctor Ernesto Guevara de la Ser-na», y puso el énfasis en la palabra «doctor».

Ya estaba listo para un nuevo viaje que esta vez no sería de aventuras. Una prueba de ello se encuentra en un pasaje enigmá-tico escrito en Buenos Aires mientras redactaba sus notas de viaje. Lo llamó «Nota al margen» y el futuro Che lo califica ade-cuadamente de «revelación».

En ella, Ernesto se sitúa en «una aldea de montaña bajo un frío cielo nocturno lleno de estrellas». Sumido en las tinieblas, lo acompaña otro hombre de quien sólo eran visibles los cuatro dientes incisivos. «No sé si fue la personalidad del individuo o el ambiente lo que me preparó para recibir la revelación, pero sí sé que había escuchado los argumentos muchas veces dichos por mucha gente y jamás me había impresionado. En realidad nuestro relator era un tipo interesante: en su juventud había huido de algún país europeo para escapar del cuchillo adoctrinador; conocía el sabor del miedo (una de las experiencias que le hacen a uno apreciar la vida) y después, rodando de país en país y acumulando miles de aventuras, había venido a descansar su osamenta en esta comarca remota donde aguardaba pacientemente la venida del gran suceso.

»Después de las frases triviales y los lugares comunes con que cada uno expresó sus posiciones, la conversación languideció y estábamos a punto de separarnos. Entonces, con esa sonrisa de chico travieso que siempre lo acompañaba y acentuaba lo desparejo de sus cuatro incisivos, deslizó lo siguiente: "El futuro pertenece al pueblo y poco a poco o de un solo golpe tomará el poder, aquí y en todo el mundo. Lo malo es que tienen que civilizarse, esto no puede ocurrir antes sino después de la toma del poder. Sólo se civilizarán aprendiendo a costa de sus propios errores, que serán graves y costarán muchas vidas inocentes. O tal vez no, tal vez no serán inocentes, porque habrán cometido el gran pecado contra natura que significa la falta de capacidad de adaptación.

»"Todos los inadaptables, usted y yo por ejemplo, moriremos maldiciendo el poder que con tanto sacrificio ayudamos a crear ... A su modo impersonal, la revolución tomará nuestras vidas e incluso usará la memoria de aquello que para ellos sigue siendo ejemplar como instrumento para domesticar a la juventud que vendrá después. Mi pecado es más grande porque yo, más sutil y con mayor experiencia, llámelo como quiera, moriré sabiendo que mi sacrificio se debe sólo a una obstinación que simboliza la civilización podrida que se derrumba."

»Luego ese sabio interlocutor descerraja un impresionante vaticinio: "Usted morirá con el puño crispado y la mandíbula apretada, en una demostración perfecta de odio y de combate, porque no es un símbolo (algo inanimado que se toma como ejemplo) sino un miembro auténtico de una sociedad que se viene abajo: el espíritu de la colmena habla por su boca y se mueve en sus acciones; usted es tan útil como yo, pero no conoce la utilidad de la ayuda que le da a la sociedad que lo sacrifica".»

Y entonces, debidamente amonestado sobre las consecuencias del camino revolucionario, Ernesto tuvo su revelación: «Vi sus dientes y la expresión picaresca con que saltó sobre la historia, sentí la presión de sus manos y, como un murmullo lejano, el saludo protocolar de despedida... A pesar de sus palabras, ahora sabía, ahora sabía... que en el momento en que el gran espíritu juzgue sobre la inmensa brecha que divide a toda la humanidad en sólo dos fracciones antagónicas, yo estaré con el pueblo, y lo sé porque veo dibujado en la noche que yo, disector ecléctico de doctrinas y psicoanalista de dogmas, aullando como un poseso, asaltaré las barricadas o trincheras, bañaré mi arma en sangre y, loco furioso, degollaré a cualquier enemigo que caiga en mis manos.

»Y veo como si un enorme cansancio derribara mi reciente exaltación, cómo moriré cual sacrificio a la auténtica revolución niveladora de las voluntades, pronunciando el mea culpa ejemplar. Y siento mis fosas nasales dilatadas, saboreando el olor acre de la pólvora y la sangre del enemigo muerto; ahora mi cuerpo se retuerce, listo para la pelea y preparo mi ser como si fuera un lugar sagrado para que en su seno el aullido bestial del proletariado triunfante pueda reverberar con nuevas vibraciones y nuevas esperanzas.»

Este notable documento no señala tanto una premonición como la decisión tomada, todavía inconsciente, de un camino de violencia y sacrificio al servicio de un ideal, opción que en sí misma le anticipa ineluctablemente su trágico final, como también el aprovechamiento que sus enemigos querrán y podrán hacer de su compromiso.

16

«NO TENER ATADURAS, GUSTARNOS LA AVENTURA»

*Habla Carlos «Calica» Ferrer, amigo de infancia y juventud
del Che y compañero de su segundo viaje por Latinoamérica**

Conozco a Ernesto desde que los dos éramos muy chicos, cuando nuestras familias se radicaron en Alta Gracia, y desde entonces fuimos carne y uña. Donde iba Ernesto iba Calica y a la inversa. Mi padre era tisiólogo y atendía a los enfermos pulmonares y tuberculosos que iban a reponerse en Alta Gracia, y los padres de Ernesto lo llevaron a su consultorio para que lo atendiera de sus bronquios.

Ernesto era muy valiente, temerario, y más culto que todos nosotros; había leído mucho y eso le servía para conquistar a las chicas. Es cierto que yo lo ayudé a iniciarse sexualmente y en eso siempre fue muy normal; cuando se le presentaba alguna oportunidad, arremetía. Pero no era de obsesionarse con el sexo.

Fuimos compañeros del secundario en Córdoba y era buen alumno sólo en aquellas materias que le interesaban. No se arredraba a la hora de sostener polémicas con los profesores. Cierta vez una profesora dijo que gracias a que Perón estaba en el gobierno muchos humildes iban a poder estudiar y aprender. Debo aclarar que nosotros éramos muy antiperonistas. Entonces Ernesto, muy socarrón, le dijo que ninguna dictadura deseaba que los ciudadanos aprendieran porque si no los echaban de una patada del gobierno. Recuerdo que la profesora, al final de una discusión que fue agitada, en vez de sancionarlo le puso un diez porque, dijo, había sostenido bien sus razonamientos.

---

* Entrevista realizada por el autor en Buenos Aires, Argentina, el 10 de septiembre de 2002.

Era muy generoso. Un año, el día del Estudiante, cuando se había organizado el tradicional picnic, dos compañeros nuestros, con pocos recursos económicos, se lamentaron de no poder ir porque no tenían bicicleta; entonces Ernesto les dijo que tomaran la suya porque el asma le impediría concurrir, pero al rato apareció en el festejo montado en una bicicleta alquilada.

Me eligió como compañero de su segundo viaje porque éramos parecidos en eso de ser libres, de no tener ataduras, de gustarnos la aventura. Decidimos pasar por Bolivia porque Ernesto quería visitar las ruinas de Tiahuanaco, sobre las que había leído mucho. El siguiente destino sería Machu Picchu. El interés de Ernesto por las ruinas arqueológicas será una constante durante todo el viaje, tanto que llegué a pensar que su profesión iba a ser la arqueología, y quizá él me haya comentado algo en ese sentido. Meses después, estando en San Salvador, solicitó una visa para Honduras con el único fin de visitar las ruinas mayas de Copán. Como se la negaron, decidió visitar Chalchuapa, en el occidente salvadoreño, donde está la pirámide precolombina de Tazumal. Al día siguiente cruzó la frontera de Guatemala para visitar las ruinas indígenas de Quirigua, en el sur.

Estoy convencido de que, consciente o inconscientemente, el futuro Che buscaba abrevar la esencia latinoamericana en aquella pretérita etapa, previa a la despiadada conquista europea, cuando los indígenas a los que hoy consideraba necesario rescatar de su miseria y de su oprobio eran todavía pueblos orgullosos, con avances sociales, científicos y culturales desconocidos por los eficaces colonizadores.

Cuando Ernesto le anunció al doctor Pisani su partida, el médico trató de retenerlo ofreciéndole un puesto rentado, un departamento en la clínica y un futuro a su lado como investigador, pero el que había demostrado ser un médico de promisorio futuro se negó.

Partimos con algunos cientos de dólares recolectados entre parientes y amigos, el 7 de julio de 1953, ocupando dos destartalados asientos en la segunda clase del tren del Ferrocarril Belgrano que iba a Bolivia. Los billetes los pagamos con lo que nos dieron por la venta de *La Poderosa*, que fuimos a buscar a San Juan hasta donde la había llevado un camionero generoso que vino desde Chile. Por supuesto que en el viaje se descompuso varias veces, para no quebrar su costumbre.

Llegamos a La Paz en primera clase pues el asma del futuro Che era muy intensa y necesitaba atención. En el comedor entablé una relación casual con un hijo de Isaías Nougués, un rico hacendado tucumano exiliado en Bolivia de la persecución peronista, y que era el protector de los argentinos que allí llegaban.

Sin que yo me diera cuenta Ernesto iba preparándose para ser el gran revolucionario. Por ejemplo, la visita que hicimos a la mina Bolsa Negra lo impresionó hondamente. Es una mina de wolframio a casi seis mil metros de altura, en una falda del monte Illimani. Allí nos mostraron el lugar donde los guardias de la empresa, antes de que la nacionalizaran, emplazaban una ametralladora para acabar con los trabajadores en huelga. También fuimos espectadores de la desesperación de las personas que llegaban a la estación en un tren de carga y, nunca supe si por sadismo o por borrachera, el encargado no les abría las puertas del vagón para que pudieran descender. Se escuchaban los gritos de hombres, mujeres y niños que amenazaban o imploraban sin éxito. Bastante impresionante.

Ernesto siempre hacía valer sus derechos y odiaba la hipocresía o la falsedad. En el lago Titicaca nos embarcamos en una de las frágiles balsas que surcan sus aguas y nos dirigimos hacia la Isla del Sol. Allí unos improvisados guías nos propusieron, por unas pocas monedas, conducirnos hasta el célebre Templo del Sol, pero cuando llegamos al lugar Ernesto se dio cuenta de que nos estaban engañando porque él había estudiado el tema, y sabía que esas piedras que nos mostraban no era lo que buscábamos. Se planteó una situación violenta que llegó a ser peligrosa porque ellos eran varios y el sitio estaba muy alejado, sin testigos, pero por suerte no pasó a mayores.

Cuando volvimos a la embarcación se había hecho tarde y oscuras nubes presagiaban tormenta. De todas maneras y contra la opinión del indígena que pilotaba, irresponsablemente insistimos en regresar. Cuando estábamos en medio del lago inmenso, se descargó una lluvia torrencial con fortísimas rachas de viento que levantaron un oleaje que amenazó con tumbarnos. El indio se había acostado en el fondo, rezando, preparándose a morir. Con Ernesto, asustados, remamos desesperadamente hasta encontrar refugio en una pequeña bahía en una de las islas. Allí pasamos la noche a la intemperie, ateridos de frío, y al día siguiente regresamos al punto de partida.

Durante su estadía en La Paz, Ernesto entabló relación con Marta Pinilla, una agraciada joven, hija de un terrateniente de inmensas extensiones, y como yo también me había hecho de una noviecita frecuentábamos los lugares nocturnos de moda y a veces cenábamos en el hotel Sucre, el de más categoría en la capital boliviana. Después de casi un mes en La Paz, decidimos partir a pesar de que Nougués, que simpatizaba mucho con nosotros, nos había tramitado un generoso contrato en un leprosario.

Mucho se dijo de que, en la estación Retiro, al ponerse en marcha el tren, Ernesto sacó medio cuerpo por la ventanilla y les gritó a sus familiares y amigos que lo despedían: «¡Allí va un soldado de América!». O no me di cuenta o no lo recuerdo.

17

Desde su despedida en Retiro, Tita Infante y Ernesto Guevara mantuvieron una vasta correspondencia en la que intercambiaban sobre todo sus pensamientos políticos. Es así que en cuanto llegó a Bolivia, él le escribe: «El panorama político es sumamente interesante. Bolivia es un país que ha dado un ejemplo realmente importante a América ... Aquí las revoluciones no se hacen como en Buenos Aires, el gobierno está apoyado por el pueblo armado de modo que no hay posibilidades de que lo liquide un movimiento armado desde afuera y sólo puede sucumbir por las luchas internas».*

Durante el período entre viaje y viaje, Tita y Ernesto se habían encontrado con frecuencia y, a pesar del tiempo que le absorbía el estudio, Guevara sostuvo con ella discusiones políticas y la acompañó a reuniones partidarias. Quizá como consecuencia de ello, Roberto Nicholson me insistirá en que, antes de su segundo viaje, Ernesto Guevara ya profesaba ideas socialistas y recuerda un diálogo sobre una solicitada aparecida en los diarios, en la que el Partido Comunista, según Nicholson, criticaba al peronismo; lo que sería desmentido por Ernesto: «El comunismo nunca se va a poner en contra del peronismo porque éste es el mejor caldo de cultivo para conseguir adeptos».Y a continuación se extendería en una certera explicación sobre el materialismo dialéctico y sus estrategias.

La fascinación de Guevara por La Paz lo moverá a escribir en

* A. Cupull y F. González, *Cálida presencia*, Ameghino, Rosario, 1997.

su diario: «Es la Shangai de América. Una riquísima gama de aventureros de todas las nacionalidades vegetan y medran en medio de la ciudad policroma y mestiza».* Se registraron en un hotel barato, el City, y recorrieron las calles adoquinadas, atestadas de indios con sus trajes multicolores, entre los que se desplazaban grupos de milicianos armados. Habían llegado a una Bolivia revolucionaria y ello, sin duda, marcaría la memoria del Che, y en algo influiría años más tarde en su decisión de que fuese Bolivia la base de la insurrección sudamericana.

Meses antes había estallado una revuelta popular por la que accedió al poder el progresista Movimiento Nacionalista Revolucionario (MNR), que había disuelto el ejército y nacionalizado las minas. En pocas semanas debía entrar en vigencia la ley de reforma agraria y, para asegurarse de que así fuese, los campesinos atacaban las haciendas privadas para forzar la solución del problema de la tenencia de la tierra, mientras los mineros, dirigidos por la Central Obrera Boliviana (COB), creada recientemente, realizaban demostraciones de fuerza para obligar al gobierno a hacer mayores concesiones. Los comunistas, por su parte, exigían la entrega del poder a los trabajadores, mientras el ala nacional-populista del presidente Paz Estenssoro trataba de imponer el camino intermedio que aislara tanto a los marxistas como a los «rosqueros», como llamaban a la oligarquía local.

Ernesto escribió: «La gente llamada bien, la gente culta, se asombra de los acontecimientos y maldice la importancia que se le da al indio y al cholo pero en todos me pareció apreciar una chispa de entusiasmo nacionalista frente a algunas obras del gobierno. Nadie niega la necesidad de que acabara el estado de cosas simbolizado por el poder de los tres jerarcas de las minas de estaño y la gente joven encuentra que éste ha sido un paso adelante en la lucha por una mayor nivelación de personas y fortunas».

En La Paz, Ernesto quiso visitar a Ñuflo Chávez, ministro de Asuntos Campesinos del gobierno del MNR. Durante un largo rato Chávez explicó a los viajeros argentinos el proyecto de re-

* Ernesto Che Guevara, *Otra vez*, Editorial Sudamericana, Buenos Aires, 2000.

forma agraria, y al despedirse les regaló un libro sobre el tema campesino, que en algo habrá influido en la acción del Che en el gobierno cubano, cuando puso como meta esencial que la tierra pasase a ser propiedad de quienes la trabajaban.

Pero a Ernesto le disgustó que los indígenas, que en gran cantidad se apiñaban en sus oficinas aguardando la adjudicación de tierras, debieran someterse a la humillación de que, de vez en cuando, un empleado del ministerio los espolvoreara con insecticida. En una carta a su madre, sin fecha, escribirá: «Me pregunto cuál será el futuro de esta revolución. La gente en el poder fumiga con DDT a los indios para despojarlos provisionalmente de las pulgas que los invaden, pero no resuelven el problema esencial de la proliferación de los insectos».

Es evidente que los razonamientos de Ernesto no tienen aún una esencia política, ni siquiera ideológica, sino que son dictadas por un acendrado sentido de la decencia y de la justicia. Su rol es el de un testigo trashumante que va registrando las imperfecciones de las sociedades humanas, pecados que según él tienen un responsable principal: los Estados Unidos de Norteamérica y su instinto imperialista.

Miriam Urrutia, perteneciente a la clase alta argentina, esposada con un aristócrata de apellido De Ridder, es renuente a aceptar que aquel amigo de adolescencia, a quien quiso y admiró, pueda haberse convertido en un sincero marxista-leninista. Me insistirá en que Ernesto Guevara de la Serna nunca dejó de ser un aventurero y que lo ideológico no pasó de ser un barniz justificatorio. Esta hipótesis no parece concordar con el joven Guevara que en una carta del 3 de septiembre dirigida a su amiga Tita Infante hará una lúcida descripción de la situación política boliviana: «El MNR es un conglomerado en el que se notan tres tendencias más o menos netas: la derecha, representada por Siles Suazo, vicepresidente y héroe de la revolución; el centro por Paz Estenssoro, más resbaladizo aunque probablemente tan derechista como el primero, y la izquierda por Lechín, que es la cabeza visible de un movimiento de reivindicación serio pero que personalmente es un advenedizo mujeriego y parrandero». Para ser un aventurero demuestra ya una rara vocación política, cuando aún no ha emprendido el sistemático y obsesivo estudio de textos marxistas de política y economía, que ocupará parte sustancial de su tiempo en los años por venir.

Alberto Granado nos contará una anécdota que muestra el triunfo del revolucionario sobre el aventurero en el Che: «En agosto de 1964, el Che quiso despedirse de mí; yo creí que se trataba de uno de esos viajes en que representaba a Cuba en asambleas internacionales, pero después me enteré de que se había ido a combatir al Congo. En ese encuentro yo le comenté que de todos los vicios capitalistas había dos que no lograba quitarme, uno era viajar y el otro era el trago. Él me respondió: "Mirá, petiso, vos sabés que el trago nunca me interesó y viajar, si no es con una metralleta, tampoco me atrae"».

La programada estadía de una semana en La Paz se prolongaría hasta que Ernesto le escribió a su padre el 22 de julio de 1953: «Estoy un poco desilusionado por no poder quedarme aquí, porque éste es un país muy interesante y pasa por un momento sumamente agitado. El 2 de agosto se aplica la reforma agraria, y se esperan choques y enfrentamientos en todo el país. Hemos visto marchas increíbles de gente armada con Mauser y "piripipí" (metralletas) que disparan sólo porque sí. Todos los días se oyen disparos y hay muertos y heridos por armas de fuego. El gobierno se muestra casi totalmente incapaz de contener o dirigir a las masas campesinas y mineras, pero éstas responden hasta cierto punto y no cabe duda de que en caso de una revuelta armada de la Falange, el partido opositor estará junto al MNR. La vida humana tiene poco valor aquí y se la da y se la toma sin mucho aspaviento. Todo esto crea una situación profundamente interesante para el observador neutral».

Tras una breve estadía en el lago Titicaca, llegaron a la frontera con Perú. En la aduana del pueblo fronterizo de Puno, Ernesto sufrirá su primer inconveniente ideológico: «Me requisaron dos libros: *El hombre en la Unión Soviética* y una publicación del Ministerio de Asuntos Campesinos que fue calificada de "roja, roja, roja", en acento exclamativo y recriminatorio». Era el regalo de Ñuflo Chávez. Luego, ya en Lima, tendrían problemas con la policía que los fue a buscar a la pensión para llevarlos presos. Los tuvieron cinco horas en un calabozo y después los dejaron ir sin darles ninguna explicación, pero al día siguiente volvieron a buscarlos para interrogarlos sobre el secuestro de un chico. Aparentemente convencidos de que no tenían nada que ver con el asunto, otra vez los dejaron tranquilos. Nunca supieron si fue un error o si se trató de una velada advertencia policial de que los tenían fichados, quizá porque eran extranjeros con aspecto sospechoso que venían de una Bolivia en plena revolución.

En casa de Nougués, Ernesto había conocido a su compatriota Ricardo Rojo, otro refugiado político, con quien entablará una duradera amistad. «La primera vez que lo vi Guevara no me causó una gran impresión. Hablaba poco, prefería escuchar la conversación de los demás. Pero de repente hacía callar al interlocutor con una sonrisa seductora y un comentario filoso como una navaja», testimoniará Rojo en *Mi amigo el Che*. Lo identificará además como un joven de familia acomodada, con ansias de aventura, interesado en la arqueología e indiferente con la política.

El secuestro de los libros y las sospechas policiales no serán el único problema derivado del desarrollo de nuevas y firmes convicciones en Ernesto: «Alberto se tiraba sobre la hierba para casarse con princesas incaicas, para recuperar imperios perdidos. Calica maldice la mugre y cada vez que pisa uno de los innumerables soretes desparramados por la calle en lugar de mirar el cielo y una catedral enmarcada en el espacio, mira sus zapatos sucios. No huele el misterio evocador de Cuzco sino el olor del guiso y la bosta; cuestión de temperamento. Hemos decidido irnos de la ciudad rápidamente en vista de lo poco que le gusta».*

Quizá por influencia de su compañero o porque su origen burgués dejaba rastros imborrables, hay una curiosa anotación en su diario de viaje en el que relata que, habiendo perdido un camión que debía trasladarlos desde el pueblo de Copacabana, a orillas del Titicaca, debían «caminar dos kilómetros con nuestro pesado equipaje a cuestas. Al fin conseguimos dos changadores y entre risas y puteadas llegamos al alojamiento. Uno de los in-

* Carta a su madre, 22 de agosto de 1953.

dios al que habíamos puesto Tupac Amaru presentaba un espectáculo lamentable: cada vez que se sentaba a descansar había que ayudarlo a ponerse en pie porque no podía solo». Sin duda el indígena estaba exhausto por cargar un equipaje demasiado pesado para jóvenes mejor alimentados y más saludables. El Che de años más tarde no hubiese encontrado motivos de burla, sino de compasión.

La separación de los compañeros de viaje era inminente. Calica representaba el privilegiado orden social al que el joven Guevara había pertenecido, pero que ahora estaba cada vez más decidido a aniquilar en su interior y, en poco tiempo más, en la realidad exterior.

18

Cuando llegaron a Ecuador, el 27 de septiembre de 1953, los esperaba Ricardo Rojo con tres amigos, estudiantes de derecho en la Universidad de La Plata (Buenos Aires), Eduardo «Gualo» García, Óscar «Valdo» Valdovinos y Andro «Petiso» Herrero. Todos se dirigían a Guatemala para conocer in situ el proceso de cambio social puesto en marcha por el progresista presidente Jacobo Arbenz. Se alojaron juntos en una pensión a orillas del río Guayas, en un barrio pobre llamado Quinta Pareja. Los fondos eran tan escuálidos que Ernesto impuso una política de austeridad absoluta, que él era el primero en respetar haciendo durar un plátano como único alimento durante todo un día.

Su asma, inevitablemente relacionada con las tensiones, se agravaba por momentos y los ataques eran tan violentos que asustaban a sus compañeros, como lo relatará Andro: «Recuerdo haber despertado durante la noche cuando Ernesto trataba de alcanzar su Asmopul, pero le faltaban las fuerzas y uno de nosotros tuvo que dárselo». Enterados de que durante sus ataques asmáticos sólo podía comer arroz, gastaron sus exiguos fondos en comprarlo en cantidad y lo hirvieron, gesto que conmovió a Ernesto.

A mediados de octubre, Ricardo Rojo y Óscar Valdovinos se embarcaron hacia Panamá, como escala previa a Guatemala, en un buque de la United Fruit Company. Harto de esperar otro barco con el mismo destino y de los obstáculos para obtener la necesaria visa, Calica decide aceptar una propuesta para jugar profesionalmente al fútbol en Quito, y parte con el propósito de reunirse con Alberto Granado en Caracas. Ernesto ha decidido acompañar a sus nuevos amigos y esperará aún unos días. Para sobrevivir venderá su traje y escribirá en su diario: «Prácticamente no hay más cosas que quemar de modo que nuestra situación es bastante precaria; encima ni un peso, deuda quinientos [sucres ecuatorianos] potencialmente mil, pero cuándo saldarla, ésa es la cosa».

Cuando Calica concurre al consulado argentino en Quito, para buscar correspondencia, encuentra un telegrama de Ernesto en el que le anuncia que, ante la persistente demora del barco y la negativa del cónsul panameño de otorgarles la visa, ha decidido ir a su encuentro y lo insta a permanecer en la ciudad para facilitar el encuentro. Pero al día siguiente encontrará otro telegrama en el que su amigo le anuncia que las dificultades para embarcar se han resuelto, y por ende parte hacia Panamá con García. ¿Qué habría sucedido si la demora se hubiera prolongado algunos días más y Guevara hubiera desviado su itinerario? ¿Hubiera habido Che de todas maneras o el destino es tan azaroso que avanza a saltos, sin dirección precisa?

Al no poder pagar la deuda de la pensión, Andro debió quedarse de garante mientras los demás tratarían de enviarle fondos para liberarlo. Éste dará su versión de Ernesto Guevara: «Era un tipo muy particular. A veces parecía inexpresivo y su actitud era casi desagradable. Pero eso se debía al asma; el esfuerzo de respirar lo obligaba a crisparse y parecía duro. Pero después se relajaba y sus ojos sonreían; se arrugaban las comisuras de sus ojos».

Ernesto y Gualo se embarcan en el *Guayos* y durante la travesía una tormenta se descargó sobre ellos: «Casi todos los pasajeros incluyendo Gualo empezaron a vomitar. Yo me quedé afuera con una negrita, Socorro, a la que había levantado, más puta que una gallina, con dieciséis años sobre su espalda». Antes de despedirse retozará con ella dos días. En la ciudad de Panamá, se alojaron en una pensión donde les permitían dormir en un pasillo por un dólar con cincuenta diarios.

Gracias a una carta de presentación que Rojo les había dejado en el consulado, hicieron rápidamente amistad con estudiantes izquierdistas y se unieron a un grupo de poetas, artistas y activistas políticos que se reunían en los cafés Iberia y Coca-Cola. Ellos pusieron en contacto a Ernesto con los directores de algunas revistas para venderles notas sobre sus viajes, organizaron una conferencia sobre alergia en la facultad de medicina y lo ayudaron a pagar la pensión. Ernesto aprovechó una vez más para hacer humor con su familia acerca de su precaria condición: «Tal vez podamos escribir en una revista llamada *Siete*, y tal vez dé una conferencia y tal vez comamos mañana».

Le pagaron un artículo sobre el Amazonas, una crónica de su aventura en balsa con Alberto Granado, pero la otra, sobre Machu Picchu, tuvo problemas para ser publicado porque los directores de *Siete* objetaban su sesgo antinorteamericano. Cuando finalmente apareció el 12 de diciembre de 1953, fue evidente que, a pesar de las correcciones acordadas, las prevenciones no eran antojadizas: «Ahora viene lo más triste. Todas las ruinas fueron limpiadas de maleza, perfectamente estudiadas y descritas y… despojadas de todo objeto que cayó en manos de los investigadores, quienes se llevaron a su país más de doscientos cajones de tesoros arqueológicos invalorables y también, por qué no decirlo, de importante valor monetario. Bingham [su descubridor] no es culpable; un gobierno económicamente incapaz de llevar a cabo una expedición como la del descubrimiento de Machu Picchu tampoco es culpable. ¿Entonces no hay responsables? Lo cierto es que para apreciar las obras de arte de nuestros antepasados indígenas habrá que concurrir a los museos norteamericanos».

El 10 de diciembre le envió una carta a su tía Beatriz, desde San José de Costa Rica, donde por primera vez revela a su familia sus incipientes convicciones políticas: «Tuve la oportunidad de atravesar los dominios de la United Fruit y me convencí una vez más de lo terribles que son estos pulpos capitalistas. He jurado ante un retrato del viejo y llorado camarada Stalin que no descansaré hasta ver su aniquilación. En Guatemala me perfeccionaré y conseguiré lo que necesito para ser un auténtico revolucionario». Se despide con abrazos y besos «de tu sobrino de la constitución de hierro, el estómago vacío y la fe resplandeciente en el futuro socialista. Chau, Chancho».

En la capital costarricense conocerá a Juan Bosch, «un literato de ideas claras y de tendencia izquierdista. No hablamos de literatura sino de política. Calificó a Batista de hampón rodeado de hampones». Nada le indicaba entonces que, poco tiempo después, combatiría a muerte con el simiesco sargento que tiranizaba Cuba. También será presentado al dirigente comunista costarricense Manuel Mora y Valverde, quien le dará «una cabal explicación política» de la situación centroamericana, que Ernesto reproduce en su cuaderno de viaje extensamente y con una precisión lúcida, que es señal de la cultura política que ya ha adquirido y que va endureciendo sus convicciones, haciéndolo cada vez más intemperante y radical. Eso lo hará calificar de «traidor» al que más tarde sería presidente venezolano Rómulo Betancourt, porque ante la insolente pregunta del joven argentino: «En caso de guerra entre los Estados Unidos y la URSS, ¿qué partido tomaría?», respondió «por Washington».

En el consulado argentino de Managua, Ernesto recibió un telegrama de su padre en el que le ofrecía girarle dinero. Decidido a afirmar su autonomía, su ruptura con la protección que le daba su pertenencia a una clase social elevada, y a pesar de su pésima condición económica, responderá el 28 de diciembre con indisimulable grosería: «Supongo que a esta altura te darás cuenta de que no te voy a pedir plata aunque me esté muriendo, y si no llega una carta mía en el momento esperado tendrás que ser paciente y esperar, a veces ni siquiera tengo para estampillas, pero siempre me las arreglo perfectamente para sobrevivir. Si alguna vez estás preocupado por algo, tomá el dinero que vas a gastar en el telegrama y tomate unas copas o algo así, pero de ahora en adelante no voy a contestar un telegrama como ése». Don Ernesto no escarmienta y movido por su amor de padre, luego de enterarse de que el viajero ha vendido el único traje que llevaba, manda confeccionar un conjunto de traje, corbata y blazer en sustitución del otro. A vuelta de correo recibirá la respuesta con humor cruel: «Qué poco valor tiene la ropa argentina: ¡me dieron sólo cien dólares por lo que me enviaste!».

La vida centroamericana de Ernesto Guevara de la Serna transcurre en una penosa marginalidad, como lo demuestra una de las cartas dirigidas a su madre a fines de abril de 1954, y en la que relata varias dificultades: secuestro de libros al entrar en El Salvador, dificultad para obtener las necesarias visas para desplazarse, miseria que lo obliga a pasar la noche a la intemperie en una bolsa de dormir, prisión por gritar consignas izquierdistas, caminatas de hasta cincuenta kilómetros por no poder pagar transporte, trabajo en Puerto Barrios desde las seis de la mañana hasta las seis de la tarde acarreando pesados toneles de alquitrán, etc. Todo ello con el tormento del asma aguijoneado por el clima húmedo y caluroso, además de una alimentación que obviamente no respetaba el régimen hipoalergénico aconsejable.

A pesar de las privaciones, en ningún momento el joven argentino parece haber considerado la posibilidad de regresar a la protección de su país y de los suyos, como si el destino lo tironeara hacia su futuro, entrenándolo en sobrevivir en circunstancias que a cualquiera hubieran desanimado y derrotado.

19

Ernesto y Gualo llegaron a Guatemala en la mañana del 24 de diciembre de 1953. Les quedaban tres dólares. Allí terminaría de nacer el Che, y Ernesto Guevara de la Serna sólo sobreviviría en el recuerdo de los que habían conocido a aquel joven de buena familia, irreverente, encantador y aventurero. En Guatemala se convertiría en el revolucionario fanatizado y aguerrido, acosado por grandes potencias decididas a borrarlo de la faz de la tierra, dispuesto al mayor de los sacrificios para que el mundo fuese más justo y menos arbitrario, quien no vacilaría en matar si ello servía al éxito de sus ideales, pero que tampoco hesitaría en morir por sus convicciones concitando el respeto planetario, aun de sus enemigos.

Allí es donde escribiría en un artículo suyo sobre la situación guatemalteca, que no encontraría editor: «Es hora de que el garrote conteste al garrote y si hay que morir que sea como Sandino y no como Azaña». El primero fue un revolucionario nicaragüense asesinado por el ejército por no transar en sus convicciones, y el segundo un presidente de la República española que, según Ernesto, no había tenido el coraje de llegar hasta las últimas consecuencias, favoreciendo así el triunfo de sus enemigos falangistas.

Entonces conocería a Hilda Gadea, mujer poco agraciada de algo menos de treinta años, dirigente del ala juvenil del APRA peruano, que colaboraba con el gobierno progresista del presidente Arbenz. Su primera impresión del joven argentino no fue favorable: «En nuestro primer encuentro Guevara me causó una impresión negativa. Parecía demasiado superficial para ser inteligente; era egocéntrico y presumido ... Más adelante me enteraría de que Guevara detestaba pedir favores, y cuando lo conocí sufría un ataque incipiente de asma. Esos ataques lo obligaban a mantener el pecho erguido, en una posición incómoda, para regular su respiración».

Pero luego la peruana se enamorará apasionadamente: «Hilda Gadea me declaró su amor en forma epistolar y en forma práctica. Yo estaba con bastante asma, si no tal vez la hubiese cogido. Le advertí que todo lo que podía ofrecerle era un contacto casual, nada definitivo. Pareció muy avergonzada. La cartita que me dejó al irse es muy buena, lástima que sea tan fea. Tiene veintisiete años». Durante las semanas siguientes apenas nombra a quien, con el correr del tiempo, se convertirá en su esposa, salvo para decir que le había presentado al profesor marxista norteamericano Harold White: «Conocí a un gringo extraño que escribe boludeces sobre marxismo y las hace traducir al castellano. El intermediario es Hilda Gadea y los que laburan Lumila y yo. Hasta ahora cobramos veinticinco dólares. Yo le doy clases de inglés-castellano al gringo».

Lo cierto es que la Gadea será su ángel protector en momentos en que el argentino estaba devastado por el asma, la pobreza y la depresión en un país que le era extraño, sin la compañía de Calica y habiendo renunciado a reunirse con Granado. Ella le proporcionará afecto, dinero, amistades, y le abrirá las puertas para incorporarse al seno de la ecléctica comunidad de los exiliados políticos latinoamericanos: apristas peruanos, comunistas nicaragüenses, antiperonistas argentinos, socialdemócratas venezolanos, antibatistianos cubanos. Ellos le permitirán desarrollar su pasión por la polémica, y estimularán sus ansias de estudiar marxismo en textos que le facilitará la peruana, y que completará con cursos del idioma ruso y de las modernas orientaciones de la economía.

Los ocho meses que Ernesto Guevara vivió en Guatemala fueron decisivos en su vida, y resulta natural que se identificara francamente con la causa de la revolución izquierdista guatemalteca. Entre muchos políticos de esa orientación conocerá al profesor Edelberto Torres, exiliado nicaragüense, y a su hija Myrna que trabajaba con Hilda en el Instituto de Fomento de la Producción.

Fue en su casa donde conoció a los primeros rebeldes cubanos, Antonio «Ñico» López, Armando Arencibia, Antonio «Bigotes» Darío López y Mario Dalmau, todos sobrevivientes de la fracasada toma del cuartel militar del Moncada el 26 de julio de 1953, por la que el jefe revolucionario Fidel Castro Ruz estaba preso. Guevara se sintió poderosamente atraído por su politización no intelectualizada, por su sincero y valiente compromiso con sus convicciones. En un principio, habituado a las voluntaristas e interminables discusiones de quienes confundían teorización con acción, al escuchar los relatos de las operaciones militares arriesgadas, casi suicidas, de los cubanos, comentaría con incredulidad, antes de convencerse: «Quiero que me cuenten otra película de vaqueros...».

Ñico resultó ser quien causó mejor impresión en Ernesto y rápidamente se hizo su amigo. Fue el cubano quien lo bautizaría «Che» por su argentina insistencia en llamar así a las personas. Para ganar dinero, se unieron y vendieron imágenes del Señor de Esquipulas, un Cristo negro con amplia devoción en Guatemala. Hasta ese entonces la vida de Guevara en la capital guatemalteca se desenvolvía en asistir y participar en discusiones políticas que a menudo le resultaban abrumadoramente tediosas e inconsistentes, pues había aprendido a desconfiar de las argumentaciones sesudas; en una obsesiva e infructuosa búsqueda de trabajo como médico, enfermero o lo que fuese que le permitiera combatir su miseria; en la desigual e indesmayable lucha contra su enfermedad, acicateada por el clima y la alimentación tropical; en desesperanzadores trámites para solucionar la ilegalidad de su estadía, obstaculizados por su negativa a transar con un sistema político envilecido en el que, bajo cuerda, se exigía la afiliación partidaria para la obtención de aquello a lo que se tenía derecho; en sostener una relación de afecto y gratitud con una mujer fea de quien no estaba, ni lo estaría nunca, enamorado, pero a la que necesitaba por su pavoroso desamparo.

Su amistad con los cubanos iluminaría su vida con nuevas sensaciones y esperanzas, y poco tiempo después la agresión extranjera contra el régimen de Arbenz lo abocaría a lo que tanto había buscado: el sentido de su vida.

20

SI MAÑANA TU SUELO SAGRADO

Habla Myrna Torres, amiga nicaragüense del Che*

La noche que Ñico conoció al Che en mi casa habló con él a calzón quitado. A pesar de su juventud, el cubano vislumbraba con toda honestidad el futuro de su país, hablaba ya de que la revolución cubana iba a ser una revolución socialista. Fue el primero que le habló al Che de Fidel. Lo describió con pasión: «un hombre fuerte, inteligente; te lo vamos a presentar, ya verás que es brillante, valiente». Como te imaginas, Ñico veía todas las cualidades en Fidel. El Che se entusiasmó por el personaje y en especial por la forma en que se lo presentaron. Esa noche, como tantas otras que pasamos juntos, Ernesto no habló ni una palabra de su profesión de médico. Los temas eran la poesía y la política.

Fuimos juntos el 21 de febrero al acto en recuerdo de Augusto César Sandino, organizado por los nicaragüenses que estaban exiliados. Allí estuvimos todos; Ernesto con Hilda en primera fila. Un mes después comenzamos la recolección de firmas a favor de la lucha liberadora en Vietnam del Norte. La participación del Che era activa en todos esos acontecimientos, pero no es verdad que Ernesto fuese consejero político o militar de Arbenz. El Che lo conoció recién en La Habana, muchos años después, cuando lo recibió como ministro y comandante, y Arbenz andaba por el mundo como alma en pena.

Tampoco es cierto que Ernesto haya trabajado en cargos

* Entrevista realizada por Coco López en La Habana, Cuba, el 12 de mayo de 1997.

médicos para el gobierno, e incluso supe que, en los últimos meses de su estadía, había conseguido un puesto para ir al Petén, al norte del país, en la selva virgen; pero para poder ejercer la medicina tenía que revalidar su título. En esa época era importante poseer el carnet del Partido Guatemalteco del Trabajo (comunista) para obtener mayores oportunidades de trabajo, pero José Manuel Fortuny, el secretario general de la organización, nunca habló con él. No sé tampoco si hubiese aceptado afiliarse para conseguir trabajo. José Fortuny también se vio con el Che en La Habana cuando llegó exiliado desde Brasil.

La militancia de Ernesto en Guatemala fue dentro del grupo de la Alianza de la Juventud Democrática; allí él se sentía muy cómodo. Después, un grupo de jóvenes intentó oponerse al golpe de Estado. La juventud universitaria y trabajadora se organizó para la defensa del país y de la revolución, y una multitud de varios centenares se juramentaría en el gran patio del Instituto Nacional de Varones, liderados por Edelberto Torres Rivas, mi padre: «¿Juráis defender la soberanía nacional amenazada por la agresión de traidores guatemaltecos y mercenarios patrocinada por el imperialismo?». En coro la muchedumbre de estudiantes y obreros contestó: «Sí, juramos». Acto seguido se entonó la estrofa del himno nacional que dice: «Si mañana tu suelo sagrado / lo amenaza invasión extranjera / tinta de sangre tu hermosa gándara / a vencer o morir llamará». Entre los juramentados estaba el Che Guevara. La muchachada pedía armas y fueron a la Guardia de Honor para reclamarlas, pero los militares los recibieron con ráfagas de ametralladoras para dispersarlos.

El Che tenía mucha amistad con mi esposo y con su hermano, pues estuvieron asilados en la embajada de Argentina cuando derrocaron a Arbenz. Ambos recordaban cómo Ernesto los introdujo en la sede diplomática en el baúl del automóvil.

Le molestaba mucho el asma y eso le impedía a veces participar en reuniones, y en especial en las excursiones y los paseos. El gran contraste con los cubanos se daba en cuanto a la música. Los cubanos eran tremendos bailadores, por ejemplo Ñico López sólo con una cuchara podía amenizar una reunión. El Che se quejaba siempre, con simpatía, de la bulla que hacían. Era reservado y frugal en sus hábitos alimentarios; se había acostumbrado a nuestra tortilla centroamericana de maíz y andaba con el mate todo el día.

21

La mayoría de los nativos guatemaltecos subsistía precariamente, trabajando en las haciendas de la United Fruit Company. En la década de 1940, Juan José Arévalo derrocó la férrea dictadura autoritaria del coronel Ubico y exigió una reforma democrática. A Arévalo, lo sucedió en 1950 un coronel de tendencia izquierdista, Jacobo Arbenz, que convirtió en ley la reforma agraria, moderada, que establecía la expropiación de latifundios no cultivados y la compensación a sus propietarios de acuerdo a la cotización catastral. Ello significó una potencial amenaza contra el sistema oligárquico de latifundios, más aún cuando se previó la nacionalización de las propiedades de la United Fruit, empresa monopólica que mantenía vínculos estrechos con el gobierno de Eisenhower.

Tenían en ella intereses económicos los hermanos Foster y Allen Dulles, nada menos que secretario de Estado y director de la CIA, respectivamente. También el secretario adjunto de Asuntos Latinoamericanos, John Moors Cabot, poseía importantes inversiones en la United Fruit y la secretaria privada del presidente Eisenhower estaba casada con el gerente de Relaciones Públicas de la empresa.

Otras medidas progresistas del nuevo gobierno fueron el impuesto a la renta que perjudicaba a las pocas familias que se repartían la riqueza del país, además de acordarse sorprendentes leyes laborales como el derecho de huelga, la contratación colectiva, el salario mínimo, etc.; medidas que no podían sino desagradar a «la frutera», como llamaba el argentino a la United Fruit.

El 14 de junio de 1954, Ernesto cumplió veintiséis años y cuatro días después Castillo Armas entró en Guatemala al frente del Ejército de Liberación. La ciudad sufrió ataques aéreos y Guevara, por primera vez de muchas a lo largo de su vida, experimentó la emoción de hallarse bajo un bombardeo. En una carta a su hermana confesaría que se sentía «un poco avergonzado por divertirme como un mono», porque la mágica sensación de invulnerabilidad que experimentaba al ver a la gente correr por la calle durante los bombardeos lo hacía «relamerse de gusto».

Había descubierto que la violencia de la guerra rozaba alguna misteriosa zona de su deseo: «Los bombardeos más leves tienen su grandeza. Vi a uno apuntar contra un blanco relativamente cerca de donde estaba yo y se veía el avión crecer por momentos mientras de las alas brotaban lenguas intermitentes de fuego y se escuchaba el ruido de la ametralladora y de las metralletas livianas que le devolvían el fuego. De repente se quedó suspendido en el aire, horizontal, y entonces entró en picada y uno sentía la tierra estremecerse por la bomba».

Guevara se equivocaría al considerar a Arbenz «un tipo de agallas, sin lugar a dudas, y está dispuesto a morir en su puesto si es necesario». También sobrevaloraría la resistencia popular: «El espíritu del pueblo es muy bueno y los ataques tan desvergonzados sumados a las mentiras de la prensa internacional han aunado a todos los indiferentes con el gobierno y hay un verdadero clima de pelea».

Arbenz y los suyos se rendirían rápidamente y, a renglón seguido, Castillo Armas y la CIA, con el apoyo de los marines estadounidenses, comenzaron a detener a los que tenían vínculos con el régimen depuesto. Hilda fue presa mientras que Ernesto pidió y obtuvo asilo en la embajada argentina, a pesar de que no había constancias de que estuvieran detrás de él. Contrariamente a lo que tratan de imponer sus exégetas, la participación de Guevara no fue activa y jamás podía serlo porque, como extranjero y recién llegado, no estaba encuadrado en ninguna organización política ni sindical. Fue cierto que alcanzó a inscribirse como voluntario médico y que se acercó a los edificios de las fuerzas armadas, donde ingenuamente se esperaba que fueran repartidas armas a los ciudadanos decididos a defender el régimen.

Pero lo importante fue que, a pesar de su ineficacia e impotencia para oponerse a la ominosa agresión a un gobierno democrático y popular, en el joven argentino había estallado un sentimiento hasta entonces desconocido por él mismo, una tumultuosa ansia de pelear por lo que él consideraba justo, una voluntad de defender sus convicciones con los puños o con las armas, abandonando su talentosa dialéctica verbal. Una violencia impensable en aquel niño de quien su niñera Rosarito nos contó que regañaba a sus amigos por cazar pajaritos con gomeras, a quien ninguno de éstos, ricos o pobres, recuerda tomándose a golpes durante su infancia y juventud.

Guatemala dejará una imborrable secuela en el futuro Che: la convicción de que la violencia es indispensable para imponer cambios sociales profundos. El futuro fusilador de La Cabaña razonaría varios años antes: «Durante el gobierno de Arbenz no hubo asesinatos ni nada que se le parezca. Debería de haber habido unos cuanto fusilamientos al comienzo, pero eso es otra cosa; si se hubieran producido esos fusilamientos el gobierno hubiera conservado la posibilidad de devolver los golpes».*

Él y otros doce asilados, considerados comunistas alborotadores, fueron confinados a la cochera de la embajada. Se los llamó «el grupo de los trece» y dentro de él el Che mantuvo acaloradas discusiones, en las que sostuvo hasta la furia lo que la pusilanimidad de Arbenz le había enseñado y que mantendrá hasta el fin de sus días: el imperialismo jamás cederá un ápice de su poder si no le es arrebatado por las armas. Durante su asilo, posiblemente por efecto de las tensiones, se agravó su asma. Al acabársele los medicamentos, desesperado por los problemas respiratorios y sintiéndose al filo de la muerte, se aventuró al exterior para recoger el vaporizador que había dejado en la casa de los Torres.

El presidente de la Argentina, Juan Perón, envió un avión para rescatar a ciento treinta asilados en la embajada de su país, entre

* Carta a Tita Infante.

ellos algunos cubanos amigos de Guevara, quien, obstinado en seguir hacia delante, como si supiera que más allá lo esperaba la Historia, dejará pasar la oportunidad de regresar gratuitamente a Argentina, aunque enviará a su familia una carta pidiéndoles que acogieran a los forzados viajeros.

Según confesiones de David Atlee Phillips, entonces jefe de la CIA en Guatemala durante la caída de Arbenz, la agencia de espionaje norteamericana le abrió expediente a ese médico argentino de veinticinco años que había pedido asilo en la embajada de su país. «Aunque su nombre significaba poco para mí en aquel momento, el expediente sobre Ernesto Guevara llegaría a ser uno de los más abultados de la CIA», escribió Phillips.

Cuando salió libre, el proyecto de Ernesto era partir solo, sin Hilda. Antes de irse pasaron un fin de semana juntos y él escribió: «Creo que aprovecharé el hecho de que ella no puede salir todavía para largarme definitivamente. Mañana me dedicaré a despedirme de la gente que tenga ganas y el martes por la mañana inicio la gran aventura a México».

El 18 de septiembre de 1954 cruzaría la frontera guatemalteca. En la ciudad de México trató de conseguir un puesto en algún hospital y mientras tanto se ganaría la vida como fotógrafo en plazas y parques. También trabajó como sereno, chofer y corresponsal fotográfico de la agencia de noticias Agencia Latina.

A instancias de su padre, siempre preocupado por las privaciones de su primogénito, se pondrá en contacto con el destacado periodista y guionista cinematográfico Ulyses Petit de Murat, quien tendrá la gentileza de invitarlo a visitar las ruinas de Teotihuacán juntamente con su hija, «una niña agradable pero que está dentro de la típica educación burguesa clericaloide». Pero en cuanto tocan el tema político surgirá una acre discusión y Petit de Murat no lo volverá a llamar. Ese joven, que apenas lograba subsistir y que arrastraba esa asma que no le daba tregua, no estaba dispuesto a abjurar ni a disimular sus creencias a cambio de que un compatriota bien ubicado en la sociedad mexicana le diera protección, alojamiento y buenas comidas.

Aún entonces se debatían en su interior el menguante aventurero con el creciente revolucionario, y a veces el primero parecía tomar la delantera como lo atestigua una carta dirigida en esos tiempos a la tía Beatriz, donde le cuenta que trataría de conseguir una visa para viajar «al Titán del Norte» para visitar a su tía Ercilia, «y si no, a París». Esa medular condición de aventurero será remarcada por Fidel, luego de su muerte: «Fue el temperamento combativo del Che, como hombre de acción, lo que lo impulsó a unírseme en la lucha». En una carta a su madre de 1954 desde Guatemala, el Che escribirá: «América será el teatro de mis aventuras con un carácter mucho más importante de lo que hubiera creído».

Con alegría Ernesto se reencontró con los cubanos que había conocido en Guatemala, en especial con su amigo Ñico López, quien había obedecido la orden de dirigirse a México, desde cualquier país en que se encontrasen, para esperar la libertad de Fidel Castro y planificar el reinicio de las acciones contra el dictador Batista. La sede informal estaba en el departamento de María Antonia González, una cubana casada con un mexicano. Ñico le confió a Ernesto que, una vez que Fidel estuviera en libertad, se instalaría en México para organizar un movimiento armado para volver a Cuba, y librar una guerra de guerrillas.

Debido a su buena relación con los cubanos, Ernesto contrató a dos, Severino «el Guajiro» Rossell y Fernando Margolles, para que revelaran las fotos que tomaba para la Agencia Latina, creada por Perón para contrarrestar la campaña en su contra de las agencias norteamericanas. Eran los Segundos Juegos Panamericanos que se realizaron en marzo de 1955. Otro moncadista, José Ángel Sánchez Pérez, llegó de Costa Rica y se alojó en la pensión de Ernesto en la calle Tigres.

Hilda había logrado por fin la visa para ingresar en México y se dirigió a la capital para reencontrarse con Ernesto. Sin mayor entusiasmo, él escribirá: «Con Hilda parece que llegamos a un statu quo, veremos». Ella en cambio sostiene que «Ernesto habló otra vez de la posibilidad de casarnos. Yo dije que debíamos esperar ... Tenía la sensación de que mi respuesta ambigua había creado cierta tensión, porque entonces dijo que sólo seríamos amigos». La resistencia de la peruana no obedecía a su falta de amor, que era mucho, sino a la desconfianza en la profundidad de los sentimientos del Che, quien, para empeorar las cosas, siempre le hablaba de sus planes trashumantes y solitarios. Durante un tiempo se reunirían ocasionalmente y sólo para cenar o ir al cine.

En abril Ernesto viajó a León, estado de Guanajuato, para asistir a un congreso sobre alergia. Allí presentó un trabajo sobre «Investigaciones cutáneas con antígenos alimentarios semidigeridos», relacionado con las investigaciones sobre desensibilización alérgica que había emprendido con el doctor Pisani en Buenos Aires. Este estudio impresionará positivamente al doctor Salazar Mallén, jefe en el Hospital General de México, quien le ofreció el internado hospitalario con el minúsculo salario de ciento cincuenta pesos mensuales, más alojamiento, comida y lavado de ropa. Ernesto aceptó. Cuando comenzó a trabajar, Hilda, temiendo su alejamiento, le propuso matrimonio y mantenerlo económicamente. Él escribió: «Yo dije no. Quedaremos como amantitos hasta que yo me largue a la mierda, que no sé cuándo será». Pero, poco después, su pobreza lo empujaría a aceptar la invitación de vivir con ella en el departamento nuevo que compartía con Lucila Velásquez, en la calle Rhin.

Una ley de amnistía, otorgada por la presión internacional, liberó a Fidel Castro, su hermano Raúl y otros dieciocho moncadistas encarcelados. Fidel salió el 15 de mayo, juró continuar su lucha y desmintió a quienes lo acusaban a él y a sus compañeros de prisión de ser comunistas. Mientras Ñico López y Calixto García viajaban entusiasmados a la capital cubana para recibir instrucciones, Ernesto escribía a su madre: «La Habana en particular me atrae como un lugar donde llenar mi corazón de paisaje, bien mezclado con citas de Lenin». Sin embargo, a principios de julio, al enterarse de que un barco podía llevarlo como médico hacia España, estuvo tentado de abandonar sus planes politizados y recuperar su identidad de aventurero. Su fascinación por Europa, típica de un argentino de elevada posición social, no lo abandonará a lo largo de su vida, y será la culpable de la consideración especial con el intelectual francés Régis Debray, durante la campaña boliviana. Ello lo llevará a cometer un error que a la postre le resultaría fatal.

En este tiempo el asma no lo abandonó e hizo fracasar su intento de escalar el pico nevado del monte Popocatépetl, de cinco mil metros de altura. Sólo alcanzó el labio inferior.

A comienzos de 1955 la relación con Hilda se había estabilizado. Ernesto la necesitaba para pedirle dinero de vez en cuando y, según escribió, para satisfacer su «necesidad urgente de una mujer dispuesta a coger». Para fin de año le regaló un *Martín Fierro* con una dedicatoria cruel: «A Hilda, para que en el día de nuestra separación conserves un sentido de mi ambición de nuevos horizontes y mi fatalismo militante. Ernesto. 20-1-55». Tal desvalorización tenía que ver, en parte, con el haber nacido en una cultura y en una clase social en las que el ideal de belleza femenina estaba a años luz de la genética aindiada de Hilda.

El 24 de junio de 1955, Raúl Castro llegó a México y en la casa de María Antonia conoció a Ernesto Guevara. Congeniaron enseguida, sobre todo porque Raúl se declaraba marxista, lo que Ernesto también había comenzado a hacer; además elogiaba a los camaradas en las cartas a su invariable interlocutora, su madre, a quien, en su infancia, había visto leer a Bakunin en francés, para comprender las razones de las divergencias entre anarquistas y comunistas durante la guerra civil española: «En la hecatombe que fue Guatemala después de la caída, donde cada uno atendía al sálvese quien pueda, los comunistas mantuvieron intacta su fe y su compañerismo y es el único grupo que siguió trabajando allí».

El argentino invitaría al menor de los Castro varias veces a cenar al departamento que compartía con Hilda, lo trató médicamente de una gripe pertinaz y a menudo Raúl lo acompañaba en sus correrías nocturnas a la caza de gatos para sus experimentos médicos.

22

No pasaría mucho tiempo hasta que Ernesto Guevara de la Serna escribiese: «Un acontecimiento político es haber conocido a Fidel Castro, el revolucionario cubano, muchacho joven, inteligente, muy seguro de sí mismo y de extraordinaria audacia; creo que simpatizamos mutuamente». Castro, de veintiocho años, había llegado a México el 7 de julio. Ernesto lo conoció en casa de María Antonia, convertida en el centro de reuniones de los complotados cubanos. De ahí se fueron a cenar a solas en un restaurante y, al cabo de conversar varias horas, Fidel había incorporado un médico a su grupo.

Cuando Hilda le cuenta al Che que está embarazada, el argentino escribirá: «Para otro tipo la cosa sería trascendental para mí es un episodio incómodo. Voy a tener un hijo y me casaré con Hilda en estos días. La cosa tuvo momentos dramáticos para ella y pesados para mí, al final se sale con la suya, según yo por poco tiempo, ella tiene la esperanza de que sea para toda la vida». Es curioso que alguien tan liberado de prejuicios sociales se sintiese obligado a casarse con esa mujer a la que había preñado, pero a la que no amaba. ¿Influiría en ello su propia historia de hijo concebido cuando sus padres no habían aún formalizado su matrimonio? ¿Albergaría su inconsciente la certeza de que ello habría sido psicológicamente determinante en sus problemas de salud?

El 18 de agosto se casarían en el registro civil de Tepotzotlán. Los testigos fueron Lucila Velásquez; el tesorero de Fidel, Jesús Montané Oropesa, en representación del cubano, y dos colegas de Ernesto en el Hospital General. Raúl Castro asistió a la ceremonia pero por orden de su hermano y por seguridad no firmó el acta. Fidel participaría de la fiesta posterior en la que Ernesto asó carne argentina. Ante su familia, Ernesto restaría importancia al asunto, haciendo sólo mención al final de una carta, casi como posdata, lo que era síntoma de su dificultad de asumir instancias tan decisivas como el matrimonio y la paternidad simultáneamente, con una mujer que no lo atraía como lo había hecho la ahora, por muchos motivos, lejana Chichina, mientras en su interior crecía su voluntad de sumergirse en la lucha revolucionaria.

En los tiempos de su casamiento, Ernesto atendía a María, una anciana asmática, quien, a pesar de todos sus esfuerzos médicos, de la adrenalina y el Asmopul, murió asfixiada. Sin duda conmovido por ese espejo trágico que reflejaba su posible destino, Ernesto escribió un poema:

> Pobre vieja María…
> No ruegues al dios inclemente que negó tus esperanzas
> toda tu vida,
> no pidas clemencia a la muerte,
> tu vida fue curtida horriblemente por el hambre
> y termina curtida por el asma.
> Pero quiero anunciarte
> en voz baja viril de esperanzas,
> la más roja y viril de las venganzas,
> quiero jurarlo en la exacta
> dimensión de mis ideales.
> Toma esta mano de un hombre que parece la de un chico
> entre las tuyas pulidas por el jabón amarillo,
> friega los duros callos y las nudosidades puras
> en la suave venganza de mis manos de médico.
> Descansa en paz, vieja María,
> descansa en paz, vieja luchadora,
> tus nietos vivirán para ver el alba.

Fidel escogió al general Alberto Bayo, que había revistado en el bando republicano durante la guerra civil española, para entrenar a sus fuerzas. El Che lo hizo con entusiasmo y sin retaceos, y su mejorado estado físico lo animó a intentar nuevamente el ascenso al Popocatépetl, esta vez con éxito, al cabo de seis horas y media de titánica batalla contra el apunamiento y contra sus bronquios. Al alcanzar la cumbre del volcán, izó una bandera argentina por ser el 20 de junio, día de la Bandera en su país. A pesar de su proclamado internacionalismo nunca perdería su raíz argentina, afirmada por su apodo y por su compulsión a beber mate, y no en vano murió cerca de la frontera norte de su país, con la expresa voluntad de regresar a él como revolucionario.

No siempre podía derrotar a su enemiga. Cierta vez fue descubierto por el entrenador Azacio Vaneas, jadeando y bregando con su inhalador. Una vez recuperado, el Che le rogó que no lo revelara a nadie, a Fidel menos que a ninguno, pues temía que el asma lo excluyera de la expedición que invadiría Cuba. Siempre se obligará más allá de lo lógico para convencer a los demás de que su enfermedad no le impedía cumplir con sus obligaciones y propósitos. Tanto lo lograría con su carácter programado para superar las dificultades que Alberto Bayo, en su libro *Mi aporte a la Revolución cubana*, contaría que «Guevara fue calificado como el número uno de la promoción … Cuando Fidel vio mis calificaciones me preguntó: "¿Por qué sale Guevara número uno?". "Porque sin duda alguna es el mejor." "Asimismo opino yo", me dijo».

Cuando se entera de que una treintena de los izquierdistas guatemaltecos asilados en la Argentina habían ido a dar a la cárcel, el cada vez más politizado joven Guevara envía una dura carta de reproche a doña Celia, su madre, a quien había encargado acogerlos y protegerlos: «Es la última vez que mando gente a la casona de Mansilla y Aráoz porque veo que la tradicional hospitalidad guevariana se ha perdido en el fárrago de la prosaica vida burguesa, y, vieja, te mando un abrazo triste y desilusionado para que lo compartas con el resto de la feliz tribu sedentaria». El presidente argentino, Juan Perón, presionado por los Estados Unidos, que deseaba que los insurrectos pagasen sus pecados, los había encarcelado violando las normas del asilo político.

23

Además de entrenar su cuerpo para lo que viniese, quien ya era llamado Che por sus camaradas, se preocupaba por estudiar textos de teoría política y económica. Leyó a Adam Smith, Keynes, Mao, y asistía como oyente a reuniones del Partido Comunista Mexicano. Sintetizó sus viejos cuadernos filosóficos en un solo tomo de algo más de trescientas páginas dactilografiadas, en el que reflejará el estudio riguroso de Marx, Engels y Lenin, lo que parecería desmentir la versión de que nunca tuvo formación ideológica, y que su supuesto marxismo no era más que el pretexto para una compulsión aventurera, adobada con impulsos agresivos. Aunque no caben dudas de que su carácter propenso a la audacia y al desafío dio base a ese modelo de político de acción capaz de pilotar aviones, de cruzar ríos correntosos a nado, de escalar montañas cargando pesadas mochilas.

Enterado de la caída de Perón, escribirá a Tita Infante: «Con todo el respeto que me merece Arbenz, totalmente diferente a Perón desde el punto de vista ideológico, la caída del gobierno argentino sigue los pasos de Guatemala con una fidelidad extraña, y verá usted cómo la entrega total del país y la ruptura política y diplomática con las democracias populares será un corolario, conocido pero triste».

Su tiempo libre lo dedicaba a la beba, Hildita, nacida el 15 de febrero de 1956, día de San Valentín. Los visitarán Myrna Torres y su esposo, llevándoles de regalo un humilde talco para bebes de la marca Johnson, «lo único que nos pudimos permitir». La nicaragüense también relatará a Coco López que lo que más le conmovió «fue que el Che se reclinara sobre Hilda y le diera un beso cariñoso, porque él no era afecto a esas manifestaciones».

El 25 de febrero escribirá a su madre: «Abuelita: Los dos somos un poco más viejos, o si pensás en fruta, un poco más maduros. La descendiente es realmente fea y no hace falta más que mirarla para darse cuenta de que no es distinta de todas las niñas de su edad, llora cuando tiene hambre, hace pis con frecuencia, la luz le molesta y duerme todo el tiempo; así y todo hay una cosa que la diferencia inmediatamente de cualquier otro bebé: su papá se llama Ernesto Guevara».

También con Tita Infante sincerará sus sentimientos, alentando quizá en ella alguna esperanza para su amor lejano y no correspondido: «Hildita es la causa de una doble alegría para mí. Primero, la de la llegada que puso un freno a una situación conyugal desastrosa, y segundo, el que ahora tengo la total certidumbre de que me podré ir, a pesar de todo. Que mi incapacidad para vivir junto a su madre es superior al cariño con que la miro. Por un momento me pareció que una mezcla de encanto de la chica y de consideración a su madre (que es en muchos aspectos una gran mujer y me quiere con una forma casi enfermiza) podría convertirme en un aburrido padre de familia; ahora sé que no será así y que seguiré mi vida bohemia hasta quién sabe cuándo».

La situación del Che como extranjero nunca sería fácil, ni aun en sus momentos más victoriosos. Cuando Fidel lo designa dirigente de una de las casas clandestinas en México D.F., varios cubanos cuestionaron su designación por ser argentino, pero Castro le renueva su confianza convencido de sus quilates revolucionarios. El Che no sería el único extranjero, otro era Guillén Zelaya, mexicano; más tarde llegó un dominicano, un italiano, hasta que Fidel cerró la puerta porque no quería un «mosaico de nacionalidades». De todos los foráneos sólo el Che tenía el privilegio de acceder a Fidel y a Raúl Castro.

En esos días escribió en su diario una anotación que refleja sus lecturas psicoanalíticas: «Hilda me contó un sueño en que yo era protagonista y que delataba claramente su ambición sexual. Yo en vez de soñar estoy con un ataque de asma. Hasta qué punto el asma no es una fuga, es algo que me gustaría saber. Lo

más lindo es que el análisis de mí mismo me lleva honradamente
—hasta donde se pueda— a la conclusión de que yo tendría que
huir». También Freud estaba en una cita de su «cuaderno filosófico», que reflejaba su vocación de sumergirse en el bien común
despojándose de apetencias individualistas: «Allí donde despier-
ta el amor muere el Yo, el déspota tenebroso».

Lo que esperaba al argentino no era la libertad sino la cárcel. El 14 de junio el Che cumplió veintiocho años, y pocos días
más tarde agentes de la policía mexicana detuvieron a Fidel y dos
camaradas en el centro de la capital. El delator había sido Evaristo Venéreo, asiduo concurrente a la casa de María Antonia
González. Hilda, cuya casa funcionaba como buzón de correo,
también fue detenida con la beba, siendo liberada a la mañana
siguiente.

El 24 de junio el Che y varios de sus camaradas caerían en una
redada policial. La ficha de la Dirección Federal de Seguridad establecería que el cabecilla principal era «el médico argentino, Ernesto Guevara Serna, vínculo principal entre los conspiradores
cubanos y ciertas organizaciones comunistas de naturaleza internacional. El doctor Guevara, que también ha figurado en otros
movimientos políticos de naturaleza internacional en la República
Dominicana y Panamá, fue identificado como miembro activo del
Instituto de Intercambio Cultural Mexicano-Ruso».

El Che saltaría una vez más la vara con que Alberto Granado medía su coraje, y confesó sin tapujos que era comunista y
que creía en la necesidad de la lucha armada revolucionaria, no
sólo en Cuba sino en toda América Latina. Mientras Fidel se
presentaba como un patriota reformista, el argentino se explayaba
sobre sus convicciones marxistas. En ese contexto, las declaraciones del Che eran no sólo temerarias sino también imprudentes,
porque brindaban la excusa que necesitaban los enemigos del
líder opositor al dictador Batista, acérrimamente anticomunistas.

Las experiencias en la cárcel no le dejaban ya dudas de que
el camino elegido sería de alto costo personal. Es entonces cuando, en una fecha no precisada de octubre del 56, escribe una
conmovedora confesión a su «querida mamá»: «Si por alguna
razón me toca en suerte perder, consideren estas líneas una des-

pedida, no muy grandilocuente, pero sincera. Durante toda mi vida he buscado la verdad por prueba y error y ahora, en el camino recto y con una hija que me sobrevivirá, he cerrado el ciclo. De ahora en adelante no consideraría mi muerte una frustración, sino como Hikmet, "sólo llevaré a la tumba la pena de una canción inconclusa"».

En la misma dirección, el 15 de julio había escrito a raíz de algunos comentarios maternos: «No soy Cristo ni un filántropo, vieja, soy todo lo contrario de un Cristo … Lucho por las cosas en las que creo, con todas las armas de que dispongo, y trato de dejar muerto al otro para que no me claven a una cruz o a ninguna otra cosa … Lo que más me aterra es tu falta de comprensión de todo esto y tus consejos de moderación, egoísmo, etc., es decir las cualidades más execrables que puede tener un individuo. No sólo no soy moderado sino que trataré de no serlo nunca, y cuando reconozca que la llama sagrada en mi interior se ha convertido en una tímida lucecita votiva lo menos que puedo hacer es vomitar sobre mi propia mierda».

Sus provocativas declaraciones fueron responsables de que su detención se prolongara. Un tío del Che era entonces embajador argentino en La Habana e Hilda, con la aprobación de un Fidel ya liberado, planeó solicitar su ayuda, pero el Che se negó porque insistió en recibir el mismo trato que los cubanos aún prisioneros. «El concepto de yo fue reemplazado por el nosotros», escribiría. También le envió un mensaje a Fidel para que continuara con sus planes y siguiera adelante, pero el cubano le respondió que no lo abandonaría.

El Che nunca olvidará ese gesto y es en esos días que escribe su «Oda a Fidel», de discutible mérito literario:

> *Vamos, ardiente profeta del alba,*
> *por caminos remotos y desconocidos*
> *a liberar el lagarto verde que tanto amas.*
> *Cuando suene el primer disparo*
> *y en sorpresa virginal despierte la selva entera,*
> *allí, a tu lado, combatientes serenos*
> *nos tendrás.*

Cuando tu voz lance a los cuatro vientos
reforma agraria, justicia, pan y libertad,
allí, a tu lado, con idéntico acento,
nos tendrás.
Y cuando el fin de la batalla por
la operación de limpieza contra el tirano venga,
allí, a tu lado, listos para la batalla final,
nos tendrás.
Y si nuestro camino es cerrado por el hierro,
pedimos una mortaja de lágrimas cubanas
para cubrir los huesos guerrilleros
en tránsito a la historia americana.
Nada más.

Pero su vocación poética se verá más satisfecha cuando ya libre pudo conocer a su admirado León Felipe, emigrado en México luego de escapar del franquismo, con quien sostiene prolongadas pláticas. Ricardo Rojo recordará que cuando ambos cruzaban las piernas dejaban ver sendos agujeros en las plantas de sus zapatos...

El ya unánimemente llamado Che desobedeció el consejo precautorio de abandonar México y deambuló clandestino por varios alojamientos, a la espera de que Fidel diera la señal de partida para la invasión a Cuba.

SIERRA MAESTRA

Únicamente una batalla perdida puede ser más triste que una batalla ganada.

DUQUE DE WELLINGTON

24

En la madrugada del 25 de noviembre de 1956, Ernesto Guevara corría con su mochila al hombro por el muelle de Tuxpan. Era uno más de los ochenta y un hombres que se empujaban unos a otros para abordar el *Granma*, una desvencijada lancha torpedera de sólo trece metros de eslora que Fidel Castro había hecho acondicionar para sus planes.

La orden de partida fue dada brusca y repentinamente debido a que, entre los complotados, se detectó a otro traidor, un tal Rafael del Pino, razón por la que varios fueron detenidos y era más que probable que las autoridades mexicanas y batistianas estuviesen al tanto de la operación, y que intentaran abortarla.

El Che tenía en ese momento veintiocho años. Llegó junto con la compañera de toda su vida: el asma. Con la respiración entrecortada se ubicó en la proa, en la cabina de mando. La orden para embarcar había sido tan inesperada que no tuvo tiempo de recoger las ampollas de adrenalina necesarias para mitigar sus ahogos durante los días por venir. En cuanto recuperó algo de su aliento, comenzó a recorrer el barco para ocuparse de la salud de la tripulación pues era uno de los dos médicos del Ejército Revolucionario. El otro era Faustino Pérez.

Hacía ya varios meses que el Che aguardaba ese día. Aunque sin saberlo, lo había esperado toda su vida. Lo hacía con enorme optimismo, sin malos presagios, tal como había escrito antes de partir en una carta para su madre: «Los cielos no se han vuelto negros, las constelaciones no se han salido de sus órbitas, tampoco ha habido inundaciones o huracanes excesivamente insolentes».

Navegaron por el Tuxpan, río abajo, hacia el golfo de México. La lancha estaba excesivamente cargada a pesar de que muchos debieron quedarse en tierra. Si todo salía bien, en cinco días estarían en Cuba y el 30 de noviembre desembarcarían en la playa de Las Coloradas. Así lo había comunicado Fidel en un mensaje cifrado a Frank País, el líder del Movimiento 26 de Julio en Oriente, que llevaba el peso de la rebeldía urbana. Ese día, de forma coordinada, País encabezaría una sublevación en Santiago, al tiempo que una partida de cien hombres esperaría a los invasores en el faro de Cabo Cruz. Juntos atacarían la ciudad de Manzanillo antes de retirarse a la Sierra Maestra. Ése era el plan de Fidel. Pero, de forma simultánea, otro mensaje llegó a la isla, esta vez dirigido a Fulgencio Batista: «Barco salió hoy con bastante personal y armas desde un puerto de México».

Pese a las buenas señales que alentaron al Che en la partida, la suerte les dio la espalda y todo salió mal en la travesía del *Granma*. El viaje se extendió dos días más de los previstos, y un viento huracanado amenazaba con tumbar el barquito, azuzando el terror de los muchos que no sabían nadar. Además, el apuro del embarque y la falta de espacio les impidió llevar el alimento necesario, por lo que contaban sólo con varias bolsas de naranjas, un jamón medio podrido, dos latas de galletas y un par de docenas de huevos en mal estado. Tampoco había suficientes antihistamínicos para contrarrestar los mareos provocados por el oleaje, que arremolinaba las ráfagas encabritadas.

El asma, disparada por la excitación nerviosa, se ensañaba con el Che. Uno de los tripulantes, Jesús Montané, cuenta que «durante aquellos días padeció un asma atroz, y nos llamó la atención el estoicismo y el espíritu de sacrificio con que soportó los sufrimientos. Nadie le oyó una sola queja. Gracias a que el compañero Faustino Pérez tuvo la precaución de llevar consigo algunas inyecciones de adrenalina pudo aliviar en algo aquellas violentas crisis». Antes lo habían visto casi agonizante, tan inmóvil y pálido que alguno insistió en que estaba muerto, y no faltó quien opinase que a los fallecidos en alta mar se los arroja al agua.

Mientras los rebeldes se bamboleaban en medio del golfo, y su embarcación iba desmembrándose por los embates marinos y por el agua que entraba por la válvula del inodoro, atascada con tantos vómitos, la revuelta de Pais en Santiago se produjo en la fecha acordada. Pero Fidel estaba aún lejos de la costa debido a que el *Granma* nunca pudo alcanzar la velocidad prevista de diez nudos por el sobrepeso, y porque uno de los dos motores comenzó a fallar poco después de la partida. El ejército de Batista estaba alertado y se lanzó a una feroz represión, disponiendo la movilización de sus fuerzas compuestas por treinta y cinco mil hombres, centenares de tanques, diez navíos de guerra, quince guardacostas y setenta y ocho aviones de combate y transporte.

El *Granma* había sido comprado en treinta mil dólares con fondos que Fidel arrancó al ex presidente cubano, Prío Socarrás, exiliado en Estados Unidos; aunque siempre se comentaría que éste había hecho sólo de intermediario con la CIA, que por ese entonces simpatizaba con la oposición a Batista. Pero ahora el barquichuelo, semihundido, había desviado su rumbo y equivocaron el lugar del desembarco que debería haber sido en Niquero, en la provincia de Oriente, pero fue lejos de allí, en los Cayuleos. Tuvieron que vadear hasta la playa de Las Coloradas a plena luz del día, sin poder descargar gran parte de las municiones y medicamentos.

Al guajiro Luis Crespo le han encargado ayudar a ese médico argentino que hasta entonces no ha sido más que un engorro. No era casual que lo hubiesen elegido porque el padre de Crespo también era asmático, y muchas veces lo había tenido que ayudar a caminar pasándole el brazo por la espalda, como ahora intenta hacer con el Che.

—¿Qué hacés? —le pregunta éste, soplando las palabras con dificultad, sus piernas atascadas en el suelo fangoso.

La respuesta de Crespo es obvia:

—Trato de ayudarte.

—Yo vine aquí a pelear y no a que me ayude un pelotudo como vos —responderá el orgulloso argentino que, finalmente, al borde de sus fuerzas, accederá a entregarle su mochila.

El camión de apoyo no estaba. Un vigilante guardacostas los detectó y comenzó a dispararles, y a los pocos minutos la aviación, con vuelos rasantes, ametrallaba el manglar en que se habían ocultado. Como el Che recordaría tiempo más tarde, haciendo gala de su humor ácido que no lo abandonaría jamás: «Más que un desembarco fue un naufragio».

25

Durante tres jornadas los pocos sobrevivientes caminarían ocultándose en la oscuridad de la noche con las estrellas como guía, transportando heridos y torturados por el hambre y la sed. El Che no daba abasto para atender médicamente a sus camaradas. Hasta los borceguíes de mala calidad les producían llagas y algunos casi no podían andar. El médico argentino, que no había hecho prácticas profesionales, se limitaba a echarles polvo desinfectante sobre las llagas de los pies, embadurnados en barro, en un gesto que sabía inútil.

También en su interior había comenzado otro combate entre su profesión médica y su misión como guerrillero, que resolvió en el primer enfrentamiento con el ejército. El 5 de diciembre hicieron campamento en Alegría del Pío donde, a las cuatro y media de la tarde, fueron atacados por una compañía de ciento cuarenta hombres apoyados por la aviación. Años después el mismo Che relataría: «La sorpresa había sido demasiado grande, las balas demasiado nutridas. Almeida se hizo cargo de nuestro grupo. En ese momento un compañero que huía dejó una caja de balas casi a mis pies, se lo indiqué y el hombre me contestó, con una cara que recuerdo perfectamente por la angustia que reflejaba, algo así como "no es hora para cajas de balas", e inmediatamente siguió el camino del cañaveral. Quizá ésa fue la primera vez que tuve planteado prácticamente ante mí el dilema de mi dedicación a la medicina o a mi deber de soldado revolucionario. Tenía delante una mochila llena de medicamentos y una caja de balas, las dos eran mucho peso para transportarlas juntas;

tomé la caja de balas dejando la mochila para cruzar el claro que
me separaba de las cañas».*

Los rebeldes habían tratado de refugiarse en el cañaveral, pero
las ráfagas de ametralladoras se colaban entre las delgadas plantas.
El Che corría con la caja de balas a cuestas cuando un fuerte golpe
en el pecho y un ardor en el cuello le avisaron que había sido
herido. «¡Me jodieron!», gritó, y se dejó caer sobre el suelo mientras a su alrededor algunos de sus compañeros morían con el crá-
neo destrozado por la metralla, o sus cuerpos partidos a la mitad
por una descarga certera. «Inmediatamente me puse a pensar en la
mejor manera de morir en ese minuto en que parecía todo perdido. Recordé un viejo cuento de Jack London donde el protagonista, apoyado en un tronco de árbol, se dispone a acabar con
dignidad su vida al saberse condenado a muerte por congelación
en las zonas heladas de Alaska» (*Diario del Che*).

Un grito de Juan Almeida lo sacó del sopor y lo obligó a
levantarse. Le ordenó que cargara su rifle y se tapara la herida para
detener la sangre. El Che confesará en su diario que en aquel
momento «pensaba más en la amargura de la derrota y en la
inminencia de mi muerte, que en los acontecimientos de la lucha». Conducidos por el voluntarioso Almeida, quien había tomado el mando del grupo, el Che, Chao, Faustino y Benítez
comenzaron a caminar por el monte.

Don Ernesto Guevara Lynch contará en su libro que, luego
del triunfo de la revolución cubana, invitado a La Habana, tuvo
la oportunidad de agradecer a Almeida el haber salvado la vida
de su hijo en Alegría del Pío, a lo que el entonces comandante,
exagerando por afecto, respondería que el Che había salvado la
suya varias veces.

—Cuénteme cómo fue eso.

—Fui herido en varias oportunidades y en todas ellas su hijo
me atendió exitosamente como médico.

Los sobrevivientes deambulaban perdidos y no tenían agua ni
comida, acechados por los soldados de Batista. La última lata de

---

* Ernesto Che Guevara, *Pasajes de la guerra revolucionaria*, Editorial de
Ciencias Sociales, La Habana, 1977.

leche condensada se había derramado en el bolsillo de Benítez
quien, sin darse cuenta, la había guardado invertida. La única agua
que encontraron fueron los charquitos que la lluvia formaba en
los huecos de las rocas, y con el nebulizador del Che la aspira-
ron logrando juntar algunas gotas para cada uno. El argentino
recordó algo leído en una novela «en que explicaba que el agua
dulce mezclada con un tercio de agua de mar da un agua pota-
ble muy buena y aumenta la cantidad de líquido; hicimos así con
lo que quedaba de una cantimplora y el resultado fue lamentable: un brebaje salobre que me valió la crítica de todos los compañeros».

Milagrosamente lograron llegar a una choza de pescadores,
donde encontraron a Camilo Cienfuegos, Pancho González y
Pablo Hurtado, y todos se abrazaron felices de haber sobrevivido. Guevara todavía no se había enterado de que su amigo Ñico
López había sido capturado luego de desembarcar, y asesinado a
sangre fría.

El 13 de diciembre dieron con un campesino, Alfredo Gómez, un adventista que integraba una de las redes del 26 de Julio coordinadas por Celia Sánchez, quien con el tiempo sería la
gran compañera de Fidel Castro, que les dio refugio en su casa.
Comieron y bebieron hasta hartarse, y hasta descomponerse también. Allí se enteraron con alivio de que Fidel estaba vivo, protegido por Crescencio Pérez, uno de los líderes campesinos de
la rebelión en la Sierra. Ansiosos por reunirse con el comandante,
se dividieron en dos grupos y, para andar más rápido, dejaron en
la casa a Hurtado, que estaba enfermo, y también las armas largas que pesaban demasiado. Almeida y el Che conservaron un par
de pistolas ametralladoras Star.

Recién el 21 de diciembre de 1956 lograron reunirse con
Fidel. Allí confirmaron lo que sospechaban: el resultado de la
acción había sido devastador: del total de ochenta y dos tripulantes
del *Granma* habían sobrevivido sólo doce, entre ellos Raúl Castro, y pudieron recuperarse apenas nueve fusiles.

Por la decisión de abandonar las armas, que nunca recupera-
rían, recibieron una áspera reprimenda de Fidel que el Che nunca
pudo olvidar: «No han pagado por el error que cometieron

—los sermoneó—. Porque el precio a pagar por el abandono de sus armas en esas circunstancias es la vida. En caso de un enfrentamiento con el ejército su única posibilidad de supervivencia estaba en las armas. Abandonarlas fue un acto criminal y estúpido». Esa noche el Che sufrió un ataque de asma.

J. L. Anderson, quien tuvo la oportunidad de leer el original, es testigo de que la censura cubana ha suprimido los párrafos de su diario en que el argentino devuelve los reproches del cubano, adjudicándole los errores del desastroso desembarco y la imprevisión de no haber fijado planes alternativos que hubieran impedido el «sálvese quien pueda» de los sobrevivientes. Años después Sergio Pérez recordó que «el Che andaba por ahí dando tristezas hasta que se le consiguió ropa y zapatos, y hasta un nebulizador que apareció en una tienda de montaña, pero parece ser que no logró que cediese el terrible ataque de asma que traía encima».

Al día siguiente Fidel reestructuró su estado mayor. El Che, castigado, fue incluido como médico. También se incorporaron Crescencio y Sergio Pérez. Raúl Castro y Juan Almeida recibieron el cargo de jefes de pelotón al mando de cinco hombres cada uno, mientras que Ramiro Valdés, Calixto Morales y Armando Rodríguez, el de exploradores de avanzada. En total, sumaban diecisiete hombres con los primeros campesinos incorporados.

A Faustino Pérez se le encomendó la misión de volver a conectar con las redes urbanas del 26 de Julio. El mismo día de su partida llegaron tres muchachos desde Manzanillo con municiones. A uno de ellos el Che le encargó tres libros: uno de geografía, una historia elemental de Cuba y otro de álgebra. También le pidió que enviara una carta a Buenos Aires para tranquilizar a sus padres.

Luego del desembarco, Batista había informado de su triunfo absoluto sobre los rebeldes y entre la lista de muertos figuraba el doctor Ernesto Guevara Serna. La prensa internacional reprodujo esta noticia, y el Che podía imaginar la desesperación de su familia y también la de Hilda, quien ya se había trasladado al Perú con su hijita.

En Buenos Aires su padre, Guevara Lynch, apeló a su pariente Gainza Paz, dueño del periódico *La Prensa*, quien le respondió que tras haber hecho averiguaciones no había podido confirmar la noticia. Su esposa, por su parte, llamó a Associated Press: «Soy la madre del doctor Ernesto Guevara de la Serna cuya muerte ustedes acaban de informar. Quiero que me digan la verdad. ¿Es algo seguro?». La respuesta fue, también, que la noticia no estaba confirmada. Días después Guevara Lynch fue convocado por la Cancillería porque acababa de llegar un cable de su primo, el embajador en La Habana, quien había averiguado que Ernesto no estaba entre los muertos ni entre los presos. Con el imaginable alivio, la familia porteña se comunicó con Hilda para darle la noticia.

En una de las pocas horas libres luego del atardecer, con el fusil sobre sus rodillas, el oído atento a los murmullos de la selva, el Che garabateó en un papel un mensaje críptico: «Queridos viejos: Estoy perfectamente, he gastado dos y me quedan cinco. Sigo haciendo el mismo trabajo, las noticias son esporádicas y seguirán siéndolo, pero tengan fe de que Dios es argentino. Un gran abrazo a todos». Y ante el riesgo de que el mensaje cayera en manos del enemigo firmó en clave, sólo comprensible para su familia: «Teté», aquel apodo infantil que debía a Carmen Arias, su niñera en Misiones.

Aunque tal vez fuese también un gesto de despedida, porque desde que pisó la Sierra Maestra cortó aún más con su vida anterior, y muy pocas veces enviaría noticias a su esposa y a su familia en Buenos Aires. Dejaría también de mencionarlos en su diario. Como si necesitase vaciar su mochila de afectos que, por intensos, pudiesen debilitar su espíritu de guerrero dispuesto a gastar las cinco vidas gatunas que le quedaban en pos de sus ideales.

Una de las pocas cartas que recibió Hilda en Lima está fechada en esos días: «Querida vieja: Aquí en la selva cubana vivo sediento de sangre, escribo estas fogosas líneas inspiradas en Martí. Como un soldado de verdad (al menos estoy sucio y harapiento), escribo esta carta sobre un plato de hojalata con un arma a mi lado y algo nuevo, un cigarro en la boca». Le pidió, además, que se las ingeniase para hacerle llegar una foto de Hildita.

26

—¿Cuántos fusiles traes? —le había preguntado Fidel a su hermano Raúl, al reencontrarse luego de la masacre del desembarco.

—Cinco.

—Y con los que yo tengo hacen nueve. Ahora sí que estamos en condiciones de ganar la guerra.

Esa extraordinaria moral combativa se transmitía al exiguo grupo de hombres. El Che estaba ansioso por entrar en combate, pero Fidel no daba la orden. En esos días ociosos el cigarro se transformó en un compañero inseparable del argentino; también en un recurso para espantar a los mosquitos, aunque incompatible con su asma que no dejaba de torturarlo. Quizá fuera una forma de desafiarla una vez más, de volver a demostrarle que no le temía, que se convenciera de que no había nada que pudiese impedirle. Ni siquiera hacer lo indebido, lo contraindicado, como aspirar el humo irritante y espeso de un basto cigarro cubano.

Esperaban la llegada de los voluntarios que Celia Sánchez había prometido, pero no aparecían. En cambio se les unieron algunos guajiros de la zona con los que ya sumaban veinticuatro combatientes, algunos de los cuales nunca habían disparado un tiro. Entre los reclutados se encuentra Dariel Alarcón, más tarde apodado Benigno, y quien acompañará al Che en sus campañas de Cuba y Bolivia.

Castro, cada día más impresionado por la inteligencia y la energía del Che, lo incorpora al renovado estado mayor de su fuerza que él presidía, y que también integraban Crescencio Pérez y uno de sus hijos, y su guardaespaldas Universo Sánchez.

Por fin se pusieron en marcha para atacar la guarnición militar emplazada en La Plata. Pero el Che disentía con la estrategia de Castro: «El plan de Fidel —escribió en su diario— es hacer una emboscada y huir a los bosques con comida para varios días. No me parece mal pero es mucho peso. Mi plan era formar un campamento con abundante comida y mandar patrullas de asalto». Uno era el plan de alguien vigoroso, pleno de la vitalidad de sus años mozos, en cuyos pulmones el oxígeno circulaba libremente, mientras que el otro, inconscientemente, era el de quien jadeaba bajo el peso de una mochila, a la que los bronquios, cruelmente estrechados, aumentaban tres y cuatro veces su carga.

El ejército rebelde seguía sumando voluntarios, esta vez provenientes de Manzanillo. Ahora eran treinta y dos, pero apenas contaban con veinticuatro armas, algunos cartuchos de dinamita y escasas granadas de mano. El arribo de los reclutas despertó en el Che una preocupación que pronto se transformó en casi una obsesión: desconfiaba de los nuevos, sobre todo cuando no demostraban coraje y entrega en la medida que él se la imponía a sí mismo.

El reto de Fidel por el abandono de las armas lo había marcado a fuego y estaba dispuesto a enmendar ese error ante los demás pero, sobre todo, ante sí mismo. Muy pronto trascendería su fama de combatiente valeroso y temerario, también intransigente y severo con los que estaban a sus órdenes. «Hay que dar un escarmiento», escribió refiriéndose a tres delatores que fueron perdonados, a pesar de que el Che había pedido la ejecución, y celebró cuando más adelante Fidel ordenó castigar con la muerte «la insubordinación, la deserción y el derrotismo».

El 15 de enero de 1957 atacaron con éxito el cuartel de La Plata. Tomaron ocho fusiles Springfield, una ametralladora Thompson y mil tiros, y las bajas de las fuerzas gubernamentales fueron dos soldados muertos, cinco heridos y tres prisioneros. La emboscada de Alegría del Pío había sido vengada y la guerra de guerrillas para deponer a Batista y su camarilla se había iniciado.

Entre los objetos secuestrados al enemigo estaba un casco de soldado batistiano que el Che lucía con orgullo. Pero cierta vez que salió de exploración, al regresar, Camilo Cienfuegos le disparó por confundirlo con un enemigo. Afortunadamente falló y el Che alcanzó a mostrar un pañuelo blanco en alto:

—Ustedes son testigos de que yo rendí al Che Guevara —comentaría Camilo jocosamente, un «jodedor cubano», como lo definiría Benigno en nuestro encuentro, cuarenta y cinco años después.

Una semana más tarde el Che, por primera vez, tuvo la certeza de haber matado a un hombre en combate. Luego del ataque, los rebeldes se retiraron hasta un riacho que el Che bautizó como Arroyo del Infierno, un lugar ideal para emboscar a los soldados de Batista, que caerían en la trampa de salir en su persecución. Hacía casi dos meses que estaban en la Sierra, y ya se habían acostumbrado a hablar en susurros durante las marchas para evitar ser escuchados por el enemigo. Habían establecido una forma para llamar a los compañeros a la distancia: se daban besos en la palma de la mano produciendo un sonido similar al gorjeo de los pájaros.

La estratagema les sirvió para avisarse de la cercanía de un pelotón que se acercaba desprevenidamente. Al acecho, cuerpo a tierra, disimulados entre la vegetación, vieron a un soldado y luego aparecieron otros nueve. El Che describió el enfrentamiento en su diario: «Fidel abrió el fuego y el hombre cayó gritando "ay, mi madre". De pronto descubrí que en el bohío cercano a mis posiciones había otro soldado que trataba de esconderse del fuego. Se le veían solamente las piernas pues mi posición elevada hacía que el techo del bohío lo tapara. Tiré al bulto la primera vez y fallé, pero el segundo disparo dio de lleno en el pecho del hombre que cayó dejando su fusil clavado en la tierra por la bayoneta. Cubierto por el guajiro Crespo llegué a la casa donde pude observar el cadáver quitándole sus balas, su fusil y algunas otras pertenencias».

Años después, con algún morbo, ampliaría la versión del episodio señalando que el soldado recibió un balazo «que debió haberle partido el corazón y su muerte fue instantánea; ya presentaba los primeros síntomas de la rigidez cadavérica debido quizá al cansancio de la última jornada que había rendido». Nada dijo acerca de la impresión que le había causado terminar con la vida de un hombre. Desde niño se había acostumbrado a codearse con la muerte que amenazaba con ahogarlo. Nunca la tomó con solemnidad, y ahora menos, cuando él mismo podía provocarla. «O matas o te matan», fue una de las frases que lo acompañó hasta el final de sus días.

Su amiga de infancia Dolores Moyano, en una conversación en su casa de Nueva York, mucho tiempo después, recordará que el Che adolescente definía a la violencia «como un medio, como un instrumento». Discutiendo con sus primos sobre las peleas callejeras y sus reglas caballerescas, Ernesto afirmaría que él nunca se dejaría llevar por una riña de ésas. «Cuando él pelease, sería a muerte y mandaría al infierno esas estúpidas convenciones sobre las peleas limpias. Cuando pelease, él utilizaría todas las trampas necesarias para vencer.»

Quizá por esa convicción, no dudó en ejecutar fríamente a Eutimio Guerra, el primer traidor condenado a muerte por el ejército rebelde. Benigno me contará durante nuestro encuentro en París, donde vive como asilado político por su oposición a Castro, que Guerra fue de los primeros campesinos en incorporarse a las fuerzas de Fidel, y supo ganarse su confianza. «Él tenía un pequeño almacén y yo iba con frecuencia a comprarle alimentos y enseres. Yo vivía en una zona muy aislada de la Sierra, casi sin comunicación, y un pequeño grupo que sobrevivió al *Granma* solía venir allí a descansar y a aprovisionarse. Entre ellos estaba alguien a quien mucho admiré, Camilo Cienfuegos. Castro siempre le encargaba a Eutimio que llevase y trajese mensajes de la ciudad, pero un día fue capturado por las tropas de Batista y salvó su vida a cambio de informar las posiciones de los rebeldes, y denunciar a los campesinos que colaboraban con ellos.» Benigno fue uno de los señalados y los soldados irrumpieron en su casa cuando él estaba arando en la montaña y mataron a su esposa, «vi cómo la arrastraban de los pelos fuera de la casa antes de rematarla», y a su perro y le robaron el caballo, además de incendiar su vivienda de paredes de madera y techo de palmas de guayabo.

Las delaciones de Eutimio Guerra duraron un mes y por su culpa el ejército hizo estragos en las filas rebeldes, y llegó al extremo de que el 9 de febrero fueron emboscadas en lo alto de una loma por una columna de soldados que conducía Eutimio en persona. Durante ese combate cayó Julio Zenón Acosta, combatiente de valía y a quien el Che apreciaba especialmente, tanto como para empeñarse en enseñarle a leer y escribir.

Días después Guerra fue apresado por los rebeldes portando un salvoconducto del ejército a su nombre. Lo condujeron en presencia de Fidel, quien le anunció que sería ejecutado. Nadie se atrevía a cumplir la orden. El Che relata en su diario cómo se resolvió la cuestión: «La situación era incómoda para la gente y para él, de modo que acabé el problema dándole en la sien derecha un tiro de pistola 32, con orificio de salida en el temporal derecho. Boqueó un rato y quedó muerto». Antes de morir había pedido a sus verdugos que cuidasen de sus hijos. En un curioso comentario, el Che anotará que, al proceder a requisar las pertenencias de Eutimio antes del desenlace, no podía sacarle el reloj amarrado con una cadena al cinturón; «entonces él me dijo con una voz sin temblar, muy lejos del miedo: "Arráncala, chico, total…". Eso hice, y sus pertenencias pasaron a mi poder».

El argentino se había demostrado a sí mismo y a los demás que era capaz de matar con tal de imponer sus verdades, y desde entonces todos supieron que el Che sería implacable con los que transgredieran las reglas revolucionarias. Y Fidel que tendría en él a alguien dispuesto a hacerse cargo de las tareas sucias; no en vano estarían a su cargo, luego de la victoria revolucionaria, los juicios sumarios y los fusilamientos en La Cabaña de los asesinos y torturadores de Batista. Aunque los opositores insistirían que allí también se mataba a los disidentes políticos.

En el párrafo siguiente al testimonio de su primer muerto en combate anota, y no de forma casual, pues el hecho debe de haberlo afectado psicológicamente: «Dormimos muy mal, mojados y yo con algo de asma». Lo que el Che denomina «algo de asma», en verdad, fue un terrible ataque. El 22 de febrero amaneció con mucha dificultad para respirar y no tenía medicamentos. Se arrastraba durante las marchas y agradeció que se detuvieran en la casa de un campesino para descansar. Pero una semana después el ejército los detectaba y disparaba al rancho con morteros y ametralladoras, por lo que los rebeldes debieron huir hacia una loma, cargando al argentino que años antes había sido exceptuado de la conscripción militar obligatoria por «deficientes aptitudes físicas», y que apenas podía caminar.

«Todos pudieron fácilmente llegar a la cumbre y sobrepasarla —señala en su diario—, pero para mí fue una tarea tremenda. Pude llegar, pero con un ataque tal de asma que, prácticamente, dar un paso para mí era difícil.» Lo ayudaba Luis Barrera, el Maestro, un campesino que acababa de incorporarse a los rebeldes y de quien se desconfiaba. «Cuando yo no podía más pedía que me dejaran —continúa el Che— y el guajiro, con el léxico especial de nuestras tropas, me decía: "Argentino de mierda… vas a caminar o te llevo a culatazos".»

Finalmente no pudo más y Fidel optó por dejarlo atrás, acompañado por Barrera, y le encargó a un campesino que le consiguiera adrenalina. El Che y su acompañante se refugiaron en un monte cercano y cuando por fin llegó el medicamento ya casi no podía respirar. «De ahí en adelante pasaron diez de los días más amargos de la lucha en la Sierra —anotó—, caminando apoyándome de árbol en árbol y en la culata del fusil, acompañado de un soldado amedrentado que temblaba cada vez que se iniciaba un tiroteo, y sufría un ataque de nervios cada vez que mi asma me obligaba a toser en algún punto peligroso.» El Maestro sería fusilado años más tarde por actividades contrarrevolucionarias.

27

El reclutamiento continuaba viento en popa a favor de la despótica crueldad de Batista y su gente, que sembraba el odio y el deseo de venganza entre los campesinos. Un grupo de reclutas llegaron de Santiago, enviados por Pais y los componentes urbanos del Movimiento 26 de Julio —a quienes se conocían como los del Llano, en contraste con los integrantes de dicha organización clandestina que luchaban en la Sierra—, para ser conducidos hasta donde estaba Fidel. Los cincuenta hombres llegaron al mando de Jorge Soto, quien se negó a subordinarse al Che: «Tengo órdenes de la dirección del Llano de llevar este refuerzo, personalmente y a mis órdenes, hasta donde está Fidel», le dijo, desacatándose.

«En aquella época —asegura el Che en su diario— todavía yo sentía mi complejo de extranjero y no quise extremar las medidas.» Fue ése el primer enfrentamiento del Che con la gente del Llano, que aumentaría a medida que se profundizaba la lucha.

Semanas antes había conocido a los que tenían la responsabilidad de llevar adelante la revolución en los centros urbanos, el Directorio del 26 de Julio en pleno: Frank Pais, Celia Sánchez, Faustino Pérez, Vilma Espín, Haydée Santamaría y Armando Hart, quienes habían subido a la Sierra para ajustar planes con Fidel y su comando. El Che no tenía todavía jerarquía para participar en las reuniones, pero el fugaz encuentro le bastó para confirmar sus presunciones: la mayoría de ellos eran anticomunistas y sus objetivos, según su opinión, no superaban el mero reformismo.

En dicha reunión se acordó la organización de una red nacional de resistencia cívica y apoyo a la lucha de la Sierra, y la difusión del *Llamamiento al pueblo cubano*, un manifiesto escrito y firmado por Fidel para contrarrestar las afirmaciones de Batista que pregonaba que la guerrilla había sido exterminada.

Un gran aporte de los dirigentes del Llano fue conseguir que el reconocido periodista norteamericano Herbert Matthews, del influyente *New York Times*, se trasladara a la Sierra para entrevistar a Fidel. La nota apareció a fines de marzo de 1957 y fue un duro golpe para Batista. Con el título «Fidel está vivo», informaba al mundo que el presidente de Cuba mentía cuando hablaba del exterminio rebelde. Pero no fue el único en mentir: cuando el periodista preguntó sobre el número de las tropas rebeldes, Fidel señaló a los que lo rodeaban y dijo: «Éste es mi Estado Mayor», sin aclarar que, además, ése era también todo su ejército. No fue la única artimaña para simular mayor número de combatientes: un soldado llegó, fingiendo agitación, para entregarle a Fidel un supuesto mensaje urgente de una inexistente Segunda Columna.

El periodista les creyó y luego escribió: «Fidel Castro, dirigente rebelde de la juventud cubana, está vivo y combatiendo con vigor y con éxito en su plaza fuerte accidentada, casi impenetrable de la Sierra Maestra, en el extremo austral de la isla. Miles de hombres y mujeres siguen en cuerpo y alma a Fidel Castro y la nueva política que ellos creen que representan … Por lo visto, el general Batista no puede tener la menor ilusión de aplastar la rebelión castrista».

En aquel momento, las fuerzas rebeldes contaban con dieciocho combatientes. Cuando el Che llegó acompañando a los hombres de Soto, sumaron setenta. Fidel le reprocharía entonces al argentino que no se hubiera impuesto sobre Soto, y le dijo que no había sabido tomar el mando. Esta nueva reprimenda resultó muy dura, sobre todo porque le fue reasignado su cargo de médico del Estado Mayor, mientras que Raúl Castro, Juan Almeida y Jorge Soto fueron designados al frente de los nuevos pelotones. Sumaron además al Negro Paulino, encargado de llevar el botiquín porque al Che le provocaba asma el esfuerzo de cargarlo.

Fidel también había mentido al afirmar en el manifiesto que sus tropas «crecían constantemente gracias al apoyo campesino».

La verdad era que los lugareños se encontraban bajo un fuego cruzado: los reprimía el ejército porque ayudaban a los guerrilleros, y éstos los castigaban si no les prestaban ayuda. Para establecer un contacto más estrecho con los pobladores de la Sierra, se decidió que el Che ofreciera consulta médica al aire libre para quienes la necesitasen. Por fin el argentino podría aplicar algunas de las teorías esbozadas en Guatemala, cuando soñaba con ser un médico revolucionario. Entonces pensaba terminar un libro, titulado *El papel del médico en América Latina*, en el que describía su rol en la transformación hacia el socialismo, asegurando que el médico debía adquirir un conocimiento profundo de la gente y de sus condiciones sanitarias, y al mismo tiempo ayudar a elevar su conciencia de clase y de la importancia de la salud en su vida cotidiana.

Pero ahora que realmente era un médico revolucionario sentía impotencia por lo poco que podía hacer por los campesinos. Así lo relata en *Pasajes de la guerra revolucionaria*, su diario de campaña: «En aquella época tenía que cumplir mis deberes de médico y en cada pequeño poblado o lugar donde llegábamos realizaba mi consulta. Era monótona, pues no tenía muchos medicamentos para ofrecer y no presentaban una gran diferencia los casos clínicos de la sierra: mujeres prematuramente avejentadas, sin dientes, niños de vientres enormes, parasitismo, raquitismo, avitaminosis en general, eran los signos de la Sierra Maestra». Y con cierto humor añade: «Recuerdo a una niña que estaba presenciando las consultas que daba a las mujeres de la zona, las que iban con mentalidad casi religiosa a conocer el motivo de sus padecimientos; la niñita, cuando llegó su mamá, después de varios turnos anteriores a los que había asistido con toda atención en la única pieza del bohío que me servía de consultorio, le chismoseó: "Mamá, este doctor a todas les dice lo mismo"».

El Che confirmaba que no se había equivocado en lo escrito años antes en Guatemala: para brindar una atención eficaz a la población, el médico debía confrontar inevitablemente con las autoridades en el poder. Había que atender las verdaderas causas del mal y no confundirlas con los síntomas. Para evitar las enfermedades, si se era intelectualmente honesto, no cabía otra conclusión que la necesidad de eliminar el saqueo que los sectores humildes sufrían desde hacía siglos por los gobiernos, los monopolios extranjeros y los terratenientes: «Sólo sé, en lo que a mí respecta, que aquellas consultas a los guajiros de la sierra convirtieron la decisión espontánea y algo lírica en una fuerza de distinto valor y más serena. Nunca habían sospechado aquellos sufridos y leales pobladores de la Sierra Maestra el papel que desempeñaron como forjadores de nuestra ideología revolucionaria». La experiencia lo había llevado a una paradoja: para salvar vidas pedía armas antes que medicamentos.

Por eso, cuando el 18 de mayo los rebeldes recibieron el cargamento de armas que esperaban desde el desembarco, el Che apuntó: «Para nosotros aquello era el espectáculo más maravilloso del mundo; estaban como en exposición ante los ojos codiciosos de todos los combatientes los instrumentos de muerte. Tres ametralladoras de trípode, tres fusiles ametralladores Madzen, nueve carabinas M-1, diez fusiles automáticos Johnson y, en total, seis mil tiros. Se hizo la distribución atendiendo a los méritos ya adquiridos de los combatientes y a su tiempo en la sierra». Sobre el Madzen que le tocaría en el reparto protestará que era «de muy mala calidad y viejo», lo que evidencia que hasta entonces sus virtudes de guerrillero no tenían una elevada cotización.

Junto con el arma el Che ganó un ayudante: Joel Iglesias, un guajiro de quince años al que Fidel quería despedir por considerarlo un niño, pero Joel estaba decidido a quedarse y cuando el Che le preguntó si se atrevía a cargar las balas de la ametralladora las levantó disimulando el esfuerzo, y desde ese día no se separó de él.

28

Fidel eligió sus mejores ochenta hombres, número al que podía armar convenientemente, y con ellos decidió atacar el bien defendido cuartel de El Uvero. Divididos en tres pelotones, conducidos por Fidel, Raúl y Camilo, llegaron al lugar luego de marchar toda la noche. El Che tenía la misión de cubrir con su ametralladora uno de los flancos.

Tardaron casi tres horas en tomar el cuartel y el combate fue muy duro. A los rebeldes les costó quince heridos, pero el ejército de Batista sufrió catorce muertos, diecinueve heridos y otros catorce prisioneros. Para el Che fue «la victoria que marcó nuestra madurez. A partir de esta batalla, nuestra moral creció tremendamente; también aumentaron nuestra resolución y nuestras esperanzas de triunfar».

No bien ingresó en el cuartel, el Che se ocupó de los heridos. Tuvo que cambiar una vez más el fusil por el «uniforme» de médico que, en la práctica, consistía sólo un lavado de manos para quitarse la tierra y los rastros de pólvora. El médico del ejército estaba tan asustado que no podía atender a nadie, por lo que el doctor Guevara se hizo cargo de todos, por orden de gravedad, sin distinguir entre propios y enemigos. Luego recibió la orden de permanecer en el lugar con los maltrechos, mientras Fidel se alejaba con los que estaban en condiciones de combatir lo más rápidamente posible, pues se aproximaba un batallón enemigo.

«Conmigo quedaron mis ayudantes Joel Iglesias y Oñate, un práctico llamado Sinecio Torres y Vilo Acuña, que se quedó para acompañar a su tío herido, Manuel, y siete heridos, de ellos cuatro graves que no podían caminar», escribiría el Che en su diario. Años después Acuña, con el seudónimo de Joaquín, acompañaría al Che también en Bolivia como jefe de su retaguardia, y allí perdería su vida en la emboscada de Puerto Mauricio.

Apenas pudieron cubrir cuatro kilómetros hasta un rancho abandonado, donde permanecieron un día reponiéndose del cansancio y de las heridas, pero debieron continuar la huida para no caer en manos del ejército. A tres de sus hombres había que cargarlos. «Las marchas eran fatigosas e increíblemente cortas —asegura el Che—. Los heridos tienen que ser transportados en hamacas colgadas de un tronco fuerte que literalmente destroza los hombros de los portadores, que tienen que turnarse cada diez o quince minutos, de tal manera que se necesitan de seis a ocho hombres para llevar un herido en esas condiciones.» Estaban agotados y encima la lluvia hacía más difícil el traslado. Cuando ya desesperaban divisaron una casa que pertenecía a la familia Pardo, que los alojó valientemente durante un mes.

El Che, por su parte, aunque no había sufrido lesiones por las balas, tampoco podía moverse por el asma. Se le habían acabado los medicamentos y trataba de disminuir sus ahogos fumando la hoja seca de «clarín», un remedio de la sierra que le recordarían a los cigarritos «del doctor Andreu» que inhalaba durante sus crisis infantiles. Una campesina, La Chana, recordará que el argentino al asma «trataba de contenerla, de amansarla. Él se refugiaba en un rincón, se sentaba sobre una piedra y la dejaba descansar. No le gustaba que una le tuviera lástima».

Pese a su debilidad, recorrió el camino en forma inversa para recuperar las armas que sus hombres fueron tirando para poder transportar a los heridos. No estaba dispuesto a que Fidel lo reprendiera dos veces por la misma causa. Luis Crespo, aquel que ayudó al argentino cuando el desembarco del *Granma*, fue testigo del encuentro el 16 de junio: «¿Tú sabes lo que es que llegue y le diga a Fidel: "Vos, ahí tenés mi tropa"? Con todas las armas viejas que Fidel había dejado guardadas en El Uvero. Recogió todas las armas rotas. ¡Todo lo recogió, todo!». Además había aumentado su fuerza a veintiséis hombres con varias incorporaciones de campesinos. Fue un gran día para el Che.

Para mayor alegría supo que otro médico, el doctor Martínez Páez, se había unido a la guerrilla y entonces el argentino se sintió relevado de sus obligaciones asistenciales. Cuando le regaló su instrumental y su botiquín al nuevo, avisó: «Desde hoy dejo de ser médico para ser guerrillero».

Poco después, el 21 de julio, Fidel, convencido ya de su valía, lo eligió para convertirlo en el primero en recibir el grado de comandante. Y lo hizo sin ninguna ceremonia. Fue en ocasión de enviarle una carta a Frank País, condoliéndose por la muerte de su hermano asesinado por el gobierno, cuando en el momento en que el Che la firmaba e iba a poner su cargo de médico del Estado Mayor, Fidel le ordenó: «Pon comandante». Ernesto Guevara anotó en su diario que ese día se sintió «el hombre más orgulloso de la tierra» e hizo referencia al símbolo de su nombramiento, una pequeña estrella que prendería en su boina y que la emblemática imagen de Korda, el fotógrafo cubano, inmortalizaría en millones de pósters, pancartas y murales.

El crecimiento de la tropa fue haciéndose real, entre otras razones debido a la conducta humanitaria que la guerrilla evidenciaba hacia los prisioneros, tan contrapuesta a la crueldad de los batistianos. Mariano Rodríguez Herrera, en nuestro encuentro en México, me dirá que esa estrategia será la culpable del único error del comandante Guevara en esa guerra, que le relató el excombatiente Miguel Ángel Núñez: «Fue por culpa de su buen corazón. Sucede que los rebeldes cogen preso a Leonardo Baró, del ejército regular, y el hombre hizo todo un teatro de añoranza por su mujer, sus hijos, la familia, el carajo, y resulta que Guevara lo suelta. Pero ¿qué pasó? Que Baró era realmente un espía y los días en que estuvo preso se dedicó a oír, ver y sacar conclusiones, y guardar en la memoria los nombres de todo el que tenía que ver algo con la guerrilla.

»En cuanto llegó de vuelta al poblado de Bueyarriba, se dedicó a denunciar a todo aquel que había visto en la loma, a todo aquel que supo o imaginó que tenía contacto con el 26 de Julio. Estoy seguro de que fue Baró quien denunció a los cinco hermanos Reyitos; los cogieron en la valla de gallos y a los cinco los asesinaron en Corojito. Ese crimen y el de Celia Aguilar, una bonita muchacha que llevaba un niño pequeñito en brazos, fueron los crímenes más brutales que cometió aquí el "cariñoso" de Sánchez Mosquera». Éste era un oficial batistiano, eficiente y despiadado, que se transformaría en una obsesión para el Che.

Al contar con más combatientes, Fidel decidió crear una segunda columna y para continuar con el engaño al enemigo le puso el número cuatro. Fue el argentino, que iba convirtiéndose en un mito temido o amado, quien quedó al mando de esos setenta y cinco hombres divididos en tres pelotones, conducidos por los capitanes Ramiro Valdés, Ciro Redondo y Lalo Sardiñas. Su zona de operaciones se estableció al este del cerro Turquino, cerca de una región llamada el Hombrito.

El nuevo comandante partió hacia el este con sus hombres «heterogéneamente vestidos y armados» a quienes bautizó «descamisados», en alusión al nombre con que Juan Domingo Perón había denominado a los obreros argentinos, después de asumir el poder en 1945.

Habían avanzado unos cuantos kilómetros cuando se produjo la primera deserción. El Che envió a Baldo y a Ibrahim a perseguirlo con la orden de que lo mataran donde lo encontraran. Poco después regresó Baldo y relató que Ibrahim también había querido desertar, y por eso lo había matado de tres tiros. En su diario el Che cuenta su reacción: «Reuní toda la tropa en la loma anterior al teatro del suceso macabro, explicándole a nuestra guerrilla lo que iba a ver y lo que significaba aquello, el porqué se castigaría con la muerte la deserción y el porqué de la condena contra todo aquel que traicionara a la revolución. Pasamos en fila india en riguroso silencio, muchos de los compañeros todavía consternados ante el primer ejemplo de la muerte, junto al cadáver de aquel hombre que trató de abandonar su puesto, quizá movidos más por algunas consideraciones de afecto personal hacia el desertor y por una debilidad política natural de aquella época, que por deslealtad a la revolución». El acerado comandante Guevara necesitaba explicar o explicarse por qué sus hombres se conmovieron ante el trágico desenlace de uno de ellos.

Aunque uno de los motivos puede ser encontrado algunos párrafos más adelante: «No estoy muy convencido de la legalidad de esa muerte. El cadáver estaba boca abajo, presentaba a la vista un orificio de bala en el pulmón izquierdo y tenía las manos juntas y los dedos plegados como si hubiera estado atado».

29

El 31 de julio la columna del comandante Ernesto Che Guevara llevó a cabo la primera acción. Atacarían el fortificado cuartel de Bueycito, pero las cosas no salieron como el Che las
había planeado. En el momento del asalto, se le trabó la ametralladora frente al centinela que intentaba eliminar, y debió huir en
medio de las balas enemigas, saliendo milagrosamente indemne.
Afortunadamente para la columna rebelde, luego de un rabioso
intercambio de disparos, el pelotón de Ramiro Valdés ingresó en
el cuartel y logró la rendición.

Rodolfo Walsh, reconocido periodista que integró el plantel
de Prensa Latina e inmolado en la guerrilla urbana argentina,
resaltará: «Que yo recuerde, ningún jefe de ejército, ningún general, ningún héroe, se ha descrito a sí mismo huyendo». Guevara relata que luego del combate se repartieron las armas cap-
turadas y él se adjudicará un moderno fusil ametrallador
Browning, «aunque mi participación en el combate fue escasa y
nada heroica, pues los pocos tiros los enfrenté con la parte posterior del cuerpo». Partieron del lugar en camiones incautados y
con dos prisioneros que liberaron luego a pedido de los habitantes del pueblo Las Minas, que los recibieron con aclamaciones.

Mientras tanto, en Santiago, la policía asesinaba a Frank Pais
a quien, al conocerlo, el Che había calificado como «un ser superior». La muerte del dirigente urbano provocó revueltas populares y Batista impuso el estado de sitio. Su muerte fue una pérdida importante pues era la cabeza de una creciente subversión
de los sectores medios en Santiago; además agudizó el conflicto

entre la Sierra y el Llano por el control político del Movimiento 26 de Julio. Fidel quería que Faustino Pérez reemplazara a Pais en el Directorio Nacional, pero en su lugar fue designado René Ramos Latour (Daniel), partidario de crear un segundo frente en la Sierra fuera del mando de Castro.

Al tiempo de hacerse cargo de sus nuevas funciones, Daniel comenzó su disputa con el Che, a quien cuestionaba por no reconocer su autoridad, lo que lo llevaba también a resolver el abastecimiento de su columna de forma independiente. La realidad era que al Directorio Nacional le preocupaba la autonomía del argentino, a quien consideraban como un marxista extremista con gran influencia sobre Fidel.

Estos avatares políticos no distraían al argentino de uno de sus objetivos, que conservará hasta el fin de sus días, aun en las peores condiciones de la guerra, que fue la alfabetización de sus hombres y su concientización de la importancia de estudiar y formarse. Así me lo contará Benigno, a quien su comandante acosó hasta lograr que aprendiera a leer, escribir y luego desarrollara otros conocimientos hasta que, una tarde inolvidable para el combatiente cubano, el Che le palmeó la espalda y le dijo: «Ya aprobaste sexto grado. Ahora debes prometerme que cuando terminemos con todo esto irás a la universidad».

Habían pasado poco más de seis meses desde que habían desembarcado del *Granma* y la lucha en la Sierra Maestra ocupaba grandes espacios en la prensa internacional. Llegaron corresponsales de todo el mundo y el nombre del Che aparecía junto al de Fidel en artículos del *New York Times*, *Le Monde*, *Il Corriere della Sera*, también en los principales diarios de América Latina. Había aparecido en *La historia de los combatientes en la selva cubana*, un documental que la CBS estadounidense difundió en horario central. Para la prensa opositora a Fidel y a su causa, el Che era un agente del comunismo internacional con alma de asesino. Esto se alimentaba porque de todos los combatientes de la Sierra él era el único que se declaraba marxista abiertamente, complicándole el panorama político a Fidel, que debía defenderlo ante los dirigentes del Llano, algunos de ellos en estrecho contacto con la CIA que, más de un vez, aportó ayuda económica para sostener a la guerrilla. Según un biógrafo de Fidel, Tad Szulc, la agencia en 1957 y 1958 entregó no menos de cincuenta mil dólares a representantes del Movimiento 26 de Julio. Éste fue un elemento que quizá el Che no valoró en su justa medida cuando imaginó que el éxito de la Sierra Maestra podía repetirse en el Congo o en Bolivia, cuando la poderosa agencia norteamericana no dudó en poner sus mejores recursos humanos y tecnológicos para aniquilarlo.

A fines de agosto de 1957 el Che acampó en el valle del Hombrito. Emboscados, lograron detener a una tropa de ciento cuarenta soldados armados con lanzagranadas, pero en su retirada el ejército mató a varios campesinos, e incendió sus casas en represalia a la ayuda que habían prestado a los rebeldes. Ese día el argentino comprendió que antes de cada ataque debía evacuar a los civiles para evitarles la muerte en manos del cruel capitán Sánchez Mosquera, ya enemigo personal del Che, quien se propuso terminar con él.

También decidió endurecer las reglas para detener las deserciones y para disciplinar férreamente a sus hombres. Designó para ello una comisión a cargo del teniente Curro, lo que produjo rechazo en la tropa. Cuenta Enrique Acevedo, un joven combatiente que no hacía mucho se había incorporado a los «descamisados», que «es algo así como una pequeña policía militar que, entre otras cuestiones, debe velar por que no se hable alto, no se encienda fuego antes del anochecer, para que al lado de las fogatas haya agua o mantas para apagarlas en caso de que aparezca la aviación, prohibir el deambular por dentro de los pelotones o vivaqueos, recorrer las postas e impedir que lleven diarios … El elegido disfruta con el cargo y le coge gusto hasta llegar a ser una pesadilla para todos».

La vida en la guerrilla era más dura de lo que todos habían imaginado al incorporarse y eso fomentaba el descontento. Pasaban días sin comer y había tramos en los que resultaba imposible obtener agua. La sed era tan espantosa que durante las interminables caminatas llegaron a beber el agua barrosa estancada en las huellas de los mulos. Muchos enfermaron de disentería por comer alimentos en pésimas condiciones de higiene, otros sufrían

la malaria y la mayoría tenía enfermedades en los pies y fo-
rúnculos en los hombros por el peso de la mochila y el arma.

Lo que levantaba el ánimo de los combatientes era el valeroso apoyo que recibían del campesinado que, a pesar de las
sangrientas represalias del gobierno y de las generosas promesas
de recompensa a los delatores, los proveían de refugio, de alimento, de conforto moral, desarrollando redes clandestinas de comunicación y aprovisionamiento, conectadas con otras similares en
las poblaciones urbanas. Esto es lo que faltará trágicamente en las
otras experiencias guerrilleras del Che.

Éste se hacía cada vez más temible para los combatientes
sospechosos de cobardes o de posibles desertores. La dureza de
sus sanciones provocó que no pocos de ellos pidieran ser trasladados a otras columnas. Uno de sus hombres recordará una anécdota cuando dos combatientes se trenzaron en una discusión aca-
lorada en la que uno de ellos, Antonio, hacía gala de su hombría.
El comandante Guevara, disgustado, lo llama a su presencia y «le
pide el fusil y le dice dos o tres frases; le señala un cuchillito que
traía Antonio y le ordena: "Tú vas con ese cuchillito y me traes
un guardia, o el fusil o el guardia, porque si no, te fusilo". Y
Antonio hizo así y cogió el cuchillo, entregó el fusil a otro compañero y salió caminando». No se conoce el resultado en este
caso, pero sí en otro que el mismo Che relata en su diario de
campaña, cuando, después de la batalla de Santa Clara, recorre un
hospital y un moribundo le toca el brazo y le pregunta si lo recuerda. Era un combatiente al que el argentino había desarmado algunos días antes, en castigo por habérsele disparado acciden-
talmente el arma, y lo había provocado a conseguirse otro fusil
quitándoselo a un enemigo. El joven guerrillero se había animado
a hacerlo, pero entonces fue herido de gravedad. «Murió unos
minutos después y creo que estaba contento por haber demostrado su coraje.»

Días después los combatientes de la Cuarta Columna presen-
ciaron otro ejemplo de justicia sumaria al «estilo Guevara». Será
también Enrique Acevedo quien dará testimonio de la escena: «Al
amanecer traen a un hombre grandote vestido de verde, la cabeza
rapada como los militares, con bigotes grandes: es [René] Cuervo,

que está causando problemas en la zona de San Pablo de Yao y Vega la Yua. Ha cometido abusos contra los campesinos diciendo que pertenece al Movimiento 26 de Julio … El Che lo recibe en su hamaca. El prisionero trata de darle la mano, pero no recibe respuesta. Lo que se dice no llega a nuestros oídos, aunque sus palabras son fuertes. Parece ser un juicio sumario. Al final el Che lo aleja con un gesto desdeñoso de la mano. Lo llevan a una hondonada y lo ejecutan con un rifle 22, por lo cual tienen que darle tres tiros». El lugar sería bautizado como el Hoyo del Cuervo.

30

LAS CONDICIONES DE UN AUTÉNTICO JEFE

*Habla Mariano Rodríguez Herrera, cubano, investigador
de la campaña del comandante Che Guevara en Sierra Maestra**

El Che era extremadamente cuidadoso en que nadie pensase que
su condición de jefe le permitía algún privilegio. Cierta vez su
columna hizo noche en Minas del Infierno; venían calados por
la lluvia, y se alegraron al saber que el despensero prepararía un
reconfortante sopón con el guanajo que habían logrado cazar esa
tarde y unos puñados de arroz. Para los oficiales preparó un fricasé.

El comandante Guevara, husmeando en la cocina, ve aquello y llama al despensero.

—¿Qué estás cocinando? —pregunta.

—Un sopón para los muchachos, que están húmedos por la
lluvia.

—¿Y ese fricasé?…

—Es para ustedes los oficiales —respondió el hombre.

Entonces el Che alzó la olla con el fricasé y la volcó dentro
de la del sopón, mientras le soltaba algunas rudas admoniciones
«por su acto de guataquería» (obsecuencia), y le advirtió al aterrado despensero que si repetía actos de esa naturaleza iba a ser
sancionado severamente hasta que demostrase ser «un verdadero revolucionario».

Se sucederán combates y emboscadas en Pino del Agua, en
San Pablo de Yao, hasta que en el Hombrito el Che se propuso
establecer una infraestructura para abastecer las necesidades de la
guerrilla. Con la ayuda de dos estudiantes llegados desde La

* Entrevista realizada por el autor en México D.F., el 22 de mayo de 2002.

Habana, se comenzó a construir una represa para obtener energía hidroeléctrica del río. Se pusieron también en funcionamiento un taller de zapatería y otro de talabartería, una armería que producía minas terrestres y granadas, y un hospital rudimentario.

La panadería generará una de las tantas anécdotas sobre el estricto sentido de justicia del argentino: «Cierta vez el compañero de servicio distribuía la ración de pan. Ese día a los combatientes les correspondía medio pan y quizá para congraciarse con el comandante le llevó un pan entero. El Che le preguntó si todos recibían un pan igual al suyo y el compañero contestó: "No, comandante, pero sobraba esta ración y quisimos traérsela completa". El Che lo miró con violencia y le dijo: "Idiota, cuando todos los soldados alcancen un pan, entonces tú le traes un pan al comandante"».

A principios de noviembre aparecería el primer número de *El Cubano Libre*, un periódico impreso en un viejo mimeógrafo que nadie sabía de dónde había salido. Y eran las mujeres las encargadas de repartirlo, según me contó después Ena Carvajal «Manana», escondiendo el periodiquito entre los senos o apretándolo con sus muslos debajo de las faldas. Con la firma de «El Francotirador», el Che escribió varios artículos. En el primero se refirió a la paradoja de que los estadounidenses protestaran frente a la ONU, en defensa de la perra Laika que los soviéticos habían enviado al espacio dentro del satélite *Sputnik* y no se preocuparan «por nuestros guajiros que mueren en buena cantidad, ametrallados por los aviones P-47 y B-26 enviados por ellos, o acribillados por los competentes M-1 con que proveen a la dictadura».

Para celebrar el avance de las obras del Hombrito y la llegada del nuevo año, el Che mandó confeccionar una enorme bandera del 26 de Julio, que lucía en el medio el letrero: FELIZ AÑO 1958. Se la encargó a Manuel Escudero, quien años después contó: «Yo se la hacía de cuatro o cinco varas, y él me decía: "No, viejo, yo la quiero de nueve varas". Se la mandé a coser a Lidia y María Caridad Fajardo. Era una bandera del 26 de Julio para provocar a los aviadores y él sacó a tres hombres para que la cuidaran, para que estuvieran de posta. Siempre tenía distintas postas al lado de la bandera». Y los bombardeos se sucedieron

diariamente, sin otro efecto que el desánimo de los pilotos batistianos.

Continuó Manuel, que fue el primer mensajero del Che y
que tiene el peculiar interés, común entre la gente de la Sierra,
de que siempre que habla de Guevara lo hace en presente, como
si siguiera vivo:

«Sucede que una vez yo ya estaba cansado de hacer de mensajero y le digo: "Oiga, comandante, ¿usted sabe una cosa?, que
yo quisiera pasar a la tropa", y él dice: "No seas guataca, tú piensas
que de mensajero no estás haciendo nada, pero para mí tú tienes muchos méritos: porque si tú te encuentras con la guardia
rural, te tienes que fajar con ellos hasta poderte ir, o que te partan la pata buena esa que tienes, y si te parten la buena te das un
tiro y te matas, porque de todas maneras te van a matar o nos
tienes que entregar a nosotros".Y yo digo: "Pues si es así yo me
mato", y él dice: "Mira, viejo, estate ahí que tú eres el único bien
aceptado para ser mensajero mío, porque conoces la zona esta y
además estoy satisfecho con tu trabajo".Y yo le digo: "Está bien,
comandante", y no dije na más».

El coraje del argentino era tal que mereció un severo reproche de Fidel, del que fue testigo la colaboradora Élida Machado: «Eso sucedió luego del combate de Santa Rosa en el
que mataron a Esteban Gallardo. Fidel estaba muy disgustado y
decía:

»"¿Pero tú estás loco? ¿Cómo te metes donde te pueden
acorralar y matarte?". Mientras Fidel lo regañaba, el Che caminaba de un lado a otro y no decía nada.

»Porque ese día el Che, que no conocía el miedo, se metió
en un lugar donde casi lo cercan los guardias, casi lo pescan. Fí-
jense que mataron a Esteban que estaba con él, igual lo hubieran podido matar al Che. Era muy arriesgado. Cuando lo matan
en Bolivia y Fidel habló, dijo que al Che pudieron matarlo
muchas veces durante la guerra de liberación porque no se cuidaba, y yo me acordé enseguida de aquel día».

Nunca descuidó estimular el estudio en sus hombres, en su
mayoría analfabetos. De ello da testimonio un excombatiente,
Hedelberto Martínez Lien «Dive», quien sirvió al Che en Minas

del Frío: «Un día Che pasó preguntando quiénes no sabían leer y escribir. Otros compañeros y yo levantamos la mano, siete en total. Nos dijo que lo siguiéramos. Todos nos miramos preocupados, ¿qué nos iba a hacer el Che por no saber escribir? Por eso te echaban de un trabajo, pero no nos iban a sacar del ejército rebelde por brutos…

»Esto ocurrió en El Macío. Nos lleva para la casa donde él despachaba sus asuntos, nos ordena pasar y vemos allí un montón de libros y lápices. Coge una libreta y un lápiz, y se los da al teniente Cristino Naranjo. Igual hace con César, con Esteban y con uno que le decían Habana porque era de la capital. Por suerte también me dio a mí y a los otros dos, que no recuerdo sus nombres.

»Y enseguida nos dijo de la importancia de que supiéramos leer, escribir, sacar cuentas para que pudiéramos ser más útiles a la patria cuando terminara la guerra. Después nos llevó para la mesa que había en la cocina, ordenó que acercáramos taburetes y dijo que él mismo sería el maestro. Que las primeras clases nos las daría él, hasta que otro más capacitado para ello se hiciera cargo de continuar.

»Vean ustedes lo que era aquel hombre. Con la inmensa responsabilidad que tenía sobre sus hombros, con un trabajo que no le dejaba un minuto de descanso… ¡todavía quería ser maestro! Y lo fue. Durante tres días nos dio clases.

»Recuerdo que cuando ya puse mi nombre, que fue lo primero que nos enseñó, a firmar, me dijo: "¡Mirá, Dive! ¡Qué clarito que ponés tu nombre!". ¡Y yo de lo más orgulloso!».

Nada parecía un escollo para él, ni siquiera su asma, agravada por la vida en la guerrilla. «Estoy ponchao —solía decir cuando usaba el nebulizador—, porque cuando una goma de un carro se poncha, uno le echa aire con una bombita, igual que hacen los asmáticos cuando tienen un ataque.» Evelio Lafeerté, uno de sus colaboradores en la escuela de reclutas, también recordó que «algo que nos impresionaba era su actitud ante el asma. Se pasaba noches enteras despierto y yo le decía: "¿Cómo es que siendo tú médico no has podido controlar el asma?". Ahí mismo me explicaba los problemas que tenía con el asma y las complica-

ciones alérgicas de la suya; los requisitos que él hubiera tenido que observar para lograr, por lo menos, una mejoría; requisitos que hubieran significado algunos privilegios en la alimentación, el régimen de vida y que él no entendía correcto disfrutar,
pues sería dar mal ejemplo a sus hombres».

Esto es lo que me cuenta Felicito Torres: «Esa finca mía era
muy rica en viandas y frutos como la de Polo, por algo andan
juntas. Y cuando yo veo por primera vez al Che, es a través de
Polo, porque Che estaba en La Mesa. Yo le había conseguido
algunos alimentos y se los llevé en mi caballo, cuyo nombre era
Niño. Entonces ésos eran los primeros tiempos y yo pienso que
el Che puede necesitar una bestia y le digo, luego de entregarle
los víveres, le digo: "Oiga, comandante, si usted quiere yo también le vendo el caballo, es un caballo nuevo y fuerte". Entonces Che dice: "Está bueno, te lo compro". Y me lo compra.
Y luego agarran loma arriba y lo sacrifican.

»Yo no me daba cuenta de en qué situación estaban los guerrilleros, comer carne para ellos era cuestión de vida o muerte,
perseguidos, hambreados… y matan el caballo. La verdad es que
yo no lo comí, aunque lo hicieran para que todo el mundo comiera, porque allí, desde el principio, cuando había algo, se compartía. Ya yo ahí me dije: hay que darles todo a esta gente, hay que
ayudarlos a ganar la guerra. Y así fue que yo conocí al Che. Me
gustaría tener una foto de aquel caballito para que la gente lo
viera. Niño también ayudó a ganar la guerra contra Batista».

Humberto Jerez Meriño:

«Una mañana, en los comienzos de 1958 (no recuerdo la
fecha exacta), llegó a mi casa, preguntando por mí, una mujer de
pequeña estatura, delgada, rostro aindiado y más bien redondo, y
pelo negrísimo suelto sobre los hombros. El examen de su fisonomía no me podía fallar. También yo procedía de la Sierra
Maestra.

»Ya frente a ella me dijo con voz pausada y serena: "Quiero
hablar con usted en privado". La hice pasar, la invité a sentarse
y enseguida me dijo: "Mi nombre es Estela Guerra. Vengo de la
Sierra Maestra. Vengo a verlo de parte del Che Guevara, comandante guerrillero…".

»Luego ella extrajo del dobladillo de la saya dos papelitos, cuidadosamente doblados. Me tendió uno de ellos, escrito con letra muy pequeña que, aunque no tenía nombre, supuse que era para mí. Al leerlo, me convencí. Decía más o menos: "Compañero, le agradeceré mucho ayude a la compañera Estela a cumplir la misión que lleva". La otra nota, igualmente escrita en letras muy pequeñitas, era más extensa y tomaba las dos caras del papel. Iba dirigida a Carlos Gutiérrez, embajada de Uruguay, sin dirección ni otra seña particular. Luego Estela comenzó a extraer de entre los senos rollos de película hasta el número ocho, y me dijo que debíamos hacérselos llegar hasta la embajada uruguaya a Carlos Gutiérrez, que era periodista de ese hermano país latinoamericano.

»Con mis hermanos elaboramos un plan y fui a ver a mi jefe en el Movimiento 26 de Julio, mostrándole la noticia enviada por el Che, y pidiendo autorización para cumplir el encargo.

»Mi hermano José iba desarmado, caminando al lado de Estela, y yo, que los escolto, a cierta distancia, llevo una pistola con dos peines de repuesto. Caminamos hasta el Emboque de Regla, y ahí tomamos la lanchita para cruzar la bahía. Ellos dos se sentaron dentro mientras que yo, vigilante, permanecía de pie en la popa. Desembarcamos sin que al parecer nadie reparara en nosotros, y nos dirigimos a la parada de ómnibus, donde tomamos uno que sin hacer cambios, nos llevara hasta cerca de nuestro destino. Otra vez ellos van juntos, sentados delante, mientras yo los miro, sentado a mi vez en uno de los asientos traseros.

»Pepe llega a la residencia del diplomático y allí le salen al paso dos policías. Lo detienen y lo interrogan. Él explica que viene a solicitar una beca para cursar estudios en Uruguay. Los esbirros arguyen que allí no se ofrece tal beca, pero Pepe, sin darse por vencido, insiste, mientras ellos le dicen que debe retirarse de inmediato. En ese momento, un funcionario de la misión, que ha visto lo que está sucediendo afuera, va y le avisa al embajador, el que interviene personalmente en la discusión, y manda que dejen pasar al visitante.

»Ya a solas con el embajador, mi hermano le explica la misión que trae. Éste se muestra conforme en recibir a Estela y lo acompaña hasta la puerta de la vivienda y, luego de despedirlo, sale y dice a los policías que espera a una señora, que la hagan pasar, pues él necesita una trabajadora doméstica y ella aspira a la plaza. Cuando llega mi hermano y nos cuenta que el embajador ha accedido a recibir a Estela, ella se pone de pie muy tranquila y camina rumbo a la residencia del embajador. Nosotros quedamos aguardándola, admirados de su decisión... y enormemente preocupados.

»Fueron unos minutos de extrema tensión los que tuvimos allí, esperando por la valerosa mujer... pero al fin la vimos venir caminando, sin apuro... Al parecer había conseguido "trabajo". Recorriendo el camino a la inversa regresamos a Regla, a nuestra casa y ya en ella, tranquilo el corazón que, durante todo el tiempo que duró la misión, había palpitado fuerte y seguido, Estela nos contó que el embajador la había recibido y tratado muy bien y que, incluso, se mostró contento cuando ella le entregó la nota y los ocho rollos de película que llevaba.

»Creo que Estela no volvió jamás a La Habana. Nunca más supimos de ella ni siquiera los primeros años de triunfo. Y pienso en Lidia Doce y Clodomira Acosta Ferrals, que como ella vinieron a cumplir una misión que le encargase el Che a La Habana y, precisamente en Regla, hallaron la muerte mientras la cumplían».

Joel Iglesias:

«A la escuela de Minas del Frío la bombardeaban diariamente. Che, durante esos bombardeos, daba instrucciones. Se creó un sistema de señales, se situaron observadores y cuando se escuchaba a los aviones se daba la voz de alarma; todos sabían dónde estaba el refugio correspondiente, y allí íbamos todos, pero Che daba órdenes e instrucciones "paseando" de un lado a otro sin buscar protección. Los bombardeos eran tan continuados que decidimos construir un refugio cerca de la comandancia para el Che, pero no resultó porque él seguía sin prestarle atención al escondite.

»Un día, en que las bombas caían como nunca, salimos todos para el refugio, y al pasar cerca del que habíamos construido para él, el Che no quiso meterse: "No —dijo—, vamos a ir hasta el refugio del personal".

»El bombardeo y el ametrallamiento fueron tremendos y lo notable fue que cuando regresamos vimos el refugio que habíamos construido destrozado: una bomba le había caído encima, lo desapareció. Y nosotros que pensábamos que era un capricho del argentino».

También circulan muchas anécdotas del Che de después del triunfo de la revolución. Ésta me la contó Eliseo de la Campa, su piloto: «Él no perdía oportunidad de hacer una broma, de "correrle una máquina" a alguien, como decíamos nosotros. Esto que cuento fue durante una reunión en Pinar del Río, allí le tocaron su punto débil: que se dudara de su calidad como piloto.

»Resulta que de camino al aeropuerto, Che invita a algunos compañeros para que volaran con nosotros, en nuestra tatagüita. Entonces el compañero Carlos Rafael Rodríguez dice: "No, Che, nosotros nos vamos a ir en el otro avión, el grande, porque lo que pasa es que estamos muy apurados… Otro día que tengamos más tiempo pues vamos contigo, y probamos tu avión, pero hoy tenemos prisa".

»Entonces él, amoscado, se sube a nuestro avión y me dice: "Eliseo, me han dicho que la tatagüita no corre, que están muy apurados… ¡Tenemos que llegar primero!". Y yo: "Bueno, comandante, lo que pasa es que el avión de ellos es más poderoso y tiene salida primero que el nuestro; además nosotros no podemos entrar en pista hasta que ellos estén en el aire". Entonces él tomó los mandos, entró en pista y despegó con viento de cola, o sea, para no tener que llegar hasta el extremo de la pista y despegar con dirección a La Habana, lo hizo con dirección a Pinar del Río, giró rápidamente y trató de colocarse debajo del otro avión, que era un IL-14. Como el IL-14 no sabía las intenciones del Che iba a su marcha normal, mientras que nosotros lo hacíamos a todo lo que daba nuestro Cesna.

»Y llegamos al aeropuerto de Ciudad Libertad. Y allí esperamos a oír por dónde se iba a tirar el IL-14. Éste pidió pista para aterrizar por la cuatro, que era muy extensa, y entonces Che pidió hacerlo por la ocho que desemboca casi en la rampa y allí nos apeamos. Corriendo vamos hacia donde están los compañeros del aeropuerto que llevaban la escalerilla al IL-14 y el Che se las pide; allá vamos empujando entre los dos la escalera. Bueno, la ponemos contra el avión grande y cuando abren la puerta asoma en ella Carlos Rafael y no puede creer lo que ve: el Che allá abajo sosteniendo la escalera, muy sonriente, y diciendo: "Me dijeron que estaban muy apurados, entonces vinimos corriendo a traerles la escalera"».

Otra de De la Campa que revela la austeridad de Guevara: «Resulta que una vez llegamos al aeropuerto de Bayamo, era muy al principio del triunfo de la revolución, porque recuerdo que encontramos allí al comandante Camilo Cienfuegos que recorría la zona en un helicóptero.

»El Che me dice: "Eliseo, tenemos que irnos para La Habana". Yo: "Mire, comandante, el tiempo no está muy bueno, ya casi es de noche, este avión monomotor no es gran cosa y las condiciones no son las mejores para un viaje de noche hasta La Habana". Pero él insistió y entonces despegamos, pero ya cerca de Manzanillo había turbonadas muy fuertes y le digo: "Mire, comandante, mire el tiempo". "Bueno —acepta de mala gana—, volvamos a Bayazo."

»Un compañero buscó dos chismosas para marcar la pista y así nos tiramos. El riesgo fue grande porque tampoco teníamos condiciones para sobrevolar la Sierra e irnos a Santiago, pero afortunadamente logramos aterrizar sin problemas, bajamos del avión y ahí se me acerca Aleida, esposa de Ernesto, y entonces entiendo la razón de la peligrosa obstinación del Che.

»Me dice: "Eliseo, ¿usted tiene dinero?". "Sí, señora", le respondo. "Bueno, porque el problema que tiene el Che, y no se anima a decírselo, es que no tiene dinero para pagar el hotel, ni la comida, ni nada, y no se atreve a pedírselo a usted." Por supuesto le dije a Aleida que no había problemas, que yo tenía lo necesario y que allá en La Habana nos arreglábamos. Lo bueno es que en ese entonces el Che era presidente del Banco Nacional y no tenía dinero para pagar ni hotel ni comida ni nada».

31

El temible Sánchez Mosquera, con tropa numerosa y bien armada, había establecido campamento a pocos kilómetros del Hombrito y se esperaba su ataque. Un guajiro de nombre Aristidio, ausente el Che, se dejó ganar por el miedo que provocaban las anécdotas reales y exageradas sobre la inhumana crueldad del oficial gubernamental, y cometió la imprudencia de comentar delante de varias personas su intención de tomar contacto con el ejército de Batista para negociar. Además confesó que, para obtener dinero, vendería su arma.

Llegada la información a oídos del Che, de regreso en el campamento, procedió con su habitual severidad. «Eran momentos difíciles para la guerrilla —recordaría después—. En mi carácter de jefe del sector realizamos una investigación muy sumaria y Aristidio fue ejecutado.»

El entonces adolescente Enrique Acevedo estaba presente cuando trajeron al acusado: «A nuestro lado pasa un prisionero descalzo, atado. Es Aristidio. Nada queda de su fachada de jefe. Más tarde se oye un disparo. Cuando llegamos al lugar le están arrojando la tierra encima. Al amanecer, después de un día agotador, el Che nos explica que Aristidio fue ejecutado por malversar los fondos y recursos de las guerrillas».

Pero con el correr de los días, al Che lo asaltará el remordimiento y escribirá en su diario: «Aristidio era el ejemplo típico del campesino que se unía a las filas de la revolución sin una comprensión clara de su significado … Hoy podemos preguntarnos si realmente era tan culpable como para merecer la muerte, y si no hubiera sido posible salvar una vida que la revolución pudiera aprovechar en su etapa constructiva. La guerra es dura, y en una época en que el enemigo intensificaba su agresividad, no se podía tolerar ni la sospecha de traición. Tal vez se hubiera podido perdonarlo meses antes, cuando el movimiento guerrillero era mucho más débil, o meses después, cuando éramos mucho más fuertes».

Le será más fácil expresar sus sentimientos por la muerte de un animal que por la de un enemigo en combate, o la de uno de sus hombres ejecutado por traidor. Así sucederá cuando, deslizándose por la selva una vez más, tratando de no ser descubiertos por los gubernamentales, descubrieron que los seguía un cachorro. El Che le ordenó a un combatiente llamado Félix que lo obligara a volver, pero el perrito siguió a la columna. Cuando descansaban junto a un arroyo empezó a aullar y fueron inútiles los intentos de hacerlo callar.

Ante el riesgo de ser descubiertos por el enemigo a causa de los ladridos, el Che ordenó a Félix que lo matara. «Félix me miró con ojos que no decían nada —escribió el Che tiempo después—. Lentamente sacó una soga, la enroscó en el cuello del animal y empezó a ajustarla. Los movimientos simpáticos de la cola del perro bruscamente se volvieron convulsivos antes de morir gradualmente, acompañados por un lamento sostenido que salía de su garganta a pesar del apretón firme. No sé cuánto tardó en llegar el fin pero a todos nos pareció interminable. Tras un último espasmo nervioso, el cachorro dejó de agitarse. Ahí quedó tendido con la cabecita sobre las ramas.»

El relato puede retomarse páginas después, cuando los rebeldes comen y conversan junto al fuego: «No sé si fue la tonada sentimental o la oscuridad de la noche o simplemente el cansancio. Lo que pasó fue que Félix, que comía sentado en el piso, dejó caer un hueso, y un perro doméstico salió tímidamente y lo tomó. Félix le acarició la cabeza y el perro lo miró. Félix le devolvió la mirada y él y yo cambiamos una mirada culpable. Bruscamente se hizo silencio. Nos atrapó un estremecimiento imperceptible ya que la mirada tímida aunque pícara del perro parecía transmitir una suerte de reproche. En nuestra presencia, aunque

mirándonos a través de los ojos de otro perro, estaba el cachorro asesinado».

La fama de severidad del comandante Guevara intentaba ser
aprovechada por el enemigo. Así lo revelaría un desertor de los
gubernamentales, el teniente Lafeerté, quien había combatido a
los rebeldes en Pino del Agua y contó que a nadie se temía más
que al Che: «La propaganda sobre él era abrumadora. Se decía
que era un asesino a sueldo, un criminal patológico, un mercenario al servicio del comunismo internacional, que empleaba
métodos terroristas y socializaba a las mujeres y les quitaba sus
hijos. Se decía que cuando tomaba prisionero a un soldado lo
ataba a un árbol y lo despanzurraba con una bayoneta».

Su rigor también fue causa de abuso por parte de oficiales que
trataban de emularlo con nefastos resultados. Uno de esos excesos
provocó un motín en la Cuarta Columna. Todo comenzó cuando
Lalo Sardiñas para castigar a un subordinado por una falta lo
apuntó con su pistola, y ésta se disparó por accidente. El combatiente murió en el acto. Sus compañeros pidieron la pena de
muerte para Lalo pero el Che quería salvarlo porque era un buen
oficial. «Traté de explicar que la muerte del camarada debía atri-
buirse a las condiciones de la lucha, al hecho mismo de que estábamos en guerra y que en última instancia el culpable era el
dictador Batista. Pero mis palabras no convencieron al auditorio
hostil», contó mucho después el Che.

Intervino Fidel y la cuestión se resolvió por votación: setenta
dijeron que debía morir, setenta y seis que fuera degradado. Lalo
salvó su vida, pero muchos combatientes abandonaron la lucha,
por lo que otros hombres de la columna de Fidel fueron trans-
feridos para reemplazarlos, y el capitán Camilo Cienfuegos fue
designado jefe de la vanguardia en lugar del degradado Sardiñas.
Entonces se consolidará una entrañable amistad. La bonhomía de
Camilo compensaba la dureza del Che quien, a su vez, ganó un
amigo, el único con quien bromeaba y se permitía un trato dis-
tendido.

«¿Que cómo se llevaban Camilo y Che? Siempre juntos.
Camilo sí que bromeaba con Che; era el único que se atrevía
pese a que todavía Camilo no era comandante, sino oficial a las

órdenes del Che. Porque Camilo es ascendido a comandante cuando bajan al llano; allá arriba en La Mesa, el Che era su jefe. Una vez delante de mí Camilo empezó a bromear con el Che, hasta que en un momento Che le advierte: "Camilo, te estás saliendo del cascarón… te estás saliendo del cascarón…"» (F. Rozaballs a M. Rodríguez Herrera).

Para compensar la soledad y la distancia afectiva que le imponía su carácter, el guerrillero argentino buscaba la compañía de mascotas ocasionales. Contará Enrique Acevedo que durante varias jornadas llevó en su mochila a un ratón blanco: «En los descansos, lo saca y lo coloca sobre su hombro. Es un bicho manso que se le sube a la gorra y juguetea». Es que la dureza del Che poco tenía que ver con la insensibilidad, y mucho con la necesidad de hacer eficiente una tropa inexperta, en su enorme mayoría analfabeta, compuesta por cubanos proclives a la jarana. Joaquín, un guajiro del occidente cubano, le contó a Mariano Rodríguez y éste me lo ha relatado a mí, que el comandante solía pedirle que lo acompañara a recorrer la Sierra: «"Vení —me decía—, vamos a caminar", y echábamos pa'dentro, monte arriba. Él mandó sembrar flores y matas allí. Cuando veía una planta bonita me la señalaba, "viejo, traémela".Y yo agarraba piedra arriba y la traía, y luego la plantaba allí en la cueva … Otra cosa que le gustaba mucho era el canto del pájaro sinsonte, siempre se paraba a oírlo en el monte».

Pese a la frialdad con que determinaba las ejecuciones en la Sierra —luego, ya en el gobierno, hará lo mismo en La Cabaña—, la muerte era para el Che un medio ejemplarizador para alcanzar la perfección del hombre y del sistema. Por eso, con la misma determinación con que condenaba a muerte a un traidor, defendía la vida de los prisioneros. En su diario deploraría la actitud de uno de sus combatientes durante una emboscada en Pino del Agua: «Al tomar el primer camión encontramos dos muertos, un herido, que todavía hacía gestos de pelea en su agonía, fue rematado sin darle oportunidad de rendirse, lo que no podía hacer pues estaba semiinconsciente. Este acto vandálico lo realizó un combatiente cuya familia había sido aniquilada por el ejército batistiano. Le recriminé violentamente esa acción».

Fue en esos días cuando el Che se enteró del acuerdo firmado por los opositores cubanos exiliados en Miami, incluida una delegación del Movimiento 26 de Julio encabezada por Felipe Pazos, también organizaciones políticas tradicionales y desprestigiadas de la isla, lo que debilitaba el espíritu de cambio revolucionario que encarnaba Fidel. El Pacto de Miami sirvió para evidenciar las diferencias ideológicas entre los dirigentes antibatistianos pero conformistas, y el Che y los que pensaban como él, entre los que se encontraba Raúl Castro. Cuando supo que Fidel había desautorizado esa reunión, el argentino le escribió: «En este momento llega un mensajero con tu nota del 13, te confieso que me llenó de tranquilidad y alegría. No por ninguna cuestión personal sino por lo que significa para la revolución. Vos sabés bien que yo no tenía la menor confianza en la gente de la dirección nacional [del Movimiento 26 de Julio], ni como jefes ni como revolucionarios…».

Días después se dirigió en estos términos a René Latour, cabeza del Directorio Nacional: «Pertenezco por mi preparación ideológica a los que creen que la solución de los problemas del mundo está detrás de la llamada Cortina de Hierro y tomo este movimiento como uno de los tantos provocados por el afán de la burguesía de liberarse de las cadenas económicas del imperialismo. Consideré siempre a Fidel como un auténtico líder de la burguesía de izquierda, aunque su figura está realzada por cualidades personales de extraordinaria brillantez que lo colocan muy por arriba de su clase. Con este espíritu inicié la lucha honradamente sin esperanza de ir más allá de la liberación del país, dispuesto a irme cuando las condiciones de la lucha posterior giraran hacia la derecha (hacia la que ustedes representan)».

Ésta fue la ocasión en que el Che expuso por primera vez, y con claridad, alguna diferencia ideológica con Fidel Castro. No serían las únicas, sobre todo cuando ambos ocupen posiciones de jefatura, a pesar de que el gobierno cubano haya hecho hasta hoy una razón de Estado el negarlas, y a pesar de que el argentino se referirá a ellas en su carta de despedida.

32

Durante el mes de diciembre el Che y Sánchez Mosquera se enfrentaron en varias oportunidades y si bien los gubernamentales sufrieron grandes daños, también los hubo entre los rebeldes: Ciro Redondo murió en uno de los combates, el 29 de noviembre; Joel Iglesias fue gravemente herido, y hasta el mismo Che recibió un disparo en el pie izquierdo: «Bruscamente tuve una sensación desagradable, como la de una quemadura o un hormigueo de insensibilidad. Me habían herido en el pie izquierdo, que no estaba protegido por el tronco».

Caído, indefenso, oyó a los enemigos acercándose. Había vaciado el cargador de su fusil y su pistola había caído al suelo, y no podía alzarse para recogerla por temor a ser descubierto. Providencialmente uno de sus hombres, al que llamaban Cantinflas, se acercó para decirle que se retiraba porque su arma estaba trabada. Pudo entonces ayudar al Che que alcanzó a recargar su fusil, y luego ordenó al joven que se retirase y buscara protección. Pero en vez de obedecer, en un alarde de coraje, Cantinflas salió al descubierto para disparar contra el enemigo protegiendo a su jefe, pero pagando el precio de recibir un balazo que entró por su brazo izquierdo y salió por el omóplato.

Los dos estaban ahora heridos y aislados de sus camaradas. Se arrastraron para salir de la línea de fuego y conseguir ayuda. Cuando lo lograron, huyeron hacia la casa de un colaborador, a varios kilómetros de distancia. Cantinflas iba en una camilla, pero el Che, sostenido por la adrenalina, anduvo a pie hasta que el dolor lo doblegó y tuvieron que alzarlo sobre un caballo.

A pesar de la salida de combate de su jefe, la guerrilla logró la retirada de las tropas gubernamentales que en su repliegue, a modo de venganza, destruyeron la base del Hombrito. Lejos de amilanarse, y a pesar de que su herida lo obligó a permanecer varios días en el hospitalito que dirigía Sergio del Valle, el Che decidió levantar otra base en La Mesa, a unos ocho kilómetros de la anterior.

Mientras tanto el coraje del Che se había hecho legendario, como lo demuestra el relato que hiciera Joel Iglesias:

«En Tucutú tuvimos una escaramuza con unos doscientos soldados, a quienes pusimos emboscadas. Sólo los jefes de escuadra eran viejos combatientes; los demás eran nuevos, sin experiencia, sin conocer el manejo del fusil. En las emboscadas tuvimos poco éxito, apenas les hicimos un muerto y dos heridos, pues no sabían nuestros hombres utilizar el poder de fuego de las armas, lo que permitió a los guardias desplegarse y tirar un cerco. Che ordenó retirada inmediata; Israel y yo cuidábamos un trillo para evitar que el ejército sorprendiera por ahí a nuestros hombres; por esta razón fuimos de los últimos en emprender la retirada, y cuando retrocedíamos vemos a Che solo y el ejército cercando.

»Esperaba el último para retirarse; tratamos de convencerlo de que no había nadie más, pero no hizo caso y nos ordenó irnos. Israel y yo dimos una recurva y lo esperamos. Era costumbre suya ser el último en retirarse, con éxito o no del combate, y aguardaba a que el ejército estuviese próximo, acaso le tiraba o se marchaba simplemente, pero lo hacía para proteger más aún a sus hombres. Después logramos que permitiera a uno de la comandancia permanecer a su lado».

Otro recuerdo: «Apenas si habíamos avanzado unos metros —diez o quince— cuando abrieron fuego y me tumbaron. Como iba más adelante que mis compañeros caí en zona de nadie, sin poder recibir ayuda. Los compañeros se parapetaron y disparaban contra los soldados para protegerme. El Che, que oyó cuando vocearon mi caída, "¡hirieron a Joel!", vino caminando hasta donde yo estaba, me cargó y me sacó de allí.

»Luego, cuando se capturó a los guardias, dijeron que vieron al Che, lo reconocieron y no pudieron tirarle de tan impresionados como quedaron al verlo llegar frente a ellos así erguido, de pie».

Otro: «El comandante Che Guevara me ordena atacar el aeropuerto de Fomento, pues allí se están concentrando tropas de la tiranía. Ese aeropuerto está protegido por unos veinticinco soldados y la misión consiste en sorprenderlos, y llevarnos una avioneta que aterriza allí todos los días a las 10.00 a.m. con oficialidad batistiana. El ataque en pleno día debía ser rápido, por lo que nos da cuarenta y cinco hombres y un piloto para manejar la avioneta.

»Nos concentramos en unas cañitas alrededor de la pista, pero, poco antes de aterrizar la avioneta, un soldado que ha entrado a la caña a realizar una necesidad fisiológica choca con nuestra fuerza, y empieza el tiroteo. Tenemos dos bajas de campesinos recién incorporados, Pineda y Ramón Román, y otro herido de la tropa vieja, pero tomamos aquella posición. Ahí, otra vez tuvimos una prueba de la preocupación extraordinaria del Che por sus hombres. Sucede que un compañero nuestro, al oír que el tiroteo comienza antes de aterrizar el avión, piensa que hemos caído en una emboscaba, y va y se lo comunica a Che.

»¿Y saben lo que hace Che? En una acción muy suya, en vez de preparar refuerzos o escoger varios hombres para que le acompañen, se sube a un caballo y así lo vemos venir, solo, a combatir a nuestro lado. Bueno, ya nosotros veníamos de regreso triunfantes, la alarma era falsa, pero aquello demostraba una vez más el desprecio al peligro de aquel hombre, y su extraordinario cariño por los que combatían a sus órdenes.

»¿Y saben cómo supo llegar hasta nosotros? Pues nos explicó que él veía dónde la avioneta estaba ametrallando y que eso le servía de guía».*

En marzo de 1958 el Che concedió un reportaje a Jorge Ricardo Masetti, un periodista argentino que trabajaba para la radio El Mundo de Buenos Aires, del que con el tiempo se haría muy amigo y al que años más tarde confiaría la dirección de

---

* Relato del excombatiente Víctor Bordón Machado.

la fracasada guerrilla en Salta, en el noroeste argentino. Traía una carta de recomendación de Ricardo Rojo, quien había regresado a la Argentina, luego de que el golpe militar de septiembre de 1955 había desalojado a Perón del poder.

El comandante Guevara aprovecharía dicha entrevista para aclarar las razones por las que un argentino participaba en una lucha de los cubanos: «En primer lugar considero que mi patria no es sólo la Argentina, sino toda América. Tengo antecesores gloriosos como Martí y es precisamente en su tierra que adhiero a su doctrina. Más importante aún, no puedo concebir que se considere una intromisión que me entregue personalmente, que me entregue completamente, que ofrende mi sangre por una causa que considero justa y popular para ayudar a un pueblo a liberarse de la tiranía. Hasta ahora ningún país ha denunciado la intromisión norteamericana en los asuntos cubanos, ni un solo diario ha acusado a los yanquis de ayudar a Batista a masacrar a su pueblo. Pero muchos se interesan por mí. Soy el extranjero entrometido que ayuda a los rebeldes con su carne y su sangre. Los que proporcionan las armas para una guerra civil no son entrometidos. Yo sí». Poco después el *New York Times* le dedicaba su primer artículo con el título «¿Podrá el Che cambiar el destino de América?».

Para la Navidad de 1957, apareció en un diario cubano un comentario sobre el Che, definido como «un argentino comunista de pésimos antecedentes, expulsado de su país». Todavía no había cumplido los treinta años; hacía poco más de uno que había llegado a Cuba, y Ernesto Guevara se había convertido en un referente mundial.

El nuevo año lo había encontrado ocupado en la instalación, en La Mesa, de la fábrica de armamento donde, en colaboración con Oris Delfín Zaldívar, desarrollaban nuevas armas como el M-26 o Sputnik y el lanzagranadas LM 1. También con Eduardo Fernández, un técnico de Bayazo, trabajaron en la instalación de Radio Rebelde que, el 24 de febrero de 1958, emitiría por primera vez. Según relató el Che con ironía «los únicos oyentes que tuvimos fueron Pelencho, un campesino cuyo bohío estaba situado en la loma de enfrente a la planta, y Fidel que estaba de visita en el campamento y escuchó la transmisión». La banda

conseguida fue una de veinte metros que servía para comunicaciones de larga distancia. Por eso, aunque no pudieran sintonizar la radio en la cercana Santiago de Cuba, llegaba con nitidez
a la lejana Pinar del Río y mejor aún al exterior.

Hasta ese momento, la única voz de la revolución había sido
la de Fidel, que aprovechaba cada reportaje para alejar la sospecha de comunismo que enturbiaba su lucha. En un artículo publicado en la revista *Coronet* con su firma, se declaró partidario
de las inversiones extranjeras y opositor a las nacionalizaciones.
Como respuesta, el régimen de Batista reveló las diferencias que
existían entre los rebeldes, dando a conocer la imprudente carta
que el Che le había enviado a Latour —en la que se declaraba
marxista—, y que encontraron entre las pertenencias de Armando
Hart, uno de los máximos dirigentes del Movimiento 26 de Julio, que había sido delatado y detenido.

El argentino prestaba mucha atención a su mula, pues se veía
obligado a montarla cuando el asma le impedía caminar. Fue un
problema en una de sus herraduras lo que hizo que conociera en
marzo de 1958 a Zoila Rodríguez, una mulata de dieciocho años,
hija de un herrero, que lo deslumbró con su belleza. A diferencia de Fidel, quien casi desde el comienzo de la guerrilla estaba
acompañado por Celia Sánchez, una de las integrantes del Directorio Nacional, el Che no prestaba atención a las muchas
mujeres que se encandilaban con su fama y su prestancia. Al recordar el encuentro, Zoila aseguró que el Che la había impresionado con su mirada; «tenía unos ojos tan hermosos, una sonrisa
tan serena que conmovía cualquier corazón, conmovía a cualquier mujer».

A partir de ese encuentro, Zoila comenzaría a trabajar como
correo para los rebeldes, hasta que el Che le pidió que se que-
dara con él en la escuela de reclutas y ella aceptó. Un día Zoila
se impresionó con uno de sus libros porque tenía letras doradas,
y le preguntó si eran de oro. «Ese libro es sobre el comunismo»,
contestaría el comandante Guevara y ella no preguntaría más,
aunque desconociera «qué significaba el comunismo, porque
nunca había escuchado esa palabra».

Los del Llano del 26 de Julio darían un golpe propagandístico que repercutiría en todo el mundo: en vísperas de la carrera internacional de Fórmula 1, que concitaba la atención de todos los fans de las competencias de alta velocidad, el más famoso de todos los corredores, el campeón mundial Juan Manuel Fangio, compatriota del Che, fue secuestrado el 23 de febrero de 1958 del hotel Lincoln en La Habana. Será liberado al día siguiente de la carrera, confesará que ha sido muy bien tratado y firmará autógrafos para sus raptores.

Desde su llegada a la Sierra, el Che había recibido varias cartas de su esposa que rara vez respondía. El 15 de febrero de 1958, el mismo día que su hija Hildita cumplía dos años, su mujer volvió a escribirle pidiéndole autorización para trasladarse a Cuba, y acompañarlo en la lucha. Tardó cuatro meses en contestarle y la respuesta fue un no rotundo. No había lugar para ella en el rancho donde el Che ya vivía con Zoila.

33

A mediados de abril Fidel dispuso un nuevo traslado táctico hacia el nordeste. Él abandonó La Plata y se asentó en El Jíbaro. Ordenó al Che que dejara La Mesa y fuera hacia Minas de Bueycito, donde Sánchez Mosquera tenía su cuartel. El argentino acampó en La Otilia, una finca expropiada a un terrateniente de la zona, pero no había terminado de instalarse cuando una contraorden lo obligó a abandonar el lugar, esta vez sin la tropa: Fidel quería que traspasara el mando a su segundo, Ramiro Valdés, y que se hiciera cargo de la Escuela de Minas del Frío, fundada por el Che, adonde acababa de llegar un gran contingente de nuevos reclutas que requería instrucción.

El argentino se fastidió con el traslado, sospechando que se trataba de dejarlo a un lado por sus ideas marxistas-leninistas. Camilo Cienfuegos, que se reponía de una herida de bala, intentó consolarlo con una carta que demuestra el fuerte lazo que existía entre ambos: «Che. Hermano del alma: veo que Fidel te ha puesto a cargo de la Escuela Militar, lo que me hace muy feliz porque ahora podremos contar con tener soldados de primera en el futuro. Cumpliste un papel muy principal en este enfrentamiento y si te necesitamos en esta etapa insurreccional, Cuba te necesita aún más cuando termine la guerra, así que el Gigante [Fidel] hace bien en cuidarte. Quisiera estar siempre a tu lado, fuiste mi jefe durante mucho tiempo y siempre seguirás siéndolo. Gracias a ti ahora tengo la oportunidad de ser más útil y haré lo inenarrable para no hacerte quedar mal. Tu eterno chicharrón. Camilo».

En abril de 1958 el conflicto entre la Sierra y el Llano llegaría a su punto más álgido con el fracaso de una huelga general convocada por el Movimiento 26 de Julio, que debía comenzar con la toma de una estación de radio en La Habana, desde donde se transmitiría un mensaje llamando a la insurrección civil. La huelga, convocada para el 9 de abril, fue un desastre porque la Confederación de Trabajadores Cubanos, la central obrera controlada por Batista, y el marginado PSP, germen del comunismo cubano, desoyeron el llamado. En La Habana la mayoría de los comercios y de las fábricas permanecieron abiertos, y sectores clave como el transporte y la electricidad trabajaron normalmente. La huelga también fracasó en Santiago donde, al final del día, habían muerto treinta personas a manos de la policía y de los escuadrones parapoliciales de Rolando Masferrer.

Resuelto a no mostrarse abatido a pesar de ese fracaso en el que poca o ninguna responsabilidad le había cabido, el 10 de abril Fidel pronunció una arenga inflamada por la Radio Rebelde: «Toda Cuba arde y estalla en una explosión de ira contra los asesinos, los bandidos y los gángsters, los alcahuetes y los esquiroles, los matones y los militares aún leales a Batista».

El primero de mayo Castro convocó una reunión urgente del Llano y de la Sierra en los Altos de Mompié. Allí, el discurso del Che fue el tiro de gracia para los miembros del Directorio Nacional: «Yo hago un pequeño análisis de la situación planteando la realidad de dos políticas antagónicas, la de la Sierra y la del Llano, la vigencia de la política de la Sierra y nuestra razón al temer por la suerte de la huelga». Luego, sin vueltas, propuso que la plana mayor debía renunciar. El resultado fue la designación de Fidel como secretario general, comandante en jefe de la red nacional de milicias clandestinas y responsable de las relaciones exteriores y el abastecimiento de armas. En suma, quedó como autoridad máxima de la insurrección en Cuba. Además se incorporó a Ramos Latour «Daniel», a la guerrilla de la Sierra para que demostrara su vocación revolucionaria; se convocó al periodista cubano exiliado en Estados Unidos, Carlos Franqui, para hacerse cargo de Radio Rebelde y se confirmaba la candidatura del moderado Manuel Urrutia como presidente cuando la revolución triunfase.

El Che, por su parte, fue encargado de supervisar las líneas de defensa de la Sierra y se multiplicaba para reforzar las posiciones rebeldes que enfrentaban la «ofensiva de rodeo y aniquilación», que anunció Batista luego del fracaso de la huelga. Una de sus ocupaciones fue preparar la columna número ocho, bautizada Ciro Redondo en memoria del jefe rebelde, e integrada por los reclutas de su Escuela de Minas del Frío. Éstos no tendrían un feliz debut pues al ser ametrallados por dos cazas gubernamentales se desbandaron, y luego diez de ellos pidieron su relevo. Al día siguiente regresaron los aviones y otros ocho reclutas se fugaron arrojando sus armas.

Nada desanimaba al Che, quien se ocupó además de la reforma agraria y del cobro de impuestos a los hacendados de Oriente, que debían pagar quince centavos por cada doscientas cincuenta libras de azúcar cosechada. Mantenía contactos con La Habana, Camagüey y Manzanillo, y hasta recibía a dirigentes políticos en ausencia de Fidel. Sin embargo, lo que él deseaba era estar en la primera línea de combate, pero Castro haría oídos sordos a sus reclamos porque, explicaría o pretextaría mucho después: «No tenía sentido situar al Che o a Camilo al frente de una escuadra, sino que los preservábamos para dirigir después las columnas de la invasión».

En medio de tanta actividad, a comienzos de junio, tuvo tiempo para la nostalgia. En ocasión de probar un nuevo transmisor de radio, aprovechó para llamar a Buenos Aires y hablar con su madre. El 14 de junio de 1958, cuando cumplió treinta años, recibió una carta de Celia que, sin duda, debió conmoverlo: «Querido Teté: Me sentí tan emocionada al escuchar tu voz después de tanto tiempo. No la reconocí, parecías otro. Tal vez la línea estaba mal o tal vez cambiaste. Sólo cuando me llamaste "vieja" me pareció la voz de siempre». Luego le cuenta sobre la vida de sus hermanos y en el último párrafo le dice: «El trabajo de la casa me cansa mucho. Por mucho tiempo he cocinado para mí y sabés cuánto detesto las tareas del hogar. La cocina es mi cuartel general y allí paso la mayor parte del tiempo. Con el viejo [el padre del Che] hubo una gran pelea y ya no viene por aquí. Mis acompañantes son Celia, Luis y Juan Martín. Tantas cosas quería decirte, querido. Tengo miedo de soltarlas. Las dejo a tu imaginación».

Finalmente se había producido la separación física de sus padres, tanto tiempo postergada, una relación conflictiva que había tenido momentos de elevada tensión, como cuando don Ernesto tuvo la osadía de llevar a una de sus amantes, la rumbosa cubana Hevia, a reponerse de una enfermedad en su propia casa, bajo las narices de su esposa. Las diferencias entre doña Celia y don Ernesto se evidenciarán también en la forma en que el compromiso político y la celebridad de su hijo modificará sus vidas: la madre se transformaría en una activa militante socialista que sufriría persecución y cárcel, permaneciendo en Argentina al pie del cañón para acompañar a sus otras hijas e hijos, que también pagarían el precio de sus respectivos compromisos y el costo de su estrecho parentesco con el Che. Don Ernesto, en cambio, se radicaría en Cuba al amparo de ser allí su hijo un héroe nacional, y bajo el sol caribeño, a la vera del mar esmeralda, volverá a casarse y tendrá cuatro hijos.

En la Sierra, en esas dramáticas semanas de 1958, la imaginación y el esfuerzo del Che estaban ocupados en las estrategias para derrotar al ejército de Batista, que se abalanzó con todo su poder sobre la desmoralización revolucionaria provocada por la huelga torpemente convocada, lanzando una fuerte ofensiva que conducía el general Cantillo, al frente de catorce batallones para el asalto, más de diez mil hombres, apoyados por aviación, artillería y modernos regimientos blindados. La situación de los rebeldes se vuelve muy comprometida y Guevara, en su rol de organizador de la defensa, recibe mensajes apremiantes de Castro: «Envíame dos hombres con Garand y cinco con M1» (17 de junio), «Necesito con urgencia los siete hombres con armas automáticas que te quedan» (19 de junio).

La situación se agrava: el ejército ha ocupado Las Mercedes, Las Vegas; está cerca de Las Minas; ocupa la costa, Santo Domingo y amenaza con tomar La Plata donde reside la comandancia de Fidel. Pero entonces el juego comienza a darse vuelta porque, al penetrar en la zona más abrupta y vegetada de la Sierra Maestra, los vehículos, los cañones y los tanques del ejército pierden movilidad y eficacia. Además la visual de los aviones es nula, y la fragmentación de sus bombas disminuye sus efectos letales porque los árboles hacen de escudo protector. En el primer enfrentamiento contra las fuerzas del tristemente célebre Sánchez Mosquera, en las proximidades de Santo Domingo, la compañía que comanda Lalo Sardiñas le provoca veinte muertos y veintitrés prisioneros, y toma gran cantidad de buen armamento.

En julio Fidel decide contraatacar dividiendo sus fuerzas: él se dirige a Jigüe y el Che, feliz porque nuevamente ha sido puesto al frente de una tropa, hacia Altos de Mompié, aunque no descuidará la resistencia en su querida base de Minas del Frío que tiembla bajo un bombardeo constante.

Será entonces cuando Raúl Castro, aparentemente sin consultar con su hermano y quizá para abrir otro frente y descomprimir la ofensiva batistiana sobre las posiciones de Fidel y del Che, dará un golpe espectacular en Sierra Cristal con la toma de rehenes norteamericanos de la Moa Bay Minino Company, de la mina de níquel Nicaro, del ingenio de la United Fruit en Guaro, y también veinticuatro infantes de marina de la base de Guantánamo. En un manifiesto de extrema dureza, explicó que la acción era en protesta por la provisión de bombas y napalm norteamericano a Batista, y por el reabastecimiento secreto de aviones de la dictadura en la base yanqui de Guantánamo.

Fidel, para no provocar a los norteamericanos aún vacilantes en su apoyo a uno u otro bando, le ordena que libere a los rehenes de inmediato; pero Raúl no se apresurará a obedecer y tardará casi un mes en hacerlo. Durante ese tiempo cesaron los bombardeos en su territorio, lo que era parte de sus exigencias para no tomar represalias contra los rehenes, dando un respiro que aprovechó para reponer y reabastecer sus fuerzas.

El 20 de julio de 1958, Fidel logró la rendición de Jigüe y una semana después el Che forzaría la retirada del ejército de Las Vegas. Por fin el 7 de agosto el ejército de Batista emprendía la retirada de su última posición en la Sierra Maestra. «Tiene el espinazo quebrado, pero aún no está derrotado», sentenciará el Che.

Para los rebeldes las consecuencias de los durísimos combates fueron trágicas: murieron Geonel Rodríguez, que había ayudado al Che a fundar *El Cubano Libre*; Beto Pesant de Manzanillo y René Ramos Latour «Daniel», el ex jefe del Directorio
Nacional en el Llano que se enfrentara con Guevara, y que desde
su incorporación como combatiente en la Sierra comandaba una
de las columnas. Al enterarse de esta muerte, el Che escribió en
su diario: «Profundas divergencias ideológicas me separaron de
René Ramos y éramos enemigos políticos, pero supo morir
cumpliendo con su deber en la primera línea y quien muere así
es porque siente un impulso interior que yo le negara y que en
esta hora rectifico».

34

Carlos Rafael Rodríguez, miembro del Partido Socialista Popular (PSP), comunista, en esos momentos aliado del Che y años más tarde su principal objetor, mantendrá reuniones secretas con Fidel a instancias del argentino y de Raúl Castro, los únicos del entorno fidelista que se definían marxistas-leninistas. De trascender dichos encuentros, merecerían no sólo el escándalo de los batistianos y de los norteamericanos, sino también la reprobación de los dirigentes del 26 de Julio, que casi unánimemente se definían como democráticos, liberales y anticomunistas. En sus anotaciones el asunto merecerá una discreta mención del Che: «Carlos Rafael salió para la zona libre. Su impresión es positiva a pesar de todas las intrigas de dentro y fuera».

Fidel Castro dará luz verde para buscar la unidad del PSP y el Movimiento 26 de Julio en un frente obrero reconstruido. También autorizará a los comunistas del PSP a tener un delegado permanente en la Sierra. Por su parte, en la Sierra Cristal, Raúl Castro avanzará en esa estrategia y a José «Pepe» Ramírez, jefe de los agricultores no latifundistas cubanos y comunista, le encomendará la organización militante de los campesinos de la zona y la convocatoria a un Congreso Campesino en el otoño. Asimismo se creó una escuela para instructores de tropa, dirigida por comunistas encubiertos, en la que se impartía orientación política de ideología marxista. Dicho frente fue el semillero de muchos futuros dirigentes del Partido y del gobierno. El Che tampoco se quedaría atrás y convocaría a un maestro comunista, Pablo Rivalta, de destacada actuación posterior en el gobierno revolucionario, para que sin revelar su ideología, con el seudónimo de Moisés Pérez, instruyera a sus oficiales y soldados en temas de política e historia cubanas.

El argentino se sentía curiosamente a sus anchas en esa guerra cruel en tierra extraña, tan alejada de las costumbres y seguridades burguesas en las que se había criado, donde tampoco le hará ascos a la comida podrida. Así lo contará la vieja Chana, una de las campesinas que mejor conocieron al Che y a Camilo: «Che me dio una comida para que se la calentara y entonces yo le digo: "Mira, vamos a botar esta comida" porque ya se veía que tenía un poco de peste, pero él decía: "No, no, caliéntela que así mismo nosotros la vamos comer"; entonces yo le insistí: "Nosotros podemos prepararle una comida decente", "No, caliéntela que así nosotros la comemos". Entonces empecé a calentar esa comida, pero también nos pusimos a hacer el café y yo misma fui a llevárselo».

Ese estado de ánimo vivaz y comunicativo, a pesar de las privaciones, parece confirmado en el relato recogido por Mariano Rodríguez Herrera de una excombatiente del legendario Pelotón Femenino Mariana Grajales del ejército rebelde: «El comandante Che Guevara tenía como una llamita de risa en sus ojos, o de ironía como dicen algunos», recordará Elsida Cadena Garcés, «y te miraba de una forma que tú sabías que te estaba calando hasta el alma».

«La vieja Chana ve que el argentino siempre está con un libro en la mano y cuando no, escribiendo, y le pregunta:

»—Che... ¿Por qué usted siempre está leyendo o escribiendo cuando no está en la guerra? ¿De qué le sirve eso?

»Entonces el comandante le responde:

»—Cuando yo leo me lleno de vida y lo que escribo es otra parte de la guerra que estoy haciendo.»

En una de nuestras conversaciones en México D.F., Mariano Rodríguez Herrera compartirá conmigo una anécdota humorística recogida de boca de Evelio Lafeerté, quien dirigió la Escuela de Cadetes de Minas del Frío, creada por Guevara: «Resulta que el Che dejaba junto a su cama un cacharro con agua para tomar pastillas contra el asma si le daba un ataque de noche, y por la mañana, al levantarse, metía un dedo en el agua y se quitaba las legañas de los ojos mientras decía: "Me estoy mojando demasiado, che, me estoy mojando demasiado"». En esos momentos seguramente revivía en su memoria el apodo juvenil de Chancho que le había endilgado su amigo Carlitos Figueroa, en la tan lejana Alta Gracia.

A fines de agosto de 1958 comenzó el último gran esfuerzo del Che en la guerra revolucionaria cubana. Con su inmenso talento estratégico, Fidel le ordenó que, junto con Camilo Cienfuegos, abandonaran la Sierra Maestra para extender la lucha al centro y al occidente de la isla. La columna Ciro Redondo del Che debía tomar los montes Escambray y la provincia de Las Villas, y así dividir el territorio en dos. Camilo, al frente de la Antonio Maceo, tenía que llegar hasta Pinar del Río.

Al mando de ciento cuarenta y ocho hombres y a pie, porque los jeeps disponibles quedaron inutilizados cuando el ejército descubrió e incendió los depósitos de gasolina de los rebeldes, el Che partió desde El Jíbaro. No permitirá que Zoila lo acompañe. Después de cinco meses de relación se despidieron al estilo del Che, sin mucha ceremonia, aunque al partir le recomendará a Armando, su mulo, al que ella de ahí en más cuidó, según su versión, «como si fuera un cristiano».

La marcha hacia el Escambray les hizo recordar los primeros tiempos en la Sierra. Años después el Che aseguró que «el hambre, la sed, el cansancio, la sensación de impotencia frente a las fuerzas enemigas que nos estrechaban cada vez más, y sobre todo, la terrible enfermedad del pie que los campesinos llaman "mazmorra" —que convertía cada paso que daban nuestros soldados en una tortura intolerable— nos habían convertido en un ejército de sombras. Era difícil avanzar, muy difícil. La condición física de nuestra tropa empeoraba día a día y las comidas —hoy sí, mañana no, pasado tal vez— de ninguna manera ayudaban a aliviar el nivel de miseria que estábamos sufriendo».

En su diario de campaña dejará registrada una reflexión que demuestra el compromiso de hacer de sí mismo un combatiente de inhumana eficiencia, lo mismo que exigirá de los demás. Sostiene un entrevero desigual con el enemigo y debe retirarse con sus hombres en una situación de claro peligro. Entonces se lamentará de sentir «algo que nunca había sentido: la necesidad de vivir. Eso debe corregirse para la próxima oportunidad».

El 16 de octubre, a las diez de la mañana, llegaron por fin al Escambray y, mientras establecían campamento, el Che se dedicó a entablar contacto con los dirigentes de las distintas fuerzas. Una vez más tuvo que lidiar con las diferencias internas que eran muchas.

35

«¡QUÉ COMEMIERDA ERES!»

Habla Enrique Oltuski, miembro de la guerrilla urbana durante la campaña de la Sierra y segundo del Che en el Ministerio de Industria de Cuba*

Si se trata de definir a alguien como excepcional porque tuvo la posibilidad y la ocasión de demostrar que era generoso y solidario, de expresar y reflejar todo lo bueno que un hombre puede llevar adentro, el Che fue excepcional. Pero es importante preguntarse también si el Che era un hombre común, si hacía las cosas que hacemos las personas corrientes. Sí, el Che hacía lo que casi todos hacemos. En primer lugar, leer. Siempre estaba leyendo. La gente podrá imaginar que sólo leía manuales de marxismo. No, leía historia, biografías, poesías, cuentos; tenía los gustos literarios de cualquiera de nosotros.

También le gustaba jugar al ajedrez; pero no sólo con los grandes maestros como el ruso Tahl o el argentino Najdorf, con los que disputó partidas simultáneas con buenos resultados. Cuántas noches, terminada una larga sesión de trabajo, se sentaba a echar una partida con sus escoltas o con cualquiera de nosotros. El ajedrez era el único vicio que se le podía achacar a quien trabajaba más de quince horas por día, y los fines de semana participaba en agotadores trabajos voluntarios.

Se dice también, fíjate si era un hombre común, que no tenía oído para la música. Y era así. Yo lo oí muchas veces, mientras jugaba al ajedrez, pretender cantar. Por la entonación no se sabía de qué género se trataba, aunque entendíamos que era un tango porque conocíamos la letra.

---

* Entrevista realizada por Coco López en La Habana, Cuba, el 15 de mayo de 1997.

Ese carácter que se le achaca, serio, fuerte, estaba muy ligado a la concepción terminante que el Che tenía de la honestidad. Si se trataba de asuntos en los que estaba en juego la honestidad, el Che era duro. De manera que si me preguntas si el Che
era duro te respondo: era honesto. Ese sentido de la honestidad
le hacía decir lo que pensaba, y cuando te dicen lo que piensan
de ti y no es algo agradable, entonces duele. Pero por otro lado
es bueno que tu amigo, y mejor si es tu jefe como él lo fue de
nosotros, nuestro amigo y nuestro jefe, siempre te diga lo que
piensa de ti. Nunca guardaba reservas; tú siempre sabías dónde
estabas parado.

Para el Che lo primero, indiscutiblemente, era la revolución. Él
vivía para ella. Y terminó muriendo por ella, en su ley. Siempre
estuvo claro, no sólo para él, sino para los que tuvimos el privilegio de vivir a su lado, que su objetivo final era la revolución en
América, y ése no era un secreto para nadie. Desde el primer momento así lo dijo. Su presencia en Cuba era solamente temporal.

Cuando fue al África lo hizo porque consideró que en ese
momento, como decía la teoría clásica, el Congo era el eslabón
más débil del imperialismo. Pero el objetivo final era la revolución latinoamericana, y recuerdo un artículo suyo que tuve oportunidad de comentar con él, antes de que se publicara en una
revista llamada *Cuba Socialista*. En ese trabajo, escrito cuando él
aún estaba en Cuba y tenía responsabilidades en el gobierno,
hablaba de la guerra de guerrillas en América, de la revolución
en Sudamérica. Eso siempre estuvo presente en el Che; nosotros
lo sabíamos y lo hablábamos con él. Dio pruebas concretas de
que esa revolución era su gran objetivo; a eso dedicó todo su
tiempo y finalmente entregó su vida.

Lo conocí durante la campaña de la Sierra. Yo era parte del
Directorio del Movimiento 26 de Julio. Actuaba en el tejido
urbano, y me comisionaron para encontrarme con el Che y limar las asperezas de la relación entre nosotros, el Llano, es decir
la guerrilla urbana, y Fidel y el Che, la guerrilla rural de la Sierra. Había muchas dificultades originadas en diferencias estratégicas e ideológicas, pero también por humanos sentimientos de
celos y competitividad.

A bordo de un jeep recorrimos un camino hecho a pico en las laderas de la montaña. Siendo ya de noche cerrada, nos topamos con la retaguardia del Che y entonces vi por primera vez a los legendarios guerrilleros de Sierra Maestra: pelos largos y revueltos, la ropa y los zapatos deshechos, y lo que más me llamó la atención fue la soltura con que manejaban las armas, como si fueran parte de ellos mismos.

El último tramo tuvimos que hacerlo a pie atravesando un fangal, durante el cual nos tuvimos que identificar varias veces hasta que finalmente llegamos al campamento. Allí, después de esperar unos minutos, conocí al Che.

Estaba comiendo recostado en un taburete y me invitó a compartir un bocado. «El guerrillero debe comer siempre que encuentre comida —fueron sus primeras palabras—, porque nunca sabe qué le espera después.» Le di un informe sobre las relaciones que teníamos con las distintas fuerzas políticas en el Escambray pero no pasó mucho tiempo antes de que el argentino me mostrase los dientes: «Me he encontrado con la gente del Directorio y no me he llevado una buena impresión de ellos. Además me parece que vos has manejado muy mal los asuntos del Escambray».

A pesar de que iba prevenido, cuando escuché eso sentí un vacío en la boca del estómago. A la conversación se sumó entonces un joven delgado, con una larga barba: «El comandante Ramiro Valdés, mi segundo; el compañero Sierra», nos presentó el Che. Comenzamos a pasar revista de la ayuda enviada a la guerrilla desde el Llano y el Che me lanzó otra estocada: «Hasta hora hemos recibido poca ayuda del Movimiento 26 de Julio. Quien sí ha hecho mucho por nosotros es el Partido Socialista Popular que nos ha mandado un cargamento de ropas y zapatos que nos vino muy bien». Entonces no pude contenerme y contesté con rabia: «¡Mierda el Partido Socialista Popular! Ese cargamento lo enviamos nosotros; lo teníamos desde que ustedes estaban en Camagüey».

Superado ese momento de tensión, el Che me anticipó que en los próximos días se establecería el campamento definitivo, aprovecharían para descansar y entonces comenzarían las acciones. Para ello harían falta municiones. Le anticipé que esperábamos un cargamento desde Miami con treinta mil proyectiles. Ramiro Valdés dijo lo suyo, «Ver para creer», al estilo del Che. No me quedé atrás y le repliqué: «Ya veremos. Lo malo es que luego ustedes digan que se las envió el Partido Socialista Popular». Entonces todos nos reímos de buena gana y nos sentimos más cerca.

Anticipando lo que con los años sería una costumbre entre nosotros, nos quedamos discutiendo durante varias horas. Menos los centinelas, dormían todos. Después de chocar sobre cómo hacer la reforma agraria, nos dimos cuenta de que no estábamos tan lejos como habíamos pensado al principio. Nos unía la juventud y la sed de justicia, y después de analizar lo que teníamos que hacer cuando triunfara la revolución, le digo: «Bueno, Che, todo esto que hemos hablado hay que manejarlo con cuidado, porque si los americanos se enteran de que ésas son nuestras intenciones últimas, nos aplastan. Así que esto hay que llevarlo con mucha reserva y con mucha precaución».

Apenas terminé de hablar me di cuenta de que el Che estaba indignado. Me replicó inmediatamente con una mezcla de ironía y enojo: «¿Así que tú te crees que podemos hacer una revolución a espaldas de los americanos? ¡Qué comemierda eres!». El Che me estaba dando una verdadera lección: para hacer una revolución de verdad hay que decir con franqueza qué es lo que queremos, así nos ganaríamos al pueblo, porque sólo su respaldo podría darnos la fortaleza necesaria para enfrentar a los norteamericanos y a sus aliados de adentro. Fíjate qué pensamiento, él era un hombre mucho más maduro que yo. ¿Si eso lo decía y hacía por su formación marxista? Bueno, yo en ese momento no estaba seguro de cuál era la formación ideológica del Che, pero me pareció que era una convicción personal y no teórica.

Se había hecho ya de madrugada y el frío era intenso y cortante cuando el Che miró el reloj, y decidió que era hora de irnos a dormir. Nos habían guardado dos camas en un cuarto. Allí nos acostamos y seguíamos hablando, cuando de pronto se escuchó un estampido y a continuación alboroto y quejidos. «A alguien se le escapó un tiro», dijo el Che y salimos rápido afuera donde alguien gemía y se revolcaba sobre el suelo. «¡Doctor, me han herido en los huevos!», gritaba. El médico hurgó en los genitales y extrajo algo mientras el herido lanzaba un grito desgarrador. «Aquí tienes la causa de tus pesares», dijo el doctor y le mostró la pinza. «¡Coño! —dijo el guerrillero—, es una garrapata.» Nos desternillamos tanto de risa que el Che tuvo un acceso de tos asmática. Así conocí al comandante Guevara.

36

Se entrevistó con Manuel Quiñones del PSP, con Leonor Ares-tuch del sector urbano del 26 de Julio, que no admitía ningún acuerdo con los comunistas del PSP, y con el dirigente obrero Joaquín Torres. La orden de Fidel era que el Che los unificara bajo su comandancia, pero la tarea se presentó muy difícil pues ninguno quería saber del otro; se habían dividido el territorio en zonas de influencia que defendían belicosamente, y para empeorar las cosas el Estado Mayor del Segundo Frente, una escisión del Directorio Nacional conducido por Faure Chomón, había adoptado una inopinada actitud independiente que amenazaba con la beligerancia. A su frente estaba Eloy Gutiérrez Menoyo, quien años más tarde huiría a Miami, tomaría parte de la acción contrarrevolucionaria de Bahía de Cochinos y pasaría veinte años en las cárceles castristas. En cuanto las fuerzas del Che se acercaron al Escambray, recibió una circular en la que se le advertía que no podía subir a la Sierra sin aclarar «para qué iba», y que si no contaba con autorización sería «por primera vez advertido y por segunda vez expulsado o exterminado por el ejército del Segundo Frente».

El argentino les informó a todos de que, con su ayuda o sin ella, seguiría adelante con su ofensiva contra el ejército. Él no se equivocaba sobre cuál era el enemigo, y su objetivo era sabotear las elecciones convocadas por Batista para el 3 de noviembre, y para eso era necesario interrumpir el tránsito hacia Las Villas. El 25 de octubre atacó el cuartel de Güinia y lo rindió, pero luego fracasaría en el asalto al cuartel de Banao y debieron retirarse después de combatir durante toda la noche. Para colmo al Che se le habían acabado las medicinas para el asma y sufría un terrible ataque que tardó en disiparse.

Las elecciones fueron un fracaso para el gobierno, porque si bien resultó electo Rivero Agüero, el candidato de Batista, lo hizo en una posición de insostenible debilidad política pues apenas recogió el voto del treinta por ciento de la población, quedando así desmantelada una tentativa de falsa democratización del régimen para garantizar su continuidad. Y también quedaría demostrado el talento estratégico de Fidel Castro.

Para entonces el comandante Guevara había establecido campamento en El Pedrero, cerca de Gavilanes, y había levantado una base permanente de retaguardia en Caballete de Casa, similar a la del Hombrito y a la de La Mesa. Allí se cavaron trincheras, se instalaron sistemas de radio, se imprimió el periódico *El Miliciano* y se puso en funcionamiento una usina, un hospital, una fábrica de tabaco, una talabartería y una fábrica de armas. También inauguró una escuela de reclutas, al estilo de la de Minas del Frío, a la que bautizó Ñico López.

El Che vislumbraba ya el fin de la guerra y descontaba que, en no mucho tiempo más, tendría que asumir funciones de gobierno. Por eso, de a poco, fue constituyendo un equipo de técnicos. Al primero que recibió fue a Orlando Borrego, un estudiante de contaduría llegado desde Santa Clara quien, previo entrenamiento militar, fue admitido como tesorero del regimiento. Luego llegó el abogado Miguel Ángel Duque de Estrada que fue designado auditor revolucionario, con la función de aplicar el código legal guerrillero en territorio liberado de la tiranía batistiana. Alfredo Menéndez, un especialista del Instituto Cubano del Azúcar, le enviaba información confidencial que el Che usaba para elaborar la reforma agraria.

A mediados de noviembre había logrado su victoria más difícil: limar las asperezas internas del campo revolucionario, convenciendo a la corriente del Directorio de ponerse bajo sus órdenes y firmando el Pacto del Pedrero con el carismático Rolando Cubela. Las fuerzas comunistas de Félix Torres preferirán sumarse a las de Camilo Cienfuegos, y Gutiérrez Menoyo llegará a un frágil acuerdo con el argentino.

Fue en ese tiempo que el Che conoció a Aleida March, una joven que actuaba como correo en el movimiento clandestino en Las Villas, y vivía en Santa Clara donde se había graduado en la carrera de pedagogía. Como mensajera solía cumplir difíciles misiones como transportar armas ocultas debajo de sus faldas. Cuando el Che logró el acuerdo con el Llano, Aleida se convirtió en su principal enlace y solía verla cada vez que ella subía a la Sierra.

A fines de noviembre, Aleida le pidió autorización para quedarse en el Escambray porque la policía había allanado su casa y no podía regresar. El Che accedió a pesar de su reticencia para admitir mujeres en su tropa. Pese a que en los expedientes policiales Aleida estaba identificada como «Cara cortada» o «Teta manchada», era una bonita rubia de veinticuatro años con una pequeña cicatriz en la mejilla y una mancha de nacimiento en su seno, que en nada opacaban su belleza.

A primera vista el Che no le había resultado atractivo. Le pareció viejo, delgado y sucio; la misma impresión que causó en otros dirigentes del Llano como Oltuski, más tarde su estrechísimo colaborador, quien describiría su primer contacto con algo de repulsa: «Mientras comía, tomaba la carne con dedos sucios ... Terminó de comer y salimos. El Che repartió cigarros. Eran toscos, sin duda fabricados por un guajiro de la zona. A mi lado el Che fumaba y tosía, una tos húmeda como si estuviera mojado por dentro. Olía mal. Hedía a transpiración putrefacta. Era un olor penetrante, y lo combatí con humo de tabaco».

El Che no tenía tiempo para cuidados personales. Durante diciembre de 1958 no daba abasto para cortar caminos, volar puentes y tomar cada uno de los pueblos de los alrededores. Lo hacía con el mismo apasionamiento con que había leído todos los tomos de la *Historia Universal* de Olken, con que registró casi todos los días de su vida en cuadernos y agendas, con que rindió diez materias universitarias en un solo mes, con que devoró textos de Marx y de Lenin hasta dominar la teoría socialista, con que, ya en el gobierno, estudiaría economía y matemáticas hasta la madrugada. El 16 de diciembre sus hombres dinamitaron el puente de la Carretera Central, el enlace ferroviario al este de Santa Clara y dividieron la isla por la mitad. Sitiaron, además, el pueblo de Fomento y el de Guayos.

Cuando se dirigía a atacar Cabaiguán, a las cuatro de la madrugada, descubrió a Aleida sentada a un costado del camino. La joven había salido de su rancho porque no podía conciliar el sueño. El Che clavó los frenos del jeep que conducía a alta velocidad y le preguntó si lo quería acompañar al combate; Aleida respondió afirmativamente y se sentó en la butaca contigua. «Desde entonces —aseguró después— nunca dejé su lado ni permití que saliera de mi vista.»

Será en Cabaiguán donde el Che caerá desde un techo mientras atacaba el cuartel y se quebrará la muñeca derecha, por lo que las fotos de entonces lo mostrarán con su brazo enyesado y en cabestrillo. Después de tomar Cabaiguán el 23 de diciembre, se adueñaron de Remedios, Calibarién y Placetas. En diez días las fuerzas del Che y las de Camilo habían desalojado al ejército de un territorio de ocho mil kilómetros cuadrados, con la toma de doce cuarteles, alrededor de ochocientos prisioneros y unas seiscientas armas. En el otro extremo de la isla, los rebeldes habían tomado Oriente y Camagüey; Raúl Castro controlaba Holguín y las fuerzas de Batista estaban sitiadas en Santiago. Cerrando el círculo, las tropas de Fidel se habían apropiado de Guisa y avanzaban hacia el Llano.

El 26 de diciembre el comandante en jefe ordenó preparar el asalto a La Habana. Para lograrlo primero era necesario que cayera Santa Clara, donde Batista había concentrado su última defensa con tres mil quinientos hombres al mando del coronel Joaquín Casillas, a quien envió el apoyo de la aviación y un tren blindado con armas, municiones y equipos de comunicaciones.

El Che contaba apenas con trescientos cuarenta combatientes. Sin embargo la diferencia no lo arredró y el 27 de diciembre, a bordo de un jeep rojo y con Aleida a su lado, llegó a Santa Clara. Estableció su cuartel en la universidad y desde la planta de radio CMQ salió al aire para pedir la colaboración de los civiles. Con voz cansada y acento argentino dijo: «La situación militar del régimen se está socavando día a día, pues sus soldados no quieren pelear». Después pidió que bloquearan las calles para evitar la circulación de los tanques, y ordenó el corte de agua y energía eléctrica en la ciudad.

37

ESTRATEGIA, VALENTÍA E INTELIGENCIA

Habla Leonardo Tamayo, «Urbano», subjefe del pelotón suicida en el ataque a Las Villas y uno de los tres sobrevivientes cubanos de la guerrilla del Che en Bolivia*

Cuando yo llego a la Sierra Maestra, desgraciadamente en nuestro país no había escuelas, hospitales, no había nada; era una pseudorrepública y, por supuesto, yo no sabía leer ni escribir. Y gracias al Che pude llegar a la universidad. Por eso le digo que fui un privilegiado.

Fue mi maestro, mi profesor, mi guía. El hombre que me enseñó a pensar, el que me condujo por el camino del internacionalismo. Hay momentos en la guerra, aunque sea una guerra regular, en que no se pelea, en que se hacen altos. Y en esos momentos el Che se ocupaba de que los compañeros que tenían más nivel, los que tenían posibilidad de impartir clases, nos instruyeran a los que no sabíamos. En muchas ocasiones era él quien nos daba clases, conversatorios de historia, de política, de cultura. Así era el Che.

Pero esa veta de educador no sólo fue allí en la Sierra Maestra sino también después del triunfo de la revolución. La primera escuela de alfabetización que hay en Cuba, la crea el Che para el ejército rebelde, para los soldados y los oficiales que no sabían leer. Él, personalmente, se dio a la tarea de darme un intensivo aprendizaje, y en el sesenta yo ya había alcanzado el cuarto grado de primaria.

Para el Che era muy importante la superación del hombre; muchas veces ponía ejemplos para estimularnos a aprender. Decía: «Fulano y Mengano pueden ser muy buenos, con unas condicio-

* Entrevista realizada por el autor en La Habana, Cuba, el 17 de octubre de 2002.

nes humanas extraordinarias; se han sabido ganar la confianza, pero no tienen nivel de enseñanza cultural, y necesitamos un hombre para mandar de embajador para equis país, pero no tienen el nivel cultural que nos exigen. Por lo tanto no hacemos nada con ser muy confiables si no tenemos la capacidad para desempeñar un cargo».

En combate, el Che tenía las tres virtudes esenciales de un jefe guerrillero: estrategia, valentía e inteligencia, y cada una de ellas en grado sumo. Cuidaba de la vida de sus hombres, era un celoso velador; a cada jefe de pelotón los aleccionaba en ese sentido. Otra de sus características eran sus condiciones humanas. Si hay que señalarle un defecto al Che es lo extremadamente humano que era. Lo vimos en ocasiones compartir su medicina para el asma con un adversario prisionero; lo vimos al Che, cuando había dos heridos, ordenar que se curase primero al adversario. Era ejemplo en todo; cuando te decía: «Hay que hacer esto», es porque él ya lo había hecho.

Tenía mucho prestigio entre los campesinos de la Sierra por su coraje y decencia; se comentaba mucho sobre él. Me incorporé a su columna cuando tenía diecisiete años y me puso a las órdenes de Roberto Rodríguez, a quien llamaban el Vaquerito porque era de baja estatura y usaba botas mexicanas y un sombrero de ala ancha.

Una tarde el Vaquerito me propuso formar un pelotón comando; a mí me gustó la idea y se la fuimos a plantear al Che. A éste le pareció bien; yo sería el subjefe y el Vaquerito el jefe, y nos autorizó a elegir los hombres que integrarían el pelotón, pero nos dijo que lo de comando sonaba muy yanqui, que mejor nos llamáramos el «pelotón suicida».

Nuestra primera acción fue en Cuñé de Miranda, donde había un fuerte en el medio del Escambray. Tomarlo era esencial y fracasar hubiera sido una derrota grave. Lo único que hacían los del Segundo Frente de Gutiérrez Menoyo era tirotearlos todas las tardes hasta enviciar a los ocupantes del fuerte, que se habían convencido de que eran invencibles, inexpugnables. Fue un combate muy duro y la acción del «pelotón suicida» resultó decisiva y fuimos los primeros en entrar.

Allí también, como siempre hacía, el Che dejó en libertad a

los prisioneros, después de aleccionarlos sobre los objetivos de nuestra lucha. En esa ocasión apresamos por quinta vez a un soldado al que llamábamos «el político» porque, de acuerdo a su experiencia, aconsejaba a los demás a rendirse en vez de seguir luchando hasta el final.

El Che, para culminar lo que dio en llamarse la invasión hacia La Habana para derrocar al tirano, había decidido atacar Santa Clara; lo que parecía una empresa imposible porque era una ciudad importante de casi doscientos mil habitantes, capital de la provincia de Las Villas, y con un destacamento militar de dos mil quinientos hombres bien armados y con diez tanques. Nosotros no pasábamos de trescientos, muchos sin experiencia de combate, pero con esa alta moral combativa que sabía insuflar el Che en sus combatientes y que hacía que estuviésemos dispuestos a dejarnos matar si él lo ordenaba.

Los civiles respondieron muy bien y nos ayudaron atravesando sus automóviles en las calles, con los neumáticos desinflados, para no dejar pasar a los tanques. Aunque la aviación de Batista no daba respiro, muchos colaboraron en la fabricación de bombas incendiarias y levantaron barricadas en las calles con sus muebles y sus colchones. A los combatientes nos brindaron alimento y refugio, y hasta nos cedieron sus casas para abrir boquetes en las paredes y así avanzar hacia el centro de la ciudad, sin toparnos con los soldados.

El objetivo del Che era un tren blindado que sabía que había partido de La Habana con armas y hombres de refuerzo. Tenía una veintena de vagones y dos locomotoras; además estaba artillado con ametralladoras en el techo. Sabía que si lo destruían se cortaría el reabastecimiento del ejército y, sobre todo, su moral quedaría muy golpeada.

Entonces nos pidió a los del «pelotón suicida» que tomásemos la estación ferroviaria, y después de un furioso tiroteo con muertos y heridos de los dos lados, el 29 de diciembre tomamos la estación y levantamos las vías para impedir el paso del tren blindado. Cuando nuestras tropas lo atacaron, éste intentó huir pero, al llegar al tramo de vías levantadas, descarrilaron la máquina y tres de los vagones. El resto fue rendido con bombas Molotov que lo transformaron en un horno para los soldados refugiados en su interior. El botín fue cinco morteros de 60 mm, seis bazukas, catorce ametralladoras, un cañón de 20 mm, seiscientos fusiles automáticos y un millón de balas. Se apresaron cuatrocientos soldados.

Pero el precio fue muy alto porque el Vaquerito, que nunca se agachaba en los tiroteos, recibió un balazo en la cabeza cuando asaltábamos el cuartel de policía, después de lo del tren. Habíamos ocupado una azotea en frente del cuartel y, como siempre, el Vaquerito disparaba su fusil de pie cuando recibió un disparo que le entró por la nuca; es decir que no vino del cuartel sino del regimiento 31, bastante alejado, donde peleaba el Che. Cuando lo supo, el Che comentó: «Me han matado cien hombres».

El Vaquerito era muy alegre, muy de bromear. Era mentiroso no por malo sino por entusiasta. Por ejemplo si alguien decía que había sido zapatero, él comentaba que también lo había sido por tantos años. Lo mismo si alguien contaba que su oficio era el de panadero, el Vaquerito también lo había sido durante equis años. Cierta vez el Che lo escuchaba en silencio y hacía anotaciones en un papel. Después dijo: «De acuerdo a mis cuentas has trabajado más años de los que tienes». Fue de reírse mucho.

Cuando se preparaba la guerrilla para el Congo, se nos había dicho que había un español, de nombre Ramón, que sabía mucha táctica de guerra y guerrilla y que iba a ser nuestro profesor. Cuando llegamos a Herradura nos recibe Tomasevich, que cuando aquello era comandante, y vemos al español calvo, unos mechones de canas a los costados, unas gafas gruesas, un sombrero de paño debajo del brazo, botines. La conversación fue muy corta. Tomasevich nos presenta y mientras íbamos saludando al español le dice: «Doctor, éste es el grupo al cual usted le va a dar entrenamiento». Entonces el «doctor» replica, con una dicción muy española: «Bueno, comandante, tengo que decirle algo». Después hace una pausa, se queda mirándonos y entonces se echa a reír, y ya en su argentino nos echa: «Qué quiere que le diga, comandante, éstos son todos unos comemierdas». Inmediatamente aquella formación se rompe y todos nos fundimos en un abrazo con el Che. Él tenía sentido del humor, y sabía con quién hacerlo y con quién no.

ALFOMBRAS ROJAS

La religión mal entendida es como una fiebre que puede terminar en delirio.

VOLTAIRE

38

Fue durante uno de los combates de la toma de Santa Clara cuando el Che se dio cuenta de que estaba enamorado: vio que Aleida cruzaba una calle en medio de una cortina de balas, la perdió de vista y se angustió porque no sabía si había logrado llegar al otro lado. El argentino confesaría después que fue en ese momento cuando comprendió lo que sentía por ella.

El primero de enero de 1959 se rindió Santa Clara. La población salió a las calles para celebrar la caída del ejército y para pedir la ejecución de los capturados. Pero para los rebeldes no hubo tiempo para descanso ni festejos, porque al día siguiente Fidel ordenó el avance hacia la capital. Primero partió Camilo Cienfuegos; el Che lo hizo más tarde porque debía dejar las cosas en orden en la ciudad. Designó a Calixto Morales como gobernador de Las Villas y, como un anticipo de uno de los roles que jugaría en el gobierno, firmó la sentencia de muerte de varios policías que la gente señaló como torturadores. «No hice ni más ni menos que lo que exigía la situación, la sentencia de muerte de esos doce asesinos, porque habían atentado contra el pueblo, no contra nosotros», escribió después. Entre los muertos figuraba el coronel Casillas, que fue ejecutado por un guardia cuando intentaba escapar, según la información oficial.

A las tres de la tarde del 2 de enero de 1959, en un Chevrolet verde, el Che dejó Santa Clara. Lo acompañaban Aleida y los cuatro hombres de su escolta. El corazón le latía tan fuerte como cuando corría por el muelle de Tuxpan para abordar el *Granma*. Entonces era Ernesto Guevara de la Serna, un médico extranjero que agradecía ser admitido en la aventura. Ahora, después de dos años, era el Che quien marchaba hacia La Habana, convertido en el segundo hombre más importante de la revolución.

Fidel le había encomendado ocupar La Cabaña, una fortaleza construida en el siglo XVIII como defensa contra la codicia británica, que ahora albergaba a tres mil soldados del régimen de Batista que se habían rendido casi sin combatir. Durante dos años de lucha sin cuartel, en la que vio caer a muchos de sus compañeros, el argentino había soñado con ese momento. Tal vez habría imaginado una entrada triunfal al frente de sus tropas mientras el pueblo lo aclamaba como uno de sus principales libertadores, como el héroe de Santa Clara. Sin embargo ese lugar estaría reservado para Camilo, quien recibió la instrucción de Fidel para hacerse cargo del bastión principal de la resistencia batistiana, el Regimiento de Campo Columbia.

El comandante Guevara llegaría casi de incógnito, muy entrada la noche, acompañado solamente de unos seiscientos hombres porque Fidel le había ordenado que marchara sin las fuerzas del Directorio, que habían colaborado en la toma de Santa Clara. Estaba agotado y el brazo fracturado le dolía mucho. Ya no se acordaba de cuándo había dormido por última vez. La comitiva se detuvo en la explanada del fuerte, y el Che bajó del auto y entró sin ninguna ceremonia para que el coronel Varela, a cargo de las fuerzas batistianas, le entregara el mando. Con voz y actitud enérgicas, ordenó las guardias con hombres de su columna, y dio instrucción de que se clasificaran las armas que se abarrotaban en los arsenales, en cantidad insólita para quienes las habían obtenido pagando con frecuencia su precio en vidas. Después fue hasta la estación de radio en El Vedado, para comunicarse con Fidel.

En el trayecto, oculto tras el reflejo del vidrio, pudo ver algo de la ciudad de la que tanto le habían hablado sus hombres mientras guerreaban en la Sierra Maestra. En sus calles se mezclaba la gente que festejaba el triunfo besando a combatientes barbudos y desarrapados, que en su euforia descargaban sus armas hacia el cielo. Las prostitutas trataban de adaptarse al cambio de clientela y ofrecían sus favores, con la sospecha de que los mejores tiempos habían pasado. Algunos turistas, vestidos elegantemente, lo observaban todo como si se tratase sólo de un espectáculo sorprendente y agradable.

En otros lugares, el pueblo había asaltado los casinos y los burdeles en busca de asesinos y torturadores batistianos, para someterlos a la justicia revolucionaria. Espaciadamente se escuchaban los disparos de algunos francotiradores que parecían no haberse enterado de que Batista había huido durante los festejos de fin de año, abandonando a sus invitados con la copa de champán en la mano.

En las primeras horas del 3 de enero, el Che regresó al cuartel y arengó a los soldados batistianos que lo esperaban en perfecta formación: «Los guerrilleros deben aprender disciplina de ustedes —les dijo—, y ustedes deben aprender de los guerrilleros cómo se gana una guerra».

Mientras tanto Aleida se había instalado en la casa de la comandancia, pero el Che no pensaba en dormir. Nada estaba claro y sabía que se acercaban tiempos difíciles. Radio Rebelde había anunciado el nuevo gobierno, encabezado por Manuel Urrutia como presidente y un gabinete integrado por Faustino Pérez como ministro de Recuperación de Bienes Malversados; Armando Hart en Educación; en Sanidad, el doctor Julio Martínez Páez; en Interior, Luis Orlando Rodríguez; Marcelo Fernández en Trabajo y Enrique Oltuski en Comunicación. Le preocupaba que uno de los políticos más pronorteamericanos de Cuba, José Miró Cardona, hubiera sido designado primer ministro; también el hecho de que en el nuevo gabinete casi todos eran anticomunistas, miembros de la clase media acomodada, en tanto que los aliados con los que el Movimiento 26 de Julio había ganado la guerra, como el PSP y el Directorio, no habían sido tenidos en cuenta. El Che nunca aprendería que los designios de la política no suelen correr paralelos con la lógica de los hechos.

Las fuerzas del Directorio y del Segundo Frente del Escambray, escaldados por no haber sido tenidos en cuenta, se habían adelantado al Che y habían tomado la universidad y el palacio presidencial, y se negaban a abandonarlos hasta hablar con el nuevo presidente. El argentino sabía que Fidel tendría motivos para volver a regañarlo por no haber cumplido con sus instrucciones: «Es sumamente importante que el avance hacia Matanzas y La Habana sea realizado exclusivamente por fuerzas del 26 de Julio. La columna de Camilo debe estar al frente, en la vanguardia, para tomar La Habana cuando caiga la dictadura si no queremos que las armas de Campo Columbia sean repartidas entre todos los distintos grupos, lo que representaría un problema muy serio en el futuro».

Castro no ignoraba que de allí en más se libraría una acre disputa por el dominio del gobierno revolucionario, y sabía que la posesión de ese arsenal sería fundamental para consolidar su poder. Cienfuegos tomó la guarnición y se comunicó con el Che para anunciarle que desalojaría el palacio presidencial a cañonazos. El Che prefirió conciliar con el conflictivo Gutiérrez Menoyo, y cuando llegó Fidel a la ciudad el presidente Urrutia ya ocupaba el despacho que le correspondía.

Casi una semana tardó el jefe revolucionario en llegar a La Habana, pues en cada pueblo una muchedumbre se agolpaba para homenajearlo, y él se detenía para disfrutarlo. Por fin el 8 de enero de 1959, de pie sobre un tanque blindado y llevando a Camilo y a Raúl a su vera, hizo su ingreso en la capital de la isla mientras el pueblo deliraba en las calles. En primer lugar se dirigió al palacio para saludar de forma protocolaria al presidente títere Urrutia, después rindió honores al *Granma* que estaba anclado en el puerto y finalmente, acompañado por su hermano Raúl y por Camilo Cienfuegos, marchó hacia Campo Columbia, la fortaleza en cuya inexpugnabilidad había confiado Batista.

Decidido a afirmar su autoridad por encima de los distintos grupos revolucionarios, haciendo gala de su indiscutible sagacidad política, algo que no le sobraría al Che, por la noche pronunciará un discurso por televisión, en el que advirtió que en Cuba existía una sola fuerza revolucionaria que era la que administraría las armas, en una clara alusión a Gutiérrez Menoyo y sus hombres que aún ocupaban la universidad. También subrayaría que la revolución era nacionalista, intentando alejar el fantasma del comunismo, en un guiño hacia los Estados Unidos, razón por la cual también había designado a Miró Cardona.

Eso no alcanzó para devolver el buen humor al embajador estadounidense, Earl Smith, quien concurrió al Campo Columbia para entrevistarse con Camilo y pedir inútilmente que los rebeldes no fusilasen al general Cantillo. Francamente hostil a los triunfadores, dirá más tarde que los revolucionarios barbudos le recordaron a los personajes de una película sobre el pistolero Dillinger que acababa de ver.

A muchos llamó la atención la ausencia del Che en los festejos, casi oculto en La Cabaña, sin participar de la algarabía colectiva. Era inexplicable la marginación del primer combatiente ascendido a comandante, cuyo coraje había trepado al mito, aquel a quien el periodismo internacional buscaba casi tanto como a Fidel, el jefe de la toma de Santa Clara que había hecho posible el triunfo total. ¿Pesaría su condición de extranjero o era su proclamada ideología marxista, que ponía los pelos de punta a Estados Unidos, la causa de su ocultamiento? ¿O sería que Fidel celaba del prestigio y popularidad del argentino y temía compartir los vítores?

Otros dirán que su destino en La Cabaña fue porque ya estaba decidido que el Che tuviese a su cargo los juicios revolucionarios y las ejecuciones consiguientes, porque tratándose de un extranjero los cubanos podrían, llegado el momento de la rendición de cuentas, descargar la responsabilidad en él. Además Fidel sabía, desde que el argentino había apoyado el caño de su revólver en la sien de Eutimio Guerra, el campesino traidor, y disparado, que esos encargos eran para él.

39

En la Argentina el nombre del Che Guevara ocupaba las primeras planas de los diarios. Nicolás Guillén, el máximo poeta cubano y uno de los más grandes del mundo hispano, escribió un poema titulado «Che Guevara» que así comenzaba:

> *Como si San Martín la mano pura*
> *a Martí fraternal tendido hubiera,*
> *como si el Plata vegetal viniera*
> *con el Cauto a juntar agua y ternura,*
>
> *así Guevara, el gaucho de voz dura,*
> *brindó a Fidel su sangre guerrillera,*
> *y su ancha mano fue más compañera*
> *cuando fue nuestra noche más oscura …*

Durante la guerra don Ernesto y doña Celia habían seguido con atención cada noticia que aparecía en los periódicos nacionales e internacionales, y leído hasta la exasperación las escasas cartas que su hijo había podido enviarles. Juan Martín, el hermano menor del Che, me contará cómo eran recibidas las noticias: «Mi padre se preocupaba por el bienestar de Ernesto, si comería bien, si tendría abrigo, si dispondría de medicamentos para su enfermedad. En cambio para mamá lo esencial era si estaba cumpliendo con los objetivos que se había propuesto, al costo que fuese».

El representante del Movimiento 26 de Julio en Buenos

Aires, doctor Jorge Beruff, los mantendrá informados y sería también el encargado de avisarles de la llegada de un avión, especialmente fletado por Camilo Cienfuegos, para llevarlos a Cuba conjuntamente con algunos cubanos exiliados en Argentina. Decidieron que viajarían ambos padres junto con Celia y Juan Martín, porque los otros dos hermanos, Roberto y Ana María, no podían abandonar sus actividades.

El Che se enteró de la venida de su familia casi cuando el avión estaba aterrizando. Camilo le había querido dar una sorpresa. Minutos después abrazaba con pasión a su madre, la mujer de quien había heredado la decisión y la fortaleza, y que ahora no podía evitar el llanto. En cambio a su padre le dedicó sólo un cordial saludo, quizá enojado por haberse separado de doña Celia en circunstancias difíciles para ella, por el recrudecimiento de su cáncer. Hacía seis años que los Guevara no veían a su hijo, cuando era poco más que un adolescente, y lo reencontraban ahora convertido en un hombre, a quien los demás trataban como a un prócer vivo.

Se alojaron en el hotel Hilton, que sería rebautizado Habana Libre, uno de los más lujosos de la ciudad. El Che estaba feliz de ver a su familia, aunque también algo incómodo. La comunicación no le resultaba fácil, sobre todo con su dispendioso padre quien vivía en un estado de orgullo exaltado, que podía llevarlo a cometer errores que perjudicaran la imagen de ejemplar austeridad que su hijo deseaba proyectar a los demás. Por ello cuando don Ernesto le pidió un jeep para recorrer los lugares donde había combatido en Sierra Maestra, el Che le respondió que pondría a su disposición un vehículo y un soldado, pero que él debía pagar la gasolina y la comida. La excursión se postergó para otra ocasión.

Su padre tampoco había abandonado la esperanza de que, luego de su aventura cubana, el Che retomara su profesión médica, quizá porque él había experimentado cruelmente lo difícil que era ganarse el pan sin un título universitario. Pero la respuesta de su hijo, mitad en serio y mitad bromeando, fue lapidaria y nunca más se volvió a tocar el tema: «Mirá, viejo, como vos te llamás Ernesto Guevara igual que yo, colocá en tu oficina una chapa con tu nombre y abajo le ponés "médico", y ya podés comenzar a matar gente sin ningún peligro». Después se puso serio y le dijo, premonitoriamente: «Hace rato que he abandonado la medicina. Ahora soy un combatiente que está trabajando en el apuntalamiento de un gobierno. ¿Qué va a ser de mí? Yo mismo no sé en qué tierra dejaré los huesos».

«Me costaba reconocer en él al Ernesto de mi casa, al Ernesto cotidiano. Parecía flotar sobre su figura una tremenda responsabilidad», escribió después el padre del Che. Una de esas exigencias era conciliar las expectativas de los distintos grupos que habían aportado a la revolución. Los dirigentes del Segundo Frente, por ejemplo, exigían conservar sus grados al incorporarse al ejército rebelde unificado, y el Che los enfrentó brutalmente. Cuando alguien preguntó por qué habría que distinguir entre los oficiales del Segundo Frente y los suyos, el comandante Guevara respondió:

—¿Quién les dio a ustedes las estrellas?

—¡Fueron ganadas en combate! —contestaría Gutiérrez Menoyo.

—¿En qué combates? —repreguntó, sardónico.

Fidel se reúne con el Che y le comunica sus órdenes: purgar el antiguo ejército de la oficialidad irrecuperable para la revolución, reemplazarlos por combatientes guerrilleros de probada lealtad e iniciar un proceso de adoctrinamiento sobre los principios revolucionarios. Ambos coincidían en que nada sería posible sin el protagonismo de fuerzas armadas fieles y disciplinadas. Seguramente en el Che estarían todavía vivos los recuerdos de los oficiales guatemaltecos ordenando ametrallar a los jóvenes que reclamaban armas para defender a Arbenz.

El argentino también recibió de Castro la orden de aplicar la justicia revolucionaria a los traidores y criminales de guerra del viejo régimen, actividad en la que se había destacado durante la campaña de Sierra Maestra. Una de sus primeras acciones será incautar los archivos del Buró de Represión de Actividades Comunistas (BRAC), policía secreta de Batista, para sacar a la luz los infiltrados y delatores, además de enterarse de los atentados planeados contra Fidel y contra él.

En La Cabaña se establecieron los Tribunales Revoluciona-rios uno y dos. Uno juzgaba a militares y policías; el otro a ci-viles a quienes no se los castigaba con la muerte. Si bien el Che no formaba parte de ellos, como comandante de la guarnición revisaba las apelaciones y tenía la palabra final. Miguel Ángel Duque de Estrada, a cargo del primer tribunal, aseguró después que en cien días se sancionaron con la pena capital a cincuenta y cinco personas. Los procesos comenzaban a las ocho de la noche y finalizaban a las dos o tres de la madrugada con la sen-tencia del Che como fiscal supremo. Ese hombre a quien horro-rizaban las defecciones humanas, implacable con las debilidades, codicias y vulgaridades de sí mismo y de los demás, que fue un incapacitado para los tejes y manejes de la política por razones éticas, no tuvo inconveniente en convertirse en un ángel exter-minador que disponía sobre vidas y muertes ajenas. Quien no toleraba los guantes blancos de la hipocresía y la venalidad pa-reció en cambio dar la razón al personaje de Sartre en *Las ma-nos sucias*: «Los guantes rojos son muy elegantes».

Los fusilamientos se llevaban a cabo en lo que se denominó «el paredón», el muro interior del antiguo foso de agua donde eran conducidos los condenados, luego de juicios tumultuosos y cargados de emotividad. Los que hemos tenido la oportunidad de visitar ese lugar muy poco frecuentado, no hemos podido evitar conmovernos ante el espectáculo de las miríadas de per-foraciones producidas por las balas justicieras o vengativas. Dichos ajusticiamientos fueron utilizados por sus enemigos para dar del Che una imagen siniestra, como fue el caso de los exiliados cu-banos en suelo norteamericano que lo catalogaron como «el carnicero de La Cabaña».

Sólo un profundo estudio psicológico podría explicar el pro-ceso que llevó a aquel niño que, derrumbado por el asma, leía precozmente a los grandes autores universales, y que censuraba a sus amiguitos que cazaban gorriones con sus gomeras; quien sólo agredía a los poderosos horrorizándolos con su vestimenta y modales, además de pretender robarles a la más bella e inteli-gente de sus princesas; cuya primera vocación se debatió entre la asistencia médica a los leprosos o el desentrañamiento arqueológico de las culturas precolombinas; de aquel aventurero cuya aspiración máxima era llegar a la India para honrar al pacifista Mahatma Gandhi, hasta este hombre de acero, impiadoso, permanentemente vestido con ropa de batalla, quien no pestañeaba al ordenar la muerte de los que habían tomado, según él, caminos equivocados, contrarrevolucionarios. Y que ya preparaba un manual para la instrucción de la lucha armada, como única vía para el cambio social, que serviría de guía a muchos militantes en los años por venir, a lo largo y a lo ancho del planeta, sobre todo en Latinoamérica. Lo que desencadenaría una guerra sangrienta contra gobiernos autoritarios armados, entrenados y articulados para ahogar en sangre los focos insurreccionales que abrevaban en la doctrina guevarista, elevada a una dimensión casi bíblica.

40

«UN TORQUEMADA DEL MARXISMO»

Habla Dolores Moyano Martín, amiga de la infancia del Che*

Fui íntima amiga de Ana María, su hermana, y por eso conocí bien a Ernesto Guevara en su infancia y en su juventud transcurridas en Córdoba. Fue una persona que siempre me fascinó y era para mí claro que se trataba de alguien fuera de serie.

En él había un lado sublime y otro siniestro. Nunca olvidaré cuando, siendo adolescentes, conversábamos sobre Nietzsche y la significación de Cristo como «salvador de los pobres». Obviamente Ernesto compartía la opinión de Nietzsche de que Jesús, como revolucionario, había sido un fracaso. Cuando la conversación derivó hacia la cristiandad heterodoxa de pensadores como Renan, Unamuno o Kierkegaard, Ernesto perdió la paciencia y dijo, alterado: «¡Estupideces! Nadería sentimental. Igual a nada. Cuando se trata de acciones concretas, esos señores se pinchan como globos. Les aseguro que si Cristo se cruzara en mi camino haría lo mismo que Nietzsche: no dudaría en pisotearlo como a un gusano baboso». Y con la suela de su zapato aplastó un imaginario Cristo-gusano sobre la tierra. Nunca olvidaré esa escena porque prefiguraba lo que Ernesto sería más adelante.

Para entender a Ernesto hay que leer *Los demonios* de Dostoievski, que lleva como acápite un episodio del capítulo octavo del Evangelio de san Lucas, en el que llevan ante Cristo a un hombre poseído por muchos demonios, por eso le llamaban

---

* Entrevista realizada por el autor desde Nueva York, EE.UU., el 8 de julio de 2002.

«Legión». Éstos le piden al Maestro que no los condene a regresar al Abismo, Él acepta y entonces, al salir del hombre atormentado, penetran en unos cerdos que pacen en las proximidades, pero éstos, desesperados por haber sido poseídos por los demonios, se suicidan arrojándose al precipicio.

Esta maravillosa novela está inspirada en hechos reales, protagonizados por un anarquista, amigo de Bakunin, quien formó un grupo de revolucionarios que se constituyeron como tales poniéndose de acuerdo en asesinar a uno de ellos, un inocente. Eso los uniría inseparablemente. En ella Dostoievski se anticipa a lo que caracterizaría al siglo xx: la irrupción de creencias como el nazismo, el fascismo, el comunismo, que todo lo justificaban en función de sentirse dueños de la verdad absoluta, lo que es profundamente anticristiano.

Piotr Verkhovenski, el revolucionario de *Los demonios*, decía lo mismo que Ernesto en aquellos años cincuenta: «Las reglas del juego son tonterías. Lo que importa es la voluntad y la fuerza». Por eso quizá él usaba con frecuencia metáforas relacionadas con la conquista del Everest; por ejemplo en Bolivia, cuando el jefe del Partido Comunista, Monje, le advierte que sin su apoyo el proyecto revolucionario del Che está condenado al fracaso, éste le contestará: «Hasta que alguien coronó la cima del Everest hubo varios intentos fallidos, pero cada uno de esos fracasos abrió el camino para el éxito definitivo».

Ernesto estaba poseído por su ideología, lo que lo transformó en un Torquemada del marxismo. Su fe tenía un carácter religioso; ello es evidente en su obra *La guerra de guerrillas*, donde da instrucciones de cómo debe ser la vida de un revolucionario, lo que no lo diferencia mucho de un monje. Eso lo practicaba en sí mismo; era muy austero, ya desde niño rechazaba el placer de comer bien o vestirse con elegancia.

Para él la utopía lo justificaba todo, aun la muerte, la propia, pero también, lo que es terrible, la de los demás. Se cuenta que cuando los familiares iban a recoger los cadáveres de sus parientes o amigos fusilados en La Cabaña, el Che los hacía caminar junto al paredón todavía ensangrentado. Tenía la absoluta convicción de que las faltas debían ser castigadas como todo aquel fanatizado con su verdad, como un auténtico cruzado del medioevo que dividía al mundo en fieles e infieles.

El Che es profundamente latinoamericano en tanto encarna uno de nuestros mitos: el del salvador, la figura providencial. Somos reticentes al verdadero progreso que consiste en pequeños avances, sistemáticos y evolutivos, como hacen aquellos países que han sabido ganarse un lugar en el mundo.

41

En apoyo a la drástica acción de Guevara en La Cabaña, y como respuesta a la campaña contra los fusilamientos de las agencias periodísticas norteamericanas, el 21 de enero de 1959 Fidel convocó a sus partidarios ante el palacio presidencial y pronunció un discurso ante una enfervorizada muchedumbre, en el que comparó la legitimidad del juicio a los crímenes de la dictadura de Batista con el de Nüremberg. En un momento dado, pidió a la multitud que votara a mano alzada si estaba de acuerdo con los tribunales revolucionarios de La Cabaña. Más de un millón de manos se alzaron en unánime respuesta afirmativa.

El Che sabía que la revolución había triunfado militarmente pero que ahora se enfrentaba a una tarea tanto o más ardua: la transformación de una sociedad corrupta e injusta en otra que respondiera a las demandas de los sectores hasta entonces postergados. Para comenzar reiteró en el ámbito de La Cabaña las iniciativas que ya había emprendido en cada una de las bases que él fundara en la Sierra. Así el 13 de enero inauguró la Academia Militar-Cultural, en la que se dictarían cursos de instrucción cívica, geografía, historia y economía de Cuba, y de la realidad política, social y económica de las naciones de América Latina.

Estaba convencido de que nada sería posible sin el concurso de las fuerzas armadas, y por lo tanto era imprescindible inculcarles ideales de justicia y de socialismo, instruirlos y a la par crearles conciencia política.

Se trataba de ser leal con lo que el 4 de julio de 1954 le escribía a su madre, a raíz de la caída de Arbenz: «La traición sigue siendo patrimonio del ejército y una vez más se confirma el aforismo que indica la liquidación del ejército como el verdadero principio de la democracia (si el aforismo no existe lo acabo de crear)». Ahora no se trataba de liquidarlo sino de volcarlo a favor de la revolución. Con ese mismo propósito fundó el diario del regimiento *La Cabaña Libre* y colaboró con *Verde Olivo*, el periódico de las renovadas fuerzas armadas. Para el autoabastecimiento creó los Talleres La Cabaña Libre y puso a su frente a Orlando Borrego.

En esa primera etapa, Fidel apostaba a calmar la alarma de su poderoso vecino exhibiendo un gabinete moderado que irritaba al Che, pues estaba constituido en su mayoría por quienes habían participado de la lucha contra la tiranía saboteando la acción del 26 de Julio, y que veían al argentino como ariete del temido copamiento comunista del nuevo régimen. Tampoco faltaban los que habían asistido a los despiadados combates por la liberación desde sus cómodos exilios en Miami, donde habían cultivado buenas relaciones con el poder económico estadounidense. Pero el argentino también sabía que si Castro deseaba mantener el imprescindible apoyo de los cubanos, le sería inevitable cumplir con la promesa que les había ganado el heroico apoyo de los campesinos, muchos de los cuales habían perdido sus viviendas, sus familias, su salud y también su vida en manos de la crudelísima represalia batistiana: la reforma agraria. Y ésta, como había sucedido en Guatemala con Arbenz, no podría ser llevada a cabo sin afectar los intereses de poderosas empresas e influyentes terratenientes cubanos y norteamericanos.

El argentino aprendería a tolerar, hasta su separación definitiva, esos vaivenes de su relación con Fidel en que a veces, cuando el cubano deseaba provocar o asustar a los yanquis lo ponía en primera fila y luego, cuando la estrategia era congraciarse o negociar con ellos, lo postergaba en alguna función subalterna o lo enviaba en interminables misiones por el exterior.

Pero, con independencia de las decisiones de Fidel, el Che no disminuía sus ínfulas revolucionarias a diferencia de muchos dirigentes del 26 de Julio que, ahora gobernantes, actuaban como si el único objetivo de la lucha hubiese sido expulsar a Batista y los suyos, para ocupar ellos sus lugares y gozar de sus privilegios. Un ejemplo de la austeridad de Guevara me lo dará Orlando Borrego, durante nuestra conversación en su despacho en La Habana: «Al triunfar la revolución, muchos consideramos que tendríamos derecho a utilizar algunos de los autos lujosos abandonados por los funcionarios de la tiranía que habían huido. Pero el auto que el Che utilizaba para desplazarse era un pequeño Studebaker de color negro, un vehículo que desencantaba aun al menos pretencioso. Y cuando más adelante me fue adjudicado un Jaguar hermoso, que se parecía al auto que como joven enfermo de capitalismo había soñado toda mi vida, me dio sólo una hora para devolverlo».

Para el argentino, en cambio, la revolución «ha significado haber destruido todas las teorías de salón para hacer revoluciones agrarias, luchar en los campos, en las montañas y de aquí llevar las revoluciones a las ciudades».

Las diferencias que se habían planteado entre la Sierra y el Llano, y entre los combatientes de la isla y los exiliados en Miami, se acentuarían en el nuevo gobierno. En una conferencia que el Che pronunció en un foro organizado por sus crecientes aliados, los comunistas del PSP, esbozó con claridad, marcando sus diferencias con los moderados que temían la radicalización de la revolución, que el programa de ésta debía concentrarse en dos temas: la reforma agraria y la industrialización. Respecto al primer punto, se opuso al pago de indemnizaciones a los dueños de las tierras expropiadas: «Será tarea de las masas campesinas organizadas imponer la ley que proscribe el latifundio. Si la reforma agraria procede de acuerdo con este precepto [las indemnizaciones] puede volverse un poco lenta y onerosa».*

Con respecto al segundo punto, sostuvo: «Debemos aumentar la industrialización del país sin desconocer los muchos problemas que conlleva este proceso. Pero una política de crecimiento industrial exige ciertas medidas arancelarias comerciales para proteger la industria naciente, y un mercado interno capaz de

* Ernesto Che Guevara, charla en la Sociedad Nuestro Tiempo, 27 de enero de 1959.

absorber los productos nuevos. No podemos extender este mercado a menos que demos acceso a las grandes masas campesinas, los guajiros que hoy no tienen poder adquisitivo pero sí tienen necesidades que satisfacer. Debemos prepararnos para la reacción de aquellos que hoy dominan el setenta y cinco por ciento de nuestro intercambio comercial y nuestro mercado. Para enfrentar este peligro, debemos prepararnos con la aplicación de contramedidas, entre las cuales se destacan los aranceles y la multiplicación de los mercados externos».

Mientras tanto el argentino no descuidó los juicios sumarios y las posteriores ejecuciones de los batistianos, que comienzan a crear las primeras tensiones entre la joven revolución y el gobierno de los Estados Unidos, que no contestará a los pedidos de extradición del senador Masferrer, cabeza de una organización parapolicial que había asesinado a muchos opositores a Batista, y quien había llegado en su yate a Miami con diecisiete millones de dólares mal habidos.

Algunas publicaciones norteamericanas y europeas acusarán a la revolución cubana, y en especial al Che, de fusilar indiscriminadamente a sus opositores, iniciando una vigorosa campaña de desprestigio a la que se sumarán importantes representantes políticos y otros medios de comunicación en todo el mundo. Todo ello no hará sino aumentar el odio del comandante Guevara hacia los Estados Unidos. Joel Iglesias, hombre de su mayor confianza, contará que luego de un ríspido diálogo con el administrador norteamericano de un establecimiento arrocero, que poco tiempo después sería estatizado, le confesará: «Moriría con una sonrisa en los labios, en la cresta de una colina, detrás de una roca, combatiendo a esa gente».

Según el historiador Hugh Thomas, hacia el 20 de enero se habían fusilado unos doscientos militares y policías batistianos, con el apoyo de una población enardecida por verídicas historias sobre cementerios clandestinos y fosas comunes, asesinatos de jóvenes por la única razón de ser sospechosos de colaborar con la guerrilla, sistemáticas violaciones de mujeres indefensas, siniestras torturas a niñas y niños para escarmentar a sus familiares. El prestigioso periodista Jules Dubois reseñará en la prensa estadounidense el caso de uno de los condenados a muerte, un policía que había confesado el asesinato por tortura de diecisiete jóvenes acusados de complacencia con la guerrilla.

El Che iba profundizando su oposición a los Estados Unidos, sin matizarla por las estrategias de Castro, mientras se convencía de que sería buena e inevitable una alianza con la Unión Soviética. No sospechaba por entonces que sus ideas también provocaban cosquillas al gigante ruso, cuando proponía una revolución continental que debía incluir a todos los antiimperialistas de Latinoamérica, una clara amenaza para el país del norte pero también para los soviéticos, porque cuestionaba la clásica e interesada teoría de una lucha de clases conducida por un partido único: «Hemos demostrado que un pequeño grupo de hombres armados, apoyado por el pueblo y sin miedo a morir si fuera necesario, puede enfrentar a un ejército regular disciplinado y derrotarlo. Ésta es la lección fundamental. Hay otra para nuestros hermanos de América situados en la misma categoría agraria que nosotros, es hacer revoluciones agrarias, luchar en los campos, en las montañas y de ahí a las ciudades. Nuestro futuro está íntimamente ligado con todos los países subdesarrollados de América Latina. La revolución no se limita a la nación cubana, porque ha tocado la conciencia de América y alertado seriamente a los enemigos de nuestros pueblos».

Comenzaría a convocar a militantes latinoamericanos que estuvieran dispuestos a iniciar insurrecciones en sus países para ofrecerles, con la anuencia de Fidel, la ayuda de Cuba, y pronto La Habana se transformó en un lugar de peregrinación de dirigentes de sincera vocación revolucionaria y con peso en sus respectivos países, pero también de no pocos aventureros sin consistencia ideológica ni de personalidad. El argentino cometió, desde un principio, el error de suponer que la experiencia de la Sierra Maestra era automáticamente transportable a otras geografías y otras circunstancias, lo que no sólo condenará al fracaso a varias incursiones organizadas bajo su supervisión, sino también sus propias experiencias posteriores en el Congo y en Bolivia.

En medio de tanta actividad, el Che lograba a duras penas hacerse con algún tiempo para sus asuntos personales: visitaba a sus padres y hermanos, también a Hilda Gadea y su hija Hildita que llegaron a La Habana el 21 de enero. «Ernesto, con su franqueza de siempre, me habló de que tenía otra mujer que había conocido en la lucha en Santa Clara», contó después la peruana. Sin rodeos, el Che le informó sobre la existencia de Aleida y decidieron que la única salida era el divorcio. Acordaron también que vivieran en Cuba donde Hildita comenzaría su educación, lo que no agradó a la celosa Aleida, quien toleraba con dificultad la presencia de la ex esposa del Che pues ésta buscaba pretextos para estar cerca de él, y verlo con frecuencia. Finalmente, cuando la rivalidad entre las mujeres se hizo insostenible y para evitar mayores conflictos, se decidió que Hildita sería llevada por algún asistente del Che al despacho de su padre en La Cabaña, donde permanecía jugando mientras su padre atendía a sus visitantes, y también algunas veces pudo vérselos caminando de la mano por los jardines del fuerte.

A fines de febrero la familia Guevara Lynch regresó a Buenos Aires. Esta decisión alivió al Che porque debía interrumpir sus actividades para atenderlos, y le preocupaban las imprudencias de don Ernesto, como la de comunicarse con Buenos Aires a través de un radioaficionado a quien se sindicaba como contrarrevolucionario. De todas maneras, al despedirse le regalaría un reloj que le había dado Fidel al designarlo comandante y a cambio recibió otro de oro, antiguo, herencia de su querida abuela Ana Isabel Lynch. Lo que más gozó, durante ese tiempo, fueron algunas charlas privadas con su madre, en especial cuando salieron a pescar en compañía de Fidel, y la juguetona simpatía que le arrancaba Juan Martín, ese hermano catorce años menor que él, con quien, según me contaría Tomás Granado desde Caracas, jugaban al rugby en Alta Gracia arrojándolo como balón de unos a otros.

La partida de sus familiares no fue suficiente para aliviar fatigas y tensiones, y en marzo de 1959 el organismo del Che se quebró: el asma se había recrudecido con el clima húmedo de La Habana y con las tensiones, y sus pulmones fueron campo propicio para una grave infección. Los médicos le recetaron antibióticos y le indicaron reposo absoluto, urgiéndolo a disminuir su compulsión a fumar. El Che hizo caso a medias. En cuanto al descanso, abandonó La Cabaña y se trasladó a una finca en el balneario Tarará donde siguió desplegando una actividad intensa. Respecto a los cigarros, pidió permiso para consumir «un tabaco por día» y cumpliría con su palabra, aunque encendiendo cigarros especiales de casi medio metro de largo.

Instalado con Aleida en la nueva casa, se puso en cuerpo y alma a trabajar en la creación del Instituto Nacional de Reforma Agraria (INRA). Éste sería el organismo de aplicación de la nueva ley y el primer paso de la verdadera revolución, según solía afirmar el Che, quien esperaba que Fidel se decidiera a tomar por la que él consideraba la dirección correcta, abandonando sus intentos de complacer a todos, norteamericanos, terratenientes, empresarios, obreros y campesinos, conjurando también a la Iglesia y al periodismo. «El guerrillero es, fundamentalmente y antes que nada, un revolucionario agrario», insistiría el argentino en sus escasas apariciones públicas como si soplara en la oreja de Castro.

Con Orlando Borrego y Alfredo Menéndez, economista y asesor del instituto azucarero respectivamente, a quienes consultaba desde los tiempos de la Sierra, más un grupo de dirigentes comunistas del PSP, iniciaron el trabajo de la reforma. Por su parte, Fidel designaría para la misma tarea a Núñez Jiménez, al frente de otro grupo integrado por Alfredo Guevara, Pedro Miret y Vilma Espín, flamante esposa de Raúl Castro. Ambos equipos, bajo la coordinación del Che, se reunían en secreto y en forma paralela al gabinete de Urrutia. Otras reuniones secretas en Tarará se dedicaban a concretar de forma reservada la unidad del ejército rebelde y el PSP.

El descanso del Che mereció una nota en el periódico *Revolución*, con el título «El comandante Guevara fijó residencia en Tarará» y en ella se hacía referencia a los lujos de esa casa expropiada a un funcionario de Batista, a lo que un enfurecido Guevara respondió con un artículo en el que daba testimonio de su ascetismo: «Debo aclarar a los lectores de *Revolución* que estoy enfermo, que no contraje mi enfermedad en garitos ni pasando la noche en cabarets sino trabajando más de lo que mi cuerpo podía soportar para la revolución. Los médicos recomendaron una casa en un lugar tranquilo lejos de las visitas diarias. Me vi obligado a vivir en una casa que pertenecía a representantes del antiguo régimen porque mi sueldo de 125 dólares como oficial del Ejército Rebelde no me permite alquilar una lo suficientemente grande para alojar a la gente que me acompaña.

»El hecho de que sea la casa de un viejo batistiano significa que es lujosa; elegí la más sencilla, pero así y todo es un insulto a los sentimientos del pueblo. Prometo al señor Llano Montes [autor del artículo] y sobre todo al pueblo de Cuba que la abandonaré apenas esté curado. Che». Así lo hizo; dos meses más tarde se mudó a una modesta casa en Santiago de las Vegas.

Por entonces había comenzado a dictar sus reflexiones sobre la guerra insurreccional, ordenándolas como un manual de consulta, a un ex sargento del ejército de Batista, de apellido Manresa.*

* Ernesto Che Guevara, *La guerra de guerrillas*, Editorial de Ciencias Sociales, La Habana, 1977.

42

Desde el 7 de febrero el Che sería ciudadano cubano «de nacimiento», después de que la nueva Constitución incluyera un artículo que otorgaba la ciudadanía a cualquier extranjero que hubiera combatido a Batista durante dos años o más, y ejercido el grado de comandante durante un año. No había ningún otro en esas condiciones, fuera del comandante Guevara. También estaba facultado a ocupar cargos públicos a partir de otra ley que redujo de treinta y cinco a treinta años —la suya— la edad mínima para los funcionarios. Aunque el principal destinatario era Castro, con treinta y dos años, lo que le permitió asumir como primer ministro luego de la renuncia de Miró Cardona, quien se oponía a las acciones de gobierno que comprometieran los intereses de la tradicional oligarquía cubana y los de los capitales norteamericanos. El Che, en conversaciones privadas, no disimuló su alegría por la decisión del jefe de la revolución, porque parecía indicar que se tomaría finalmente por el camino que él consideraba el correcto.

Aunque Fidel continuaba coqueteando con los Estados Unidos, con la lógica esperanza de no confrontar con un vecino tan próximo y tan poderoso, imprimía a su gestión un giro cada vez más cercano a las posturas del Che, provocando la alarma de la embajada norteamericana en La Habana que enviaría un informe confidencial a Washington: «La Cabaña parece ser el principal centro comunista y su comandante, Che Guevara, es la figura más importante cuyo nombre está vinculado con el comunismo. No cabe duda de que Guevara es marxista, aunque no sea comunista. Se han instituido cursos de adoctrinamiento político para soldados bajo su mando en La Cabaña … Guevara tiene gran influencia sobre Fidel Castro y aún más sobre el Comandante en Jefe de las Fuerzas Armadas, comandante Raúl Castro, de quien se cree que tiene las mismas posiciones políticas que el Che Guevara».

Era cierto que el argentino trataba de adoctrinar a sus colaboradores en el marxismo-leninismo, pero no podía hacerlo abiertamente pues en casi todos ellos alentaba un vivo sentimiento anticomunista. Armando Hart me dirá en una charla en Buenos Aires: «Nosotros teníamos muchos prejuicios hacia el comunismo, que luego fuimos reemplazando por juicios, al mismo tiempo que el Che progresaba del comunismo hacia la radicalización». También Fidel Castro se desplazará con idas y vueltas y a los saltos desde su izquierdismo burgués como había definido Guevara, hacia el marxismo-leninismo, en una parábola torpemente consolidada por la obstinación norteamericana de no ceder en aquello que el líder cubano exigía para no abandonar su pertenencia a Occidente, una reforma agraria moderada con indemnizaciones y centrada en los latifundios, que era lo mínimo que sus ciudadanas y ciudadanos le exigían para continuar apoyándolo.

A algunos de los funcionarios les costará convencerse de la creciente tendencia. Tal fue el caso de Orlando Borrego, quien me contará en La Habana que, presidiendo un tribunal popular, preguntó a un general el motivo de su oposición al gobierno revolucionario. Como respuesta, el alto oficial, al día siguiente, le regalará el libro de Boris Pasternak, *El doctor Zhivago*, una inteligente y documentada crítica al estalinismo. Cuando el desinformado Borrego le muestra el obsequio al Che, éste se echa a reír y le dice que es un ingenuo.

El 9 de abril se realiza una reunión del equipo gubernamental, convocada por Fidel, en la que intervienen ministros, comandantes y cuadros del 26 de Julio en el salón de actos del Tribunal de Cuentas. Allí se expresaron las tensiones entre tres grupos: un ala izquierda encabezada por el Che y Raúl, que se reclama socialista y tiene simpatías por el comunista PSP; un ala derecha, constituida por los sectores moderados del gobierno con posturas proyanquis y conectada con sectores de la oligarquía agraria, y un tercer sector de izquierda reformista, representado por cuadros fundamentales del Llano como Franqui, Faustino, Marcelo Fernández y Oltuski, quienes combinan su antiimperialismo con una fuerte crítica a los comunistas, a los que consideran conservadores y sectarios.

Fidel Castro aprenderá rápidamente a manejar dichas divergencias a favor suyo, y así conjurar que ninguno de los grupos crezca tanto como para opacarlo o como para condicionar sus decisiones. Es, y lo seguirá siendo a medida que sus ocasionales rivales caigan en desgracia, mueran o abandonen el bando revolucionario, el líder indiscutido de la revolución por su carisma y porque tras él se alinean disciplinadamente los dos mayores factores de poder: el ejército rebelde depurado de batistianos primero y de críticos después, y la inmensa mayoría de la población que, en aquellos tiempos inaugurales, lo venera hasta el fanatismo.

Al Che le será achacada, probablemente con justicia, una decisión que marcará un punto de difícil retorno en las relaciones cubano-norteamericanas: la intervención de la poderosa empresa International Telephone and Telegraph (ITT), para investigar irregularidades en sus operaciones, en contradicción con una gira de Fidel que incluyó a Washington, Nueva York, Boston, Brasilia y Buenos Aires, con el propósito de difundir una imagen moderada de la revolución y así contrarrestar las operaciones mediáticas en su contra.

No es de extrañar que la gira haya sido un fracaso en lo que fue su objetivo principal: lograr acuerdos comerciales con los capitales extranjeros, sobre todo norteamericanos, porque la economía cubana hacía agua por todos lados. Con un millón de dólares de reserva, una deuda pública de mil doscientos millones y un déficit de ochocientos era imposible gobernar. Los capitales, con la lógica de la ganancia y escapando del riesgo, se alejaban en forma proporcional a los drásticos anuncios oficiales: reforma agraria, rebaja de alquileres en un cincuenta por ciento, expropiación de tierras baldías, impuestos sobre bienes suntuarios. La clase alta y media comenzó su exilio hacia Miami.

Ya era tiempo de que los soviéticos pusieran su mirada en el Che. Poco después del triunfo de la revolución, el Comité Central del Partido Comunista de la URSS decidió enviar a La Habana a Alexander Alexeiev, un agente secreto que tenía como misión establecer contacto con él, y que tiempo más tarde sería designado embajador en la isla. La URSS había seguido la campaña de la Sierra sin mayor entusiasmo porque la consideraba una revuelta burguesa desarrollada al margen de la dirección del PSP, el Partido Comunista cubano alineado con la política de Moscú. Pero luego se fueron entusiasmando con los crecientes conflictos de los cubanos con su enemigo mortal de la guerra fría, y no se les escapaba que el argentino, ahora también cubano, tenía mucho que ver con eso.

A Fidel no le resultaba fácil encuadrar al Che. No se atenía a las razones de Estado, aborrecía los vericuetos de la política; para él las cosas «eran como eran» y no entendía eso de andar con rodeos. Cuando un periodista le preguntó en forma directa: «¿Usted es comunista?», intentó primero eludir una definición, asegurando que no era apropiado que un funcionario diera una respuesta directa, pero luego su sinceridad pudo más y agregó: «Los hechos hablan por sí solos. Nuestra forma de pensar es clara, nuestra conducta es diáfana. El hecho de que yo no sea un comunista afiliado al Partido Comunista, y yo no lo estoy, no tiene importancia. Se nos acusa de comunistas por lo que hacemos, no por lo que somos o decimos. Si usted cree que lo que hacemos es comunismo, entonces somos comunistas».

Las acciones y las declaraciones antinorteamericanas del Che creaban dificultades a Fidel, que alguna vez expresó su disgusto, como lo habría hecho ante un colaborador en el Escambray, Lázaro Ascensio, hablando del rebelde de nacionalidad norteamericana William Morgan, que tiempo después moriría en el paredón: «Todos estos extranjeros son unos mercenarios. ¿Sabes lo que voy a hacer con el Che Guevara? Lo voy a mandar a Santo Domingo a ver si lo mata Trujillo». Los que sostienen la inverosímil versión oficial de un vínculo sin sombras entre el Che y Fidel, argüirán que dicho comentario fue hecho por Castro den-

tro de su estrategia de negar el marxismo-leninismo de su gobierno, hasta que las condiciones objetivas permitieran reconocerlo. Sin embargo, no cabe duda de que las posiciones y las
expresiones rabiosamente antinorteamericanas del Che, sumadas
a sus simpatías cada vez más desembozadas por la Unión Soviética, creaban, en aquellos primeros tiempos, dificultades a Fidel
en la conducción de su gobierno, en circunstancias casi imposibles por lo difíciles.

Desde los Estados Unidos, Fidel envió una orden para que se
detuvieran las ejecuciones en La Cabaña que, en cinco meses, ya
habían alcanzado a quinientas cincuenta, y estaban levantando
protestas en todo el planeta y hasta en la misma Cuba. El Che
no estuvo de acuerdo con esta medida; cinco años antes había
sido testigo en Guatemala de la derrota del régimen socialista de
Arbenz por no haber llevado su decisión hasta el final, frenado
por convenciones burguesas acerca de los derechos humanos, y
no quería que sucediera lo mismo en Cuba. Argumentaba que
eran condenas dictadas con la formalidad de un juicio donde se
permitía la defensa, y que llevaban la firma de sus responsables,
a diferencia de los asesinatos de las dictaduras latinoamericanas
que no habían despertado protestas en los gobiernos ni en el
periodismo de los Estados Unidos, y que se cometían luego de
terribles torturas, en el anonimato y muchas veces sin que apa-
recieran los cadáveres.

Su radicalización antiimperialista lo llevó a prestar apoyo clandestino a un intento fracasado de desembarco revolucionario en
el estratégico Panamá. A raíz de ello el embajador norteamericano en Costa Rica, Whiting Willaver, escribiría al secretario de
Estado Adjunto para Asuntos Latinoamericanos de los Estados
Unidos, Roy Rubottom: «Salvo que exista una excelente explicación que demuestre lo contrario, me resulta difícil creer que el
incidente de Panamá pudo concurrir sin la connivencia, por decir
lo menos, de altos funcionarios del gobierno cubano, particularmente del ejército. Esta versión parece aún más inverosímil por
cuanto se sabe que el ejército está plagado de comunistas, y existe
la creencia generalizada de que el Che Guevara, entre otros,
ocupa un puesto de control muy fuerte». El diplomático termi-

na su carta asegurando que creerá en el anticomunismo de Castro «sólo el día que les dé al Che Guevara y a otros líderes comunistas un pasaje de ida para salir del país».

Era cierto que en La Cabaña continuaban los cursos de adoctrinamiento marxista a cargo del sutil Armando Acosta, quien nunca utilizaba la palabra comunismo y se explayaba sobre temas políticos, sociales y económicos, encubiertamente basados en textos de Marx y Lenin. Por aquel entonces, Fidel aún no había decidido la orientación interna ni el alineamiento internacional de su gobierno, y agradecía que el Che asumiera el papel del «malo» del film, lo que le permitía operaciones de prensa para ganar tiempo. Así, por ejemplo, convencerá al periodista y agente norteamericano Jules Dubois de que ha detectado una campaña de infiltración comunista organizada desde La Cabaña, y le mentirá diciéndole que ya ha puesto en marcha acciones para contrarrestarla.

Quizá para disminuir la prevención que Guevara despertaba en sus vecinos del norte, lo que impedía negociaciones que Fidel consideraba necesarias, o para preservar a su leal colaborador de más ataques, pero también para aprovechar la excelente imagen que el Che tenía en los países socialistas y tercermundistas, y el positivo interés que despertaba como guerrero desafiante de la mayor potencia del orbe, Castro lo enviará en una gira internacional para establecer relaciones diplomáticas y comerciales con los países de África, Asia y Europa. El Che se entusiasmará con la idea, sobre todo porque tenía especial interés en las naciones del Pacto de Bandung, génesis del movimiento de países no alineados que asumían una tercera posición en la guerra fría entre los Estados Unidos y la URSS.

43

El 2 de junio de 1959, a pocos días de su partida y apenas una semana después de obtener el divorcio de Hilda Gadea, el Che formalizó su relación con Aleida March. Con un vestido blanco, estrenado para la ocasión, Aleida se unió en matrimonio con quien lucía su uniforme verde olivo de siempre, aunque esta vez limpio y planchado. Después festejaron en La Cabaña con el jefe de policía de La Habana, Efigenio Ameijeiras, con Harry Villegas, Celia Sánchez, Raúl Castro y Vilma Espín. No podía faltar Camilo Cienfuegos y tampoco sus bromas: les hizo creer a los invitados que, dado el ascetismo del contrayente, debían concurrir con algún aporte para la comida. Para sorpresa del Che, junto con cada deseo de felicidad, recibía un paquetito con alimentos.

No fue fácil para Aleida la vida junto al Che. Era hija de una familia presbiteriana, de clase media alta, con un tipo físico que cuadraba dentro del concepto europeizado de belleza que Guevara había pasado por alto en el caso de la aindiada Hilda. En un principio le costó, pero luego logró adaptarse a la austeridad que pregonaba y practicaba su esposo, quien nunca aceptaría cuota adicional alguna en el régimen de racionamiento aun cuando su asma requería especial cuidado en no ingerir alimentos alergénicos. La flamante señora de Guevara no demostraría contrariedad al devolver algunos regalos que Fidel les traía luego de sus giras porque el Che los consideraba suntuosos, ni tampoco cuando tuvo que descolgar unas lámparas que había traído de su antigua casa para adornar las paredes, porque él dijo que no necesitaban ese lujo.

La pareja no tuvo luna de miel. Siguieron viviendo en la misma casa de la comandancia que compartían con los jóvenes escoltas del Che, con el guatemalteco Patojo, y con el médico Óscar Fernández Mell, y en la que el único lujo era una nutrida y variada biblioteca, en la que los textos marxistas ocupaban un estante especial.

Poca gracia le causó a Aleida cuando, diez días después de casarse, el Che se negó a llevarla en su gira porque, dijo, «los dirigentes revolucionarios debían hacer gala de austeridad en su vida personal». Ni siquiera Fidel logró que cambiara de idea. El 12 de junio de 1959, el Che partió acompañado por una comitiva integrada por Pancho García Vals del PSP, el capitán Omar Fernández, el teniente José Argudín —uno de sus escoltas— y el doctor Salvador Vilaseca, miembro del directorio del Banco de Fomento Agrícola e Industrial. Más tarde, se les unió también el periodista Pardo Llada, un hombre de derechas a quien el Che detestaba y quien detestaba al Che, pero que fue enviado por Fidel con la vana intención de neutralizarlo como opositor, ya que su programa de radio contaba con una gran audiencia en Cuba.

El sutil, y muchas veces hipócrita, entramado de las relaciones diplomáticas estaba lejos de ser una de las virtudes naturales del Che, como fue claro en su primera entrevista con un mandatario extranjero: durante una cena con Nasser, presidente de Egipto, al jefe guerrillero se le ocurrió preguntar cuántos egipcios abandonaron el país a raíz de las reformas, a lo que Nasser le responderá que muy pocos; entonces el Che de forma insolente le dirá que era claro que la revolución egipcia era superficial, porque él medía la profundidad de la transformación con relación al número e importancia de las personas afectadas. Ese comentario provocó un altercado entre ambos. Hasta el fin de sus días, no por ingenuidad sino como una forma de estar en la vida, Ernesto Guevara de la Serna tenderá siempre a creer en la buena voluntad de sus semejantes; elegirá ser sincero aun con los torvos, preferirá creerles a los mentirosos, esperará cumplimiento en los adversarios. Lo que jamás perdonará es la traición y la cobardía, y podrá ser sorprendentemente cruel si su sentido de justicia se lo permite.

Después de visitar Damasco, el canal de Suez y Alejandría, el primero de julio llegó a la India donde conversó con Nehru, y rindió homenaje a uno de sus héroes admirados en alguna etapa lejana de su infancia, puesto que es difícil imaginar al Che de La Cabaña comulgando con el ideario pacifista del Mahatma Gandhi. Tampoco fue demasiado fluida la charla con el mandatario hindú, a quien le preguntó su opinión sobre Mao y la China, y no obtuvo respuesta alguna.

El Che no se sentía a gusto en ese rol. En una carta a su madre expresó con sinceridad sus sentimientos: «Mi sueño de visitar todos estos países se produce hoy en una forma que coarta toda mi alegría. Hablando de problemas económicos y políticos, dando fiestas donde lo único que me falta es ponerme frac y dejando de lado uno de mis placeres más puros que es ponerme a soñar a la sombra de una pirámide o sobre el sarcófago de Tutankamón».

Después le confiesa: «Se ha desarrollado mucho en mí el sentido de lo masivo en contraposición de lo personal, soy siempre el mismo solitario que era, buscando mi camino sin ayuda personal, pero tengo ahora el sentido de mi deber histórico. No tengo casa, ni mujer, ni hijos, ni padre, ni hermanos, mis amigos son amigos mientras piensen políticamente como yo, y sin embargo estoy contento, me siento algo en la vida, no sólo una fuerza interior poderosa, que siempre la sentí, sino también una capacidad de inyección para los demás y un absoluto sentido fatalista de mi misión que me quita todo miedo».

Esa fuerza interior poderosa lo llevará a ser un extremista en sus convicciones y en las acciones que aquéllas justifiquen; entonces será un apasionado viajero, combatiente, marxista, austero, fusilador, estudioso, antinorteamericano, escritor de diarios de viaje y de campaña, trabajador voluntario, todo aquello que se proponga, haciendo que su entusiasmo muchas veces se parezca demasiado al fanatismo.

El 12 de julio continúa viaje y llega a Birmania. Dos días más tarde aterrizaría en Tailandia y el 15 en Japón, donde visitó fábricas de armas, de maquinarias textiles y para la construcción, de fertilizantes y de automóviles. Recorrió estudios cinematográficos y quedó sorprendido por la reindustrialización de ese país, aunque criticó «la sujeción indiscutible al poder americano».

Además de su equipaje, llevó consigo a su inseparable compañera, el asma, que en Delhi lo obligará a echarse en el suelo para recuperar aliento, luego de subir y bajar las escaleras y las rampas del Fuerte Rojo. En Japón deberá guardar reposo durante un día, suspendiendo su agenda de compromisos, para estar en condiciones de trasladarse hasta Hiroshima, a rendir homenaje a los muertos por aquella bomba atómica que tanto le había impactado en su adolescencia. Tiempo después, Pardo Llada contaría que por las noches el Che se levantaba hasta tres veces para encerrarse en el baño a hacer inhalaciones de adrenalina, y que una vez le dijo: «Quiero a este inhalador más que a mi pistola»; también: «Lo bueno del asma es que, como me mantiene despierto, me ayuda a cavilar».

La gira continuaría por varios países, entre ellos Yugoslavia, donde pudo comprobar la popularidad de Tito, que comparó con la de Fidel en Cuba. Luego serían Sudán, una breve escala en Roma donde visitó la Capilla Sixtina, Marruecos y por fin Madrid, desde donde emprendió el regreso a la isla. No había logrado grandes acuerdos comerciales, pero al menos había cumplido sus deseos juveniles de recorrer el mundo, además de establecer contacto con personas que podrían servirle para sus planes futuros.

Cuando regresó a Cuba se encontró con un nuevo presidente. Urrutia había renunciado después de que Fidel lo acusara de favorecer a los sectores más conservadores, y era Osvaldo Dorticós quien ahora ocupaba su lugar. Su primer acto fue, por supuesto, confirmar a Fidel como primer ministro. Raúl Roa, antiguo decano de la facultad de Ciencias Sociales de La Habana y entonces embajador ante la OEA, sería el nuevo canciller.

Para los observadores fue evidente que el cambio de gabinete significaba un desplazamiento hacia la izquierda del gobierno cubano, ya que en él casi no hubo lugar para los «tibios». Por eso fue lógico que al Che se le asignara, el 10 de septiembre, un lugar considerado fundamental para el desarrollo del país: el Departamento de Industrialización.

A pesar de que no se divulgó en un principio su designación, pues se descontaba la reacción que provocaría, en esos mismos días el subsecretario de Relaciones con Latinoamérica, Roy Rubottom, dirigiría un cable secreto a Washington (National Archives, lot 61D274, box 2):

«Contrariamente a nuestras esperanzas anteriores, las fuerzas moderadas (en particular el grupo del Banco Nacional) han perdido por el momento la batalla por ejercer mayor influencia sobre Castro. Nuestros enemigos jurados, Raúl Castro y Che Guevara, están al mando. Podemos descontar que van a acelerar la reforma agraria radical, así como las medidas para destruir o herir los intereses norteamericanos en la minería, el petróleo y los servicios públicos».

El Che estableció su despacho en el edificio del INRA donde lo acompañarían Aleida, su secretario privado José Manresa y el leal Orlando Borrego; después, se sumarían el ingeniero César Rodríguez y Pancho García Vals del PSP, además de algunos técnicos enviados por los partidos comunistas de Ecuador y de Chile. Entre estos últimos se destacaría Jaime Barrios, quien seguiría al Che en el Banco Nacional y en la Junta de Planificación, para luego regresar a su país donde sería apresado en la Casa de la Moneda, y luego vilmente asesinado por las tropas pinochetistas.

En la Sierra Maestra el Che había establecido bases para suplir lo que para él era una prioridad: el autoabastecimiento de las tropas. Ahora Fidel deja en sus manos el lograrlo para toda la isla; aunque las condiciones no podían ser peores debido al conflicto con los Estados Unidos, en una economía que era casi absolutamente dependiente de la potencia del norte, y también debido a la fuga de expertos y técnicos a los que se les ofrecían puestos bien remunerados en el estado de Florida, haciendo que en Miami ya se escuchase hablar tanto castellano como inglés.

El trabajo que enfrentaba era ciclópeo. Según el Che describió después, se encontró con «un ejército de desocupados de seiscientas mil personas; una serie de industrias manufactureras que elaboraban sus mercancías con materias primas venidas del extranjero, con máquinas extranjeras y utilizando repuestos extranjeros; una agricultura sin desarrollo, ahogada por la competencia del mercado imperialista y por el latifundio, que dedicaba las tierras a reservas cañeras o ganadería extensiva, prefiriendo importar alimentos de los Estados Unidos».

Y no era ésta su única actividad. El Che no desatendía el estratégico propósito de concienciar políticamente al ejército, desde su cargo de jefe de Instrucción de las Fuerzas Armadas, y fiel a su valorización del estudio y del saber, decidido a responder a la exigencia de una responsabilidad para la que no se había formado, los martes y los sábados a las ocho de la mañana tomará clases de matemática superior con el economista Vilaseca. Además, seguía de cerca el funcionamiento de la agencia de noticias Prensa Latina, que había fundado para contrarrestar el monopolio norteamericano de agencias de noticias internacionales, y que había puesto a cargo del periodista argentino Jorge Masetti, quien lo había entrevistado en la Sierra Maestra y que, como tantas y tantos otros, había quedado prendado del carisma de Guevara, convirtiéndose en uno de sus cercanos colaboradores. No cejará tampoco, aunque con poca suerte, en sus proyectos de llevar la revolución a otros países de América cuando las fuerzas entrenadas en Cuba para insurreccionar Santo Domingo y Nicaragua fueron derrotadas en sus primeros intentos de entrar en acción.

La relación del argentino con los universitarios cubanos era conflictiva pues éstos eran retóricamente progresistas, pero muy renuentes a que se cuestionaran prerrogativas de la clase acomodada a la que pertenecían casi unánimemente, ya que la tiranía batistiana había dificultado el acceso a la educación a las clases populares. No era fácil para ellos aceptar la eliminación de la autonomía universitaria, y que el Estado diseñara el programa de estudios de acuerdo a las necesidades del país, y no de los gustos personales de quienes elegían las carreras. El Che provocaba la discusión con la pregunta: «¿Es un hecho fatal que las universidades se conviertan en factores de atraso, casi en focos de contrarrevolución?».* Polemizaba con los estudiantes para conven-

* Discurso del Che en la Universidad de Santiago de Cuba, 17 de octubre de 1959.

cerlos de integrarse al plan socialista del gobierno, para que colaborasen en el proyecto revolucionario de crear una nueva sociedad más justa que necesitaba de la incorporación de los universitarios en las prácticas sociales, la definición de políticas, el diseño de estrategias productivas, etc.

Les explicaba que la mayor dificultad que había encontrado, al hacerse cargo de su ministerio, fue no contar con gente capacitada para administrar las empresas expropiadas ni con técnicos para industrializar el país, ya que ése era el sector que había abandonado Cuba casi en su totalidad. «¿Acaso no tenemos el derecho de decir que sólo diez abogados se deben graduar por año y que en cambio deben hacerlo cien químicos industriales?», preguntaría en la Universidad de Santiago para después agregar provocativamente: «Algunos dirán que eso es dictadura, y si ustedes están de acuerdo, yo también lo estaré: es una dictadura. Pero eso es lo que es bueno para Cuba». E iría aún más allá cuando alguno le expresase las dificultades de adaptación a una perspectiva tan novedosa. Entonces respondería en argentino con aquella frase que se había hecho famosa en la Sierra: «Si yo puedo hacer lo que hago, vos también podés». También insistió en la necesidad de adaptarse a las imposiciones de circunstancias no siempre concordantes con las vocaciones elegidas: «Si yo que soy médico pude convertirme en guerrillero y después ocuparme de la industria porque así lo exige la revolución, ¿por qué ustedes no van a poder?».

44

«EL HOMBRE NUEVO» DEL SOCIALISMO

*Habla Orlando Borrego, estrecho colaborador del Che durante
su paso por el gobierno de Cuba**

Normalmente empezábamos a trabajar a las nueve de la mañana, y hasta el año 63 lo hacíamos hasta las dos o tres de la madrugada. Eso era diario. De forma excepcional nos quedábamos hasta más tarde, sobre todo en la etapa que estudiábamos economía con el profesor Mansilla. Hubo días en que amanecíamos estudiando. Un día el Che me dijo: «Bueno, hagamos un trato: vamos a ver si podemos trabajar un poco menos, porque nos estamos agotando. Trabajemos hasta la una de la madrugada, nada más».

El Che estaba muy preocupado por el tema de la burocratización, porque presumía que podía ser un mal que afectara a la dirección y a la administración de nuestro gobierno. Le preocupaba también que el aburguesamiento de los funcionarios pudiese perjudicar la eficiencia de la revolución. Pero también advertía sobre lo que supuestamente era el antídoto de lo burocrático: el cuestionamiento a la dirección por un mal entendido principio democrático, y su sustitución por imposibles consensos e interminables asambleísmos, que diluían las responsabilidades en los centros de producción a favor de esa prédica demagógica de cierta dirigencia sindical, que la enmascaraba como una mayor participación de los trabajadores en la toma de decisiones.

Esto se relaciona con la conciencia que él tenía de los sacrificios que la revolución iba a demandar a la clase obrera. El 12

* Entrevista realizada por el autor en La Habana, Cuba, el 16 de octubre de 2002.

de febrero de 1959 resaltaba por televisión el ejemplo de los obreros azucareros a quienes se les pidió que postergaran un merecido aumento del veinte al treinta por ciento en sus salarios para no complicar las desiguales relaciones salariales heredadas de la tiranía. En ese mismo discurso explicó que las medidas reformistas, en una agricultura en la que dos mil dueños de fincas poseían el cincuenta por ciento de la tierra mientras que el otro cincuenta se lo repartían ciento cincuenta mil pequeños propietarios, no podían desligarse del indispensable desarrollo industrial. En cuanto a éste, la prioridad era instalar fábricas que permitieran la sustitución de importaciones para ahorrar divisas, y mientras mejores fuesen las posibilidades de exportación mayor sería el apoyo.

Ya en 1959 opinaba sobre el Fondo Monetario Internacional, criticando a quienes ponían esperanzas en su apoyo crediticio: «El FMI cumple la función de asegurar el control de toda América Latina por parte de unos cuantos capitalistas, que están instalados fuera de sus países. Los intereses del FMI son los grandes intereses internacionales que hoy parece que están asentados y tienen su base en Wall Street». ¡Eso lo escribía hace casi cincuenta años!

El Che teórico abordó algunas de las cuestiones que por entonces el economista norteamericano Bellamy había desarrollado, y elaboró lo que en Cuba se llamó oficialmente el Sistema Presupuestario de Financiamiento. De la misma manera que el autor norteamericano hablaba del dinero algebraico, el Che sostenía, como una premisa fundamental en su esquema teórico, el uso del dinero como dinero aritmético y la no utilización del crédito bancario. Insistía además en que eran inconcebibles relaciones mercantiles dentro del sector estatal de una economía socialista, por lo que centralizó la producción. Lo definía con pocas palabras, señalando que entre las empresas socialistas no puede haber tránsito de mercancías porque no hay cambio de propiedad. Un tema complejo y polémico al cual el Che dedicó gran parte de su actividad teórica, en oposición a los criterios soviéticos.

Se concentró en el estudio de los monopolios, no sólo en sus manifestaciones a escala mundial, sino en el propio entorno de la economía cubana, para conocer lo negativo de su contenido y de sus efectos, pero también aquellos rasgos positivos que habían desarrollado y que pudiesen ser útiles para la tarea que emprendíamos. Para él, el modelo de dirección a aplicar en Cuba estaba, desde un punto de vista organizativo, cercano al utilizado en aquellos años por los monopolios capitalistas, más orientado a la centralización que a la descentralización propuesta por el sistema soviético, que propugnaba la competitividad entre las empresas estatales. En esa dirección, en Cuba se centralizaron los fondos en efectivo de todas las empresas administradas por el Estado en el Fondo Central, en el que todas las empresas depositaban sus ingresos, y recibían de allí los recursos necesarios para su desenvolvimiento de acuerdo a las prioridades fijadas por la planificación. Esto resolvía el problema de la carencia de fondos de algunas empresas que por su tamaño, su falta de organización o la inexperiencia de sus administradores no podían depender de sus ingresos. La centralización sirvió también para que los administradores tuvieran mayor exigencia en responder por la utilización de los fondos recibidos.

El Che tuvo un alto vuelo teórico, tanto en aspectos doctrinarios como económicos. Esto es bueno resaltarlo porque a veces ingenuamente y otras de forma interesada, algunos biógrafos no advierten que su creación conceptual no se queda atrás de sus virtudes de combatiente, y enaltecer únicamente sus acciones guerrilleras es retacear la riqueza de sus aportaciones en el campo intelectual.

Tenía un sentido crítico muy desarrollado de lo que observaba y de la experiencia precedente del socialismo. El Che se convierte en alguien muy original con ideas heréticas para su época. Él percibe que el socialismo que ha conocido en los países europeos va por un camino en el que hay que hacer innovaciones y transformaciones fundamentales, y le preocupa en particular el concepto de los estímulos materiales que, según él, correspondía nítidamente a una concepción capitalista, y que su hibridación en el campo socialista sólo podía conducir al desastre como efectivamente sucedería, no sólo por razones de la eco-

nomía sino también porque pervertía la esencia moral del ciudadano socialista, sin la cual el sistema no podría sostenerse.

Un concepto para él importante y decisivo era la lucha por
el desarrollo de la conciencia socialista y la incorporación masiva del trabajo voluntario, como un factor fundamental para el
desarrollo de una economía revolucionaria. El Che lo visualiza-
ba como algo extra que el ser humano entrega a la sociedad, que
aparte de su trabajo retribuido, da un plus y eso se convierte en
un elemento ejemplarizante, importante, de cohesión solidaria de
las masas. Es ésa la base del «hombre nuevo», esencialmente diferente y mejor al hombre envilecido por el capitalismo y sólo
motivado por el afán de lucro.

Llama la atención que siendo el tema de la estimulación uno
de los elementos esenciales en la concepción teórica del Che, sea
uno de los que peor se ha interpretado. Es corriente oír que
renegaba de los estímulos materiales, y eso es malintencionada o
estúpidamente incorrecto. Él nunca negó la necesidad de utilizar estímulos materiales, es más, él otorgaba dentro de sus atri-
buciones premios materiales —televisores, artículos para el hogar, viajes a Europa—, en mucha mayor cantidad de la que
actualmente se está dando en Cuba. Pero es correcto que el Che
consideraba que el estímulo moral debía ser el impulsor de la
conciencia que la clase obrera necesita, y si bien no se negaba a
utilizar los estímulos materiales subrayaba también el peligro de
que éstos se constituyesen en un verdadero caballo de troya capitalista dentro de la sociedad socialista. Luchaba por erradicar la
concepción, infiltrada solapadamente en las teorizaciones soviéticas, que veía a la estimulación material como el único motor
de motivación laboral. El deplorable ejemplo que la sociedad de
consumo da hoy en todo el mundo no deja dudas de que fue un
visionario.

Puedo recordar un planteo que hizo en una reunión del
consejo de dirección del Ministerio de Industria. Fue claro y
preciso: de lo que se trataba era de conjugar el estímulo material, correctamente aplicado, con el estímulo moral, dando cada
vez mayor énfasis al estímulo moral a medida que iban avanzando
las condiciones. Ése era su verdadero pensamiento.

El Che era una persona de muy amplia cultura. Si nos ponemos a revisar todos sus antecedentes, nos damos cuenta de que desde su *Cuaderno filosófico*, que empezó a escribir a los diecisiete años, se destaca ya como una personalidad muy profunda en cuanto a sus conocimientos, que después amplió estudiando intensivamente el marxismo. Por sobre todas las cosas, él estudiaba y tenía una cultura muy amplia. Pero el Che era muy consciente de que en determinados asuntos le hacía falta conocer más, y entonces se dedicaba a investigarlos; de ahí que estando al frente del Ministerio de Industria llegó a la conclusión de que no tenía suficiente competencia en contabilidad. Buscó un profesor y estudió hasta convertirse en un especialista en la materia. En otro momento percibió que los métodos económicos matemáticos podrían ser importantes para su función en la dirección económica de Cuba, y se dedicó a estudiar matemáticas superiores intensivamente hasta que un día su profesor le dijo: «Bueno, hasta aquí llegamos, porque todo lo que tenía que enseñarte ya te lo enseñé»; entonces el Che le respondió: «Entonces sigamos estudiando juntos».

El Che no fue un teórico del trabajo voluntario sino que lo practicó con un fervor ejemplarizador. Eran etapas duras pero lo abordábamos como parte de la conciencia del deber social de cada uno. En el Ministerio de Industria, el trabajo voluntario llegó a convertirse en un aspecto fundamental para la educación de los dirigentes y, si bien no era obligatorio, estaba muy mal visto que alguien retaceara su esfuerzo. En la etapa de mayor empuje se formó el Batallón Rojo, que tenía como meta las doscientas cuarenta horas semestrales, una exigencia extraordinaria si se tiene en cuenta que pasábamos dieciséis horas por día en el ministerio. Significaba que para cumplir con el plan trazado había que trabajar en la producción los fines de semana, y completar la meta con horas nocturnas en fábricas y otros centros de trabajo.

Como es conocido, el Che fue siempre el primero en el trabajo voluntario y eso además le permitía un contacto estrecho con los trabajadores que lo hacían partícipes de sus quejas y de sus sugerencias, impidiendo el habitual encapsulamiento de los funcionarios que se rodean de aquellos que les dicen lo que desean escuchar, y se separan del pueblo.

Ya en 1961, el Che insistía en que había que penetrar rápidamente en el dominio de ramas industriales que tendían a crecer aceleradamente y que, en definitiva, darían la impronta del próximo siglo. El acento lo ponía en la química, la electrónica, la mecánica fina y de precisión, la técnica de la elaboración de nuevos metales; tenía muy incorporada la convicción de que la electrónica era la ciencia del futuro y que constituiría una medida de desarrollo.

Entre los errores del comunismo soviético, según él, estaba el haber considerado a la cibernética como una pseudociencia reaccionaria por haberse originado en los Estados Unidos, lo que la impregnaría de implicaciones filosóficas. Pero para el Che el problema no estaba en la tecnología que el capitalismo había desarrollado, sino en sus mecanismos de explotación del trabajo humano. Estaba claro que era una persona sensibilizada por esto porque su concepto de la megaplanificación y la megacentralización estatal, para ser eficiente, requería de estos avances cibernéticos que comenzaban a utilizarse en las grandes empresas capitalistas. El país que dominara la electrónica, insistía, sería un país de vanguardia, por eso llegó a considerar que ése debía ser un problema político fundamental en Cuba. El Che desarrollaba estos conceptos hace más de cuarenta años.

Lo que no se puede dejar de decir sobre el Che es que él mismo ejemplificaba el ideal del «hombre nuevo» que propugnaba para una sociedad socialista en la que imperaría la ética y la solidaridad. Sus ejemplos en ese sentido fueron muchos. Cierta vez estaba convaleciente de una de sus repetidas crisis de asma y el compañero que nos servía la cena, compadecido, trajo de su casa un trozo de carne para reforzar su dieta. La reacción del Che fue brusca y le ordenó retirar su plato, y amonestó severamente a quien había tenido ese gesto de humanidad. Cuando le cuestionamos su actitud y justificamos al compañero regañado, aduciendo que el cuidado de su salud era esencial para la revolución, el Che respondió que era inadmisible, hizo énfasis en esta palabra, inadmisible, que un dirigente revolucionario aceptara lo que quizá no fuera más que un pequeño y justificable privilegio. Y agregó: «Así se comienza, por pequeños privilegios, y luego uno se va acostumbrando y justificando privilegios cada vez mayores, hasta que ese dirigente se transforma en un acomodado insensible a las necesidades de los demás».

45

El clima en la isla se tensaba cada vez más. El gobernador de Camagüey, Huber Matos, un comandante de ideología moderada que había ganado justificado prestigio en la lucha contra la tiranía, defendió a los terratenientes medianos que no aceptaban las expropiaciones. Además reaccionó negativamente cuando Raúl Castro fue designado ministro de Guerra porque comprendió que ello significaba un importante avance del sector marxista.

Por orden de Fidel, Camilo Cienfuegos lo destituyó y lo detuvo, y tiempo después Matos fue condenado a veinte años de cárcel, que cumplió hasta el último día. En esos mismos días de octubre el desertor Pedro Luis Díaz Lanz sobrevolará La Habana y lanzará panfletos en contra de la revolución, en el mismo momento en que Castro daba un discurso ante dos mil agentes de turismo norteamericanos para fomentar los viajes a la isla. Habían comenzado también las bombas incendiarias contra los cañaverales perjudicando la cosecha del azúcar, esencial para la economía de la isla.

Como si estas complicaciones no bastasen, Fidel debió cargar también con la generalizada sospecha de haber ordenado la muerte de Camilo Cienfuegos quien, el 28 de octubre de 1959, desapareció junto con el avión en el que viajaba hacia La Habana después de reorganizar el mando militar en Camagüey, acéfalo por el desacato de Matos. Uno de los que lo acusarán de ello será Benigno, estrecho colaborador de Camilo y sobreviviente de la campaña del Che en Bolivia, considerado un traidor en Cuba por disentir con Fidel y buscar asilo político en Francia. Afirmará que el motivo del supuesto atentado habría sido que Camilo no ocultaba su disconformidad con las fallas éticas de algunos encumbrados funcionarios de la revolución a la que él tanto contribuyó, y que eso había desencadenado un creciente antagonismo con Raúl.

En ninguno de los escritos del Che aparece la mínima insinuación de culpar a Fidel de ese golpe duro para él porque perdía a uno de sus pocos amigos. Con el dolor disfrazado de rabia, aseguró que a Camilo «lo mató el enemigo, lo mató porque quería su muerte. Lo mató porque no hay aviones seguros, porque los pilotos no pueden adquirir toda la experiencia necesaria, porque sobrecargado de trabajo quería estar en pocas horas en La Habana... y lo mató su carácter. Camilo no medía el peligro; lo utilizaba como una diversión, jugaba con él, lo toreaba, lo atraía y lo manejaba; con su mentalidad de guerrillero no podía una nube detener o torcer una línea trazada».

No hubo tiempo para duelos porque el argentino sumará el 26 de noviembre de 1959 otra gran responsabilidad: la presidencia del Banco Nacional de Cuba, abandonada en solidaridad con Matos por Felipe Pazos, al que acompañaron los ministros Faustino Pérez, Manuel Ray y Justo Carrillo, quienes a duras penas se salvaron del fusilamiento propuesto por Raúl porque, opinó, una renuncia en esos difíciles momentos equivalía a una traición.

El Che reconocerá no tener la menor idea de cómo se maneja un banco; jamás había abierto una cuenta corriente. Él mismo explicaría por qué aceptó el cargo: «Al llegar el gobierno revolucionario al poder, se devolvió la presidencia del Banco, así como la vicepresidencia, a quienes la habían ostentado antes, el doctor Felipe Pazos y el doctor Justo Carrillo. Al poco de andar la revolución se vio que había un cuello de botella donde los programas económicos y los deseos de avance rápido de la revolución quedaban estrangulados, y era precisamente en el nivel de las instituciones de crédito».

Hasta Fidel contaría el difundido chiste de que, en una reunión de la dirección revolucionaria cubana, el primer ministro había preguntado si había un economista entre los presentes y el Che, que estaba dormitando, alzó la mano. Luego, en privado, aclararía: «Creí que habías dicho comunista, no economista». También don Ernesto Guevara Lynch se permitiría el humor: «¿Mi hijo Ernesto manejando los fondos de la República de Cuba? Fidel está loco. Cada vez que un Guevara abre un negocio, quiebra».

Lo cierto era que Castro había puesto a Guevara nuevamente en un lugar de choque con los intereses económico-financieros, sobre todo norteamericanos, y confiaba en que, como siempre, el Che estaría a la altura de las exigencias. Éste le pidió ayuda a Vilaseca, el economista que le enseñaba matemáticas, quien años después recordaría que al recibir la propuesta dijo: «Oye, comandante, que no sé nada de bancos». Y el Che le respondió: «Yo tampoco y soy el presidente, pero cuando la revolución te pide…». Como no podía ser de otra manera, su nombramiento al frente del Banco fue interpretado como una provocación por el gobierno de los Estados Unidos, que no tardó en responder con la suspensión de los créditos para la importación.

Guevara recibe el Banco Nacional como una institución regida por el sistema capitalista dentro de una economía de mercado, erosionada por la corrupción y el favoritismo en el otorgamiento de créditos. El Che aporta al Banco un escaso conocimiento sobre macroeconomía y una visión particularmente idealista sobre la función que debe desempeñar el dinero en las sociedades humanas. El dinero para el Che debía ocupar un lugar secundario en el complejo accionar de las relaciones entre las personas, y es por ello que, cuando debe estampar su firma en la plancha para ser reproducida en los nuevos billetes, se limitará a garabatear un «Che» pequeño, irreverente, burlón.

La meta principal que se fijó Guevara como director del Banco fue transformar la mecánica de la economía que funcionaba hasta entonces en la isla, un embudo que desviaba la mayoría de los fondos, producto del esfuerzo colectivo, en beneficio de unos pocos actores económicos nacionales y extranjeros, especialmente activos en las zonas rurales, otorgándoles la posibilidad de acumular cada vez más riquezas. En su exposición del primero de enero de 1960, el Che afirmó: «De aquí han desaparecido para siempre los préstamos reaccionarios del llamado

Banco de Desarrollo (BANDES) que prestaba dieciséis millones a un industrial y éste ponía sólo cuatrocientos mil, que no salían de su bolsillo sino del diez por ciento de comisión que le daban los vendedores de equipo y maquinarias que compraba con esos fondos, y luego como deudor del gobierno ya se las arreglaría para que le extendieran el plazo de pago a mínimos intereses, o le conmutaran la deuda lisa y llanamente».

Se trataba de convertir esa realidad expoliadora en una suerte de economía de producción planificada, cuyo producto se redistribuiría a la mayoría del pueblo, por lo que el dinero pasaría a ser acumulado por el Estado y distribuido equitativamente, convirtiéndose en un actor secundario que no condicionaría la actividad humana en todas sus variantes. El trabajo, según el concepto guevarista —de allí el impulso que daba al trabajo voluntario—, era la actividad humana que engrandecía y dignificaba la existencia, se ganara o no dinero con su desarrollo.

Era tanto el entusiasmo del Che por el trabajo voluntario que una noche, en la Central de Trabajadores de Cuba, al hacer un balance de la campaña se permitió polemizar a la distancia con su admirado León Felipe. Leyó un fragmento de uno de sus libros:

> Pero el hombre es un niño laborioso y estúpido que ha convertido el trabajo en una sudorosa jornada, convirtió el palo del tambor en una azada y en vez de tocar sobre la tierra una canción de júbilo, se puso a cavar, quiero decir que nadie ha podido cavar al ritmo del sol, y que nadie todavía ha cortado una espiga con amor y gracia.

Entonces, emocionado y agradecido a quienes lo secundaban, cuando a la revolución cubana todavía le cabían todas las esperanzas del Che, cuando aún no se dejaban oír las termitas royendo su vocación de triunfante soldado de América, Guevara respondió con improvisadas palabras, también bellas: «Podríamos decirle a ese gran poeta desesperado que viniera a Cuba, que viera el hombre que, después de pasar todas las etapas de la enajenación capitalista y después de considerarse una bestia de carga uncida al yugo explotador, ha reencontrado su ruta y ha reeencontrado el camino del fuego».

Insalvables serían las dificultades al intentar llevar adelante sus ideales en un mundo que funcionaba con tan distintos conceptos en materia de filosofía económica, no sólo en los países considerados capitalistas sino también en los de formación socialista. Estos últimos establecían porcentajes de renta bancaria a la solidaridad económica prestada a otras naciones del mismo bloque y a movimientos revolucionarios opuestos al imperialismo en distintos continentes. El Che se indignará cuando, en su visita a China, se entera de la devolución obligatoria de los préstamos otorgados por la Unión Soviética a la patria de Mao, cuando éste tuvo que afrontar la agresión militar japonesa.

Guevara confiaba en que si el Estado cubano acaparaba el control de los procesos económicos, los centralizaba, los planificaba con propiedad y los distribuía equitativamente, se podría poner fin a lo que el socialismo ortodoxo llamó «la explotación del hombre por el hombre». Pero la mayor dificultad para el logro de esos objetivos era que el conflicto con los Estados Unidos había llegado a un punto en que todo hacía prever la posibilidad de una invasión armada —como la que Guevara había presenciado en Guatemala—, por lo que varios emisarios cubanos recorrieron Europa para comprar armas.

Un cargamento de ellas, procedente de Bélgica, llegó a bordo del carguero francés *La Coubre* que ancló en el puerto de La Habana.

46

LA FOTO MÁS FAMOSA DEL MUNDO

Habla Korda, ya fallecido, fotógrafo oficial del gobierno cubano
y autor de la foto más célebre del Che*

Todo empezó el 4 de marzo de 1960 cuando un barco francés, *La Coubre*, llegó al puerto de La Habana con armas compradas por el gobierno cubano. Mientras las estaban descargando detonaron explosivos que había colocado la CIA norteamericana, y aquel barco amarrado en los muelles de La Habana explotó con un estruendo tan terrible que se oyó a muchos kilómetros de la ciudad. Causó ciento treinta y seis muertos.

Al día siguiente se realizó un acto de homenaje a las víctimas, a unos doscientos metros de la entrada del cementerio de Colón, aquí en La Habana. El orador principal era Fidel Castro, quien pronunció las palabras de despedida a los muertos, estando presentes todas las figuras del gobierno. Y entre ellos, el Che. Yo estaba en la tribuna haciendo mi trabajo para el periódico *Revolución*.

Ese día yo trabajaba con una máquina Leica, antigua, con una lente de 90 mm. Mi obligación profesional era estar presente en todos los actos del gobierno pero ese mitin tuvo un interés histórico porque es la primera vez que Fidel usó la frase «Patria o Muerte». Tomé fotos de Fidel hablando, de los ministros, de los visitantes extranjeros que estaban en la tribuna. Al Che no lo veía porque estaba situado detrás de la primera fila.

En un momento imprevisto, indeterminado, se adelanta y se asoma al frente de la tribuna, a la baranda; mira la muchedum-

* Entrevista realizada por Coco López en La Habana, el 10 de mayo de 1997.

bre que llenaba la calle 23 hasta donde la vista alcanzaba y luego vuelve a su lugar secundario. Yo estaba recorriendo los rostros de los personajes presentes y de pronto él aparece en mi foco y me sorprende, tanto que doy un respingo hacia atrás, era tal la intensidad de su expresión. Automáticamente, casi sin darme cuenta, disparo una vez con la cámara horizontal y otra en posición vertical. Fueron unos pocos segundos. Ninguno de los otros fotógrafos que estaban presentes en ese acto pudo hacer una toma del Che.

Cuando llevé la foto al periódico no interesó para su publicación. A mí me gustaba; hice una copia de contacto y la colgué en mi estudio. Pasaron varios años hasta que un día llega a mi casa un editor italiano, Giangiacomo Feltrinelli, que venía desde Bolivia donde se había interesado por la situación de Régis Debray. Me imagino que este señor, que era no sólo un editor exitoso de libros sino también una persona con mucho olfato periodístico, al saber por Debray que el Che dirigía la guerrilla y al comprobar las circunstancias tan desfavorables pensó: «Ese hombre, de aquí no sale vivo».

Con ese convencimiento llega a La Habana con la propuesta de hacerse de una buena foto del Che. Feltrinelli tenía amistades en el gobierno; una de ellas, la que entonces era directora de la Casa de las Américas, Haydée Santamaría, una mujer influyente que peleó con Fidel Castro. Ella le dio una nota para que viniese a verme a mi estudio.

Cuando lo invité a pasar y le enseñé la foto colgada de la pared, sin hesitar, dijo: «Me gusta, ¿puede hacerme dos copias?». Las hice y al día siguiente pasó a retirarlas; me preguntó el precio y yo le dije que nada, que era un regalo, porque había sido enviado por una persona a la que yo estimaba mucho.

Tres o cuatro meses después de esa visita, el Che muere en Bolivia y Feltrinelli imprime un póster de un metro por setenta centímetros que se vende como el pan. Así, esa imagen comenzó a difundirse en todo el mundo hasta ser la foto más reproducida en la historia de la Humanidad. Yo jamás cobré una regalía por ello.

47

Sin armas, Cuba había quedado desprotegida, a merced de la invasión inevitable que, según el eficiente servicio secreto cubano, se estaba preparando. Fidel decidió entonces, empujado por el Che y Raúl, pedir ayuda a la Unión Soviética y en mayo de 1960 se anunciaba la reanudación de las relaciones diplomáticas, manteniendo en secreto el acuerdo de apoyo militar que firmaron ambas naciones.

Leonov, el hombre del KGB en La Habana, que ofició de intérprete en la reunión, recuerda que la entrevista entre Fidel y Mikoyan se realizó «en una casita de pescador que tenía Fidel en la Laguna del Tesoro. Fidel llevó al Che como su segundo de la delegación cubana. La conversación se limitó a algunos puntos básicos como la reapertura de relaciones; entonces Mikoyan dice que para tener contactos formales hay que abrir una embajada allá y otra acá, lo que se acordó rápidamente. Después surgió el tema del crédito; aquí participó el Che Guevara apoyando la tesis de Fidel de que, con los cien millones de dólares prometidos por el canciller ruso, no se podía comenzar la reorganización de la desquiciada economía cubana y en pleno conflicto con los Estados Unidos. Entonces dice Mikoyan: "Bueno, agotemos esos cien millones y después sigamos hablando para aumentarlos". El Che insistiría: "Es mejor tener una decisión mucho más profunda, de mayor seguridad para el futuro; no es cosa de broma reorientar un país de un bloque a otro"».

Eso del cambio de bloque era más de lo que los soviéticos esperaban escuchar y finalmente su ayuda sería mucho más sus-

tancial que esa primera cifra. La paz mundial llegaría a estar a un
tris de quebrarse a raíz de la seriedad de ese acuerdo.

El Che postulaba el paradigma de que cuanto más se identifi-
case y se provocase al enemigo de Cuba, más se elevaría la moral
y la organización de la gente en la defensa del gobierno revolucionario. No se equivocaba. La definición ideológica de Cuba por
el socialismo significó un enfrentamiento directo con los Estados
Unidos, que llevó a la unificación de las estructuras sociales y
políticas de la isla que se encolumnaron bajo las banderas de una
lucha patriótica en defensa de los intereses nacionales, sin medir los
esfuerzos a realizar. También sería el pretexto, bajo la acusación de
quintacolumnismo y de traición a la patria, para la persecución
de intelectuales, sindicalistas y políticos opositores al gobierno.

El problema del petróleo marcó un grave conflicto económico internacional. Las refinerías norteamericanas compraban el
crudo a Venezuela, lo refinaban en Cuba y luego vendían el producto final, transformado en combustible, en el mercado nacional, con todo su valor agregado. Como la venta se efectuaba en
pesos cubanos, los empresarios petroleros cambiaban el monto de
lo operado en el Banco Nacional de Cuba por dólares, provocando una evasión constante de divisas. En los primeros meses de
1960 el Che Guevara, como director del Banco Nacional, decide, como primer paso en el proyecto de nacionalización de los
recursos naturales de la isla, retrasar los pagos en dólares a las
compañías norteamericanas que operaban con refinerías. Tex
Brewer, representante corporativo de los negocios petroleros norteamericanos en Cuba, agota su paciencia y reclama el inmediato
pago de la deuda a un Guevara atacado de sordera y mudez.

Cuando por fin escucha y habla es porque la guerra de nervios ha hecho el efecto deseado, y anuncia que Cuba acepta el
pago de la deuda acumulada, a cambio de que las refinerías
de capital norteamericano compraran trescientos mil barriles de
crudo soviético. Como era de esperar, los empresarios norteamericanos, coercionados por su gobierno, se niegan, a lo que Fidel
responde lanzando una advertencia que suena como un ultimátum: «O refinan el petróleo de la URSS o deberán atenerse a las
consecuencias». Los empresarios mantienen una actitud intran-

sigente y el 29 de julio de 1960 Cuba nacionaliza las refinerías.

Los Estados Unidos responden con la cancelación de los acuerdos sobre compra de azúcar cubano, dando por sentado que la economía de la isla se derrumbará arrastrando al gobierno de Castro. Pero todo estaba preparado para que la Unión Soviética hiciera su espectacular aparición en escena comprando la totalidad del azúcar despreciado por Norteamérica y, lo que más satisfizo al radicalizado Guevara, es el hecho de que Kruschev, el presidente de la URSS, sostuviera públicamente que, «en caso de necesidad, artilleros soviéticos pueden apoyar al pueblo cubano mediante el fuego de los misiles».

El conflicto está desatado. Sergo Mikoyan, hijo del canciller soviético y participante de las reuniones, relatará a J. L. Anderson una anécdota que ejemplifica la mayor radicalización del Che con relación a Fidel. Éste reflexionaba acerca de la necesidad de ser prudentes en el avance hacia el socialismo mientras recibían la ayuda soviética: «Tendremos que soportar estas difíciles condiciones durante cinco a diez años más»; lo que el Che, rápido, corregirá: «Si no lo haces en dos o tres años estarás acabado».

La posición del argentino se ha impuesto y su relevancia nacional e internacional crece, para admiración de algunos y odio de otros. De todas maneras, a pesar de la estratégica luna de miel con los soviéticos, movido por su esencial rechazo a toda dependencia y atadura, dejará dignamente en claro su oposición a cualquier intento de transformar Cuba en un satélite soviético: «No pedimos nada a nadie, no estamos mendigando empréstitos ni solicitando la compra de nuestros azúcares de rodillas; simplemente ofrecemos lo que tenemos, respetamos a los pueblos vecinos y a todos los pueblos del mundo, y proclamamos nuestro derecho insobornable a ser considerados un país igual a cualquier otro en la tierra en el concierto de los pueblos libres. Quien así nos admita será nuestro amigo, no importa la ideología interior que lo anime, no importa su sistema social o económico». El Che, a sabiendas y por una insobornable lealtad consigo mismo, se volvía sospechoso para los cubanos y extranjeros comunistas que veían en la debilidad del gobierno castrista la posibilidad de forzar su incorporación al bloque.

Para entonces la isla revolucionaria se había convertido en una atracción para los intelectuales europeos y latinoamericanos que querían conocer ese régimen insolente, que a sólo noventa millas de sus costas se atrevía a desafiar al gigante norteamericano. Jean-Paul Sartre y Simone de Beauvoir asistieron al funeral de las víctimas de la explosión del barco francés. Él calificaría el momento como «la luna de miel de la Revolución» y ella describiría el clima de La Habana: «Jovencitas vendían jugo de fruta y bocadillos para recolectar fondos para el Estado. Artistas conocidos bailaban o cantaban en las plazas para atraer donaciones; muchachas bonitas con sus disfraces de carnaval recorrían las calles con una banda para pedir dinero … Ni aparatos ni burocracia sino el contacto directo entre los dirigentes y el pueblo, una masa de esperanzas algo confusas en ebullición. No podrá durar eternamente, pero ¡qué espectáculo reconfortante! Por primera vez en nuestras vidas éramos testigos de la felicidad ganada por la violencia».*

El Primero de Mayo de 1960 un impresionante desfile de cubanos armados se realizó en la Plaza de la Revolución y en su discurso, tan largo como era habitual, Fidel advirtió que la invasión norteamericana a la isla era inminente y que todos debían prepararse para rechazarla. Dijo también, en tono dramático, que en caso de morir era su hermano Raúl quien lo sucedería en el cargo de primer ministro. El acoso norteamericano siempre tuvo un beneficio secundario que el sagaz cubano ha explotado desde los albores de su gobierno: la situación crítica obviaba la democrática tradición del llamado a elecciones, y también ahogaba toda forma de oposición o crítica por considerarla acción contrarrevolucionaria, cómplice con el enemigo imperialista.

El 28 de julio, durante el Primer Congreso de Juventudes Latinoamericanas al que asistieron jóvenes izquierdistas de casi todos los países del continente, el Che lanzó su grito de guerra: «Nuestras palabras llegan húmedas de las selvas cubanas. Hemos subido a la Sierra Maestra y hemos conocido el alba, y nuestras mentes y nuestras manos están llenas de la semilla del alba, y estamos dispues-

---

* Simone de Beauvoir, *La fuerza de las cosas*, Edhasa, Barcelona, 1987.

tos a sembrarla en esta tierra y defenderla para que florezca. Y desde todas las demás naciones hermanas de América, y desde nuestra tierra, si sobreviviera como ejemplo, la voz de los pueblos le responderá, desde ese momento y para siempre: ¡Así sea, que se conquiste la libertad en cada rincón de América!».

El presidente norteamericano Eisenhower había advertido que no toleraría en Occidente un régimen dominado por el comunismo internacional. En consecuencia, el 13 de octubre los Estados Unidos declaró el bloqueo económico y el embargo de todos los productos destinados a Cuba. Al día siguiente, como réplica, el gobierno castrista nacionalizaría cuatrocientos bancos, ingenios y fábricas, además de entregar a los habitantes las viviendas por medio de una ley de reforma urbana. De esta manera el Estado incorporó doscientas setenta y siete nuevas empresas que se sumaron a las trescientas noventa que administraba con anterioridad, además de ciento sesenta ingenios y casi toda la minería de la isla.

Orlando Borrego me contará en La Habana que esto planteó la necesidad de designar otros tantos administradores estatales, y que no los había en la isla. La inusitada decisión fue echar mano de cerca de doscientos jóvenes, cuyas edades oscilaban entre los quince y los veinte años, que estaban en proceso de preparación para enviarlos a Minas del Frío, la escuela fundada por el Che, para formarse como maestros alfabetizadores. Fue el argentino quien transmitió la decisión de Fidel de nombrarlos al frente de las nuevas fábricas con carácter provisional, hasta que se encontraran o se formaran los definitivos administradores. Borrego recordará con nostalgia la algarabía de aquellos jóvenes que se sentían convocados a suplir con su entusiasmo revolucionario lo que les faltaba de conocimiento: «La expropiación masiva de industrias, incluyendo las azucareras, así como el nombramiento de aquellos adolescentes para administrarlas, fue uno de los momentos más audaces de nuestra revolución y otro golpe demoledor para quienes apostaban a que tantas dificultades terminarían por hacernos sucumbir».

La escasez de productos básicos no tardó en hacerse sentir. Primero fueron las hojas de afeitar, siguieron los huevos y pronto faltó jabón. Para el Che era parte del sacrificio que los cubanos

debían hacer para liberarse del imperialismo; por eso, con tranquilidad, respondió durante una entrevista televisiva: «Estas esca-
seces temporales no pueden ser superadas en el momento actual
… el aumento del consumo ha sido extraordinario y el aumento
de producción ha sido grande, y naturalmente no se pueden
importar. Así pasará con muchos productos. Habrá industrias que
se paralicen». Sin embargo, el gobierno cubano debía conseguir
con qué reemplazar no sólo esos productos, sino también los
insumos que necesitaba para que las fábricas nacionalizadas si-
guieran funcionando.

Ésa fue la misión que se le encargó al Che, quien, al frente
de una delegación integrada por Héctor Rodríguez Llompart,
Alberto Mora y Raúl Maldonado, partió otra vez en una larga
gira por los países de Europa Oriental en busca de ayuda. La
impresión de muchos era que el creciente prestigio nacional e
internacional del carismático argentino era un doble motivo para
ser enviado en esas prolongadas *tournées*: por un lado, para alejarlo
de La Habana y así evitar que su creciente popularidad entre los
cubanos oscureciera la de Fidel cuando se presentaban juntos ante
las muchedumbres. El entonces embajador de EE.UU. en La
Habana, Bonsal, enviará a Rubottom un cable secretísimo (13 de
julio de 1960) en que opinará: «Estoy convencido de que Guevara es el verdadero gobernante en este momento, aunque no
podría gobernar mucho tiempo sin Fidel». Los servicios de inteligencia aprovecharían para difundir falsos rumores acerca de un
golpe de Estado que encabezaría Guevara.

Por otro lado, el Che era también un buen representante de
la revolución cubana por el entusiasmo que despertaba en el
extranjero, donde muchos ya lo habían elevado a la categoría de
mito que simbolizaba la rebeldía, el coraje y la honestidad, y esto
—Fidel no lo ignoraba— facilitaba el éxito de las negociaciones.

El 22 de octubre de 1960, cuando a Aleida le faltaba poco
menos de un mes para parir a su primer hijo, y el segundo del
Che, despidió a su marido en el aeropuerto de La Habana. Ya se
acostumbraría a recibir sola a sus hijos porque tampoco con los
otros que vinieron el Che estuvo presente.

La primera etapa de la exitosa gira fue Praga donde los cubanos, tras una entrevista con el premier Novotny, consiguieron un crédito por veinte millones de dólares para invertirlos en una fábrica de transportes. Pero las negociaciones más importantes tuvieron lugar en Moscú. El Che y su delegación se alojaron en el hotel Sovietskaya en el que ocuparon un piso. En cada habitación se ubicó un país del bloque soviético y, según contó después Maldonado, recorrían los cuartos analizando con cada delegación las posibilidades de acuerdo.

Pero para el Che el momento más emocionante de la gira sería su participación en el desfile en la Plaza Roja, en conmemoración de un nuevo aniversario de la Revolución de Octubre. Se encontraba en la tribuna de invitados entre importantes personalidades cuando un emisario del protocolo soviético se le aproximó y le transmitió la invitación de Kruschev para desplazarse hasta el palco de las máximas autoridades del Kremlin. Sorprendido y confundido, el Che rechazó amablemente la gentileza pero a los pocos minutos el funcionario insistió con alguna perentoriedad, por lo que no tuvo otra alternativa que aceptar. Subió a la plataforma donde le hicieron un lugar en la primera fila y entonces sucedió lo que él mismo describió: «Fue algo que no olvidaré nunca. Al reconocerme, la gente coreó atronadores gritos vivando a Cuba». Acababa de cumplir treinta y dos años, hacía apenas cuatro que había partido de Argentina en un viaje que no pretendía otra cosa que aventuras, y se veía ahora aclamado en medio de las máximas autoridades soviéticas, presidiendo el desfile en la plaza de Lenin y Stalin.

Tiempo más tarde, Guevara reconocería algunos errores dictados por la inexperiencia de un médico interesado en la arqueología que por extraños avatares del destino se descubría a sí mismo negociando, en nombre de un país que no era el suyo, acuerdos económicos y financieros con una de las dos máximas potencias del orbe. Tomaban el anuario de Comercio Exterior y decían: «Cuba importa palas, entonces vamos a pedir ayuda para instalar una fábrica de palas»; lo mismo con machetes, tractores, bicicletas, alambres de cobre, cepillos, etc., sin darse cuenta de que para que un país desarrolle un producto industrial primero debe garantizarse una base de materias primas propias, y también la disponibilidad de técnicos que puedan tomar a su cargo dicho proceso.

Al llegar a Pekín el asma le jugó una mala pasada, no casualmente durante su entrevista con Mao, tan deseada que le habría generado una tensión nerviosa que le disparó una crisis aguda provocándole un paro cardíaco. Pese a ello, al final de la visita, había logrado vender un millón de toneladas de la zafra del año siguiente, y obtuvo un crédito de sesenta millones de dólares para la compra de productos chinos. Antes de partir, satisfecho, declararía que la revolución china era un ejemplo para América Latina y que «en general, no había tenido una sola discrepancia». El comentario no cayó bien entre los jerarcas soviéticos, que interpretaron que el comandante Guevara se inmiscuía en el conflicto entre China y la URSS que por entonces dividía el campo socialista, produciendo escisiones en los partidos comunistas latinoamericanos entre moscovitas y chinoístas. Las consecuencias serían graves para la coordinación y ejecución de acciones antiimperialistas en Latinoamérica, responsables también, en gran medida, del letal fracaso de la incursión del Che en Bolivia.

Su siguiente visita fue a la República Democrática Alemana, donde no pudo firmar ningún convenio comercial porque los alemanes producían su propio azúcar, pero allí conoció a Tamara Bunke y todo indica que tuvo una aventura amorosa con esa joven de nacionalidad argentina, que se desempeñaba como agente secreta de los germanos comunistas, aunque su trabajo oficial era el de traductora para el gobierno. Cumpliría un papel importante en los futuros planes guerrilleros del argentino, muriendo lejos de allí, en la emboscada de Vado del Yeso o Puerto Mauricio, en Bolivia, pocas semanas antes del asesinato del Che.

48

El Che regresó a La Habana contento del resultado: había logrado vender gran parte de la zafra y además traía abastecimiento petrolero, auxilio técnico para la minería, y créditos con los que se compraron veintiuna plantas industriales y se contrataron otras cien para el futuro. No eran todavía los tiempos de la desilusión, cuando los soviéticos presionarían para la devolución de los «créditos solidarios» recargados con intereses, cuando se comprobó que el petróleo que transportaban los buques tanque, desde el otro lado de la cortina de hierro, arruinaba los motores y cuando se constató que la tecnología recibida era obsoleta e ineficiente, además de difícilmente ajustable al equipamiento norteamericano o europeo preexistente en la isla.

El año 1961 sería de mucha responsabilidad para el Che. Tenía una hija más, Aleidita, que contaba con casi un mes de vida cuando él regresó de la gira, y Fidel lo sorprendería con su designación en un cargo que nunca imaginó desempeñar: el de ministro. El 23 de febrero el Departamento de Industria tomó jerarquía de ministerio y el Che se convirtió en su titular con la responsabilidad de organizar las empresas que continuaban sumándose a la producción. «Vamos a pasar cinco años aquí y luego nos vamos», les advertiría a sus sorprendidos colaboradores. «Con cinco años más de edad, todavía podemos hacer una guerrilla.»

A partir de allí sus colaboradores lo escucharían hablar con creciente frecuencia de la necesidad de abrir focos guerrilleros en otros países, no sólo para expandir la revolución antiimperialista, que a esas alturas de su vida y de los acontecimientos era ya su fanática obsesión, sino también porque así se descomprimiría la presión estadounidense sobre Cuba y sobre Vietnam. Pero la razón latente era que en el Che iban creciendo algunos malestares.

Instalado en el noveno piso de un edificio en torno a la Plaza de la Revolución, el comandante Guevara comenzó una gestión que, por la sincera expresión de su disconformidad con algunas orientaciones y algunos personajes, lo enfrentaría, además de con los norteamericanos, también con los soviéticos, con otros ministros cubanos y con dirigentes de las Organizaciones Revolucionarias Integradas (ORI), el nuevo nombre con el que se habían fusionado el castrista Movimiento 26 de Julio y el comunista PSP.

El Che insistirá en la necesidad de producir con calidad. En la Primera Reunión Nacional de la Producción celebrada en La Habana, dijo: «Hay empresas que identifican la calidad con la contrarrevolución y que consideran que es un vicio capitalista, y que en esta época socialista no hay que ocuparse de la calidad … Hemos discutido, no lo suficiente, pero hemos insistido en que el desarrollo socialista y el desarrollo social de un país dirigido justamente, se hace para el hombre, no para alguna entelequia … La belleza no está reñida con la revolución. Hacer un artefacto de uso común que sea feo, cuando se puede hacer uno bonito, es realmente una falta».

Y su crítica cayó sobre algunos dirigentes que administraban deficientemente las empresas del Estado: «Porque los compañeros a veces consideran que al pueblo hay que darle cualquier cosa, que si se le da algo malo y además no se cuida bien el abastecimiento y el pueblo protesta, entonces el pueblo es contrarrevolucionario. Y eso es del todo falso. Al pueblo no le gustan algunas cosas que desgraciadamente suceden, y para eso nos hemos reunido. No es bueno que haya jabón en La Habana si no hay jabón en el campo; si no lo hay en el campo no debe haber en La Habana».

Esa insistencia del Che, y así lo entendían las cubanas y los cubanos comunes, no respondía a criterios de estimular el consumo, sino a abogar por el respeto que se le debía al pueblo. Lo manifestó de esa manera en una reunión del Consejo de Dirección del Ministerio, en la que diferenció los productos que perdían calidad por escasez de materias primas de los que carecían de ella por burocratismo e ineficiencia. Dirigiéndose a los malos administradores, comenzó a poner sobre la mesa distintos objetos de producción nacional mientras los calificaba: «Muñecas deformes que parecen viejitas, un triciclo que es una porquería, un zapato que pierde el tacón por tener sólo dos clavos en lugar de los diez que necesita, un champú que no limpia el pelo, etc.».También calificará de irrespetuosidad que un cierre de bragueta inservible que se desprendía llevase el nombre de Camilo.

«Lo acusaban de voluntarista porque insistía mucho en el factor humano.Yo creo que eso no es voluntarismo en el sentido burgués, sino simplemente devolverle a la realidad lo que es de la realidad; porque las concepciones deterministas, mecánicas, de las que Marx es inocente, colocan la libertad fuera del hombre, como ocurría con Plejanov, que en algunas de sus páginas parece reducir la libertad humana a la libertad de la luna que gira alrededor de la tierra. El Che le devuelve a la conciencia el valor protagonista que tiene en la historia humana. Las concepciones economicistas del marxismo traicionan al marxismo y lo reducen a un mero mecanismo de relojería, como si el socialismo fuera posible porque dio la hora y señaló qué tenía que suceder» (Eduardo Galeano).

De acuerdo al diseño centralizador del Che las fábricas estaban ordenadas por empresas que pertenecían a ramas, y éstas a su vez tenían consolidadas a sus empresas. El responsable de la rama mecánica, por ejemplo, que agrupaba nueve empresas, tenía consolidados los índices económicos de las nueve empresas y de las fábricas de éstas. Dependía de un viceministerio que era el de Industria Ligera, que controlaba cuatro ramas y era a su vez controlado por el ministerio que estaba compuesto por otros dos viceministerios: el de la Industria Pesada y el de Conducción Industrial. El éxito o no de este organigrama, que se centró especialmente en las empresas consolidadas, generó ásperos debates que a la larga fueron minando el peso político del Che.

Lo que lo hacía ejemplar ante los ojos de algunos, pero peligroso para otros, era su rigor y su empuje revolucionarios. «Cualquier dirigente puede cansarse, pero eso le quita derecho a ser un jefe de la revolución», solía decir. Pero también lo ponía en práctica. En 1963, y dentro de su plan de mecanización del corte de la caña de azúcar, fue el primero en subirse a una de las cortadoras. El 5 de febrero, después de nueve horas y media de trabajo, logró cortar seis mil arrobas y al día siguiente subió a ocho mil ochocientas. Tres días más tarde sumaba sesenta mil quinientas arrobas cortadas. En una competencia contra sí mismo, cuando abandonó el cañaveral, había cortado más de las cien mil arrobas que se había propuesto al comenzar, a pesar de que el polvillo que se levantaba excitaba su asma. Con tono de broma, en La Habana se comentaba que el Che se había vuelto loco, y que además de insistir con el trabajo voluntario ahora quería cortar toda la caña él solo.

Los dirigentes del INRA, que iba instituyéndose como un polo de resistencia al Che y a sus ideas, sobre todo desde que el comunista Carlos Rodríguez asumió su dirección, cuestionaban el trabajo voluntario por ineficaz, asimismo más caro que el normal. El argentino respondía con su habitual ironía: «Los que vamos los domingos a realizar nuestra tarea podemos ver que la eficiencia ha aumentado mucho. Hay una serie de distinguidos burócratas que ya se están volviendo distinguidos cortadores de caña».

La dureza revolucionaria del argentino lo llevará a cometer un inexplicable error que será explotado por sus enemigos de dentro y de fuera, y que sólo puede explicarse por un estado de creciente exasperación, al comprobar que la revolución iba tomando por un camino burocrático y de creciente dependencia con la Unión Soviética que no le satisfacía: la instalación en Guanahacabibes de un campo de trabajo para castigo de faltas cometidas por los trabajadores del Estado. «A Guanahacabibes no se envía sino a aquellos casos dudosos en que la gente merece un castigo, pero no la cárcel —trataría de justificarse el Che—. Yo creo que la gente que debe ir a la cárcel, debe ir a la cárcel de todas maneras. Así sea un militante viejo, así sea quien sea, debe ir a la cárcel. A Guanahacabibes se manda a la gente que no debe ir a la cárcel; la gente que ha cometido fallas a la moral revolucionaria de mayor o de menor grado con sanciones simultáneas de privación del puesto, y en otros casos como un tipo de reeducación mediante el trabajo. Es trabajo duro, no trabajo bestial.» Sin embargo no era difícil identificar a Guanahacabibes con un campo de concentración.

Justificado por el estado de guerra latente, por el bloqueo y la amenaza de invasión, en Cuba se produce un drástico recorte de la libertad de prensa que se efectiviza con el cierre de periódicos y la confiscación de las principales radios del país, acusadas de contrarrevolucionarias, que pasan a ser propiedad del Estado cubano. Se va produciendo una creciente radicalización de tendencias políticas en pro y en contra de los cambios impuestos por el régimen castrista, que nunca tolerará la disidencia y mucho menos la oposición. Se acentuará entonces la metódica fuga de técnicos, científicos y profesionales, cuya deserción es al principio tolerada por Castro para «limpiar» el escenario de quienes no han sido convencidos de las bondades de su gobierno.

Algunos intelectuales valiosos elegirán el exilio, como será el caso de Guillermo Cabrera Infante, Heberto Padilla, Severo Sarduy, Reynaldo Arenas (quien antes pasará varios años en las cárceles castristas para «curarse» de su homosexualidad y que finalmente se suicidará en Nueva York, dejando una nota en la que enrostraba su infortunio «a un solo responsable: Fidel Castro»). Otros no menos importantes se quedarán en la isla: José Lezama Lima (sin comulgar con el castrismo, que censurará su monumental novela *Paradiso*), Nicolás Guillén, Alejo Carpentier, Roberto Fernández Retamar. Esta división simboliza la trágica situación de una sociedad fracturada por razones políticas, que también se dará en el seno de familias desintegradas por la opción de irse o quedarse.

También la estructura del Movimiento 26 de Julio se parte en dos. Una fracción, su ala izquierda, apoya sin condiciones a Castro mientras que el resto, reformista y anticomunista, se une a los conservadores que conspiran con la CIA para intentar derrocar al gobierno. Estos sectores ya han puesto en marcha los preparativos de hostigamiento que culminarán con el intento de desembarco.

49

La invasión norteamericana a Playa Girón era tan previsible que cuando, a fines de marzo de 1961, el Che acompañó a su amigo Ricardo Rojo al aeropuerto, le dijo: «Lamento que te vayas cuando la fiesta está por comenzar».* El asalto dio a Guevara la oportunidad de confirmar su teoría de que estimular la moral revolucionaria era un aspecto fundamental de la capacidad productiva del país: a pesar del traslado de milicias y del estado de conmoción, la producción aumentó considerablemente a favor del sentimiento patriótico azuzado por la agresión exterior.

El asalto estaba planificado desde 1960 por el entonces presidente de los Estados Unidos, Eisenhower, y ejecutada bajo las órdenes secretas de su sucesor, John F. Kennedy, entre el 15 y 21 de abril de 1961. Las tropas invasoras fueron reclutadas entre los exiliados y deportados cubanos del régimen de Fidel Castro, y adiestradas militarmente por la CIA en territorio guatemalteco y nicaragüense.

La práctica intervencionista armada de los Estados Unidos no era una novedad. Formaba parte de una política de mantenimiento de un statu quo mundial permanentemente jaqueado por la guerra fría, y era ejecutada por sus eficientes «marines» que operaban como una fuerza de policía continental, dispuesta a intervenir donde los intereses del gigante económico del Norte se vieran amenazados. Pero eso era sólo si antes fracasaban las embozadas tácticas de desestabilización económica o política de gobiernos

* Ricardo Rojo, *Mi amigo el Che*, Legasa, Buenos Aires, 1994.

sospechosos de comunismo llevadas a cabo por los experimentados agentes de la CIA. Así sucedió en la Guatemala del obstinado
Jacobo Arbenz y estaba a punto de ocurrir en la declaradamente
marxista Cuba, aunque esta vez, para evitar las críticas de otros
países, las acciones estarían a cargo de opositores cubanos y mercenarios centroamericanos entrenados para suplir a los marines.

A diferencia de las anteriores intervenciones militares en la región —Santo Domingo, Guatemala, Nicaragua—, el blanco cubano presentaba características que lo distinguirían de modo particular.
En Washington los consejeros militares de Kennedy identificaban a
la Cuba de Fidel y el Che como un país apoyado por la fuerza de las
cabezas nucleares de los misiles soviéticos, que desde Eurasia apun-
taban sobre blancos estratégicos en territorio americano. Ante esa
peligrosa realidad, se decidió que la participación militar norteamericana se limitaría al adiestramiento de las tropas invasoras, a las
que se brindaría apoyo económico y logístico en forma de suministro de armamentos y transporte, incluidos aviones. Una fuerte
operación política y propagandística a nivel mundial se pondría en
marcha para justificar esa invasión que fue presentada como una
gesta por la democracia aprovechando el rechazo internacional a
los fusilamientos de La Cabaña, la censura periodística, la persecución de los opositores, el campo de Guanahacabibes.

Para fijar la fecha del desembarco se esperó a provocar circunstancias favorables que convencieran a la opinión pública norteamericana, y así fue que confluyeron tres factores decisivos: el
levantamiento de un grupo armado anticastrista en la zona del Escambray, la ruptura de las relaciones diplomáticas de los Estados
Unidos con Cuba y la confesión de Fidel en acto público y multitudinario del carácter marxista-leninista de la revolución cubana.

Desde un comienzo, producto de una mala evaluación política por parte de la CIA y la vacilante conducta de John F. Kennedy, la operación de Playa Girón se vio plagada de enormes
fallas operativas. Según los informes suministrados por la inteligencia estadounidense a su presidente, el pueblo cubano estaría
ya cansado de los caprichos políticos de Castro y de la mala situación económica por la que atravesaba la isla, y pronosticaban
un levantamiento generalizado de la población en contra de los

«barbudos tiranos» que gobernaban el país. En el peor de los casos, si la caída de Fidel no era inmediata, la invasión desencadenaría una guerra civil que duraría años y terminaría debilitando y derrotando al primer gobierno declaradamente comunista de Iberoamérica.

Uno de los errores fue la elección del lugar de desembarco ya que geográficamente se encontraba alejado de la protección de las sierras del Escambray por una extensa e intransitable ciénaga, y además la región estaba habitada por campesinos que habían participado activamente en la lucha contra Batista, y eran de fidelidad incondicional a Fidel Castro y su proyecto gubernamental. Parecía que los consejeros de la CIA habían querido emular lo del *Granma*, olvidando que la epopeya castrista estuvo a punto de capotar en ese primer momento por equivocar el lugar de desembarco, aunque otros opinarán que se priorizó una razón política antes que un objetivo militar, por ser la zona de Girón el lugar donde Fidel se había reunido con Anastas Mikoyan para planificar la integración cubana en el área socialista.

La operación se inicia con un ataque aéreo de B26 norteamericanos pilotados por cubanos que despegan desde territorio nicaragüense, con el objetivo de bombardear las bases de la aviación militar cubana de Santiago, San Antonio de los Baños y Ciudad Libertad; pero la acción fracasó porque la aviación de Castro, a pesar de haber sido duramente castigada, mantuvo a raya a los barcos que debían servir de apoyo, cortando así el suministro de municiones, comunicaciones y armamento. Los invasores y sus aliados de la CIA habían evaluado erróneamente la capacidad de combate de la pequeña fuerza aérea cubana, compuesta por quince B26 y tres T33, que suplieron con destreza y patriotismo la carencia de tecnología y poder de fuego.

El comandante Che Guevara es destinado a Pinar del Río, una zona alejada del área de combate mientras su antiguo segundo en la columna Ciro Redondo, Juan Almeida, se hará cargo de las tropas en el estratégico centro de la isla. El Che se dirige a los milicianos que forman parte de sus fuerzas de combate, y en el final de su arenga proclama: «No sabemos si este nuevo ataque será el preludio de la invasión anunciada de los cinco mil gusanos, pero sobre los cadáveres de nuestros compañeros caídos, sobre los escombros de nuestras fábricas, cada vez con mayor decisión: ¡Patria o muerte!».

A pesar de su fervor guerrero, el papel del Che, alejado de las acciones bélicas, será secundario y poco relevante. Para empeorar las cosas un lamentable hecho fortuito mandará a Guevara al hospital: su pistola amartillada, en un descuido, cae al piso y se dispara provocándole una herida en el cuello que por milímetros no termina con su vida. Guevara permanecerá internado en un hospital durante las primeras horas de la invasión y el suceso se prestará a comentarios malévolos por parte de sus enemigos.

Mientras el ejército cubano compuesto por veinticinco mil efectivos regulares y doscientos mil milicianos armados, conducidos con eficiencia por oficiales que han sido adoctrinados política y técnicamente en los cursos fundados por el comandante argentino, se ha movilizado y está en posición de combate, Kennedy y sus asesores cavilan acerca de una suspensión de la operación militar ya que un desembarco de los contrarrevolucionarios en las playas cubanas, sin el apoyo logístico que debían brindarles los barcos, presagiaba una casi segura derrota.

Raúl Roa denuncia el ataque aéreo a Cuba ante las Naciones Unidas y alerta sobre la agresión armada impulsada por los Estados Unidos. La respuesta de Kennedy a la denuncia de Roa es ambigua, pero apremiado por los halcones del Pentágono, siendo todavía un recién llegado a la Casa Blanca, cederá ante los que, meses más tarde, sabrá oponerse durante la crisis de los misiles, y ordena la continuación de los planes de invasión. Pero, temeroso de las consecuencias políticas que acarreará una participación armada directa de su país en la invasión, condiciona el accionar de la aviación norteamericana a la imposible captura de algún aeropuerto en suelo cubano.

Identificado el lugar del desembarco gracias al descubrimiento de buzos tácticos en Playa Girón que estaban reconociendo y demarcando el lugar por donde las tropas invasoras entrarían a Cuba, el gran estratega que siempre fue Fidel dirigirá personalmente la operación por radio. Su objetivo era no permitir a los invasores establecer una cabeza de playa, pues ni bien consiguieran internarse en territorio cubano, tomar una ciudad relativamente importante y fijar un gobierno provisional, éste sería reconocido por los Estados Unidos y sus aliados latinoamericanos como la nueva conducción política de Cuba, y «en defensa de la democracia» apoyaría abiertamente las acciones militares con tropas.

Fidel se juega el todo por el todo; concentra la mayoría de sus fuerzas sobre Girón y encierra a los invasores al borde de la bahía. Los pelotones de Fernández, Duque, Aragonés, Dreke, Ameijeiras y René Rodríguez, fogueados combatientes de la Sierra, se lanzan a la carrera para ser los primeros en combatir al invasor. Estos capitanes habían dejado horas antes sus sillones en la administración pública cubana para comandar nuevamente a sus hombres con el mismo heroísmo demostrado en la guerra revolucionaria. Y después de horas de feroz combate obligarán a los invasores a replegarse hacia la playa donde días antes habían desembarcado, convencidos del triunfo por estar apoyados por la mayor potencia militar del mundo. Algunos serán rescatados por los escasos barcos de bandera norteamericana que permanecían circulando en la bahía de Cochinos.

El fracaso de la invasión a Cuba significó la muerte de 161 defensores y 107 invasores, y la captura de 1.189 prisioneros de guerra que permanecerán en las cárceles cubanas hasta ser canjeados a Estados Unidos por medicamentos y alimentos. Además de que no pocos investigadores le adjudicarán las razones del asesinato del presidente Kennedy en Dallas, acarreará también consecuencias de orden político y económico para América Latina. Obligará a los norteamericanos a replantear sus relaciones con el continente para evitar la reproducción del caso cubano a través de una mayor participación de los ejércitos latinoamericanos anticomunistas en los asuntos políticos de sus países, y también elaborando planes que impulsen su desarrollo económico para disminuir los efectos endémicos de la pobreza, caldo de cultivo para las tentaciones socialistas. Ése será el objetivo principal de la Alianza para el Progreso.

50

En medio de la euforia nacional por el notable triunfo militar, el Che se reincorporó a sus tareas de industrializar a Cuba. Lanza entonces su primera utopía económica nacional expuesta bajo la forma del Primer Plan Cuatrianual de la era revolucionaria. Sus propuestas, planteadas al más corto plazo posible, son enormes en las metas a alcanzar: el autoabastecimiento en productos alimenticios y materias primas agropecuarias en el término de cuatro años, alcanzar una tasa de crecimiento anual del quince por ciento, construir veinticinco mil viviendas rurales y una cantidad similar en edificaciones habitacionales urbanas, alcanzar en un año el pleno empleo y para ello mantener estables los precios mayoristas y minoristas en el mercado interno, aumentando de esa manera el consumo y la producción. Se aumentarían las cosechas de azúcar a 9,4 millones de toneladas anuales y se estimularía el consumo de alimentos que debería alcanzar el doce por ciento anual. Pero la meta impostergable, a la que Guevara dio prioridad, fue alcanzar con educación y asistencia médica a toda la población de la isla.

El sueño del Che es también el de producir tractores, automóviles y heladeras, azúcar, trigo y herramientas. La idea de sustituir las importaciones por productos elaborados en Cuba sin la participación de intermediarios, y la formación de una clase obrera industrial con la que Cuba no contaba todavía, serían sus obsesiones.

Los resultados obtenidos en el último tramo de 1961, y el posterior desastre de 1962-1963, significarán duras pero impor-

tantes enseñanzas para el guerrillero convertido en ministro. Sus
críticos decían que no sabía planificar ni ubicar las prioridades,
que manejaba con poco acierto la táctica y la estrategia, que sus
planes económicos llegaron en muy pocas oportunidades a un
desenlace feliz. El Che no comprendió en su momento que era
imposible construir tractores sin antes contar con los materiales
y la tecnología que eran indispensables para su fabricación, que
los técnicos y los ingenieros necesarios no se podían improvisar
ni formar en tiempos acelerados.

Un ejemplo de esa carencia de especialistas y cómo se llenaba
este vacío nos lo dio el enconado crítico del Che en la época del
conflicto entre la Sierra y el Llano y posteriormente uno de sus
más próximos colaboradores, Enrique Oltuski: «No te quieras
imaginar, cuando llegué al Departamento de Industrialización,
con el caos que me encontré, en medio de un grupo de jóvenes inexpertos que administraban desde un ingenio azucarero a
una fábrica de zapatos. Me puse a trabajar inmediatamente y
redacté un reglamento de organización del Departamento. Para
mí era algo conocido: el director, los departamentos, las funciones económicas, las técnicas y productivas. En síntesis, las cosas
clásicas de la organización».

Oltuski no puede menos que sonreír recordando la cara de
sorpresa de sus compañeros cuando comenzó a hablar de estos
temas: «Bueno, ellos no entendían nada de eso. Sabían mucho más
de cómo disparar una ametralladora calibre 50 o un mortero.
Redacto el reglamento, voy al Banco Nacional y le presento al
Che mi propuesta. La leyó, levantó la vista y me dijo: "¿Quién
hizo esto?". "Fui yo." "¿Dónde aprendiste estos términos técnicos de la organización?" "Y bueno, Che, yo estudié en los Estados Unidos, como lo sabes. Allá aprendí estas cosas." A partir de
ese momento, fui el organizador de la actividad industrial».

Uno de los problemas que perturbaba el cumplimiento de los
planes era que los países socialistas que habían prometido ayuda
no entregaban las fábricas ni los productos con la calidad reque-
rida y contratada.

Otro obstáculo sería explicado por el Che con su habitual
franqueza, pues una característica del «hombre nuevo» que pro-

pugnaba y que a veces parecía querer representar, no temía reconocer sus errores: «El primer tropiezo fue la idea de la industrialización a tambor batiente, inspirada por la experiencia estalinista, explicable en parte por la euforia del triunfo de Girón y la ayuda del bloque socialista, en parte por la premura política. Aun si los países del Este hubieran entregado puntualmente las fábricas donde se produciría lo que antes se importaba, creando así una nueva clase obrera y forjando la independencia económica del país, subsistían dos problemas de fondo. El primero —donde se estrelló el esquema— abarcaba las materias primas: con qué carbón y hierro se iba a producir el acero, con qué aceites el jabón, con qué tela la vestimenta, con qué cuero los zapatos. Ciertamente, una cuota de las materias primas se podía procurar mediante los convenios con los países socialistas, pero muchos debían importarse de la zona de divisas.

»Y no había divisas, carencia que constituía, precisamente, otro gran problema. Escaseaban por dos motivos, uno se originaba en los mismos éxitos de la revolución cubana ya que la redistribución del ingreso y de la riqueza cubana hacia los sectores populares, así como las campañas de alfabetización y vacunación contribuyeron a elevar de manera sustancial, directa o indirectamente, el consumo de la población. El segundo nacía, como casi todo en Cuba, del azúcar, de las magras cosechas que se debían, además de los factores climáticos, al desvío de mano de obra hacia la naciente industrialización.

»Fue un disparate apurarse tanto con la industrialización. Quisimos sustituir todas las importaciones de golpe por la vía de la fabricación de productos terminados y no vimos las complicaciones enormes que trae la importación de productos intermedios».

Las dificultades hacen que se ahonde el racionamiento de alimentos, lo que preocupa a Castro por el descontento que inevitablemente provocaría en los cubanos. También aquí habrá una anécdota sobre la democrática austeridad del Che, poco imitada por otros funcionarios del gobierno: «El Che estaba preocupado por saber qué pensaba la gente sobre los abastecimientos. Era un problema crítico. Había racionamientos. No era fácil conseguir carne, leche, zapatos, pasta de dientes. Se cerraba cada vez con más fuerza el bloqueo. Uno de nosotros se quejó de que la comida adjudicada a cada familia era escasa. El Che dijo que en su casa se comía razonablemente. En parte en broma y en parte seriamente, le dije que a lo mejor su familia recibía una cuota adicional. No me replicó y llamó a su casa. Al otro día nos dio la respuesta: "Era cierto, sin mi conocimiento hasta ayer recibíamos una cuota extra. Desde hoy en mi casa se come por libreta de racionamiento"» (Enrique Oltuski).

51

El representante de la primera revolución socialista en América, el comandante Ernesto «Che» Guevara, participó en la Reunión Interamericana de la CIES organizada en Punta del Este (Uruguay). Era el escenario elegido por el gobierno de los Estados Unidos para la presentación en sociedad de su Alianza para el Progreso, un programa que se proclamaba destinado a promover el desarrollo de los países latinoamericanos, pero que en su esencia estaba dirigido a evitar que el ejemplo cubano cundiera en la región.

Cuando fue su turno de hablar, el 8 de agosto de 1961, el Che no ignoraba que la atención del mundo estaba puesta en él, sobre todo la de los latinoamericanos, y que él era el protagonista indiscutido de esa asamblea como lo demostraba el acoso del periodismo venido de todos los rincones del mundo, y también el alboroto que levantaban sus fans uruguayas que lo aclamaban y acosaban como a una celebridad hollywoodense.

Con su estilo directo e informal comenzó su discurso citando a José Martí en réplica al delegado norteamericano Douglas Dillon que, en torpe provocación y definiendo con claridad quién era el enemigo, también había iniciado su alocución con una cita del prócer cubano: «Quien dice unión económica, dice unión política. El pueblo que compra manda, el pueblo que vende sirve; hay que equilibrar el comercio para asegurar la libertad; el pueblo que quiere morir, vende a un solo pueblo, y el que quiere salvarse vende a más de uno. El influjo excesivo de un país en el comercio de otro se convierte en influjo político.

La política es obra de los hombres, que rinden sus sentimientos al interés, o sacrifican al interés una parte de sus sentimientos. Cuando un pueblo fuerte da de comer a otro se hace servir de él. Cuando un pueblo fuerte quiere dar batalla a otro, completa la alianza y pone a su servicio a los que necesitan de él. El pueblo que quiere ser libre, sea libre en negocios».

A continuación advertiría que esa conferencia, que se suponía económica, era política, porque todas las conferencias económicas siempre eran esencialmente políticas. También, sin tapujos, «porque está concebida contra Cuba, contra el ejemplo que Cuba significa en el continente americano».

No dejará pasar la oportunidad de recordar Playa Girón: «Les guste o no les guste a los beneficiarios, ha habido un cambio cualitativo en América, como es el que un país se pueda alzar en armas, destruir a un ejército opresor, formar un nuevo ejército popular, plantarse frente al monstruo invencible, esperar su ataque y derrotarlo también».

En otro momento de su prolongado y enfático discurso hará una referencia al Congo, recordando que su líder revolucionario Patrice Lumumba había sido asesinado por el imperialismo. Los trágicos sucesos del país africano habían impactado fuertemente en el argentino, y ello tendría consecuencias algún tiempo después cuando decidiese implicarse personalmente en la guerrilla contra el dictador Moise Tshombé.

Ante la mirada impertérrita de la delegación norteamericana que contaba con el apoyo o la complicidad del resto de las naciones allí representadas, que no hacía mucho habían alzado la mano para expulsar a Cuba de la OEA (Organización de Estados Americanos), el comandante Guevara, vestido con su uniforme verde olivo sin planchar, opinará que la democracia no era compatible con la oligarquía financiera, con la discriminación del negro y con el Ku Klux Klan, con la persecución al científico Oppenheimer y al cantante Paul Robeson, con la injustificada y antisemita ejecución de los Rosenberg. Hurgando aún más en la herida comunicará que «la Asamblea General Nacional del Pueblo de Cuba condena la explotación del hombre por el hombre y la explotación de los países subdesarrollados por el capital financiero capitalista».

No se privará, en esa tribuna amplificada hasta lo planetario, de pasar lista a las agresiones sufridas por Cuba: saboteo, bloqueo económico, bombardeo e incendio de sus cultivos, intentos de asesinato de sus principales dirigentes, campañas de desprestigio, intento de invasión, a pesar de lo cual no se había podido derribar esa «revolución agraria, antifeudal y antiimperialista, que fue transformándose, por imperio de su evolución interna y de las agresiones externas, en una revolución socialista y que lo proclama así, ante la faz de América: una revolución socialista».

Expondrá que los créditos prometidos por la Alianza para el Progreso no favorecerán el desarrollo de las naciones latinoamericanas, ya que no estimulan la producción sino que se dirigen al mejoramiento de las condiciones sanitarias; los «préstamos de la letrina» los llamará con una insolente ironía: «Me da la impresión de que se está pensando en hacer de la letrina algo fundamental. Sin duda eso mejora en algo las condiciones sociales del pobre indio, del pobre negro, del pobre individuo que yace en una condición subhumana. Vamos a hacerle una letrina y entonces, después de que le hagamos una letrina, y después de que su educación le haya permitido mantenerla limpia, entonces quizá podrá gozar de los beneficios de la producción. Porque es de hacer notar, señores delegados, que el tema de la industrialización no figura en el análisis de los señores técnicos. Para los señores técnicos, planificar es planificar la letrina. Lo demás, ¡quién sabe cómo se hará!».

Ya lanzado en su memorable alocución, se tomará venganza de un desertor de la revolución cubana, su antecesor en el Banco Nacional, el doctor Felipe Pazos, allí presente: «Si me permite el señor presidente lamentaré profundamente en nombre de la delegación cubana haber perdido los servicios de un técnico tan eficiente como el que dirigió este Primer Grupo, el doctor Felipe Pazos. Con su inteligencia y capacidad de trabajo, y nuestra actividad revolucionaria, en dos años Cuba sería el paraíso de la letrina, aun cuando no tuviéramos ni una de las doscientas cincuenta fábricas que estamos empezando a construir, aun cuando no hubiéramos hecho la reforma agraria».

Luego les llegaría el turno a los delegados de los otros países, que se revolvían incómodos en sus asientos, y muchos de ellos hacían muecas hacia la delegación norteamericana para dejar clara su disconformidad con lo que escuchaban: «¿No tienen ustedes la impresión de que se les está tomando el pelo? Se dan dólares para hacer carreteras, se dan dólares para hacer caminos, se dan dólares para hacer alcantarillas. ¿Por qué no se dan dólares para equipos, dólares para maquinarias, dólares para que nuestros países subdesarrollados puedan convertirse en países industriales-agrícolas de una sola vez? Realmente es triste».

El día de cierre de la asamblea, el 16 de agosto de 1961, la delegación cubana se abstuvo de votar porque, según se encargaría de reafirmar el Che, con la Alianza para el Progreso los países subdesarrollados tardarían quinientos años en alcanzar el mismo ingreso per cápita del que gozaban las naciones desarrolladas. Además al Che le importaba muy poco acordar con esos delegados a los que ya sabía emblocados con su enemigo, y atareados en sacar provecho del temor de Washington a que la revolución cubana se propagase, razón por la cual estaba más predispuesto a la concesión de préstamos, subsidios y otros beneficios.

El mayor objetivo de Guevara, ser escuchado por las izquierdas latinoamericanas, se había cumplido al punto de que el jefe de la delegación norteamericana informará: «Guevara se dirigió por encima de los delegados a los pueblos de América Latina y desde aquí no podemos juzgar su éxito en tal empeño», pero más adelante se definirá: «Ése fue su principal cometido aquí y temo que haya cosechado un éxito considerable». Tampoco desaprovechó la oportunidad de entrar en contacto con la juventud izquierdista del Uruguay y dio una conferencia en la Universidad de Montevideo ante un auditorio colmado y entusiasta, donde se refirió a la reforma agraria en Cuba, a los logros en salud y educación y pronosticó el triunfo de la lucha antiimperialista en el continente americano.

Es de imaginar que durante su visita al Río de la Plata hayan crecido sus deseos y sus planes de extender hacia su patria la revolución antiimperialista que él encarnaba, lo que inspiró un fragmento de su poema dedicado al río Nilo:

... Hoy que mi patria está llena de jalones huecos
y yo inicio mi pistola en hazañas menores,
tu epopeya acicatea mis ideales
espuela de la lucha nos recuerda
bajado de la furia más sublime.
Si tu impulso no emerge en las riberas del Plata
y es vano tu ejemplo para ahuyentar su modorra,
llevaré mis pupilas cargadas de tu esperma
para derramarlas sobre la tierra en derrota.
Al fin,
¿alguien puede afirmar sin sonrojarse
el triunfo de la espada sobre la fe del hombre?

Pero más importante que la reunión de la CIES fueron las tratativas subterráneas que la acompañaron. Las delegaciones argentina y brasilera armonizaron sus esfuerzos para provocar un encuentro entre el Che y el consejero personal del presidente Kennedy, Richard Goodwin, debido a que la situación política del continente, adonde se había desplazado perturbadoramente la guerra fría, fogoneaba la inestabilidad de ambos presidentes Quadros y Frondizi. Éstos se veían acosados de un lado por una izquierda marxista que iba inclinándose hacia la violencia terrorista, por el otro por fuerzas armadas aliadas con la derecha y obsesionadas por la amenaza de la infiltración comunista.

Finalmente, después de varios desencuentros provocados por la recíproca desconfianza, se concretaría el encuentro Goodwin-Guevara durante la fiesta de un diplomático brasileño en Montevideo. «Para comenzar —descerrajaría el Che entre la agresión y el humor—, quiero agradecerles por lo de Bahía Cochinos. El intento nos permitió consolidar a los mejores elementos del país junto a Fidel.» El norteamericano intentó devolver la broma: «Para correspondernos podrían atacar Guantánamo». A lo que el argentino responderá con rapidez: «Nunca seríamos tan tontos».

Ninguno de los dos daría a posteriori una versión positiva del diálogo. El Che diría a Fidel que se trató del «típico encuentro entre representantes de dos países enemigos». Goodwin, por su parte, en su informe a Kennedy recomendará moderar la agresividad contra Cuba en lo público, pero apuntar a «acciones encubiertas de sabotaje de puntos álgidos en refinerías y fábricas». Pocas chances había de lazos amistosos en tiempos en que se desarrollaba la operación Mangosta puesta en acción por la CIA y que consistía en fomentar acciones de guerrillas anticastristas, sobre todo en la zona del Escambray con el apoyo de bombardeos y acciones de sabotaje, que también fracasará por la vigorosa contraofensiva desencadenada por Castro para la caza de los «bandidos», como los llamaría la propaganda oficial.

No terminarían allí los esfuerzos del presidente argentino, Arturo Frondizi, quien lograría convencer a su compatriota guerrillero de hacer un viaje secreto a su patria.

52

«¿DÓNDE VA A DORMIR ESTA NOCHE?»

*Habla Jorge Carretoni, hombre de confianza del ex presidente
de Argentina, Arturo Frondizi**

Yo había sido presidente de la juventud de la Unión Cívica
Radical Intransigente, el partido del presidente argentino Arturo Frondizi. Pertenecía al sector más izquierdista del partido
gobernante que abrevaba su ideario en Moisés Lebensohn, un
destacable teórico de orientación filomarxista.

Cierto día de julio de 1961 me cita Frondizi en su despacho
y me pregunta si estoy dispuesto a ir a la reunión de la CIES en
Punta del Este, que se celebraría pocos días después. Acepto con
alguna sorpresa por la inesperada proposición y soy enviado
como asesor del CFI (Consejo Federal de Inversiones), aunque
me doy cuenta de que es otra cosa lo que se espera de mí.

Confieso que entonces no imaginaba cuál sería mi verdadera misión. Antes de partir don Arturo me vuelve a convocar con
mucha reserva y entonces me pide que en Punta del Este busque de hacer contacto con el Che Guevara. Yo conocía al gordo Rojo y por su intermedio nos juntamos con el comandante
Guevara, y compartimos los tres una charla muy distendida que
se prolonga hasta las cinco de la mañana con el mate pasando de
mano en mano.

A partir de allí las reuniones, cuatro, serían a solas entre Guevara y yo, en la más estricta reserva, sin que se enterase el canciller argentino, Adolfo Mugica. En nombre de Frondizi le propongo
al Che un encuentro en Buenos Aires y le sugiero la convenien-

* Entrevista realizada por el autor en Buenos Aires, Argentina, el 3 de
agosto de 2002.

cia de que también fuese recibido por el presidente de Brasil, Jâ-nio Quadros. De eso se ocupará con éxito otro operador secreto y hombre de confianza de Quadros, Celso de Almeida. Yo también tengo reuniones reservadas con el asesor personal del presidente Kennedy, Richard Goodwin, que seguía las tratativas con especial interés y seguramente transmitía sus vicisitudes al presidente norteamericano.

Viajo a Buenos Aires de ida y de vuelta tres o cuatro veces, pues el secreto prohibía la utilización de la vía telefónica ya que Frondizi estaba jaqueado por las fuerzas armadas y sus bien equipados servicios de informaciones. Guevara, por su parte, esperaría la respuesta a su consulta con Castro, que fue prudentemente afirmativa.

El interés de Frondizi en el encuentro era mejorar sus relaciones con los Estados Unidos, hacer mérito y así ganar algo de aire en unas circunstancias en las que estaba acosado por los gremios peronistas, por los planteamientos de fuerzas armadas antiperonistas y anticomunistas y siempre dispuestas a asaltar el poder, y por una situación económica que empeoraba día a día. Su objetivo era intermediar en las relaciones entre los Estados Unidos y Cuba, gravemente deterioradas luego de los sucesos de Playa Girón, y jugar a favor del interés norteamericano en convencer a Guevara de la inconveniencia del ingreso de Cuba al Pacto de Varsovia, principal preocupación del presidente Kennedy en aquellos días.

Imagino que Frondizi estaba en condiciones, durante el encuentro, de ofrecer al Che alguna ayuda acordada con Kennedy y le garantizaría el apoyo de Argentina y Brasil, los dos países más importantes de la región.

La visa de ingreso al país la extiende, a espaldas del embajador argentino en Uruguay, Gabriel del Mazo, mi amigo el consejero Rodolfo Recondo. Alquilo un pequeño Piper matrícula 439 CX-AK P por veinte mil pesos de entonces para cruzar el río de la Plata que separa a Montevideo de Buenos Aires, y una mañana a las 6 am está todo listo para la partida.

Mi instrucción establecía que Guevara debía viajar solo, por lo que al pie de la escalerilla le extiendo la mano para despedirme.

—¿Usted no viaja? —me pregunta el Che.

—No, ésas son mis instrucciones.

—Entonces yo tampoco viajo —dijo cortante, y dando media vuelta se alejó, temiendo seguramente que se tratase de alguna trampa tendida por la CIA o por algún otro enemigo. Recordaría que su gran amigo Camilo Cienfuegos había muerto en un sospechoso accidente aéreo. Yo sentí que el mundo se derrumbaba y que la trabajosa operación estaba a punto de fracasar, por lo que opté por transgredir mis instrucciones y subir al avión.

Durante el trayecto de cuarenta y cinco minutos, Guevara durmió plácidamente apoyado en el hombro del director para Asuntos Latinoamericanos de la cancillería cubana, Ramón Aja Castro. Yo aproveché para repasar las premisas a cuyo acuerdo se había llegado con la participación del Che, de Almeida, de Goodwin y la mía. Cuando llegamos al pequeño aeropuerto privado de don Torcuato, nos esperaba la custodia presidencial a cuyo frente estaba un elegante y ceremonioso capitán de fragata. Descendí primero y aconsejé al Che permanecer en el Piper hasta que yo le hiciera señas de que estaba todo bien.

Sin darme tiempo a nada el jefe de la custodia se dirigió hacia mí y haciendo la venia, bien aleccionado, me informó de que había sido designado para custodiarme y que respondía por mi seguridad con su propia vida. Yo le agradecí pero le susurré que no era a mí a quien debía custodiar sino al comandante Guevara y señalé a quien, ya advertido, descendía la escalerilla. Nunca olvidaré que al capitán de fragata Fernando García, de la sorpresa, se le cayeron los blancos e inmaculados guantes sobre la pista.

Llegamos a la Quinta Presidencial de Olivos a las nueve de la mañana y enseguida Frondizi y Guevara se encerraron en un pequeño salón a solas. Antes el presidente dio orden a la custodia de esperarlo en el salón contiguo, quizá con la intención de que demorasen en dar aviso a sus respectivas fuerzas armadas.

La reunión duró tres horas y a su fin Frondizi me convocó para informarme de que había sido muy satisfactoria, comentario que el tiempo pondría en duda ya que el presidente argentino sería derrocado algunos meses más tarde, y uno de los pre-

textos del golpe militar sería su encuentro clandestino con el
«jerarca comunista comandante Guevara», como rezaría el comunicado golpista. En cuanto al presidente brasilero, no sólo recibiría al Che sino que además lo condecoraría públicamente para
dos semanas más tarde renunciar misteriosamente a su cargo. En
lo que hace a las relaciones Estados Unidos–Cuba un año después se produciría la crisis de los misiles.

Lo que nunca olvidaré es que cuando estaba por despedirme,
Frondizi me preguntó:

—Carretoni, ¿dónde va a dormir esta noche?

Sorprendido, le respondí de forma automática:

—En mi casa.

El presidente me tomó del brazo y me habló en voz baja:

—Ni se le ocurra. Váyase lejos por un tiempo y llévese a su
familia.

Recién entonces, en aquellos tiempos en que la guerra fría
se jugaba con sangrienta saña en países como el nuestro, me di
cuenta del riesgo que había corrido y que correría por un tiempo
largo. Pero ésa es otra historia.

53

Finalizado el encuentro con el presidente argentino, la señora y la hija de Frondizi convencieron al Che de que almorzase un grueso y sabroso bife típico de su patria natal. Luego haría una breve y sorpresiva visita a su tía María Luisa Guevara Lynch de Martínez Castro, hermana de su padre y gravemente enferma. Durante los trayectos cubiertos en esas pocas horas habrá rememorado escenas y lugares de su infancia y de su juventud. Guevara nunca dejaría de añorar su Argentina como lo demuestra su adicción al mate, típica infusión rioplatense, y la circunstancia de haber muerto a pocos kilómetros de la frontera boliviano-argentina, en un proyecto revolucionario que según muchos tenía al país del tango como objetivo final. También practicaba la inclinación argentina por el psicoanálisis, lo que haría que el suyo fuera el único organismo público cubano que exigía que todos los aspirantes a ingresar debían someterse a tests psicológicos para evaluar su personalidad y sus aptitudes.

Pero lo que el Che no supo es que su vida había corrido serio peligro. Enterado de su sorpresiva presencia, el comandante en jefe de la Fuerza Aérea Argentina, el brigadier Rojas Silveira, movido por su odio hacia el comunismo y también porque el presidente Frondizi no le había consultado ni informado, ordenó a su ayudante que tomara dos hombres y asesinara al visitante. Me contará en su casa en Buenos Aires que la orden no se cumplió porque, según el ayudante, habían llegado tarde para interceptar el paso del automóvil de Guevara. «Elegí mal a la persona, no se animó a matarlo.»

Terminada esa gira sudamericana deletérea para los presidentes que entrevistó, Guevara regresó a Cuba consagrado como uno de los máximos exponentes de la revolución latinoamericana, pero no se dormirá sobre esos laureles sino que impulsará una severa autocrítica a la gestión gubernamental que comenzará remarcando sus propios errores. En una reunión del ministerio, en marzo de 1962, diagnosticó por qué la economía de Cuba no funcionaba: «Estuvimos incorporando una cantidad de gente que no produce todavía y también tenemos una burocracia formidable; después están las inversiones mal concebidas y mal hechas, a lo que hay que sumar los gastos suntuarios que hemos hecho. Y todas esas cosas han costado el salario de la gente y la gente ahora tiene dinero y se ha comido todo; nos comimos hasta las vacas, y ahora no hay malangas y hay ochenta líos de éstos… Los culpables somos nosotros y hay que decirlo francamente».

Sin embargo la lista de logros del gobierno es también importante, sobre todo en el rubro educativo en el que, como me reconocerá el primer ministro de Educación, Armando Hart, la participación del Che desde las áreas industrial y económica que estaban a su cargo fue decisiva. Ya había demostrado sobradamente en plena guerra contra Batista la importancia que daba a la formación y el aprendizaje.

Se consigue reducir el analfabetismo de un veintitrés a un tres por ciento. Las campañas de alfabetización movilizan a doscientos setenta mil maestros y ya en 1965 la matrícula de escolarización en Cuba superaba en un cincuenta por ciento al promedio del resto de América Latina; además sus contenidos educativos fueron considerados internacionalmente como los mejores del continente americano.

En el momento más dramático de la crisis económica cubana, Fidel y el Che se atreven a pensar que el futuro del país no está en el campo de las finanzas sino en la formación de sus niños y jóvenes. Y como era hábito en Guevara, pone en acción sus convicciones: invierte en educación, lo que algunos le censurarán como gasto improductivo en aquel presente de privaciones, destinando recursos penosamente logrados a través de esfuerzos sociales en ahorro y austeridades, pero no tiene dudas en apuntar a la realización humana de las próximas generaciones de cubanos. El Che estadista comprende que el futuro de la isla caribeña depende de la formación que se les brinde a sus niñas y niños, y en esa área centra la mayoría de los esfuerzos económicos producidos por la sociedad.

Tampoco ignora que la salud de la población no sólo es una imposición humanitaria de un gobernante hacia sus ciudadanos, sino también una decisión estratégica de primer nivel para el progreso del país. Seguramente recordaría sus experiencias como médico de aquellas personas de bajos o nulos recursos, ante los que los medicamentos eran inútiles porque lo que los enfermaba no eran tanto los virus o las bacterias sino la miseria, el desempleo y la marginación. Para colaborar con el proyecto sanitario convocará a su amigo Alberto Granado, quien abandonará su bienestar caraqueño para hacerse cargo de una de las unidades sanitarias.

Su desprecio por el dinero como fin en sí mismo, aprendido en aquella casa de Guaycurú a orillas del Paraná y en la Villa Nydia de Alta Gracia donde lo que más importaba eran los afectos y el aprender, contribuirá a poner trabas a su gestión al frente de la Dirección de Industrialización porque no dudará en oponerse a las directivas impartidas por Moscú en cuanto al estímulo económico como base de la producción socialista. También con respecto al rol que le correspondería a Cuba en la división internacional del trabajo dentro del bloque socialista: monocultivador de azúcar y proveedor de algunas otras materias primas.

Entre febrero y agosto de 1962, se produjeron 716 sabotajes contra el sistema productivo cubano que provocaron invaluables pérdidas en vidas humanas y dinero. Además los Estados Unidos había convencido a los demás países de América de plegarse al boicot comercial contra la isla, lo que llevó a su gobierno al borde de una crisis económica terminal, que inevitablemente acentuó la importancia de la ayuda soviética. Ésta se otorgaba con condiciones; una de ellas era facilitar la creciente importancia de los afiliados comunistas en el gobierno cubano.

Este avance sobre funciones y espacios de poder fue tan desembozado que provocará una reacción que cuestionará la esta-

linización producida en la directiva de la ORI, la organización
creada en julio de 1961 con el fin de unificar las corrientes políticas que apoyaban al gobierno y dar nacimiento al partido
único que Castro bautizará con el nombre de Partido Único de
la Revolución Socialista (PURS).

Pero a pesar del anuncio el parto del nuevo partido se demora
en un claro desaire a Fidel. Esto se debe a que los del PSP, encabezados por Aníbal Escalante, se propusieron construir un partido comunista tradicional que siguiera en su funcionamiento y
en su estructura los dictámenes del Politburó soviético, colocando
hombres de su confianza en puestos estratégicos de la conducción
partidaria y avanzando sobre áreas estratégicas del gobierno.

Los que, como el Che, optaban decididamente por una alianza con el bloque socialista antes que con Occidente, pero se
oponían a una nueva dependencia, esta vez de la Unión Soviética, observaban con aprensión el sistemático y organizado avance
en el poder de los comunistas ortodoxos.

El 9 de marzo de 1962 se designa la primera junta directiva
de la ORI: trece fidelistas y diez comunistas, pero entre los primeros había varios de baja moral revolucionaria a quienes se sabía
sensibles a eventuales presiones del PSP. Entonces un Fidel claramente disgustado, sintiendo que su liderazgo está en peligro,
desaparece de la escena pública por varios días en que se recluye con Raúl y el Che en su casa de pescador. Reaparece el 27
de marzo con una violenta diatriba contra Aníbal Escalante acusándolo de haber incurrido en vicios contrarrevolucionarios y lo
destituye de la dirección de la ORI produciendo una retracción
de la línea dura, ortodoxa y estalinista. Ésta será reemplazada por
camaradas más actualizados, adaptados a los cambios que se producían en el Kremlin, y, como será el caso de Carlos Rodríguez,
más astutos políticamente y peligrosos adversarios como pronto
podrá comprobarlo el Che.

El embajador del Canadá, George Kidd, redactará un informe para su gobierno:

> Como solución de transacción, a los comunistas tradicionales
> [Fidel] les entregó posiciones importantes en la esfera económi-

ca, sobre todo a Carlos Rafael Rodríguez en el INRA, mientras que los nuevos comunistas [los fidelistas-JGC] recibieron una clara mayoría en la dirección de la ORI. Castro, con este apoyo mayoritario, pudo excluir al viejo comunista Aníbal Escalante, convertido en el chivo expiatorio de la entrega del control de la revolución en manos de los viejos comunistas [18 de mayo de 1962].

En una nota concedida años más tarde a una revista egipcia, el Che desarrollaría su visión sobre lo ocurrido en momentos de la destitución del líder del PSP: «Escalante empezó a copar todas las posiciones importantes. Recurrió a ideas de aislamiento que no permitían la construcción de un partido del pueblo. Algunos de los cuadros de antes llegaron a posiciones de liderazgo y disfrutaron de varios privilegios: guapas secretarias, Cadillacs, aire acondicionado. Pronto se acostumbraron; prefirieron mantener las puertas cerradas para disfrutar del aire acondicionado, dejando el calor cubano afuera. Y allí se paraban los obreros, afuera».

La relación del Che con sus antiguos aliados, los comunistas, se enfriará aún más porque en su condición de ministro de Industria sufrirá los incumplimientos de la ayuda prometida por los países socialistas que llegaba en menor cantidad y calidad de lo prometido, y solía interrumpirse cuando la URSS deseaba presionar sobre Castro en algún tema específico. El déficit de la balanza comercial cubana con los países socialistas llegó a ser considerable y los reclamos para que dicha deuda fuese pagada se transformó en una pesadilla para el Che, quien entonces elaboraría su teoría, expuesta años más tarde en Argel, de que la ayuda de los países poderosos del bloque comunista a las naciones necesitadas del mismo signo, como así también a los movimientos antiimperialistas, debía ser solidaria y desinteresada, y no podía regirse por los mismos parámetros que los créditos intercambiados entre las naciones capitalistas.

En Cuba se habían generado dos tendencias bien claras con respecto a la interpretación de los rumbos económicos a seguir. Por un lado el Che, con los hombres de su entorno, entre los que se distinguían Orlando Borrego, Álvarez Rom, Oltuski y otros, quienes rechazaban una economía a la soviética. Sus adversarios defendían la diferenciación salarial como estímulo a la producción y promovían el manejo independiente de las empresas estatales, libres hasta para determinar su situación financiera en la toma de créditos bancarios. En la práctica eran economías con manejo capitalista dentro de una sociedad políticamente socialista. El Che había pronosticado, con impresionante lucidez y cuarenta y siete años antes de la caída del muro de Berlín, que ésa era una mezcla de imposible viabilidad que llevaría al comunismo a su fracaso. Él, en cambio, ganándose el rótulo de idealista y de ingenuo, postulaba la centralización y la planificación de las producciones agrícola e industrial, y sobre toda otra circunstancia la confianza en el pueblo, que no necesitaba de estímulos materiales para producir más y mejor, sino que su motor debía ser la conciencia revolucionaria una vez que la sociedad socialista progresara hacia el «hombre nuevo».

54

El 20 de mayo de 1962 nació Camilo Guevara March, su primer hijo varón. Diez días más tarde el comandante Ernesto Guevara asistiría a una reunión urgente y secreta convocada por Castro a la que también asistieron Dorticós y Raúl Castro. Les pedía ayuda para decidir un tema extremadamente delicado propuesto por Nikita Kruschev. Los soviéticos querían instalar misiles nucleares en la isla con el argumento de fortalecer la defensa de Cuba. Después de varias horas de discusión llegaron a la conclusión de que debían aceptar por distintas razones, una de ellas era que la presión de la URSS era fuerte y nuevamente habían apelado al chantaje de sugerir una disminución y hasta una suspensión de la ayuda si la respuesta era negativa; otra fue que los informes de los servicios cubanos advertían que la incansable CIA estaba en la fase final de un plan insurreccional con el que se proponían derrocar de una vez por todas al gobierno castrista.

El Che había sido uno de los más decididos en la aceptación y nuevamente Fidel le encargaría un tema tan delicado como ése. Con la excusa de tratar asuntos económicos, viajó a Moscú con Emilio Aragonés y Osmany Cienfuegos, hermano de Camilo, para cerrar un acuerdo que había sido avanzado por Raúl y Kosygin en una visita previa a Moscú.

Luego de varias reuniones con los delegados del gobierno, el 30 de agosto finalmente se reunió con Kruschev para cerrar el trato. Los cubanos pidieron que se hiciera público el tratado, pero los soviéticos dieron largas al asunto y cuando le llegó el turno de firmar al premier —Guevara ya lo había hecho—, introdujo los papeles en su bolsillo con el pretexto de que quería leerlos con más detenimiento. Es decir que el acuerdo nuclear quedó cerrado con la rúbrica de sólo una de las partes. Al día siguiente la agencia comunista TASS informaría de que el comandante Guevara había firmado un acuerdo de colaboración en asuntos técnicos, agrícolas, siderúrgicos y militares.

Emilio Aragonés le contará a Coco López en La Habana: «Nosotros llevábamos a nombre del Gobierno Revolucionario un borrador de acuerdo para discutir con la parte soviética, encabezada por el propio Nikita Kruschev y su ministro de Defensa, Rodion Malinovski. Durante el viaje el Che, Osmany y yo hicimos escalas en aeropuertos occidentales porque a principios de los años sesenta no existían los vuelos directos entre La Habana y Moscú, y por eso tuvimos que cuidar en todo momento del borrador y estar en condiciones de destruirlo en caso de que surgiera una inspección que lo pusiese en peligro. Por suerte eso no ocurrió y llegamos con el documento a Moscú donde los compañeros soviéticos hicieron copias y fue la base del acuerdo al que se llegó».

Los cohetes rusos entraron en Cuba sin ser descubiertos por los servicios de inteligencia americanos. En la conferencia de La Habana, en enero de 1992, Fidel Castro confesó que veinte de los cuarenta y dos misiles instalados por la URSS en la isla de Cuba contenían ojivas nucleares, y seis lanzacohetes tácticos llevaban en sus cabezas cargas radiactivas, además de veintiséis baterías de misiles tierra-aire SAM-2, cuarenta y dos interceptores MIG, cuarenta y dos bombarderos IL-28, doce buques misilísticos Komar, etc., un impresionante arsenal listo para ser disparado en cuanto los norteamericanos desembarcaran en suelo cubano. Robert McNamara, secretario de Defensa de EE.UU. durante la presidencia de John Kennedy, quien también participara en dicha conferencia, mostró su asombro al escuchar la confesión del primer ministro cubano. También cuando Alexander Alexeiev, embajador soviético en La Habana durante la crisis, y Sergo Mikoyan, hijo del entonces canciller soviético, confirmaron una cifra cercana a los veinte mil soldados soviéticos de élite en la isla.

No bien los vuelos de reconocimiento detectaron las bases, los Estados Unidos dio la alerta y denunció al mundo la existencia de los misiles soviéticos en Cuba. La agencia TASS respondió que se trataba de armas defensivas de escaso poder, pero el 22 de octubre de 1962, en un mensaje televisado, el presidente Kennedy confirmaría con expresión grave la existencia de bases nucleares en Cuba y anunció que se establecería un cerco.

Desde la URSS ordenaron a sus buques, que navegaban hacia Cuba con un cargamento de armas nucleares, que desconocieran el bloqueo y en la isla se decretó la «alarma de combate». El Che nuevamente fue designado jefe del Ejército Occidental y al día siguiente llegó a Pinar del Río convencido de que el estallido de la guerra era inevitable e inminente. A pesar de la inmensa tragedia que se cernía sobre la humanidad, su espíritu guerrero superaba a cualquier otra consideración y podía decirse que anhelaba ese castigo apocalíptico al país al que consideraba culpable de los peores males del planeta, aunque ello conllevase su propia muerte y la de muchísimas cubanas y cubanos.

Según informes de sus agentes en Washington, Fidel comunicará a Kruschev que la agresión norteamericana se produciría en veinticuatro o setenta y dos horas, y con la lógica de la supervivencia le rogó que su poder nuclear se anticipase al del enemigo. También ordenó disparar contra los vuelos espías y fue derribado un avión U2 de los Estados Unidos.

Luego de negociaciones durante las que el mundo contuvo el aliento, sabiendo que se estaba al borde del temido apocalipsis atómico con que la guerra fría venía amagando desde hacía años, el 28 de octubre Moscú cede ante el ultimátum de Washington. El Che ajedrecista comprendería que la soviética había sido una jugada magistral pues a cambio del retiro de sus misiles cubanos, imposibles de sostener por la intolerable vecindad con el enemigo, los Estados Unidos desmantelarían sus bases nucleares en Turquía, que desde hacía ya un tiempo eran pieza importante de su dispositivo de defensa-ataque.

Tampoco le fue mal a Kennedy, quien había mostrado a sus connacionales y a los extranjeros una actitud de firmeza que había obligado a Kruschev a ser «el primero en pestañear», como diría su asesor en la Casa Blanca, Dean Rusk. Fortalecería su imagen deteriorada por los contratiempos de Vietnam y de bahía de Cochinos que habían arrastrado al jefe de la CIA, Allen Dulles.

Pero Castro se sintió defraudado porque la URSS no lo había consultado y por haberse enterado del regreso de la flota soviética a través de los noticieros radiales. Estalla de rabia y trata a Kruschev de «hijo de puta, pendejo y culero», y un par de días después, en la Universidad de La Habana insistirá en que al ruso le faltaron «cojones». Enardecido, rechazará la promesa norteamericana, en cumplimiento de uno de los puntos del acuerdo con los soviéticos, de no invadir la isla y a cambio exigirá el fin del bloqueo, de las actividades de sabotaje, de los vuelos de espionaje y reclamará la devolución de la base de Guantánamo. Tampoco aceptará una inspección de las Naciones Unidas para constatar el retiro de todos los misiles.

Gran parte de la ciudadanía cubana saldrá a la calle a gritar la consigna: «Nikita mariquita, lo que se da no se quita», en una demostración de admirable coraje o de ciega irresponsabilidad porque de no haber reculado Kruschev todos ellos hubieran sido pulverizados por el armamento nuclear norteamericano. Los chinos, sus enconados rivales en el campo socialista, aprovecharon lo que parecía un acto de debilidad y calificaron el retiro como «la mayor traición desde aquella de la socialdemocracia alemana al inicio de la Primera Guerra Mundial»; tampoco faltaron los enemigos internos en Moscú que dieron una interpretación sesgada, y seguramente el asunto cubano no fue ajeno a la cercana defenestración del premier ruso en octubre de 1964.

El fantasma de la agresión volvía a agitarse y Fidel dialogaría, como era habitual, en monólogos de horas de duración con muchedumbres reunidas en la plaza de la Revolución: «Si nos atacan lucharemos hasta el final. Si los cohetes hubieran permanecido en Cuba, los utilizaríamos dirigiéndolos contra el corazón de los Estados Unidos, incluyendo Nueva York, en nuestra defensa contra la agresión. Pero como no los tenemos, lucharemos con lo que sí tenemos… Algunos en Europa dicen que se ha ganado una gran victoria, pero nosotros decimos que si bien la guerra se ha evitado eso no significa que se haya asegurado la paz. Y preguntamos si a cambio de una ganancia menor sólo hemos prolongado la agonía. Hasta ahora, lo único que ha sucedido es que se ha evitado el enfrentamiento».

Por su parte, el Che volcó su indignación por los soviéticos y su admiración por los cubanos en un artículo: «Es el ejemplo escalofriante de un pueblo que está dispuesto a inmolarse atómicamente para que sus cenizas sirvan de cimiento a sociedades nuevas, y que cuando se hace, sin consultarlo, un pacto por el cual se retiran cohetes atómicos, no suspira de alivio, no da gracias por la tregua; salta a la palestra para dar su voz propia y única, su posición combatiente, propia y única, y más lejos, su decisión de luchar aunque fuera solo».

En noviembre de ese año, el Kremlin envió a Anastas Mikoyan para tratar de suavizar las relaciones con Cuba. El Che no fue invitado a la reunión, en la que participaron Fidel, Raúl, Dorticós, Aragonés, Carlos Rodríguez y el embajador de la URSS, Alexeiev. El encuentro fue frío y nada se informó sobre su resultado. Su ausencia tenía lógica pues el Che era cada vez más crítico con la URSS y, aunque negaba su adhesión al bando chinoísta, parecía reivindicar la posición de Mao de contar con las propias fuerzas y no esperar nada del capitalismo ni de los soviéticos.

Cada día más indignado porque los países socialistas no cumplían sus contratos con Cuba y, además, muchos de los productos que enviaban eran de mala calidad, el Che ya no se cuidaba de cuestionar públicamente algunas de las carencias del régimen de la URSS, como lo que llamó la «catástrofe agrícola»: «No se entiende que tras cuarenta y cinco años de revolución se sigan produciendo esas fallas. Algo anda muy mal … No sólo se trata de que tengan un sistema más justo que los Estados Unidos, debería ser más productivo».

El astuto político que es Fidel no perderá la oportunidad de aprovechar los deseos soviéticos de indemnizar a Cuba por lo inconsulto de su decisión, y entonces recorrerá la URSS en un largo viaje que durará cuarenta días, sellando pactos de gran importancia económica y política para su país. A pesar de haber sido invitado, el Che no viaja porque prefiere no importunar a Castro en la firma de acuerdos estrechamente relacionados con su ministerio pero que, sus sospechas quedarán confirmadas, girarían en torno a la consolidación de Cuba como productor de azúcar y algunas otras materias primas y agrícolas dentro de la división socialista del trabajo, abdicando explícitamente del programa de industrialización, desactivado desde hacía ya meses. Quizá el Che comprendió que a esas alturas de los acontecimientos a Fidel no le quedaba otra alternativa, constreñido a gobernar un país pobre y pequeño en plena crisis económica y sometido al acoso de su poderoso vecino.

El 14 de junio de 1963, el argentino cumplió treinta y cinco años, y lo celebró con un regalo muy especial: el nacimiento de su cuarto hijo. La pequeña se llamó Celia, en honor a su abuela, quien en Buenos Aires afrontaba momentos difíciles. Había sido detenida en la frontera con Uruguay acusada de transportar literatura comunista, aunque el verdadero motivo era su parentesco con el Che y su militancia en apoyo a la revolución cubana. No era el primer problema que tenían los Guevara en la Argentina pues el año anterior había explotado una bomba en su domicilio de la calle Aráoz.

Desde la cárcel del Buen Pastor, donde permaneció dos meses, su madre le daría otro argumento al Che para enconarse con el comunismo ortodoxo, ya que a doña Celia la habían alojado junto a otras presas políticas, militantes del comunismo argentino, quienes se habían ensañado con ella, quizá siguiendo instrucciones del partido, dispensándole un trato peor que el de las celadoras: lideradas por la estudiante de medicina Fanny Edelman, le apagaban las luces para que no pudiera leer y le impedían practicar deportes en el patio durante las horas de recreo.

En una carta a su hijo, Celia escribirá con el compartido código de la ironía: «Como ves, [la cárcel] siempre provoca pensamientos elevados. Es un deformatorio maravilloso, tanto para los presos comunes como para los políticos: si sos tibio, te volvés activo; si sos activo, te volvés agresivo; y si sos agresivo, te volvés implacable».

55

En ese tiempo, en una de sus charlas en el Ministerio de Industria, el Che se enfrascó en una reflexión que denunció su estado de ánimo algo depresivo, vuelto sobre sí mismo, como evaluando los pasos a seguir: «Hay una serie de compromisos que cumplir que prácticamente consumen el día entero y se está presionado incluso en las horas de sueño; no se hace otra cosa que estar pensando en el trabajo. Todo esto va llevando, poco a poco, a una abstracción de la realidad y del hombre como individuo; ya no se considera a la gente como gente, como problema personal, sino que se la considera como soldado, como número en una guerra que hay que ganar, que es porfiada, que es continua. El estado de tensión también es continuo y lo único que se ve son los grandes fines. Frente a estos grandes fines se va olvidando, poco a poco, la realidad cotidiana y esto me pasó a mí, como seguramente les ha pasado a muchos».

Después agregó: «Yo puedo decir que no conozco un cabaret ni un cine ni una pista; es que no conozco una casa de La Habana, no sé cómo vive el pueblo de Cuba. Tenemos que hacer algo para que este organismo sea un poquito más vivo, para que no sea tan deshumanizado».

Una condición del aventurero, de acuerdo al retrato que de él hace Jean-Paul Sartre, es su soledad, su distanciamiento afectivo. El Che no ha conocido relaciones estrechas ni siquiera con sus esposas, con las que ha estado poco y mal. A su más cercano colaborador, Orlando Borrego, sólo lo ha visitado una vez en su casa a pesar de la proximidad con la suya. En su diario de la campaña africana reconocerá que «tendía a alejarme del contacto con los hombres, sin contar con que hay ciertos aspectos de mi carácter que no hacen fácil intimar». Guevara se relacionará con abstracciones antes que con personas: amará a la Revolución con mayúsculas y odiará al Imperialismo con mayúsculas, castigará con la muerte a la Traición y premiará hasta el sacrifico personal al Coraje.

El Che parecía en aquellos días haber tomado dramática conciencia de que se había deshumanizado hasta el punto de casi no dedicarle tiempo a su familia. Tampoco cuidaba su salud. Para que el asma no le impidiera trabajar hacía experimentos que terminaban perjudicándolo aún más. Según me contó Óscar Fernández Mell, «se metía adrenalina con el nebulizador, y eso le dilataba los bronquios. Pero también lo intoxicaba y le producía dolores de abdomen y tremendos dolores de cabeza. Usaba además suero con cortisona que es un antiinflamatorio, pero lo hinchaba deformándole la cara, y además tomaba líquido abundante para diluir la adrenalina en el organismo».

Sus dificultades en la política interna habían avivado su interés por lo exterior, y su vocación por apoyar las insurrecciones antinorteamericanas en cualquier lugar del mundo, sobre todo en Latinoamérica, cobró ímpetu. Eso hacía que una caravana de dirigentes de grupos revolucionarios se dirigieran a La Meca de la guerrilla para entrevistar a su símbolo planetario y reclamaran orientación, entrenamiento y ayuda en armas, hombres y dinero. Para ello el argentino, con la anuencia de Fidel, había creado un organismo dentro del Ministerio del Interior al que dio el nombre de Liberación y que fue puesto bajo el mando de Manuel Piñeiro, «Barbarroja», a quien secundaría un alto oficial de la inteligencia cubana, Juan Carretero, «Ariel».

Entre quienes intentarían exportar la exitosa experiencia guerrillera cubana a sus respectivos países se contará Julio Cáceres, «Patojo», el amigo del Che con quien se había ganado penosamente la vida como fotógrafo en las calles de México. El joven guatemalteco había convivido varios años con él y con Aleida. En marzo de 1962, cuatro meses después de su partida, el Che se enteraría de su muerte en combate cuando el foco fue aniquilado por las fuerzas del dictador Ydígoras Fuentes.

En *Verde Olivo* el Che escribiría una sentida semblanza de Patojo, en la que contará que en su despedida le recomendó enérgicamente las tres claves del éxito guerrillero: movimiento constante, cautela constante y vigilancia constante, mandamientos cuya transgresión conducirían al argentino a su muerte en Bolivia.

También daría apoyo a los nicaragüenses Carlos Fonseca y Tomás Borge, base del futuro Frente Sandinista de Liberación Nacional, que llegarían al gobierno de su país, y a las Fuerzas Armadas de Liberación Nacional de Venezuela, con embozado predominio comunista, que se sublevaron contra el proyanqui presidente Rómulo Betancourt.

Pero lo que más interesaba al argentino era generar un foco guerrillero en su patria al que se incorporaría una vez que hubieran hecho pie. Ya entonces su decisión de alejarse de Cuba era firme. Para eso convocará a su amigo y compatriota Jorge Ricardo Masetti, quien había renunciado a la dirección de Prensa Latina por sus conflictos con los comunistas que habían maniobrado para desplazarlo y adueñarse de esa agencia de noticias creada por Fidel y el Che para contrarrestar a las agencias norteamericanas United Press y Associated Press.

Masetti enrolará entre la colonia argentina residente en Cuba a la base de su grupo guerrillero que denominará Ejército Guerrillero del Pueblo, al que se agregarán algunos jóvenes que habían sido miembros activos del Partido Comunista argentino pero, cansados de las políticas reformistas impulsadas por su dirigencia, se encaminarán a probar la experiencia armada como método político de lucha. Fue Alberto Granado quien los reclutó en Argentina adonde viajó siguiendo instrucciones de su amigo Guevara. Ese reducido grupo inicial se someterá a un intenso entrenamiento en Cuba y en Argelia, y Masetti pasará a llamarse comandante Segundo en aparente referencia a un personaje gauchesco de la literatura argentina, Don Segundo Sombra, pero que en lo real aludía a la existencia de un comandante Primero: el Che.

El proyecto le era tan próximo que el argentino comprometió en él a dos de sus cuatro escoltas personales, que habían combatido a sus órdenes en la Sierra y con los que mantenía relaciones muy estrechas. Hermes Peña perderá la vida y Alberto Castellanos, en cuya casa se celebró su matrimonio con Aleida, pasará varios años preso en las cárceles argentinas. En cuanto a los otros dos custodios, Pombo no será convocado porque llamaría mucho la atención en un país donde los negros son una rareza, y Argudín pasaba por una situación afectiva que no agradaba al Che, lo que lo había alejado circunstancialmente de su lado.

La incorporación de José María Martínez Tamayo, «Papi», amigo del Che y que había desempeñado cargos de responsabilidad en distintos emprendimientos guevaristas hasta perder la vida en Bolivia, y de Abelardo Colomé Ibarra, «Furri», mano derecha de Raúl Castro y hoy ministro del Interior, indica la importancia que se le dio al proyecto que contó con la amplia colaboración de Fidel y del gabinete. Algunos por consideración y confianza en el argentino, y otros porque ésa sería la vía más fácil de desembarazarse de su irritante presencia.

Guevara también se daba tiempo para responder correspondencia:

La Habana,
31 de mayo de 1963

Año de la Organización
Compañeros de la Planta
Ensambladora de Motocicletas
Unidad 0-1 E-C- Automotriz
Lorraine n.° 102
Santiago de Cuba

Compañeros:
Hay un error en sus planteamientos. Los obreros responsables de la producción de cualquier artículo no tienen derecho sobre ellos. Ni los panaderos tienen derecho a más pan ni los obreros del cemento a más sacos de cemento; ustedes tampoco a motocicletas.

El día de mi visita observé que se usaba uno de los triciclos como especie de guagüita, cosa que critiqué y en esos mismos instantes un miembro de la Juventud Comunista salía a hacer tareas de la Organización en una moto, cosa que critiqué doblemente, dado el uso indebido del vehículo y la incorrecta actitud de usar el tiempo retribuido por la sociedad para tareas que se supone sean una entrega adicional de tiempo a la sociedad, de carácter absolutamente voluntario. En el transcurso de la conversación manifesté que iba a ocuparme de ver las condiciones de pago; y si fuera posible entregar máquinas a algunos obreros y técnicos.

Al pasar al Ministerio de Transporte toda la tarea de distribución y comercialización de las máquinas, no se ven las posibilidades de que esto suceda.

Con saludos revolucionarios de,

«Patria o Muerte. Venceremos»

COMANDANTE ERNESTO CHE GUEVARA

Su mayor distracción era el ajedrez aprendido de su padre, don Ernesto, en las largas tardes de inmovilidad asmática en Alta Gracia. En 1963 participó en torneos dentro del Ministerio de Industria, en los que alcanzó el tercer puesto, y cumplió uno de sus sueños al jugar una simultánea con Boris Spasski en el torneo Capablanca. Poco después se enfrentó al maestro argentino, Miguel Najdorf, a quien le sacó tablas. En una oportunidad el Che confesó: «Cuando salí del ministerio llamé a mi esposa y le dije: "Voy a visitar a mi segunda novia", y entonces Aleida me contestó: "Ya sé, vas para el ajedrez"».

De allí en más, además de jugar al ajedrez y a medida que disminuía su protagonismo en la política cubana, dedicaría parte de su tiempo a seguir con atención las evoluciones del comandante Segundo y sus hombres.

56

EL MALETÍN PARA PERÓN

*Habla Jorge Serguera, «Papito», primer embajador
de Cuba en Argelia**

Argelia acababa de lograr su independencia luego de una prolongada y sangrienta lucha contra Francia. Conocí a Jorge Ricardo Masetti en Argel cuando me vino a visitar en la embajada. Argentino y periodista, fue el primer corresponsal sudamericano que entrevistó a Fidel y al Che en la Sierra Maestra. Sobre aquella experiencia escribió un memorable libro, *Los que luchan y los que lloran*, que tuvo mucha difusión y que dio lugar al surgimiento de organizaciones de solidaridad y apoyo al movimiento cubano en diversos países del continente.

Luego del triunfo de la Revolución, volvió a Cuba con el propósito de realizar nuevas entrevistas entre las que naturalmente se hallaban las de Fidel y el Che. Como resultado Masetti fue designado director de la agencia de prensa PL (Prensa Latina), en la que también tendrían que ver García Márquez y Rodolfo Walsh.

En sus frecuentes diálogos con el Che llegaron a la conclusión de que era imprescindible abrir un frente guerrillero en el norte de Argentina, con el propósito de aprovechar que el presidente Frondizi había sido derrocado por un golpe militar. Además al abrir focos guerrilleros se descomprimía la presión norteamericana sobre Vietnam y sobre Cuba.

Argelia era la última escala de un viaje de Masetti a la Argentina, como parte del plan concebido con el Che, y que debía con-

* Entrevista realizada por el autor en La Habana, Cuba, el 15 de octubre de 2002.

cluir con un alzamiento en la provincia de Salta donde, según ellos, había condiciones sociales y geográficas muy semejantes a las de la Sierra Maestra. Su pequeño grupo, que también integraban dos custodios del Che, Alberto Castellanos y Hermes Peña, lo que da una idea de la importancia que le prestaba el argentino a la operación, era un destacamento avanzado de exploración de la zona en la que debía desarrollarse el futuro asentamiento guerrillero. También participaba Ciro Bustos, que saltaría a la fama cuando fue apresado en Bolivia con Régis Debray, y otros tres argentinos. Se habían entrenado en Cuba y también en Praga.

Fue entonces, marzo de 1963, cuando recibí una extraña e inesperada visita: dos argentinos de apellido Luco y Villalón se presentaron como mensajeros del ex presidente argentino, derrocado y asilado en España, Juan Domingo Perón. Me contaron que habían estado varias veces en La Habana y que el Che los había recibido. Querían continuar ese contacto a través mío, lo que me sorprendió pues no pude entonces aclarar si eso había sido a instancias del Che o de Perón.

Mi impresión de esos emisarios no fue buena, pues los noté con una desenvoltura histriónica y se mostraban tan de acuerdo entre sí que lo que decían y hacían parecía producto de ensayos. La conversación giró en torno a la situación en Argentina y a la apreciación que de ella tenía el general Juan Domingo Perón, conjuntamente con interrogantes y afirmaciones que yo no podía identificar si pertenecían a ellos o a Perón, para quien con mucho remilgo pedían ayuda para llevar adelante sus proyectos.

A lo largo del encuentro no pude hallar respuesta a la pregunta: ¿Por qué esta entrevista en Argel? ¿Por qué conmigo? Ello me hizo sospechar y los despedí con la promesa de trasladar sus propuestas al presidente Castro y al comandante Guevara, y subordiné la aceptación a concurrir a Madrid para encontrarme con Perón a la decisión que se tomase en La Habana.

Esa misma noche llamé a Masetti. Le hice una síntesis de lo ocurrido y le pregunté si pensaba que esos hombres sospecharían algo de la expedición guerrillera que estaba en marcha. Decidimos que lo mejor sería que yo volase a La Habana para consultar al Che sobre el asunto.

Guevara me escuchó con mucha atención y finalmente tomó la decisión de que yo fuese a Madrid a ver a Perón. «Le vas a llevar algo de mi parte.» Después se quedó un rato pensativo, envuelto en el humo de su cigarro, y al cabo me preguntó: «¿Tú crees que Ben Bella estaría dispuesto a darle acogida?». Le respondí que creía que no habría inconvenientes porque en Argel no había embajada argentina y Perón no era un problema para el islam.

«Eso mejoraría su imagen en América Latina, porque Franco no goza de prestigio en los sectores populares del lado de acá del Atlántico. De todas maneras no hables con Ben Bella hasta saber si Perón está de acuerdo.»

Al despedirnos me era claro que el Che estaba muy interesado en el asunto: «Papito, sondea a Perón, trata de ver qué puedes sacar de un diálogo con él. Dile que nosotros estamos dispuestos a ayudarlo». Yo le pregunté qué podía esperarse de Perón, a lo que respondió: «No sé. Ten presente que tú eres el primero que puede ofrecerme un punto de vista diferente acerca de él; hasta el momento yo sólo he hablado con sus enviados que tampoco me han dado una buena impresión. Me interesa tu perspectiva sobre este asunto. Ve qué puedes sacarle».

Perón era el líder indiscutido de las mayorías populares argentinas y su apoyo sería de enorme significación para los proyectos del Che, y a su vez éste podría sumarle un prestigio y una convocatoria internacional de la que aquél carecía. Pero el Che también sabía que no era fácil confiar en ese compatriota con fama de maquiavélico, astuto y corrupto. Además, cuando partió definitivamente en 1953 en su segundo viaje, lo hizo porque no toleraba vivir en una Argentina gobernada por Perón. Pero desde entonces mucha agua había pasado bajo los puentes.

Salí de La Habana de regreso a Argel vía Madrid. Antes informé a Fidel de la misión que llevaba de parte del Che para encontrarme con Perón pero no hizo ningún comentario. A mi llegada me hospedé en el hotel Plaza y localicé a Luco y Villalón, quienes me informaron de que Perón me recibiría el día siguiente a las once de la mañana.

Me levanté temprano. Puntualmente a las 10 am pasó Luco

a buscarme. Parado en la puerta de su quinta Puerta de Hierro, en el residencial barrio madrileño del mismo nombre, me esperaba un sonriente Perón y a su lado, también amable, Villalón.

Alto, de sesenta y ocho años, de pelo teñido de un negro que ocultaba todas las canas, corpulento y en buen estado físico, Perón disimulaba muy bien sus años. Dueño de un innegable carisma y exhibiendo una soltura casi profesional, comenzó con preguntas y afirmaciones que me llevaron pendularmente del acuerdo a la perplejidad. Preguntó con familiaridad por Fidel y por Ernesto.

Consideré que ya era el momento y le entregué el maletín con los dólares subrayando que era el Che quien se lo enviaba. Lo tomó, lo puso a un lado sin abrirlo y continuó hablando sin darle importancia. Cuando fue mi turno dije:

—La situación en Cuba se ha normalizado bastante luego de la crisis de octubre. Kennedy mantiene el embargo económico que nosotros calificamos de bloqueo y persiste en el hostigamiento. Por otra parte usted conoce que, salvo México y Uruguay, todos los países de América Latina han roto con nosotros y persisten en su política de aislamiento. La URSS nos ayuda y pienso que podremos resistir.

—Ustedes saldrán airosos de la embestida norteamericana —dijo Perón—. Los norteamericanos son unos intervencionistas a los que cada vez les será más difícil mantener manumitida a América Latina. Creo que se producirán cambios radicales en el continente sudamericano que contribuirán al triunfo de vuestra política.

Esto último lo dijo sugestivamente aunque se me escapó su sentido. Entonces le sugerí la idea de mudarse a Argel y lo interesante que sería que luego aceptase residir en La Habana. Sonrió y afirmó que lo pensaría. Entonces se refirió a la Argentina:

—Los últimos acontecimientos son muy favorables; el gobierno se halla entre la represión o el derrumbe. Todo variará muy pronto.

Nuevamente había querido sugerirme algo pero no quise ahondar en el tema. Cuando me fui de allá concluí que Perón había dicho mucho y no había dicho nada. El resultado del encuentro estaba a medio camino. Dos veces Perón hizo referencia a grandes cambios. Según mi interpretación ambas hacían alusión a situaciones diferentes; una era general y referida al continente dentro de un aire profético avalado por la intuición, y la otra, que quizá se refiriese al abortado intento de regreso a su país que tuvo lugar meses después, aludía crípticamente a un proyecto o a un propósito que como información perdida en una jerga protocolar inoficiosa era susceptible de ser o no captada, quedando siempre el resguardo de «¡Pero yo lo dije! ¡Si no se percataron no es mi culpa!». Para mí lo único que estaba claro era que no quería comprometerse con ningún proyecto cubano.

No fue ése mi último encuentro con Perón. Aquel mismo año me reuniría con él dos veces más, siempre en su casa en Madrid. Las conversaciones en tales ocasiones no fueron más que variaciones sobre el mismo tema, por eso no las relato. No volví a llevarle un maletín de dinero, aunque eso no quiere decir que no los haya recibido por otro conducto.

57

La Habana
20 de febrero de 1964

Año de la Economía
Sra. María Rosario Guevara
36, rue d'Annam
(Maarif) Casablanca
Maroc

Compañera:
De verdad que no sé bien de qué parte de España es mi familia.

Naturalmente hace mucho que salieron de allí mis antepasados con una mano atrás y otra delante; y si yo no las conservo así es por lo incómodo de la posición.

No creo que seamos parientes muy cercanos, pero si usted es capaz de temblar de indignación cada vez que se comete una injusticia en el mundo, somos compañeros, que es más importante.

Un saludo revolucionario de,

«Patria o Muerte. Venceremos»

COMANDANTE ERNESTO CHE GUEVARA

El conflicto del Che con el gobierno y el partido oficial cubanos fue inteligentemente reflejado en el memorando n.° 2333/65 de la CIA, escrito en 1964, que demuestra el nivel de eficiencia no sólo militar sino también intelectual de los agentes destinados a la caza del argentino:

1. El deseo de Castro de alejar a Ernesto «Che» Guevara confirma el cambio en la política cubana que ha estado produciéndose en el último año. El alejamiento de Guevara del poder es aparentemente el resultado de su persistente oposición a las prácticas políticas recomendadas por la URSS. ...

2. Guevara, quien ha sido el vocero de las posiciones más militantemente revolucionarias, desaprobó el alineamiento de Castro con la URSS en la disputa chino-soviética y su tendencia a disminuir el rol de Cuba como catalizador y soporte de revoluciones en América Latina y en África...

3. Mientras gozó del favor de Fidel Castro el Che Guevara fue uno de los más importantes arquitectos de la economía cubana. Retuvo dicho rol por algún tiempo, aun después de que su plan de industrialización hubiese demostrado su fracaso y otras de sus políticas fuesen cuestionadas. Fue en julio de 1964 cuando el presidente Dorticós asumió también como ministro de Economía y director de la Junta de Planeamiento Estatal (JUCEPLAN), cuando la posición de Guevara comenzó a debilitarse. Desde entonces Fidel Castro ha dedicado la mayor parte de sus energías a asuntos internos de Cuba para encontrar remedio a los desastrosos efectos de las anteriores políticas del régimen, la mayoría generadas por Guevara.

4. Desde un comienzo Guevara promovió la rápida nacionalización y centralización de la economía, y para la primavera de 1961 la economía cubana era casi totalmente estatal. Aunque no era un economista formado, Guevara convenció a Castro, contra las objeciones de Carlos Rodríguez y otros, de que era necesaria una acelerada industrialización. Sostenía que una diversificación de la producción agrícola y una creciente inversión en la industria eran indispensables para terminar con la dependencia del azúcar y la esclavitud económica de los Estados Unidos. Castro y Guevara admitieron a fines de 1963 que era necesario discontinuar el plan de industrialización para reasignar recursos a la producción azucarera, pues las políticas de Guevara habían llevado a la economía cubana al nivel más bajo desde la asunción al poder de Castro.

5. Debido a los fracasos de la economía, Castro comenzó a

prestar atención a otros consejeros a fines de 1963. En febrero de 1964 algunas tensiones dentro del régimen salieron a la superficie. Marcelo Fernández Font, presidente del Banco Nacional, publicó un artículo en el periódico *Cuba Socialista* sobre la historia y funciones de un banco socialista. En el siguiente número, Guevara reaccionó con ira y acusó a Fernández de pensar en términos «de la economía clásica» y aun «economía vulgar», de aspirar a hacer del Banco, en lugar del Ministerio de Finanzas, el centro de la economía de Cuba y de querer controlar inversiones y créditos a través del Banco Nacional.

6. … Otro artículo, de Luis Álvarez Rom, ministro de Finanzas y próximo a Guevara, apareció en julio y atacó la posición de Fernández Font. Cuando apareció ese artículo Fernández Font había sido removido de su cargo en el Banco Nacional y designado ministro de Comercio Exterior. Fue remplazado por Salvador Vilaseca Forne, otro cercano colaborador de Guevara. La banca y las finanzas estaban ahora en manos de seguidores de Guevara.

7. … Guevara se oponía a las propuestas soviéticas de promover mayor responsabilidad financiera e independencia en las empresas estatales. Objetaba las tendencias soviéticas a erigir plantas industriales sobre bases de gestión autónoma.

8. La guerra de Guevara era en contra de la descentralización, de la autonomía relativa, de la flexibilidad financiera y de los mayores incentivos materiales … Las orientaciones soviéticas eran visualizadas por Guevara como una amenaza a los incentivos morales que debían ser, a su criterio, la forma predominante en Cuba en la construcción del socialismo.

9. Uno de los más influyentes oponentes de Guevara fue el profesor Charles Bettelheim, un economista francés de orientación comunista … Fue uno de los que convencieron a Castro de que la economía cubana debía basarse en la agricultura durante la próxima década. También lo puso en guardia contra la centralización [que Guevara promovía] …

10. En marzo de 1964 [Guevara] declaró que «es sumamente importante para nosotros defender enérgicamente en todos los frentes el principio de organización centralizada en la economía». Para Guevara la centralización económica era un principio del que los cubanos no podían apartarse sin sacrificar la pureza ideológica … Para Bettelheim una «cierta libertad e intercambio

local» y también «producción individual», podía ser tan benefi-
ciosa en Cuba como lo habría sido en la URSS. Él intentaba decir
a los cubanos que habían nacionalizado en exceso y demasiado
rápido. Una cachetada para Guevara.

11. ... Bettelheim dijo que las «empresas consolidadas» (una
creación de Guevara consistente en la agrupación de empresas
pequeñas pero independientes entre sí) significaban colectiviza-
ción artificial e ineficiente, como era el caso de los garajes. Guevara respondió que «decir que una empresa consolidada es una
aberración es lo mismo que decir que la revolución cubana es
una aberración» ...

12. Más tarde dos cambios en el gabinete evidenciaron la
lucha por el poder de la conducción económica que culmina-
ría con la eliminación de Guevara. El presidente Dorticós fue
designado en dos importantes cargos como un intento de mejorar la desorganizada economía cubana ... En el mismo mes el
protegido de Guevara, Orlando Borrego, fue designado ministro de la Industria Azucarera.

13. La impresión es que la designación de Dorticós fue el
punto de inflexión de la suerte de Guevara ...

14. Dorticós se anotaría una victoria cuando uno de los en-
claves centrales de Guevara fue suprimido. En referencia a las
«empresas consolidadas», Castro dijo en agosto que a «veces las cosas se ponían aburridas, tediosas, intolerables. Sería mejor tener
un garaje que trabaje bien y dé buen servicio a la gente. Eso es
más importante que andar poniendo grandes carteles advirtien-
do que ese lugar pertenece a una empresa consolidada. ¡Quién
sabe cuánta pintura se ha gastado poniendo nombres de empresas
consolidadas!». Algunas empresas consolidadas fueron desmante-
ladas ese mismo año y Castro las ridiculizaría nuevamente lla-
mándolas una «manía».

...

16. Guevara nunca modificó su firmeza revolucionaria
mientras otros líderes cubanos comenzaron a destinar su mayor
atención a los problemas internos ...

17. A mediados de 1964 comenzó a acelerarse el proceso de
institucionalización ... El fervor revolucionario se atemperó y
Cuba comenzó a seguir los consejos de la URSS con mayor fidelidad. Las relaciones con China se deterioraron durante 1964 como
lo atestigua la caída en un cincuenta por ciento de los vuelos

aéreos entre ambas naciones ... Las relaciones fueron aún más tirantes en noviembre cuando Cuba asumió una posición prosoviética en la Conferencia de Partidos Comunistas Latinoamericanos en La Habana ... Guevara continuó oponiéndose vigorosamente a la moderación en la política exterior de Cuba.

Ya condenado a un virtual rol de embajador itinerante, de representante de la revolución cubana en el extranjero, por cuya cabeza la mafia y los exiliados de Miami ofrecían sólo veinte mil dólares contra los cien mil que vale la de Fidel, el 17 de marzo de 1964 viajó nuevamente a Ginebra, esta vez para participar en la Conferencia de Comercio y Desarrollo de la ONU, donde su atención estaría captada por las malas noticias que llegaban desde Salta donde naufragaba su proyecto de desarrollar un foco guerrillero en Argentina.

El «proyecto argentino» siempre estuvo presente en el Che, como lo demuestra el discurso que pronuncia en el festejo de un nuevo aniversario de la independencia argentina ante un público entre los que se encontraba John William Cooke, líder de la izquierda peronista: «Pensemos en que somos parte de un ejército que lucha en cada pedazo del mundo, y aprestémonos a celebrar otro 25 de mayo, no ya en esta tierra generosa, sino en tierra propia, y bajo símbolos nuevos, bajo el símbolo de la victoria, bajo el símbolo de la construcción del socialismo, bajo el símbolo del futuro».

58

EL CADÁVER QUE NUNCA APARECIÓ

*Habla Ciro Bustos, integrante de la intentona guerrillera
de Jorge Ricardo Masetti en 1964 y del foco rebelde del Che
en Bolivia en 1966/67**

Entre las cosas que deben quedar claras es que yo no era un advenedizo que pasaba por Ñancahuazú casualmente y me vi enredado por los acontecimientos, como incluso yo mismo argumenté en mi defensa al caer preso, sino que trabajaba con el Che desde cinco años antes y de que si estaba allí era porque había acudido a su llamado.

Al Che lo conocí en Cuba, donde yo había viajado en abril de 1961, atraído por la revolución. En La Habana conseguí un trabajo providencial en la instalación de una gran muestra industrial checoslovaca, y luego otro más permanente para montar una pequeña fábrica artesanal de cerámica. Paralelamente ingresé en las milicias, lo que significaba guardias nocturnas, trincheras, prácticas, y por si fuera poco me encargaron atender políticamente el barrio de Yaguas —especie de villa miseria—, el mayor al sur de Holguín.

Un día me entero de que andaba buscándome un argentino que conocía mi existencia. Se trataba de Alberto Granado. La amistad surgió rápidamente entre nosotros hasta el punto de que me invitó a alojarme en su casa. El 26 de julio, fiesta aniversario del asalto al Moncada, se celebraría en Santiago y Granado me anuncia que el Che quiere conocerme. Me llevaron a su oficina del Ministerio de Industria a las dos o tres de la mañana, y en una pausa me explicó que no tenía tiempo para una conversación

* Entrevista realizada por el autor desde Malmoe, Suecia, el 18 de noviembre de 2002.

conmigo pero que alguien lo haría en su nombre. Un par de días después fui llevado a la casa de Masetti.

El plan era preparar un grupo, bien entrenado militarmente, que entraría en Argentina a instalar una base guerrillera eventualmente al mando de Masetti como comandante Segundo, hasta la llegada del Che que se produciría ni bien se consolidara el grupo como vanguardia.

Me encontré con todos en una mansión abandonada por sus dueños, huidos a Miami, en uno de los barrios más elegantes de Cuba, Marianao. Pero nuestro «ejército» cabía en una sola habitación. Éramos seis, sumados nuestro comandante y la tropa. Ésta se componía de dos chaqueños reclutados por Granado un par de meses antes en la Argentina; de un médico porteño que trabajaba en La Habana donde hizo amistad con Masetti; de un guajiro auténtico, jefe de la escolta del Che, Hermes Peña, y yo.

Había además un grupo de gente, oficiales de la Sierra, al mando del capitán Olo Pantoja, muerto en La Higuera, y bajo la supervisión general de Manuel Piñeiro, viceministro del Interior y jefe del aparato de seguridad del Estado, que se ocupaban de nosotros en materia de cursos, traslados, prácticas, etc. y una serie de especialistas que nos transferían sus conocimientos y experiencias militares y técnicas. Entre ellos, el actual jefe del Estado Mayor General de las Fuerzas Armadas Revolucionarias de Cuba, Ulises Rosales del Toro. También otro comandante, el entonces jefe de la policía de La Habana y hoy el general de más alto rango en Cuba, héroe de la guerra en Angola, actualmente ministro del Interior, Abelardo Colomé Ibarra, el comandante Furry. Todo ello indica la importancia que, a instancias del entonces ministro de Industria y presidente del Banco Nacional de Cuba, el comandante Guevara, se le dio al proyecto.

Las cosas se aceleraron por la crisis de los misiles que estuvo a punto de echar todo a pique. Cuando amainó la tormenta el Che planteó, de manera irrefutable, que debíamos apresurar el aprendizaje pendiente para salir en el primer vuelo disponible. A mí me habían destinado a los cursos de inteligencia y seguridad que implicaba trabajar con claves, cifrados y descifrados, chequeos y seguimientos, tintas invisibles y embutidos.

El grupo esperaría en Checoslovaquia que se completaran las tareas de infraestructura que estaban diseñadas, pero no resueltas, sobre todo la base estratégica en Bolivia. Allí empezamos a sentirnos retenidos en una trampa. El tiempo pasaba y no se concretaban nuestros planes. Segundo se salía de la vaina y una noche en su hotel, hacia la madrugada, tomó la determinación de viajar para buscar ayuda de sus amigos argelinos Ben Bella y Bumedián, jefes triunfantes recientemente instalados en el poder en Argelia, en cuya lucha contra la Francia colonial había colaborado. Los lazos de amistad y respeto mutuo estaban vigentes, y Segundo volvió a Praga con una oferta de ayuda abierta y sin condiciones para todo el grupo en menos de cuarenta y ocho horas. Hay que decir que Masetti pertenecía a esa clase de hombres especiales, como el Che había escrito hablando de Frank Pais. No por nada eran amigos.

Como un adelanto de algunos errores graves que el equipo cubano de apoyo en La Habana cometería con nosotros, a mí me tocó un pasaporte uruguayo, con las señas de un joven de veintitrés años, de cabellos rubios. Yo tenía treinta años, una calvicie avanzada, y el pelo negro. No pude hacer otra cosa que quejarme al recibirlo al pie del avión, al salir de Cuba. Ahora tendríamos que atravesar controles aduaneros de países europeos arriesgando la seguridad de todo el grupo por una falla de ese calibre. Así fue que recurrí a un frasco de agua oxigenada comprada en una droguería, y con un peine forrado de algodón fui probando hasta que mi pelo pareció encenderse como una lamparita eléctrica y se puso de un rabioso color amarillo. Por suerte viajamos normalmente.

Pero en Argel las cosas seguían estancadas; los mensajes de Papito Serguera, quien había sido designado allí como embajador cubano para colaborar con nosotros, no nos convencían y Segundo estaba otra vez a punto de explotar. Esas tensiones hicieron aflorar conflictos en el grupo, sobre todo en la relación crecientemente conflictiva entre Segundo y uno de los reclutados en el Chaco, Miguel.

Luego de tormentosas reuniones del grupo con Papito, de las que participé a la callada, se decidió mandar a Furry a Cuba con

la misión de ver al Che. Furry fue y regresó en un par de semanas
con noticias no muy alentadoras. La base no estaba lista en Bolivia, los equipos no se habían trasladado; es decir que la infraestructura no funcionaba. El Che nos daba vía libre para manejar-
nos con la ayuda de los argelinos.

Para peor los problemas internos habían empeorado desde
nuestra salida de Checoslovaquia, muy marcadamente en los días
de escala en París, y Miguel empezó a dar señales de querer desertar. Como no encontraba una manera legítima de hacerlo, se
inclinó por acentuar su incompatibilidad personal con Segundo.
La atmósfera se fue tensando entre ellos y una irritación generalizada nos afectaba a todos. Surgirán problemas banales, de
competencia deportiva, que era el campo en que Miguel podía
superar a Segundo, los que condujeron a un enfrentamiento
abierto. Asumiendo mi responsabilidad por la seguridad, promoví
una reunión autocrítica para resolver la situación.

El problema eclosionó sin ninguna chance de arreglo. Segundo ordenó un juicio interno y nos nombró a Federico, el otro
chaqueño, defensor, y a mí, fiscal. Ambos estuvimos de acuerdo
en que no podíamos continuar con Miguel en esas condiciones.
Decidimos apartarlo, pero Segundo insistió en fusilarlo y que los
argelinos se hicieran cargo de la pena.

Partimos, por fin, el 10 de mayo. Arribamos a La Paz y fui a
hacer el primer contacto: la dirección era de un taller mecánico
y el hombre, Rodolfo Saldaña. Después apareció otro boliviano
cedido por el PC para colaborar con nosotros, el Loro Jorge
Vázquez Viaña, asesinado más tarde en Ñancahuazú.

La finca, nuestra base, estaba estupendamente ubicada en el
triángulo que forma Tarija entrando en Salta, entre los ríos Bermejo y Pilcomayo. Zona selvática y montañosa, casi deshabita-
da, tenía un solo sendero que unía la finca, situada justo en el
medio del triángulo, con el camino Tarija-Bermejo que bajaba
paralelo al río Bermejo, en el extremo noroeste del triángulo.

Nos ocupamos, durante unos días, de la tarea de desembalar
los equipos e inventariarlos. Aparte de las armas, que eran las
pedidas por Segundo y buenas, el resto del aporte cubano dejaba mucho que desear o era pésimo. Uniformes de boyscout, de

nailon, mal confeccionados, que no resistirían ni una espina, car-
tucheras tipo Tom Mix con estrellitas, de falso cuero, etc. Pero
nosotros traíamos excelentes uniformes completos y toda la pa-
rafernalia militar de campaña que nos habían regalado los argelinos, lo que nos permitía sonreír de costado.

Armamos nuestras mochilas, bastante cómodas, tratando de
no sobrepasar los treinta kilos, cosa imposible por culpa del peso
del radiotransmisor, generador y trípode, que le tocaba llevar a
Leonardo en su doble carácter de médico y radiooperador, pero
que implicaba repartir su exceso de carga. Quedamos en torno
a los 35-37 kilos, lo que era un disparate. Otro motivo de peso
era el parque. Segundo quiso que lleváramos una dotación de
doscientos tiros per cápita, lo que representaba varios kilos, además del arma. Había que llevar comida para un tiempo prolongado y también ropa, hamaca, frazada, medicamentos, etc. De sólo
pensar en ello, me dan ganas de tachar cosas.

Furry y Federico Méndez fueron los encargados del relevamiento topográfico de la zona, buscando un vado para pasar el
Bermejo. Por fin, una noche, cargamos las mochilas en el jeep y,
vestidos y armados, el pequeño ejército loco se puso en marcha
el 21 de junio de 1963. El objetivo era Argentina, con base de
apoyo en territorio boliviano. Nos llamaríamos Ejército Guerrillero del Pueblo, EGP.

Entonces ocurrió algo que cambiaba la perspectiva política, y
por ende nuestros planes inmediatos. Se producen las elecciones
presidenciales en Argentina, totalmente fraudulentas por la proscripción del peronismo, pero en vez de ganar el candidato de la
dictadura se impone el de la opositora Unión Cívica Radical del
Pueblo, el doctor Arturo Illía, un viejo médico cordobés, pan de
Dios, famoso por su honradez sin tacha. Los militares anuncian que
respetan el resultado y se prepara el retorno a la normalidad civil.
El clima de euforia y buenas intenciones políticas dominaba los
noticieros radiales y nos sumía en un desconcierto total.

Ante esa disyuntiva Segundo resuelve suspender la operación.
Manda a Furry a La Paz para comunicar la decisión al Che, y a
Federico para detener al Loro Vázquez Viaña quien estaba pre-
parando nuestro encuentro con un grupo de jóvenes del PC

boliviano, los mismos que tiempo más tarde se incorporarían al intento del Che, entre ellos los hermanos Peredo. En eso Masetti respetaba uno de los mandamientos del manual guevarista, *La guerra de guerrillas*, en el que podía leerse que el foco guerrillero era impracticable donde hubiera asumido, por buenas o malas artes, un gobierno constitucional.

Pero a las pocas horas me llama Segundo y me comunica: «Pelado, somos unos comemierdas. Las elecciones son una farsa, una trampa del sistema. Nada ha cambiado. Seguimos adelante».

Ya entonces habíamos perdido una quinta parte de nuestras fuerzas. El médico pidió su baja por enfermedad. Era necesario reclutar más gente y soy comisionado para esa tarea, la de consolidar las redes urbanas y organizar el envío regular de abastecimientos y armamento. Ésta pasó a ser la tarea fundamental para mí y desde ese momento iré y vendré varias veces entre el campamento y distintas provincias argentinas. Me fue bastante bien en ello y cuando regreso por primera vez a la base, luego de viajar a Mendoza, nuestras fuerzas eran más del doble que las originales. Mis responsabilidades militares las asumirá Héctor Jouve, un buen cuadro a quien yo había reclutado en Córdoba junto con su hermano Emilio.

Alberto Castellanos, otro miembro de la escolta del Che y tan próximo a él que en su casa se celebró su matrimonio con Aleida, llegó para incorporarse a nosotros. Era un claro indicio de que la llegada del Che era inminente; sólo faltaba que nuestra avanzada terminara de consolidarse.

Compramos una camioneta y creamos una base logística permanente en Salta. A su vez Buenos Aires y Córdoba aportaban el grueso de la gente. Yo bajaba y subía cada mes. Furry vino en una visita y subió conmigo; había venido a coordinar una próxima entrega de material militar que, por su riesgo, debía estar planeada en sus mínimos detalles. Era una importante cantidad de armas, incluidos un par de lanzagranadas chinos con sus proyectiles. Papi Martínez Tamayo, otro de los más estrechos amigos y colaboradores del Che, fue el belicoso rey mago y entró para ayudarnos a trasladar el regalo hasta el campamento, en la zona del Río Pescado, no demasiado lejos de donde pocos años más tarde perdería la vida a manos de los soldados bolivianos.

La guerrilla, ahora bien armada y con excedentes en reserva, alcanzaba ya la treintena de hombres. Habíamos recorrido una extensa región y empezábamos a dominarla en su difícil geografía. Pero la respuesta de los escasos habitantes de la zona era casi nula, pues no eran campesinos pobres y con posibilidad de concientización como en la Sierra Maestra, sino marginales arruinados por la miseria, inútiles políticamente, sin ningún contacto con lo real.

Estaba claro que la fuerza dominante, fervorosa, que pugnaba casi por integrarse a nosotros, era la clase media, obrera y estudiantil, ciudadana. Nada raro en un país en que el ochenta y tres por ciento de la población vivía en las ciudades. No éramos un país campesino; no eran campesinos los pobres seres marginados, refugiados, arrumbados en la selva, que habíamos encontrado hasta ahora. Debíamos trasladar la zona de operaciones, aproximándonos a los cultivos cañeros, donde la explotación era científicamente inhumana, capaz de generar conciencia.

Pero la meta de la revolución colocada por encima de todo, como tótem sobre cualquier otro valor, incluso el de la vida humana, hizo escarnio de nuestros principios, de nuestro sentido básico de la solidaridad. Hubo dos fusilamientos y no fuimos capaces de oponernos a ellos, aun estando en contra.

Uno de los incorporados, un joven porteño, judío, Adolfo Rotblat, «Pupi», demostró rápidamente incapacidad de adaptarse a las exigencias que Masetti imponía a su escuálida columna, sometiéndola a agotadoras marchas y al acarreo de grande pesos a través de lugares de difícil tránsito. El progresivo deterioro físico, pero sobre todo psicológico, de Pupi no hizo sino arreciar los castigos que caían inclementes sobre él hasta su completo desmoronamiento. Su presencia en ese estado no sólo dificultaba los movimientos del grupo sino que también afectaba nuestra moral.

Le propuse que organizáramos su salida pero Segundo opinaba que el estado de Pupi lo convertiría en un inevitable delator, por lo que fue sometido a un juicio que ni siquiera puede calificarse de sumarísimo, y se decidió su fusilamiento. Segundo se lo encargó a uno de los que ese mismo día se habían incorporado, Pirincho, un joven de clase alta originario de Buenos

Aires, que le disparó en la cabeza a un Pupi adormecido con somníferos.

Otro que estuvo a punto de ser fusilado fue Henry Lerner. Es él y no Pupi, como equivocadamente cuenta J. L. Anderson por un error mío al narrarle la secuencia, quien va conmigo en una exploración y al llegar a un río se niega a cruzarlo, me da su arma y me pide que lo mate, que no desea vivir más. Está exhausto y moralmente quebrado. Segundo pone su atención en él y comienza un proceso parecido al de Pupi, pero lo que a la postre salva a Lerner es que otro recluta, un cordobés de diecinueve años, curiosamente también judío como Rotblat y Lerner, Bernardo Groswald, «Nardo», se había incorporado sin un cabal conocimiento de dónde se había metido, tanto que al llegar preguntó cuándo eran las charlas y a qué hora eran las reuniones. Al segundo día ya sollozaba derrumbado sobre el suelo. Fue un grave error que no se le explicase que la vida de un guerrillero es de extremada, casi inhumana dureza.

Masetti estaba ya en un evidente estado de desequilibrio paranoide, veía enemigos por todos lados y todo era motivo de sospecha. Temiendo por la vida de Nardo, antes de otro de mis viajes a Córdoba le hago prometer que me esperará a que regrese con alguna solución para el caso. En el ínterin Pirincho, a quien Segundo estimaba por encima de todos los demás, y quien sin duda habría quedado muy afectado por tener que matar a sangre fría a Pupi, logra que Segundo le encargue ir a Buenos Aires para recoger un cargamento de armas que llegaría desde Uruguay, y que debía recoger en el yate de su familia. Pero Pirincho aprovechará para escapar hacia España y no regresar. Eso afectó mucho a Segundo.

Mientras tanto yo lograba acordar con Gustavo Roca, un abogado cordobés amigo del Che, que acogería clandestinamente a Nardo en su campo de Córdoba hasta su restablecimiento. Pero cuando vuelvo a la base, Nardo ya había sido ejecutado. Héctor había sido su defensor, Federico el fiscal y Hermes Peña, quien sumaba su paranoia a la de Segundo, el presidente del tribunal.

Pero ya las fuerzas oscuras estaban alertadas. El Partido Comunista boliviano había avisado al dirigente uruguayo, Arismendi, de que estaban prestando apoyo logístico a un grupo argentino vinculado a los cubanos. Arismendi lo comunicó a Codovilla, secretario general del PC argentino, quien seguramente dio parte a la policía pues se oponía activamente a la metodología de la lucha armada. A su vez los campesinos y habitantes de la región por donde nuestra camioneta se movía habían comunicado a la gendarmería sus sospechas de una vía de contrabando en la zona.

Nos enteramos de que un par de militantes comunistas de una célula de La Matanza, en la provincia de Buenos Aires, buscaba integrarse. La orden era no relacionarse orgánicamente ni «chuparle» gente al PC. Pero uno de los postulantes se presentaba como un regalo del cielo para quienes tanto caminábamos: era pedicuro, entonces se los incorporó.

No sabíamos en ese momento que estaba ocurriendo una notable coincidencia: tanto el PC argentino como la Policía Federal habían decidido infiltrarnos. Y más curioso aún fue que usaran a las mismas personas.

Yo bajé una vez más a encontrar a Furry en Buenos Aires para conducirlo hasta el campamento. En el viaje hicimos parada en Córdoba, donde lo alojamos en una casa de seguridad mientras yo lo hacía en otra. Por la mañana, subo a un bus para ir en su búsqueda y compro un diario. En primera plana salía la noticia del descubrimiento y captura de un grupo guerrillero en Orán.

La policía había organizado el seguimiento del pedicuro y del otro pero al unirse al grupo, que sale desde Salta, la camioneta que los lleva hace maniobras de despiste y la policía pierde el contacto con sus agentes. Paralelamente, pero sin ninguna vinculación, la gendarmería decide investigar las denuncias por la presencia de supuestos contrabandistas.

Cuando el nuevo grupo se encuentra con los compañeros que han esperado la camioneta para llevarlos de regreso al campamento central, el pedicuro comprende que deben salir entonces o nunca. Finge interesarse por el arma de uno de los guerrilleros y dispara al que está al frente de los demás, Diego, atravesándole el muslo, y luego someten a los otros, dejándolos sin armas y amarrados.

El pedicuro y su cómplice tratarán de encontrar el rumbo,

pero después de andar perdidos varias horas son detenidos por una patrulla de la gendarmería que rastrilla el área buscando contrabandistas. Los gendarmes detienen a los policías y los golpean sin creer en sus verdaderas identidades.

El desarrollo de los acontecimientos posteriores es un tanto confuso para mi memoria. Diego envía a alguien intentando alertar a Castellanos, que ha quedado en la base, pero ésta ya ha sido tomada por los gendarmes sin disparar un tiro. Alarmado, sin saber lo que estaba pasando, Segundo, que estaba en el campamento central, manda a Hermes con otro compañero a evaluar la situación. Chocan con los gendarmes y hay un combate en el que mueren ambos después de matar a un uniformado.

En los dos meses siguientes todo ha terminado. La dependencia del exterior para abastecerse de comida, el total aislamiento y las condiciones del terreno resultaron una trampa mortal. La gendarmería, en la práctica, salvó la vida de los que fue deteniendo porque el resto murió de hambre. De Segundo y su único acompañante no se supo más.

59

También en Perú habían fracasado los intentos apoyados por Cuba. El filotrotskista Hugo Blanco había sido detenido el 29 de mayo de 1963. Otro rebelde, el joven y talentoso poeta Javier Heraud, fue muerto con varios de sus hombres al ingresar desde Bolivia, en Puerto Maldonado, lo que despertará algunas sospechas sobre el comportamiento del PC boliviano posiblemente presionado por su similar peruano, radicalmente opuesto a la lucha armada. A mediados de 1965 también fracasará la tentativa más definidamente procubana de Luis de la Puente, quien dejará su vida, y tampoco prosperará una iniciativa de Héctor Béjar dejando claro que las filas revolucionarias estaban ya infiltradas por el gobierno peruano.

En Ginebra, Guevara volvería a insistir en sus críticas a la explotación de los países dependientes por parte de los países capitalistas desarrollados, pero seguramente también habrá pensado en su amigo argentino John William Cooke, el Gordo, líder de la izquierda peronista, exiliado en Cuba. Éste lo había convencido de que ningún proyecto era viable sin el apoyo del general Perón, quien contaba con la idolatría de los sectores populares y de la mayoría de los poderosos dirigentes gremiales de su país, además de ser la indiscutida cabeza del partido político más numeroso. Aquel cuya caída en 1955, como consecuencia de una asonada militar, le había arrancado un insolente párrafo en una carta a su madre, visceralmente antiperonista: «La caída de Perón me amargó profundamente, no por él, sino por lo que significa para toda América … Estarás muy contenta, podrás hablar en todos lados con la impunidad que te da el pertenecer a la clase en el poder».

A su regreso a La Habana hará escala en Madrid. El testigo del encuentro será Julio Gallego Soto, contador, hombre de confianza de Perón en asuntos comerciales. Éste, años más tarde cuando su vida peligraba, eligió como depositario de su testamento político a su prestigioso colega el contador Alberto T. López, que declaró en la causa judicial abierta por secuestro y desaparición de Gallego Soto, en 1977, a manos de la genocida dictadura.

A fines de abril de 1964, Gallego Soto estaba acostándose para dormir en su lujosa habitación del hotel Plaza de Madrid, el mismo en que se había alojado años antes Papito Serguera, cuando escuchó golpes en su puerta. Al abrir encontró a un sacerdote que con mucha precaución y en susurros le entregó un mensaje manuscrito de Perón. En él le pedía que acudiera de inmediato a su residencia de Puerta de Hierro. Gallego Soto descontó que se trataba de algo importante por lo avanzado de la hora.

Perón estaba rodeado por personas con uniformes verde olivo, casi todos ellos barbudos, con los que parecía pasarla muy bien pues hablaban en voz alta y reían a carcajadas. Gallego Soto los identificó como cubanos. Después Perón se puso serio y le dijo que lo había «convocado para una tarea que requiere una gran reserva y una buena administración». El general pensaba que era el hombre para la función «por lo mucho y bien que lo conozco».

Gallego Soto se enteró entonces de que se trataba de administrar varios millones de dólares del fondo de Liberación, el organismo que Guevara había creado para apoyar los movimientos revolucionarios. Fue entonces cuando Perón se dirigió a alguien que había permanecido en la oscuridad «y para mi sorpresa vi aparecer a un sacerdote capuchino que había estado presenciando la escena anterior y que, al alzar la pantalla de luz, resultó ser el mismísimo Che».

Gallego Soto aseguraría a López que rechazó la propuesta «a pesar de que no era fácil negarse a los pedidos del "viejo" [Perón]», pero algunos indicios demostrarían que no fue así. Rogelio García Lupo constataría que el 26 de octubre de 1964 el encargado de negocios de la embajada cubana en Madrid, Ramón Aja Castro, otorgará una visa a Gallego Soto para llevar adelante una negociación en el Ministerio de Comercio Exterior de Cuba, para colocar un importante embarque de maíz argentino, y el beneficio de esa operación seguramente tendría como destino financiar el acuerdo de Puerta de Hierro.

Fue el mismo García Lupo quien ató otros cabos: «El 17 de abril Guevara estaba de regreso en La Habana. El 29 de abril el cónsul del Paraguay en Madrid emitió el pasaporte 000940 a nombre de Juan P. Sosa, profesor, de sesenta y tres años, nacido en Asunción, y de su esposa, Delmira Remo de Sosa. Las fotos eran las de Perón y Delia Parodi». Ésta era una militante histórica del peronismo, amiga de Eva Perón, quien con muchas mujeres y muchos hombres trabajaban por el regreso del general Perón a su patria.

Ese encuentro y otros que seguramente hubo a posteriori hicieron que el político argentino cambiara su discurso político; ahora amenazaba: «O regreso pacíficamente o lo hago por medio de una revolución». El embajador estadounidense en Buenos Aires, Robert McClintock, envió en esos días un cifrado al Departamento de Estado, cargado de preocupación: «Los peronistas han dado un giro definitivo hacia la izquierda bajo instrucciones de Perón». Y la estación de la CIA en Montevideo reportaba sobre la temible sociedad que Perón y los cubanos habían forjado ese mismo año. Philip Agee, el espía que llevó un diario de su actividad en Uruguay, escribió el 21 de marzo de 1964: «La estación [de la CIA] en Montevideo ha organizado varias operaciones fructíferas contra objetivos peronistas en Uruguay a través de las cuales se ha podido descubrir el apoyo que prestan los cubanos a los peronistas. Una operación de escucha contra el departamento del periodista peronista Julio Gallego Soto nos permitió descubrir la clandestina relación existente entre éste y el antiguo jefe del servicio de inteligencia cubano en el Uruguay».

Una de las consecuencias del acuerdo entre el Che y Perón, siempre ducho en los aspectos económicos de la política, será la habilitación de Villalón para comerciar con exclusividad el tabaco cubano en varios países de Europa. Pero la deslealtad de su colaborador hará que el exiliado de Puerta de Hierro se vea obligado, tiempo más tarde, a enviar un mensaje a La Habana para aclarar que los beneficios de las actividades comerciales de Villalón no reportaban a él ni a su movimiento político.

La gira del Che a la URSS, para participar en 1964 de los festejos del aniversario de la Revolución de Octubre, sería muy distinta de aquella en la que había sido aclamado en el palco de las autoridades. Fue recibido con frialdad y no lo invitaron a reunirse con las máximas autoridades por ser considerado un trotskista simpatizante de Mao. «Yo he expresado opiniones que pueden estar más cerca del lado chino, pero eso no quiere decir que yo adscriba a su bando … Dicen que los chinos son fraccionalistas y trotskistas y a mí también me meten el sambenito», se enojaría el Che a su regreso a La Habana.

Los chinos tratarían de aprovechar la situación, me contará un reconocido guevarista, Ciro Bustos, quien había viajado a La Habana convocado por el Che para informar sobre el fracaso de Masetti: «Allí los chinos me cursaron una invitación a través de uno de sus contactos para que yo fuera a Pekín. La recepción allí fue desmedida: flores, cenas con los alcaldes de Pekín, Shanghai, Siam, etc., y recibimiento en la Asamblea Nacional Popular por el vicepresidente del Comité Permanente. Este alto funcionario, después de una sesión de fotos y de amables saludos, intentó persuadirme de que debía volver a Sudamérica a encabezar una campaña de denuncia contra Fidel Castro por el abandono de la revolución y su alianza con el imperialismo. Pedí que repitieran la traducción porque me sonaba insólito lo que escuchaba. Contesté que en nuestro criterio, había viajado con Héctor Schmukler, y en el de todos los pueblos sudamericanos, Cuba era la cabeza de la única postura digna y revolucionaria del subcontinente, de la que nosotros participábamos y de la que Fidel era el jefe indiscutido. La reunión finalizó antes de lo previsto, y si no terminó peor fue porque en realidad no se trataba de mí sino del Che, era a él a quien hablaban a través mío».

Al dar cuenta del viaje a la URSS ante sus colaboradores, Guevara cuestionó abiertamente su burocratismo y modelo eco-

nómico: «En el sistema soviético no hay ninguna ligazón entre
la masa y el dirigente», dijo. Y agregó, a pesar de que descontaba
ba que alguno de los presentes susurraría lo escuchado en el oído
de algunos de sus adversarios internos: «A pesar de lo que se diga,
el bloque occidental de países europeos está avanzando a ritmos
superiores al bloque de la democracia popular».

Es que hacía mucho que el Che había elegido la sinceridad
consigo mismo y con los demás. No le valían los argumentos de
la prudencia o de la conveniencia; las vivía como claudicaciones,
y si el concepto del hombre socialista que la revolución cubana
se propuso en sus inicios se había ido diluyendo en el sometimiento a las imposiciones de lo real, él no estaba dispuesto a
renunciar a sus utopías aunque ello le valiese el extraño lugar de
estar en contra de los Estados Unidos y de la URSS al mismo
tiempo, vigilado por la CIA y la KGB, sin siquiera poder definirse
como prochino. Estaba también seguro de que ningún precio
podía pagar su independencia y su honestidad intelectual aunque
en ello arriesgase el pellejo. Esa actitud le valió enemigos encar-
nizados, pero también lealtades de insólito voltaje que perduran
hasta hoy.

Sólo así puede explicarse lo que me contará Urbano en su
casa en La Habana: el lamento con llanto de los que no eran
elegidos para sustituir a los caídos en combate en el pelotón
suicida a las órdenes del Che, una posición que garantizaba una
muerte casi segura. O el entusiasmo de altos funcionarios del
gobierno e importantes dirigentes del partido cuando eran convocados por el argentino para arriesgar y perder la vida en las
incursiones en el Congo y en Bolivia. O su ascendiente sobre
personas como Masetti, Tania, Alberto Granado, que no dudarán
en cumplir con lo que el argentino les propone, por más peligroso que fuese.

Una anécdota curiosa al respecto recogida por J. L. Anderson
de Nikolai Metutsov, entonces un importante funcionario del
Kremlin, recuerda un prolongado encuentro que tuvo con el Che
a principios de enero de 1964. La conversación se había iniciado con alguna tirantez porque el argentino le expresaba su disgusto por la calificación de chinoísta que se le endilgaba en la

URSS. Gradualmente el soviético fue siendo embargado por una sensación extraña: Metutsov se estaba enamorando del Che. Entonces, sincero, se lo confesará: «Sobre todo me gusta su cara». «Me sentí atraído por él, ¿entiende? Quería alejarme, separarme, pero me atraía tanto… Tenía ojos bellísimos, magníficos, tan profundos, tan generosos, tan honestos, una mirada tan franca… y hablaba con una animación interior, su conversación era impetuosa y sus palabras parecían apretarme hasta casi dejarme sin habla».

De regreso en Cuba el Che lanzó una guerra sin descanso contra la burocratización instalada en el gobierno. Si no reconocía límites en sus críticas hacia las grandes potencias del orbe, mucho menos iba a moderarlas en relación con sus camaradas del gobierno. Se enfrentó con la Central de Trabajadores Cubanos (CTC) a cuyos dirigentes les espetó en una reunión en el ministerio: «Aquí la democracia sindical es un mito, se diga lo que se diga, es un perfecto mito. Se reúne el partido y entonces propone a las masas a fulanito de tal, candidatura única, y de ahí en adelante salió aquél elegido, sin que haya habido ningún proceso de selección por parte de las masas … En el momento actual yo diría incluso que los sindicatos podrían dejar de existir y traspasar sus funciones a los consejos de justicia laboral. Los únicos que no estarían de acuerdo son los de la burocracia sindical que se ha creado, que naturalmente si se les habla de que tienen que volver a trabajar con las manitas, va el hombre y dice: "Oye, yo hace dieciocho años que soy dirigente sindical"».

También fustigó a los otros ministros. Al titular de Economía, Regino Boti, uno de sus adversarios en el gobierno, le envió una carta irónica en la que, luego de discutir temas técnicos, le escribiría en el final: «Le saludo, compañero ministro, con el grito de lucha de la Junta Central de Planificación: "Viva la guerra epistolar, muera el trabajo productivo"». Al de Relaciones Exteriores, Raúl Roa, le dirá en una nota: «Te devuelvo la porquería de carta que me mandaste para que aprendas que no se puede firmar algo sin leerlo».

No serían éstas las únicas cartas críticas:

26 de mayo de 1964

Año de la Economía
Dr. Eduardo B. Ordaz Ducungé
Director Hospital Psiquiátrico
La Habana

Estimado Ordaz:

Acuso recibo de la revista. Aunque tengo muy poco tiempo, me parecen muy interesantes los temas y trataré de darle una leída.

Tengo otra curiosidad: ¿Cómo pueden imprimirse 6.300 ejemplares de una revista especializada cuando ni siquiera hay esa cantidad de médicos en Cuba?

Me asalta la duda que lleva mi ánimo a los umbrales de una psicosis neuroeconómica: ¿Estarán las ratas usando la revista para profundizar sus conocimientos psiquiátricos o templar sus estómagos; o tal vez cada enfermo tenga en su cabecera un tomo de la publicación?

En todo caso hay tres mil ejemplares de más en el número de la tirada; te ruego que pienses sobre esto.

En serio, la revista está buena, la tirada es intolerable. Créemelo, porque los locos dicen siempre la verdad.

Revolucionariamente,
«Patria o Muerte. Venceremos»

COMANDANTE ERNESTO CHE GUEVARA

Es en esa época, conversando con Carlos Franqui en una escala en París donde vivía el periodista que no hacía mucho tiempo había optado por alejarse de la isla, cuando el Che confesará: «Con Fidel, ni divorcio ni matrimonio». Él no ignoraba que eso era inaceptable para alguien que siempre había exigido lealtad incondicional. Quizá entonces ya hubiera comenzado a borronear su carta de despedida a Castro y a Cuba:

Fidel,
Me recuerdo en esta hora de muchas cosas, de cuando te conocí en casa de María Antonia, de cuando me propusiste venir, de toda la tensión de los preparativos. Un día pasaron pre-

guntando a quién se debía avisar en caso de muerte y la posibilidad real del hecho nos golpeó a todos. Después supimos que era cierto, que en una revolución se triunfa o se muere (si es verdadera). Muchos compañeros quedaron a lo largo del camino hacia la victoria.

Hoy todo tiene un tono menos dramático porque somos más maduros, pero el hecho se repite. Siento que he cumplido la parte de mi deber que me ataba a la Revolución cubana en su territorio y me despido de ti, de los compañeros, de tu pueblo que ya es mío.

Hago formal renuncia de mis cargos en la Dirección del Partido, de mi puesto de ministro, de mi grado de comandante, de mi condición de cubano. Nada legal me ata a Cuba, sólo lazos de otra clase que no se pueden romper como los nombramientos.

Haciendo un recuento de mi vida pasada creo haber trabajado con suficiente honradez y dedicación para consolidar el triunfo revolucionario.

Mi única falta de alguna gravedad es no haber confiado más en ti desde los primeros momentos de la Sierra Maestra y no haber comprendido con suficiente celeridad tus cualidades de conductor y de revolucionario.

He vivido días magníficos y sentí a tu lado el orgullo de pertenecer a nuestro pueblo en los días luminosos y tristes de la crisis del Caribe.

Pocas veces brilló más alto un estadista que en esos días; me enorgullezco también de haberte seguido sin vacilaciones, identificado con tu manera de pensar y de ver y apreciar los peligros y los principios.

Otras tierras del mundo reclaman el concurso de mis modestos esfuerzos. Yo puedo hacer lo que te está negado por tu responsabilidad al frente de Cuba y llegó la hora de separarnos.

Sépase que lo hago con una mezcla de alegría y dolor, aquí dejo lo más puro de mis esperanzas de constructor y lo más querido entre mis seres queridos... y dejo un pueblo que me admitió como un hijo; eso lacera una parte de mi espíritu. En los nuevos campos de batalla llevaré la fe que me inculcaste, el espíritu revolucionario de mi pueblo, la sensación de cumplir con el más sagrado de los deberes; luchar contra el imperialismo dondequiera que esté; esto reconforta y cura con creces cualquier desgarradura.

Digo una vez más que libero a Cuba de cualquier responsabilidad, salvo la que emane de su ejemplo. Que si me llega la hora definitiva bajo otros cielos, mi último pensamiento será para este pueblo y especialmente para ti. Que te doy las gracias por tus enseñanzas y tu ejemplo al que trataré de ser fiel hasta las últimas consecuencias de mis actos. Que he estado identificado siempre con la política exterior de nuestra Revolución y lo sigo estando. Que en dondequiera que me pare sentiré la responsabilidad de ser revolucionario cubano, y como tal actuaré. Que no dejo a mis hijos y mi mujer nada material y no me apena: me alegra que así sea. Que no pido nada para ellos pues el Estado les dará lo suficiente para vivir y educarse.

Tendría muchas cosas que decirte a ti y a nuestro pueblo, pero siento que son innecesarias; las palabras no pueden expresar lo que yo quisiera, y no vale la pena emborronar cuartillas.

Hasta la victoria siempre.
¡Patria o Muerte!
Te abraza con todo fervor revolucionario.

CHE

KIGOMA

El destino es el que baraja las cartas pero somos
nosotros los que jugamos.

SHAKESPEARE

60

Los casi doscientos delegados a la Asamblea General de las Naciones Unidas, el 11 de diciembre de 1964, eran conscientes de que estaban viviendo un momento diferente a los habituales. Eso era lo que se había propuesto el Che. Ante el gigantesco anfiteatro, colmado en su capacidad, con la boina negra, la barba rala y el viejo uniforme verde olivo el comandante guerrillero tomó la palabra. Era inimaginable un contraste mayor con los otros delegados vestidos de oscuro al estilo urbano, con corbatas al tono, prolijamente acicalados.

Gran revuelo se había producido a su llegada a Nueva York. A pesar de que su protagonismo en el gobierno cubano se había debilitado y que ya casi no participaba en la toma de decisiones, su imagen internacional continuaba incólume y tras él corrían los periodistas y fotógrafos de las principales publicaciones del orbe, dejando desamparados a estadistas renombrados de las mayores potencias mundiales. Estaba en las entrañas del monstruo. Pisaba el suelo de la nación a la que acusaba de practicar un imperialismo infame y a cuya destrucción había consagrado su vida.

«Han preparado un atentado para matarlo, comandante», advirtieron a ese joven bien parecido, el eterno cigarro apretado entre sus labios, que caminaba enfundado en un sobretodo oscuro hacia su alojamiento en la Calle 67, desplazándose como un turista más a pesar de las advertencias del eficiente servicio secreto cubano, acompañado sólo por sus fieles escoltas Harry Villegas y Leonardo Tamayo, que más tarde serían rebautizados Pombo y Urbano.

Una exiliada cubana fue detenida en el lobby de las Naciones Unidas con una pistola automática en el bolso. Sin pudor alguno aseguró que pretendía asesinar a Guevara. Luego de prestar declaración testimonial al FBI fue puesta en libertad y dos días después volverá a intentar apuñalarlo en la puerta de un cine, a pocas cuadras de la ONU.

Las palabras del argentino que representaba a Cuba llenaron el espacio ante la escucha atenta de los delegados que habían regresado de los baños, de los pasillos, de los bares formando una asistencia perfecta. «¿Cómo es posible que el país que asesina a sus propios hijos y los discrimina diariamente debido a su color de piel, un país que deja en libertad a los asesinos de los negros y castiga a las víctimas por exigir el respeto a sus derechos legítimos como seres humanos, se considere guardián de la libertad?» En esos días las calles de los Estados Unidos eran dramático escenario de la lucha racial que pretendía reivindicar los derechos de los que se autodenominaban afroamericanos. El Che revolvía la herida sin piedad.

El gran recinto hervía. Fijando su mirada en el rostro impasible del delegado norteamericano, Adlai Stevenson, el comandante Guevara exhortó a que «todos los hombres libres del mundo deben prepararse para vengar el crimen del Congo», con una insistencia en nombrar a ese país africano que llamará la atención de algunos. A continuación bramaría acusando al imperialismo del asesinato del caudillo congoleño, Patrice Lumumba. Y para que no quedasen dudas de hacia qué bloque de la guerra fría se inclinaba pidió la inmediata incorporación de la China de Mao Tse Tung a las Naciones Unidas.

Había terminado de convencerse en el hotel, antes de partir hacia la Asamblea, de que no había sufrido hambre, sed y fatiga, que no había librado batallas épicas contra el asma, que no había arrebatado la vida de otros seres humanos, que no había abandonado a sus seres queridos en aquella Argentina tan lejana, que no había dejado de lado la vida muelle que le proponían sus apellidos ilustres, que no se había dejado enredar por los fastidiosos conflictos internos de la politiquería cubana para terminar allí adoptando una actitud complaciente cuando todo el mundo, y no era un eufemismo, estaría pendiente de sus palabras. «El imperialismo estadounidense registra agresiones contra el reino camboyano, bombardeos a Vietnam, presiones turcas contra Chipre, agresiones a Panamá, prisión de Albizu en Puerto Rico, maniobras para dilatar la independencia de Guayana, apartheid en Sudáfrica y la intervención neocolonial en el Congo.»

Había notado que cuando ponía en su boca la palabra África su corazón se aceleraba y sus músculos se agarrotaban como cuando estaba a punto de entrar en acción en una emboscada. La imagen de Lumumba, maltratado por los soldados de Tshombé pocas horas antes de su asesinato, cruzó por su mente como un relámpago concediéndole la rabia que necesitaba para seguir adelante con su discurso.

El embajador de la Nicaragua somocista lo provocaría:

—No sé si el señor Guevara tiene acento cubano, argentino o ruso.

—Mientras no lo tenga norteamericano no hay problema —replicó rápido el Che—. Eso sí sería peligroso.

Luego agregaría, seguro de que doña Celia estaría frente al televisor de Mansilla y Aráoz:

—Puede ser que al hablar se me escape algo de Argentina. He nacido en Argentina, no es un secreto para nadie. Soy cubano y también soy argentino y, si no se ofende la ilustrísima señoría de Latinoamérica, me siento tan patriota de cualquier país de Latinoamérica como el que más. Y en el momento que fuera necesario estaría dispuesto a entregar mi vida por la liberación de cualquiera de los países de Latinoamérica sin pedirle nada a nadie, sin exigir nada, sin explotar a nadie.

En varios párrafos exaltaría la triunfante revolución cubana y no se olvidará de nombrar varias veces a Fidel, aunque no ignoraba que su virulencia antinorteamericana no sería del agrado del presidente cubano empeñado en un difícil equilibrio de recostarse sobre el bloque comunista, pero sin cortar definitivamente los vínculos con Occidente.

Adlai Stevenson se limitaría a contestar de forma moderada y en tono coloquial, quitando jerarquía a las palabras de ese delegado mal entrazado de un país pequeño y pobre. La peor de sus estrategias, habrá pensado, era enfrentarse con ese guerrillero irreverente que poco incidía ya en la política interior y exterior de la isla. Ya llegaría el momento de la rendición de cuentas.

Ciertos medios de comunicación se ensañaban en reflejar los actos de repudio al Che de los exiliados cubanos que se manifestaban con pancartas en la puerta de la ONU. Un grupo fue mucho más allá en su exaltación y fueron detenidos después de disparar con un lanzagranadas contra el edificio. A cambio la delegación cubana recibiría la solidaridad de varios grupos yanquis, marginales y combativos; también declaraciones públicas en su apoyo del carismático líder afroamericano Malcom X, quien poco tiempo después caería asesinado. Secretamente el Che había recibido un informe de que el líder de los negros radicalizados estaba dispuesto a sumar combatientes a los movimientos independentistas africanos.

Dejando atrás una nube de elogios y diatribas que se expandirían a todo el planeta, el comandante Guevara partió de Nueva York hacia Argelia, dando comienzo a una gira africana donde encontrará el camino de su próxima aventura revolucionaria. Los norteamericanos ya sabían que tenían en el Che un enemigo dispuesto a todo, hasta a denigrarlos ante los delegados de todas las naciones del mundo. Algo que ni siquiera la poderosa Unión Soviética se había atrevido a hacer, respetuosa de las coreografías diplomáticas.

Las circunstancias que alejaban al argentino de Cuba no sólo se mantenían, sino que se habían agravado. Sus conflictos con la cúpula del PC cubano por sus supuestas «desviaciones» llevaron a quien fuera su buen aliado, un irónico Raúl Castro, a referirse a él como «el agente chino». Pero también era ya evidente que Fidel había perdido confianza en sus ideas y se inclinaba en temas económicos hacia las orientaciones del presidente Dorticós y del ministro Carlos Rafael Rodríguez, ortodoxos del comunismo soviético.

De acuerdo al ya citado memo interno de la CIA identificado con el n.º 2333/65, «una clara indicación de ello fue cuando el 21 de enero de 1965 Castro anunció que los incentivos materiales iban a ser aumentados. Dijo entonces que los cinco mil mejores cortadores de caña iban a recibir como premio bicicletas, viajes al exterior y costosas vacaciones en Cuba.

»Poco tiempo después Guevara respondería públicamente. Cuando aún se encontraba en Argel escribió una carta al periódico izquierdista de Uruguay, *Marcha*, en el que declaraba que "el correcto instrumento para despertar a las masas debe ser fundamentalmente de naturaleza moral". En El Cairo renovó sus críticas a las nuevas tendencias de la economía cubana, a las que llamó copias del equivocado sistema soviético que "nadie tenía tripas para criticar".

»En una interviú publicada en el periódico egipcio *Al Taliah* en abril criticó a Yugoslavia y a la URSS que indirectamente se referían a la situación cubana … Una fue la participación de los trabajadores en el gerenciamiento de las empresas estatales, que según Guevara era para obtener mayores beneficios materiales. Ello constituiría opresión social y una forma de explotación. Otra era el reparto de los beneficios de la empresa con los trabajadores, que había sido aprobado en Cuba días antes de su partida hacia Nueva York … Sus afirmaciones en *Al Taliah* constituyeron otra aguda crítica a la conducción cubana y a su política económica "liberal"».

El Che no ignora que se ha ido transformando por efectos de aquello que desprecia, la política, en un torpe escollo para Fidel en una Cuba en la que, por presiones soviéticas, los comunistas ortodoxos han ido ganando poder. No es banal que nuevamente haya sido enviado en una gira que se prolongará por varias semanas, evidenciando que su cargo de ministro es ya virtual, que son otros los que ahora deciden en el campo de la industrialización. A su manera, Castro lo explicará al periodista italiano Gianni Minà: «Evidentemente [el Che] empezó a sentir impaciencia por llevar a cabo sus viejos planes y sus viejas ideas».

En su peregrinar por el continente africano, Guevara comienza a plantearse su participación personal en la guerrilla de esas naciones, clausurada por ahora la alternativa sudamericana, empeñándose de ahí en adelante en la búsqueda del territorio más propicio para desarrollar su teoría «foquista» de la lucha contra el imperialismo mundial.

En eso se reconoce apto, en emboscar al enemigo y hacerle las mayores bajas posibles, en ganarse la confianza y la lealtad de los campesinos, en encontrar el mejor lugar para ver y no ser vistos, en exigir a sus hombres y a sí mismo hasta lo imposible.

61

Con base en Argelia desarrolló entrevistas con los actores principales del proceso revolucionario africano. Entre diciembre y enero viajó a Malí, Guinea, Ghana, Dahomey y el Congo-Brazzaville, volviendo a Argelia donde mantuvo múltiples reuniones con el jefe revolucionario argelino Ben Bella con quien ha construido una vigorosa amistad y con el que se comunica fluidamente en el francés que le enseñó doña Celia, pacientemente, durante aquellas crisis asmáticas que lo inmovilizaban. El líder argelino le está muy agradecido por la ayuda que Cuba le prestó cuando, apenas triunfante su movimiento revolucionario, fue atacado por el vecino Marruecos, financiado y armado por la CIA y por Francia, que no querían cambios en esa zona africana tan estratégica. Los veintidós tanques y varios cientos de aguerridos soldados enviados por Cuba, en especial por el Che, fueron decisivos para forzar un acuerdo de paz.

En el Congo-Brazzaville (ex francés) mantiene una reunión trascendente con el jefe guerrillero angoleño, Agostinho Neto, con quien se compromete al envío de armas e instructores para la guerrilla. El acuerdo angoleño-cubano que inició Guevara en esta gira perdurará por más de treinta años.

En sus discursos a los africanos no se cansaba de señalar que el continente negro era el campo de lucha donde se dirimiría la batalla fundamental contra el imperialismo, y que no debía dejarse pasar la actual coyuntura que se presentaba favorable. Fidel había resuelto el apoyo militar a los grupos revolucionarios africanos, también como una manera de encontrar una salida para el insanable conflicto del Che con su hermano Raúl, con el presidente Roa, con el ahora vicepresidente Carlos Rodríguez y con los otros directivos del Partido Comunista. Era el argentino quien debía dirigir y administrar ese apoyo y resolver cuándo, cómo y dónde.

Antes del viaje de Guevara a los Estados Unidos ya estaban entrenándose tres grupos de guerrilleros cubanos en Pinar del Río, voluntarios negros para poder pasar por africanos. «Hay que repetir la gesta liberadora que logramos en Cuba», los había arengado Fidel cuando no se pensaba que el Che sería su jefe. Pablo Rivalta, por su intervención, había sido designado embajador cubano en Tanzania, país que contaba con un gobierno de izquierda, amigo de Cuba, que podría facilitar el paso clandestino de los guerrilleros cubanos al Congo, con el que limitaba, como también proveer la logística necesaria para el combate.

Sorpresivamente el Che y su comitiva partieron de Argel a China con el propósito de coordinar las acciones internacionalistas en el Congo, pues China era el principal proveedor de armas a los herederos de Patrice Lumumba. Además el Che deseaba reafirmar en la propia China su simpatía por Mao. En Pekín mantiene largas conversaciones con Chou En-lai y comparte la estrategia militar del teórico marxista Lin Piao de generar focos guerrilleros en el campo, desarrollando una «guerra popular prolongada» para acosar hasta su caída a las ciudades «corrompidas y degeneradas por el capitalismo dominante». Mao, en cambio, no lo recibirá oficialmente y sólo estrechará su mano en una recepción multitudinaria, demostrando su enojo con los cubanos pues pocos días antes Castro había reafirmado públicamente su lealtad a la Unión Soviética en la disputa chino-rusa. La situación del comandante Guevara es innegablemente difícil pues del lado soviético y de los partidos comunistas ortodoxos es execrado por desviacionista y chinoísta, y en China es maltratado por su pertenencia a un gobierno que se adhiere ideológica, económica y políticamente a la URSS.

Para completar esa desfavorable posición que lo perseguirá hasta su muerte, es de sospechar también que Mao, sin duda informado del conflicto del Che con el comunismo soviético, habrá pensado que ya demasiadas controversias sostenía con su adversario del campo socialista para además agregar las de ese argentino, que ni siquiera tenía el franco apoyo del gobierno cubano. Recibirlo le hubiese generado el disgusto de norteamericanos, soviéticos y cubanos. No valía la pena hacerlo. De todas formas el Che obtendrá de los chinos la promesa de continuar con los envíos de armas al Congo, lo que se cumplirá sólo a medias.

Con innegable decepción el Che parte de Pekín con destino a Argel, con breve escala turística en París. Es posible, dada su personalidad, que el sacrificio de personas muy próximas a él y que habían inmolado sus vidas siguiendo sus postulados, hayan impulsado a un Guevara siempre convencido de que un jefe lo era por dar el ejemplo, también por algo parecido al sentimiento de culpa, a proponerse compromisos semejantes. Además el fracaso de sus proyectos de exportación de la guerrilla debilitaba aún más su posición en Cuba, pues importantes dirigentes habían criticado lo que llamaban el aventurerismo irresponsable del Che, su ingenuo voluntarismo revolucionario que perjudicaba la estrategia de supervivencia de Fidel, ya que enemistaba a los cubanos con los yanquis, enemigos declarados de tales acciones. Y a los soviéticos, pues los focos guerrilleros se daban por fuera de las estructuras políticas que les respondían, poniendo en riesgo su predominio y control sobre los movimientos socialistas en Latinoamérica.

Con la decisión tomada, entusiasmado, con la sangre de aventurero abalanzándose en sus arterias como cuando montaba sobre *La Poderosa* o remaba en la *Mambo-tango,* el Che apura su partida de París y vuela nuevamente hacia el continente africano donde mantiene maratonianas reuniones con el presidente de Tanzania, Nyerere, a quien logra arrancar el compromiso de facilitar el tránsito por su territorio de instructores y pertrechos cubanos para el Congo.

La capital de Tanzania, Dar es Salaam, era la base de diversos grupos guerrilleros africanos, lo que llevó a los Estados Unidos, luego de infructuosas protestas diplomáticas y presiones políticas, a cerrar su embajada al mismo tiempo que, por consejo del Che, Cuba abría la suya. Allí hace un contacto de gran trascendencia ulterior con el revolucionario congoleño Laurent Kabila y su Estado Mayor, que controlaban gran parte del territorio nororiental del Congo como zona liberada.

Lo primero que le cuenta Kabila son sus divergencias con otros dirigentes revolucionarios y solicita su ayuda para predominar sobre ellos. El comandante Guevara, amoscado, le responde que Cuba se comprometerá con hombres y armas para colaborar con los rebeldes para derrotar al imperialismo e imponer un gobierno revolucionario en su país, y no para dirimir conflictos internos de la guerrilla que sólo sirven para distraer esfuerzos del objetivo principal.

—No podemos hablar de un gobierno revolucionario congoleño —dirá evasivamente Kabila—, sin consultar a Mulele, que fue el iniciador de la lucha. Sólo puedo ostentar el título de jefe del Gobierno Nororiental del Congo.

El Che se había hecho una buena impresión de Kabila en su anterior viaje por su claridad política y por su compromiso antiimperialista, pero ahora le llamó la atención que le mintiera al decir que venía del frente de lucha cuando en realidad se sabía que había viajado desde la ciudad de Kigoma, puerto interior sobre el lago Tanganica, frontera acuática de Tanzania con el Congo. Kigoma era el paraíso de los guerrilleros congoleños en Tanzania: prostíbulos, casinos y molicie.

Fue muy negativa la imagen que le dejaron al Che otros revolucionarios africanos. Pedían apoyo económico y pasajes a Cuba para entrenarse y conocer el proceso revolucionario, y él, masticando rabia y decepción, los aleccionaba que el mejor entrenamiento era en el mismo frente de lucha; entonces en lugar de dinero les ofrecía armas.

El Che ya había decidido su destino africano para luchar contra el imperialismo, pero los rebeldes congoleños parecían conformarse con el statu quo de no agresión establecido tácitamente con el gobierno. El argentino sólo sabía ganar o perder y desconocía el significado de las palabras acordar, negociar, parlamentar, esperar. La vida había que jugarla a cara o cruz; otra actitud significaba cobardía contrarrevolucionaria. Para él lo de los dirigentes de la guerrilla africana, como calificase en su diario, era

«turismo revolucionario»: «Viven cómodamente instalados en hoteles y han hecho de esta situación un verdadero oficio, a veces lucrativo y casi siempre cómodo», se quejará, incapaz de comprender a esos luchadores que no combatían.

Gaston Soumaliot, jefe del grupo guerrillero que ocupó junto al de Kabila una franja en el este del país, tampoco causará buena impresión al comandante: «Es un vago, inescrutable; posee un instinto primitivo a permanecer callado, no es de ninguna manera un conductor de pueblos».

Estaba ya claro que los africanos y los cubanos no llegarían jamás a entenderse y podrá reprocharse al Che sus pocos esfuerzos para ponerse en el pellejo de los jefes congoleños, su rigidez para aceptar que eran culturas radicalmente diferentes y que la posibilidad de una tarea conjunta no sobrevendría de la aceptación disciplinada de su *manual del guerrillero*. Porque ese combatiente arquetípico, ejemplar, lo era de un lejano continente que poco o nada tenía que ver con el africano.

Tal incompatibilidad se hizo cada vez más evidente cuando la embajada cubana en Tanzania, en vez de citar a los dirigentes guerrilleros africanos para ser entrevistados de a uno, como fuera la instrucción del Che, organiza una tumultuosa reunión conjunta con más de cincuenta dirigentes de distintos países, ideologías, etnias y religiones. En esa desordenada asamblea el factor común de los pedidos vuelven a ser los viajes a Cuba u otros países socialistas y dinero para sus respectivas revoluciones. El Che volverá a insistir en que contarán con instructores y con armas, nada de viajes ni dinero, porque de acuerdo a la experiencia cubana el mejor entrenamiento era la lucha misma.

El desánimo y una creciente agresividad cundió en la reunión que terminó, según todos los testimonios, con reproches a Guevara. En su libro *Pasajes de la guerra revolucionaria: Congo*, el Che recuerda esa reunión con su habitual sinceridad: «La reacción fue más que fría; aunque la mayoría se abstuvo de comentarios hubo quienes pidieron la palabra para reprocharme violentamente por ese consejo. Quedó claro en nosotros la impresión de lo mucho que tiene que caminar el África antes de alcanzar una verdadera madurez revolucionaria, pero nos queda la alegría de haber encontrado alguna gente dispuesta a seguir la lucha hasta el final».

Prosiguiendo la gira por el continente africano, en Argel toma la palabra en el Seminario Económico de Solidaridad Afroasiática y suelta un discurso que será decisivo para su vida. En él repetirá sus diatribas contra el imperialismo norteamericano, el enemigo fundamental, pero también explicitó con claridad meridiana sus divergencias con los países socialistas de Europa del Este: «No hay fronteras en esta lucha a muerte contra el imperialismo. No podemos permanecer indiferentes frente a lo que ocurra en ninguna parte del mundo. Una victoria de cualquier país contra el imperialismo es nuestra victoria, así como la derrota es la derrota de todos; y —arremetió— el desarrollo de los países que inician ahora el camino de la liberación debe ser financiado por los países socialistas. Lo decimos así sin el menor deseo de extorsionar a nadie, ni de causar sensación, es una convicción profunda».

Y atacó de lleno al corazón soviético:

«¿Cómo se puede hablar de beneficio mutuo, cuando se compra a precio del mercado mundial las materias primas que cuestan sudor y sufrimiento ilimitado a los países atrasados, y se venden a precios del mercado mundial las máquinas producidas en las grandes fábricas automatizadas? Los países socialistas tienen el deber moral de liquidar su complicidad táctica con Occidente». El Che había experimentado en carne propia, como conductor de la economía cubana, las presiones soviéticas para cobrar con intereses los fondos facilitados con carácter de «ayuda».

Lo que el Che planteaba, adelantándose sorprendentemente a desarrollos teóricos que cobrarían fuerza años después, era que el verdadero conflicto entre naciones más que en lo ideológico se daba entre países ricos y países pobres que reproducían en gran escala la lucha de clases entre seres humanos. Los delegados del PC chino se frotaban las manos y los rusos lanzaban miradas furibundas a los representantes cubanos, algunos de los cuales hacían gestos indicando que eran «cosas de Guevara» o ademanes de «estamos tan sorprendidos como ustedes».

La alianza de Cuba con Rusia no era un secreto para nadie;

era indispensable para que un país enemigo de los Estados Unidos pudiese sobrevivir a noventa millas de la Florida norteamericana. Pero eso no arredraba al Che: «Los países socialistas poseedores de una industria bélica deben entregar armas sin el menor costo, y en las cantidades determinadas por las necesidades y disponibilidad a los pueblos que las pidan. Somos socialistas y esto constituye la garantía del uso correcto de esas armas».

El Congo no quedaría fuera de su inflamada arenga: «Vietnam y el Congo son pueblos dignos de recibir la solidaridad incondicional que merecen». Guevara no había renunciado al Congo como destino personal a pesar de su desconfianza en los dirigentes rebeldes, y así se lo confesó a Nasser, presidente de Egipto, durante un encuentro antes de regresar a Cuba. El Che intuía o sabía que su discurso en Argel había sellado un punto de no retorno y ya había decidido huir hacia delante.

—Tengo la intención de conducir personalmente la expedición militar.

—Sería un grave error participar directamente en el conflicto —le respondió un sorprendido Nasser, a quien no le faltaba experiencia en complejas operaciones bélicas—. ¿Quiere usted parecerse a Tarzán, un hombre blanco que protege y conduce a los negros?

El sarcasmo golpeó al Che, quien se arrepintió de su imprudencia en exponer una información tan confidencial y desvió la conversación hacia otros temas.

62

Luego de la explosiva gira comenzada en Nueva York, donde denostó al imperialismo norteamericano en sus propias narices, y terminada en Argel, cuestionando la mezquindad soviética con los pueblos oprimidos, el comandante Guevara regresa a La Habana.

Fidel lo espera en el aeropuerto con rostro severo, acompañado por una comitiva gubernamental y por Aleida, la esposa del Che. También, significativamente, sus adversarios internos Roa y Rodríguez. Sin mayor protocolo Castro se lleva al Che de un brazo y encerrados en una oficina —también participa Raúl—, mantienen una enigmática reunión que según los testigos dura un día entero durante el que no salieron ni para comer.

Benigno me dará su versión: «A su regreso de Argelia el Che tiene una conversación muy fuerte con Fidel y después se interna en el sanatorio de Tope de Collantes, en el Escambray, donde se recluye durante una semana con ataques de asma muy fuertes. Me entero por el compañero Argudín, uno de los guardaespaldas del Che: "Estoy preocupado", me dice. "¿Qué pasa?", le pregunto. "Que hubo una bronca muy grande entre el Fifo (Castro) y el Che. Discutían sobre China y un ruso del que nunca había oído hablar." Yo, curioso, le mencioné algunos líderes soviéticos como Brezhnev, Kosygin, Kruschev… "No, es uno que ya está muerto", me dice Argudín. Entonces le nombro a Marx, a Stalin, a Trotski… "Es ése, Trotski, le dijeron al Che que él era trotskista. Se lo dijo Raúl. Raúl le grita que es un trotskista, que estaba claro que sus ideas eran las de Trotsky." Argudín me cuenta que entonces el Che se enoja mucho y parece que lo va a golpear a Raúl, pero se contiene y le grita: "Eres un estúpido, eres un estúpido". Después se dirige a Fidel y le pide su opinión, pero éste permanece callado; entonces el Che, muy rabioso, sale de la habitación con un portazo"».

También Pierre Kalfon me contará en una conversación que sostuvimos en su domicilio en París la versión de un custodio, quizá el propio Argudín, quien relatará al biógrafo francés la anécdota del enojo de Castro con un economista parisino, René Dumon, a quien acusa, muy enojado, de traidor por haber hecho público un proyecto que tenía alguna concomitancia estratégica. «Los gritos se escuchaban desde lejos», contará el custodio, para luego agregar: «De todas maneras no alcanzaron el voltaje de los gritos de Castro y de Guevara cuando éste regresó de Argelia».

Fidel le habría planteado al argentino entonces su falta de tacto con la URSS, principal aliado y sostenedor de la bloqueada, desabastecida y bombardeada economía cubana. El Che le habría respondido con los principios revolucionarios de los que nunca había que desviarse con el pretexto de las imposiciones de la dura realidad. Fidel habría replicado que los deberes de los jefes de la revolución hacia el pueblo cubano a veces son distintos a las afirmaciones de teóricos que nunca tuvieron el peso de gobernar. El Che habría dicho que Cuba no tiene salida sin la revolución mundial y que él tiene un compromiso personal con Latinoamérica. Fidel se habría exasperado por la tozudez de su amigo y camarada, y habría replicado que no se puede pelear contra los Estados Unidos y la Unión Soviética al mismo tiempo, que eso no es principismo, sino ingenuidad suicida. El Che se habría ofendido y dicho que partiría a tomar la posta de Masetti, que en Cuba parecía haber muerto el espíritu revolucionario y que de seguir así su futuro sería el mismo de la Unión Soviética y sus satélites. Fidel habría intentado retenerlo pero sin demasiado vigor porque ya está harto de los problemas que le trae el argentino. El Che habría adivinado los pensamientos de su jefe porque insiste en que será mejor que se separen y que su camino es armar un foco guerrillero en la Argentina. Fidel, finalmente, habría cedido y aceptado su decisión y se compromete a apoyarlo. El Che habría dicho con una sonrisa triste: «Muchas gracias, camarada». Fidel habría respondido también amistoso, sus ojos brillantes, «Por nada, compañero y amigo», y afirmado que las condiciones para la revolución latinoamericana no estaban dadas y había que esperar un poco. El Che habría comprendido que Fidel no quería provocar aún más a los yanquis armándoles barullo en su gallinero sudamericano, que ya bastante desordenado estaba. Entonces Raúl habría dicho lo del trotskismo y las buenas maneras habrían volado por el aire.

El gobierno cubano ha hecho un asunto de Estado el negar todo conflicto entre Fidel y el Che hasta extremos absurdos pues pertenece a la condición humana que todo vínculo, aun los más estrechos y fértiles, tengan sus claroscuros. Los tuvo la relación entre Jesucristo y Pedro, entre Marx y Engels, entre Bolívar y San Martín, ¿por qué no los habría de tener la de Castro y Guevara? El Che sostuvo disidencias indudables con Fidel, pero sin duda lo siguió queriendo y respetando hasta el último suspiro, como lo confirmará el enconado crítico de Castro, Benigno, quien me contará con fastidio que las instrucciones del Che a su menguada columna, pocos días antes de su muerte en la quebrada del Churo, eran que no se dejaran hacer prisioneros, que murieran con dignidad y que su último pensamiento fuera para la revolución y para Fidel Castro.

Las dificultades del guerrillero argentino están expresadas en la carta de despedida al líder cubano para quien quiera comprender lo que ahí se sugiere con prístina claridad. En ella hace la historia de sus diferencias: «Mi única falta de alguna gravedad es no haber confiado más en ti desde los primeros momentos en la Sierra Maestra y no haber comprendido con suficiente celeridad tus cualidades de conductor y de revolucionario».

Luego disculpará a Fidel por lo que no puede hacer «por tu responsabilidad al frente de Cuba», refiriéndose seguramente a las transacciones programáticas y desvíos revolucionarios a los que se ha visto obligado por razones de realismo político. Entre ellos la postergación del Che a favor de otros que le garantizaban el apoyo de la URSS.

En esa carta, que algunos sospechan que puede haber sido manipulada durante el largo tiempo que permaneció secreta, el argentino elogia la política exterior de Castro, como la crisis de los misiles o la lucha contra el imperialismo norteamericano. En cambio nada dice de la política interior y su diferencia con ésta se hace evidente en que la renuncia no fue dirigida al partido ni al gobierno, sino, personalmente, a Fidel.

La versión oficial de la partida de Guevara de Cuba es que ya en un principio, desde los tiempos de Sierra Maestra, había anunciado que su permanencia en la isla sería sólo temporaria, pues su deseo era continuar su lucha por la revolución mundial en otros lugares del mundo, sobre todo en su Argentina. Eso es innegable, pero queda pendiente una pregunta: ¿Por qué el Che elige ese momento y no otro para cumplir con su proyecto?

Está claro que él no está de acuerdo con la orientación que ha tomado el gobierno cubano y que la sincera expresión de su desacuerdo lo ha hecho caer en desgracia. Revisemos algunos puntos de su disidencia:

1. Fidel ha desistido del proyecto de industrialización de Cuba, que Guevara planteara como una epopeya nacional, al aceptar la imposición soviética, en su planetaria planificación de la división del trabajo, por el cual el país caribeño debía ser un proveedor de materias primas al bloque comunista.

2. Ha predominado finalmente el criterio económico sostenido por el comunismo ortodoxo de los estímulos materiales y la descentralización y autonomía de las empresas estatales. Hasta la madre del Che, doña Celia, en su última carta, se referirá al tema: «¿A quién se ha dado la razón, o la primacía, en la disputa por los motivos que deben ser causales por la incentivación?». Su hijo le ha escrito que piensa emprender un viaje misterioso. Doña Celia, con su sagacidad de madre, le responde: «Si te vas a dirigir una empresa, es que has dejado de ser ministro. Depende de quién sea nombrado en tu lugar para saber si la disputa ha sido zanjada de un modo salomónico».

3. La burocracia se ha expandido como peste por todas las áreas del gobierno reproduciendo el modelo soviético, y el es-

tricto rigor revolucionario de los primeros tiempos, que exaltaba la austeridad y la solidaridad, ha dejado paso a un sistema policial que no tolera la disidencia y que fomenta la delación y la obsecuencia, justificadas por el estado de virtual beligerancia con los Estados Unidos y la necesidad de conjurar el quintacolumnismo apoyado por la CIA.

Lo que el Che no aceptaba, como todo auténtico guerrillero, eran la cobardía y la traición; en cambio toleraba el desacuerdo hasta el extremo de que las discusiones con sus colaboradores en el ministerio o en el Banco podían durar horas durante las que, pacientemente, trataba de convencerlos de sus razones. «Debo reconocer que hemos abusado de su paciencia, a veces de vicio», me dirá Orlando Borrego, recordando aquellos tiempos.

4. Para irritación del comandante Guevara el gobierno cubano había disminuido drásticamente su apoyo a los intentos revolucionarios en otros países, pues eran especialmente irritantes para los Estados Unidos, que veían así alborotarse su patio trasero con indeseables consecuencias políticas, financieras y militares. Tampoco satisfacían a la URSS, que asistía al crecimiento de movimientos socialistas por fuera de las estructuras oficiales del partido comunista, no pocos de ellos adscribiéndose al chinoísmo o a un incipiente y expansivo guevarismo, lo que hacía peligrar su estrategia de homogeneizar y conducir el socialismo mundial.

A este debilitamiento de la vocación internacionalista del gobierno cubano pueden adjudicarse no pocos de los graves errores que comprometieron el éxito de las incursiones de Guevara en el Congo y en Bolivia, quien debió inevitablemente depender de la eficiencia operativa del prosoviético Manuel Piñeiro y los servicios cubanos.

5. El Che tiene una concepción heroica de la revolución; en cambio Fidel la concibe políticamente. El cubano no ignora que la difícil consolidación de la revolución requiere paciencia, obstinación y prudencia, que a veces será necesario retroceder para volver a avanzar, que al enemigo hay que ir debilitándolo hasta que llega el momento de derrotarlo, y si no habrá que transar con él.

Su astucia es tal que no sólo logra sobrevivir al derrumbe estrepitoso y colectivo del bloque comunista sino que también se gana el pertinaz apoyo de prestigiosos intelectuales democráticos, a quienes parece no importarles el desembozado autoritarismo de su gobierno ni el casi medio siglo sin convocatoria a elecciones libres. Llegan éstos al extremo de atacar despiadadamente y calificar de «agentes de la CIA» a colegas como Heberto Padilla o Reynaldo Arenas cuando, ya fuera de Cuba, relatan la persecución y cárcel padecidas en la isla por ser disidentes.

El argentino en cambio es un adicto al desenfreno, a las situaciones límite; de todo hace una epopeya y goza mientras más poderoso es el adversario pues más cercana estará su íntima aspiración al martirologio que originalmente tenía a los leprosos como objetivo. A diferencia de Fidel, un típico hedonista del trópico, el Che es un asceta monacal que no bebe ni trasnocha, que elude las tentaciones sexuales que la erótica del poder y su belleza masculina le proponen, porque su mayor placer reside en el cumplimiento del deber que se ha impuesto a sí mismo, en la apasionada persecución de quimeras sombreadas de tragedia.

Castro ha temido el desencadenamiento nuclear durante la crisis de los misiles, como lo demostró su sensato y angustiado pedido a Kruschev para que pulsara el botón atómico antes que Washington. El Che, en cambio, anhelaría un holocausto apocalíptico que tuviese a él y al pueblo cubano más como kamikazes heroicos que como víctimas, pues ése no sería más que el precio inevitable del daño infligido a su enemigo demonizado.

La preocupación del gobierno castrista por sostener su versión de la relación sin mácula entre Fidel y el Che hace que la deferencia con que los biógrafos del argentino sean tratados en la isla dependa de lo que anticipen en cuanto al tratamiento que darán a dicho tema. Como si no se comprendiese que el innegable y en muchos sentidos inevitable distanciamiento final entre Castro y Guevara no oscurece los muchos momentos felices de su relación, el respeto que se tuvieron hasta el fin, las facetas de ambos que se complementaron para producir una de las etapas más discutidas, pero también más fascinantes de la historia moderna.

Los biógrafos que cumplieron con las garantías previas para acreditar una «correcta» perspectiva pudieron acceder a un material proporcionado por la familia Guevara y el gobierno cubano de indudable riqueza, pero pagando el costo de que su enfoque de la etapa cubana del Che es demasiado parecido al oficial. De todas maneras Aleida Guevara March, hija del Che, me confesó que, en mayor o menor medida, ninguna de las biografías aparecidas hasta hoy satisface a la familia, la totalidad de cuyos miembros ocupan cargos en el Estado cubano, y acusó a algunos de esos escritores, a mi entender injustificadamente, de haber sido financiados por la CIA.

Salvo por un criterio propagandístico algo ingenuo, es ilógico insistir en que no hubo conflicto entre el Che, por un lado, y Fidel y su gobierno, por el otro, si se recuerda que luego de su fracaso en África el argentino se niega a regresar a Cuba, el país que hoy lo reivindica como su «Guerrillero Heroico», y que cuando finalmente cede a la insistencia casi extorsiva de algunos lo hará disfrazado e irreconocible, no dándose a conocer ni siquiera a sus hijos.

63

También en Argelia se había ocupado del asesinado Lumumba: «Quizá hijos de patriotas belgas que murieron por defender la libertad de su país son los que asesinaron a mansalva a millares de congoleños en nombre de la raza blanca, así como ellos sufrieron la bota germana porque su contenido de sangre aria no era suficientemente elevado». Y agregaba, subiendo el tono del discurso: «Nuestros ojos libres se abren hoy a nuevos horizontes y son capaces de ver lo que ayer nuestra condición de esclavos coloniales nos impedía observar: que la civilización occidental esconde bajo su vistosa fachada un cuadro de hienas y chacales». En sus palabras finales ya se podía adivinar un camino futuro: «Todos los hombres libres del mundo deben aprestarse a vengar el crimen del Congo».

Antes de partir clandestinamente de Cuba, sin despedirse de ninguno de sus colaboradores, le dejará a Castro la carta de despedida que ha escrito a lo largo de varias semanas con la estricta instrucción de que debía ser leída públicamente sólo en caso de que muriese en su cometido.

A sus padres el Che les enviará otra:

Marzo 1965

Queridos viejos:
Otra vez siento bajo mis talones el costillar de Rocinante, vuelvo al camino con mi adarga al brazo.
Hace de esto casi diez años, les escribí otra carta de despe-

dida. Según recuerdo, me lamentaba de no ser mejor soldado y mejor médico; lo segundo ya no me interesa, soldado no soy tan malo.

Nada ha cambiado en esencia, salvo que soy mucho más consciente, mi marxismo está enraizado y depurado. Creo en la lucha armada como única solución para los pueblos que luchan por liberarse y soy consecuente con mis creencias. Muchos me dirán aventurero, y lo soy, sólo que de un tipo diferente y de los que ponen el pellejo para demostrar sus verdades.

Puede ser que ésta sea la definitiva. No lo busco pero está dentro del cálculo lógico de probabilidades. Si es así, va un último abrazo.

Los he querido mucho, sólo que no he sabido expresar mi cariño, soy extremadamente rígido en mis acciones y creo que a veces no me entendieron. No era fácil entenderme, por otra parte, créanme, solamente hoy. Ahora, una voluntad que he pulido con delectación de artista, sostendrá unas piernas flácidas y unos pulmones cansados. Lo haré.

Acuérdense de vez en cuando de este pequeño condotiero del siglo XX. Un abrazo a Celia, a Roberto, a Ana María y a Patotín, a Beatriz, a todos. Un gran abrazo del hijo pródigo y recalcitrante para ustedes.

ERNESTO

Lamentablemente doña Celia nunca leerá la conmovedora carta de su hijo pues ésta, inexplicablemente, llegará a Buenos Aires recién en el mes de octubre cuando ella ya había fallecido.

El Che también se acordará de sus hijos:

Marzo 1965

A mis hijos, queridos Hildita, Aleidita, Camilo, Celia y Ernesto:

Si alguna vez tienen que leer esta carta, será porque yo no esté entre ustedes.

Casi no se acordarán de mí y los más chiquitos no recordarán nada.

Su padre ha sido un hombre que actúa como piensa y, seguro, ha sido leal a sus convicciones.

Crezcan como buenos revolucionarios. Estudien mucho para poder dominar la técnica que permite dominar la naturaleza. Acuérdense que la Revolución es lo importante y que cada uno de nosotros, solo, no vale nada. Sobre todo, sean siempre capaces de sentir en lo más hondo cualquier injusticia cometida contra cualquiera en cualquier parte del mundo. Es la cualidad más linda de un revolucionario.

Hasta siempre, hijitos, espero verlos todavía. Un beso grandote y un gran abrazo de

PAPÁ

A Aleida le dejaría grabados varios poemas de Neruda, de Hernández y de otros, aunque según Jorge Castañeda el matrimonio ha entrado en una crisis terminal que llevó a Guevara a franquearse con Nasser: «Ya he roto dos matrimonios». El mismo biógrafo revelará la existencia de un hijo ilegítimo del argentino.

El Che asentará en sus notas de aquellos días, que serán publicadas mucho tiempo después con el título de *Pasajes de la guerra revolucionaria: Congo*, un enigma que ha sido el dolor de cabeza de los propagandistas oficiales del imaginario Che sin conflictos con Fidel, Raúl o su gobierno: «Hay unos episodios no aclarables por el momento, como mi designación al frente de las huestes cubanas a pesar de ser blanco, la selección de los futuros combatientes, la preparación de mi salida clandestina, las pocas despedidas que era posible efectuar, las cartas explicatorias; toda una serie de maniobras subterráneas, que es peligroso, aún hoy, poner en el papel y que en todo caso pueden ser explicadas posteriormente».

La clave de los episodios «no aclarables» a los que se refiere el Che en 1966 quizá esté en la secreta y tumultuosa reunión que mantiene con los hermanos Castro. El único testigo es el propio Fidel, que ha guardado silencio o dicho muy poco: «Yo mismo le sugerí al Che que debía ganar tiempo, esperar. Él quería desarrollar cuadros, nuevas experiencias y lo hicimos responsable del grupo que fue a ayudar a los revolucionarios allí en el Congo».

Está claro que el Che se incorpora a último momento y apresuradamente a una expedición ya organizada en respuesta a un pedido de ayuda de los rebeldes de Kabila, y cuya dirección iba a estar a cargo de Víctor Dreke, quien había combatido contra Batista en el Escambray en las filas del Directorio Revolucionario, y que guardaba un gran recuerdo del Che, quien lo había atendido de una herida de bala en el combate de Placetas. El 28 de marzo de 1965, ya avanzado el entrenamiento, Dreke es citado por el ministro Osmany Cienfuegos, quien le informa de que irá otro jefe con la expedición y le da su nombre: Ramón. El Che mantendrá su clandestinidad hasta varios días después de entrar en África.

El argentino apela a su espíritu aventurero y a sus convicciones ideológicas para darse entusiasmo: «Dejé atrás casi once años de trabajo para la Revolución Cubana al lado de Fidel, un hogar feliz, hasta donde puede llamarse hogar la vivienda de un revolucionario consagrado a su tarea, y un montón de hijos que apenas sabían de mi cariño. Se reiniciaba el ciclo; y un buen día aparecí en Dar es Salaam».

Llegó a Tanzania tan bien disfrazado que su amigo, el embajador Pablo Rivalta, no lo reconoció: «A los primeros en descender por la escalerilla los reconocí enseguida. De otro me decía: "A éste lo conozco", pero no podía acertar quién era hasta que en el andén del aeropuerto se pone detrás mío y me dice por lo bajo: "Cállate, coño, que soy yo mismo". Era el Che, tremenda sorpresa la que me llevo. Nosotros teníamos todo preparado, pero no pensábamos en su persona. Habíamos hablado con el gobierno de Tanzania, con los revolucionarios de la zona, pero no se me había ocurrido que al grupo lo encabezaría el comandante Guevara».*

Lo acompañaban sus lugartenientes Víctor Dreke, que pasó a llamarse Moja, que significa «uno» en el dialecto congoleño swahili, en lo que fue una cortesía del Che por haberle birlado la conducción de la operación; José María Martínez Tamayo, quien perderá la vida en Bolivia, sería Mbili, que significa «dos», y el Che de ahora en más se llamaría Tatu, «tres».

«Ésta es la historia de un fracaso», se lamentará el Che en sus

---

* Diálogo en La Habana con Coco López.

Pasajes de la guerra revolucionaria: Congo, analizando la experiencia congoleña con un espíritu autocrítico inédito en la historia política contemporánea, pero el contraste no disminuirá su espíritu combativo: «La iniciativa del Ejército Proletario Internacional no debe morir ante el primer fracaso, aun ante un proceso de descomposición de nuestra moral combativa».

A su llegada, los cubanos no encontraron a Kabila en Dar es Salaam. El congoleño estaba en una cumbre de revolucionarios africanos en El Cairo. Nadie sabía de la llegada del Che, ni mucho menos que estuviera en los planes cubanos mandarlo justamente a él, quien era otra vez solamente argentino, a combatir pues en su carta a Fidel había renunciado a su nacionalidad adoptiva; le preocupaba cómo lo tomarían los jefes congoleños.

Pablo Rivalta los alojó en una modesta casa en las afueras de la ciudad y el trío cubano tomó contacto con Godofredo Tchamaleso, delegado de Kabila. Se presentaron como la avanzada cubana de los treinta instructores prometidos, y al Che, único blanco, como médico con experiencia guerrillera, además de intérprete por su conocimiento del francés. Comprobaron con alivio que quien ya constituía un mito planetario profusamente filmado y fotografiado no había sido reconocido. Comunicaron al congoleño, a quien rebautizaron Tremendo Punto, que tenían ciento treinta hombres bien entrenados y pertrechados, todos negros, dispuestos a combatir por su causa si ellos lo consideraban necesario.

Comenzaron a llegar los caribeños y los problemas logísticos se presentaron de inmediato. Necesitaban botes rápidos para cruzar los setenta kilómetros de oleajes en el lago Tanganica que los separaban del Congo. El ajetreo de las compras de mochilas, sogas, nailon y pertrechos varios preocupaban al Che por el riesgo de llamar la atención.

Llegaron noticias de Kabila: seguiría en El Cairo durante otras dos semanas. El Che, impaciente y disgustado, le dijo a Moja:

—Vayamos al Congo. No podemos esperar a Kabila con todo un batallón en la ciudad.

—¿Qué planes tiene Kabila? —lo interrogó Moja.

—No lo sé, creo que ni él mismo lo sabe. Temo que cuando

se informe de mi presencia aquí me impida viajar al Congo. Debemos hacer de esto un hecho consumado.

Partieron por ruta hacia el puerto de Kigoma acompañados por un oficial de la policía de Tanzania para evitar problemas en el viaje, pero al llegar al puerto las lanchas no estaban listas y debieron esperar hasta el otro día. El Che pudo constatar entonces lo pernicioso de ese lugar para la indispensable moral revolucionaria, pues los supuestos combatientes cruzaban el lago y se sumergían en burdeles, cantinas y casinos haciendo estragos, drogados o alcoholizados, en los bares y espacios públicos del puerto.

Por fin al día siguiente zarpó la tropa cubana y surcó ese lago arisco, el más profundo del mundo, que desemboca en el océano Índico. «Un lago con olas —comentó con temor Nane, alias del sargento Torres—, para mí es un mar lo que estamos cruzando.» «La embarcación era muy precaria, parecía que se hundía para el carajo —recordaría Moja ante P. I. Taibo II, quien llevó adelante una excelente investigación sobre la etapa africana de Guevara—, no tenía más de diez metros de largo.» Fuerzas militares de Moise Tshombé y Joseph Mobutu patrullaban el Tanganica pues no ignoraban que ésa era la puerta de entrada al Congo que usaban los rebeldes. La travesía llegaba a durar entre cinco y siete horas bordeando las riberas para eludir a los mercenarios belgas.

El territorio rebelde ocupaba un difuso rectángulo con un frente de trescientos kilómetros sobre el lago, desde el poblado de Uvira hasta la frontera con Ruanda, y se internaba doscientos kilómetros hacia dentro, llegando al límite de la rica provincia de Katanga.

La odisea lacustre terminará con el precario lanchón encallado contra la costa de Kibamba. «No dejamos bajar al Che primero. Nos tiramos al agua y atravesamos unos metros hasta llegar a tierra firme —señalará Moja—. Todo era ver qué pasaba. Incertidumbre. En el bote veníamos hablando de una posible traición o una emboscada al llegar al Congo. Gente que no nos conoce, idioma que no se maneja, miedo a un tiroteo involuntario. Alguien con una luz nos espera en la costa. Tremendo Punto señala la montaña, allí está el campamento.»

Al arribar lo que más pareció preocupar al Che, que sabía de la importancia de una logística operativa, fue la desorganización reinante y su impotencia idiomática para comunicarse. Tremendo Punto convocó al Estado Mayor integrado por representantes de los distintos grupos guerrilleros y, a pesar de las dificultades del idioma, el Che pudo advertir las rivalidades y disidencias internas.

Todavía de incógnito, puesto que no lo habían reconocido, lo que resultaba insólito y ponía de manifiesto la escasa información y experiencia de aquellos rebeldes, fue invitado a participar en una reunión con el comandante de la base y los jefes de algunas brigadas, entre ellos el coronel Bidalila, que mandaba el frente norte de Uvira con la Primera Brigada. En representación de la Segunda Brigada comandada por el general mayor Moulana vino el teniente coronel Lambert. Y representando lo que sería en el futuro la Tercera Brigada, según él mismo decía, estaba André Ngola. Tremendo Punto propuso que Moja integrara el Estado Mayor en nombre de los cubanos pero esto no fue considerado por los oficiales, ni siquiera rechazado, debido a que al no tener un mando centralizado, aceptado por todos, les era imposible consensuar algo o tomar decisiones, lo que además hacía aflorar ruidosamente sus desavenencias. Se tomaron mucho tiempo para cargar sobre Tremendo Punto el disgusto colectivo porque venía muy poco al Congo y se la pasaba en Tanzania, eludiendo sus deberes con la guerrilla.

El Che fue informado de que la defensa antiaérea estaba asegurada; lo que lo sorprendió porque no había visto cañones apuntando al cielo. El teniente coronel Lambert le explicó que el Ejército de Liberación no tenía problema con la aviación enemiga ya que poseía como defensa el «dawa».

—¿Qué es eso? —preguntó, extrañado, el comandante.

—Un medicamento natural preparado con el jugo de ciertas hierbas que, untado sobre la piel de los combatientes, los hace inmunes a las balas enemigas —le explicó Lambert, y a continuación aclaró—: Pero a todas las balas, no sólo a lo de los aviones.

En un principio el Che creyó que se trataba de un chiste y

había arrancado una sonrisa para agradar al jefe congoleño, pero poco tardó en darse cuenta de que la cosa iba en serio.

—A mí me han dado varias «dawa» y gracias a ello las balas enemigas me tocaban y caían sin fuerza al suelo. El ungüento, eso sí, debe estar bien preparado.

«Si el protector mágico era una de las grandes armas del triunfo del Ejército Revolucionario congoleño, era evidente que estábamos perdidos, que no teníamos nada que hacer allí», reflexionará Moja más de treinta años después.

El Che recordaría en sus apuntes: «El "dawa" hizo bastante daño a la preparación militar. El principio es el siguiente: un líquido, donde están disueltos jugos de hierbas y otras sustancias mágicas, se echa sobre el combatiente al que se le hacen algunos signos cabalísticos y, casi siempre, una mancha con carbón en la frente; de esa manera, el combatiente ya se encuentra protegido contra toda clase de armas del enemigo, aunque esto también depende del poder del brujo que lo prepara. El soldado, para que el efecto del "dawa" no se pierda, debe cumplir con tres condiciones ineludibles: no tocar objeto alguno que no le pertenezca, no estar en contacto con una mujer y tampoco sentir miedo. Cuando un hombre muere bajo el fuego enemigo es porque tuvo miedo o robó o se acostó con una mujer».

Su confianza en el «dawa» hacía que los rebeldes atacasen a sus enemigos en tropel, a la descubierta, dando alaridos; lo que los hacía blanco fácil. La prédica del Che logró hasta cierto punto que los congoleños y ruandeses de su fuerza fueran más prudentes y no confiasen tanto en la infalibilidad de la pócima mágica. Un mercenario del ejército gubernamental diría que, meses más tarde, ellos se dieron cuenta de que el Che había partido de África porque los rebeldes volvieron a atacar como antes, para pasto de sus ametralladoras.

Víctor Scheg Colás, uno de los cubanos que acompañaron al Che en el Congo, relata: «Al poco tiempo de llegar, el Che me dijo que tenía preparada una emboscada y que fuese a proteger el flanco. En un momento del combate me viro para dar la orden de desplegarnos y me percato de que me había quedado con un solo compañero. El resto había huido. Ya me habían hablado de que eso ocurría con los nativos pero fue mi primera experiencia amarga.

»Como acostumbraba a arriesgarme en los combates y nunca me ocurrió nada, los nativos comentaban que tenía el "dawa" en el reloj. Esto me obligaba a protegerme a la hora de dormir porque temía que me cortaran el brazo de un machetazo».

En sus apuntes africanos, donde analiza irónicamente el tema de las creencias mágicas y los brujos del Congo, en su imposibilidad de comprender esa cultura tan distinta que convertía en inútiles sus intentos de armar una fuerza eficazmente combatiente, el Che pasa por alto la sabiduría guerrera del «dawa», que no es otra cosa que los principios morales de un buen combatiente: no dejarse ganar por el pánico, no violar a mujeres y no realizar pillajes al enemigo vencido. Quien respete dichos principios será un guerrero con mayores posibilidades de sobrevivir que quien los transgreda.

64

El Che se encontrará con decenas de tribus con tradiciones diversas, dialectos distintos y un sistema de propiedad de la tierra más parecido al colectivismo primitivo que a un campesinado explotado por los señores feudales. Eso los hará indiferentes a las reivindicaciones de reforma agraria que fue la principal arma propagandística de la guerrilla en Sierra Maestra. Lo mismo sucederá, aunque por otras razones, en Bolivia.

Luego de la reunión con los jefes de las brigadas, el comandante Guevara consideró que había llegado el momento de revelarse a Tremendo Punto. «Mi identidad no podía seguir ocultándose durante más tiempo si queríamos aprovechar la influencia que pudiera ejercer», anotó en sus memorias.

—¡No puede ser! ¡El Che Guevara en el Congo!... ¡Esto será un escándalo internacional! —reaccionó el dirigente congoleño, agitado—. Es necesario que se lo transmita a Kabila.

Luego rogaría:

—Por favor, esto debe seguir manteniéndose en secreto, que nadie más lo sepa hasta conocer la opinión de Kabila.

Esa misma noche partió un conmocionado Tremendo Punto con el mensaje a su jefe, y también embarcaría un emisario del comandante Guevara con instrucciones de obtener asistencia mecánica para los desastrados motores de las precarias embarcaciones, indispensables para la eficaz movilidad de los combatientes. Objetivo que nunca se lograría.

El rol del Che y sus hombres era sólo el de instructores, por lo que debían reportarse a los mandos formales de los rebeldes

congoleños. Los cubanos eran muy cuidadosos en el respeto de
dicha verticalidad, ya que un mal manejo de la situación podía
disparar un conflicto aprovechable por Kabila para pedir al Che
y a los suyos que abandonasen el Congo. El entonces portador
del rimbombante título de presidente del Consejo Ejecutivo del
Consejo Supremo de la Revolución, Singama Luvila, aclara:
«Nuestra decisión era la de crecer y consolidar el proceso militar antes de incorporar a un revolucionario como el Che. Él no
estaba de acuerdo con eso; se moría de impaciencia por participar directamente en la lucha».

El argentino nunca comprendería o aceptaría que los rebeldes venían de sufrir una seria derrota en la operación Dragon
Rouge a manos de los eficientes y feroces mercenarios financiados por Francia y los Estados Unidos, que los habían desalojado
de Stanleyville luego de sangrientos combates y que por entonces
estaban en un período de «lamerse las heridas» y tratar de recomponer su fuerza combativa; un estado muy distante al de la agresividad que pretendía el recién llegado desde el otro lado del mar,
siempre dispuesto a exigir más de lo que los otros estaban dispuestos a dar.

El relajamiento y falta de espíritu de combate que reinaba en
todo el frente hacía que las inquietudes y las propuestas de los
instructores cubanos cayeran en saco roto, quedando «en estudio»
indefinidamente, en ese marco de vida campamentil, casi vacacio-
nal, con esporádicas visitas a Kigoma para solaz y esparcimiento.

El Che aprovechó tanta inacción para estudiar la realidad
sociopolítica de esa África que le resultaba tan inescrutable, y
también recuperó su identidad de médico y comenzó a atender
en el dispensario de la base. Tal como lo suponía, la mayor cantidad de pacientes eran atendidos por enfermedades venéreas e
intoxicaciones alcohólicas provenientes de Kigoma. El Che se
preguntará escandalizado en su diario: «¿Quién paga a esas mujeres? ¿Con qué dinero? ¿Son pagadas con los fondos de la Revolución?». Seguramente recordaría los esfuerzos para recaudar
fondos para Liberación y las protestas de otros funcionarios del
gobierno cubano por el costo de apoyar proyectos insurreccionales en el mundo. También en el Congo.

Una mañana llegaron dos esperados lanchones con armamentos, y luego lo hicieron otros dos con medicinas y alimentos. Descargada, la mercadería quedó desparramada en el trayecto entre el campamento y la playa. «La llegada de los embarques terminó —recuerda el Che— en un fraternal y alegre desorden. Varias veces traté de organizar un depósito, de separar los lanzagranadas y los morteros de los alimentos, pero hasta mucho después no logré nada.»

De Kigoma llegaban muchas noticias, pero no las más esperadas por el Che: ¿Cuándo llegaría Kabila? ¿Cuáles eran las instrucciones para los cubanos? Nada. Éstos especulaban acerca de si su silencio era una muestra de disgusto, o no había dado importancia a la llegada del Che, o había decidido abandonar la lucha, o... Las versiones eran que estaba en El Cairo para garantizar que se cumpliesen los acuerdos, o en Argel operándose de un quiste, o en un viaje apresurado para una reunión secreta en París, etc.

Cuando cundió la voz de la llegada de alimentos, vestimentas y armas, a la base acudieron presurosos los representantes de las brigadas y de los grupos guerrilleros inorgánicos. La disputa por los pertrechos fue descorazonadora pues cada jefe guerrillero pretendía llevarse más armas o mercadería que los demás, fundamentando su requisitoria en la supuesta cantidad de combatientes que les respondían, cifras que multiplicaban sin pudor; cuando uno decía: «Cuatro mil hombres», otro gritaba: «¡Seis mil!», también mentían acerca de inexistentes o exagerados combates victoriosos contra las tropas gubernamentales que merecían ser premiados con generosidad.

«Intenté impedir que se lleven instrumental médico de la base, pero todo fue infructuoso», escribió el Che. «Todos querían tener de todo.» En el dispensario el comandante guerrillero y médico argentino, además de con las venéreas y las cirrosis alcohólicas, tuvo que vérselas con varios heridos de bala. Pero no sufridas en combate con el enemigo, sino por imprudencia o impericia de algún camarada. Allí toma conciencia de que casi nadie sabía combatir o disparar un arma de fuego; lo que no se hacía evidente porque no se combatía y por lo tanto no se disparaba.

Los dirigentes rebeldes habían acordado con los funcionarios gubernamentales un statu quo que incluía el respeto de los respectivos territorios bajo su control. Hubo sin duda intolerancia en el Che en no comprender ni aceptar lo que era una decisión táctica que producía los inevitables y típicos efectos de la molicie en las etapas de distensión en el curso de una guerra.

Tremendo Punto dejará constancia de la reacción de su jefe al ser puesto al corriente de la presencia del Che Guevara en la base de su ejército: «Para Kabila fue una sorpresa muy grande. Él era un negro prieto como yo y tenía mucho control sobre sí mismo, pero su cara cambió de color. Se mordía los labios y cuando se repuso dijo: "La tarea principal para nosotros es que no se sepa jamás, de ninguna manera, de la presencia del Che en el Congo y, segundo, velar para que no le pase nada"».

Al jefe de la guerrilla congoleña no podía caerle bien esa irrupción sorpresiva e inconsulta del Che que amenazaba con hacer trizas su armisticio con el presidente Tshombé, y designa a su mejor hombre, el comandante Léonard Mitudidi, con experiencia política y militar, para ponerse al lado del cubano y asistirlo, pero principalmente para controlarlo y mantener informado a su jefe.

Recuerda Luvila: «Se trataba de un período de repliegue, de espera… y Kabila se encontró en contradicción con el entusiasmo combativo del Che. Ni Kabila ni yo éramos militares».

La monotonía se romperá cuando Mitudidi, designado jefe del Estado Mayor del Frente Oriental, comisionado por Kabila, llega a la base. Sorpresivamente viene para tomar la iniciativa y ordenar un ataque a Albertville en dos columnas. Al Che esta disposición le pareció muy riesgosa ya que conocía el estado calamitoso de la tropa congoleña, mientras que Mitudidi acababa de llegar de Tanzania, sin conocimiento de la situación real. A pesar de su desconfianza y a favor de su alegría porque por fin se combatiría, el comandante Guevara ordenó a sus cubanos prepararse para la lucha, pero intentando demorar el asalto hasta que mejorasen las condiciones. «Nosotros —argumentará— sólo somos treinta hombres, de los cuales hay diez enfermos o convalecientes.»

En esos días lo alcanza la peor de las noticias: la grave enfermedad de su querida madre. La información la aporta Osmany Cienfuegos, quien se encontraba realizando gestiones en Tanzania y se cruzó en visita al Congo para saludar a su amigo comandante y a las tropas cubanas. El Che se imagina lo peor y tiene razón pues la información estaba desactualizada: su madre había muerto en Argentina hacía ya un mes, de lo que se enterará casualmente cuando a su lado Rafael Zerquera Palacios, «Kumi», lee un ejemplar de la revista cubana *Bohemia* que publica la noticia. Kumi recordará que el Che trató de no evidenciar su emoción, pero pasó un largo rato cantando tangos y recordando anécdotas de infancia.

A tantos contratiempos el argentino suma su asma que no lo abandonará a lo largo de toda su experiencia africana, acicateada por el clima húmedo y las tensiones nerviosas. Entre estas últimas, y no la menor, está la insistencia de Mitudidi en atacar Albertville, e impaciente por los reparos del Che sube a la base superior donde ahora acampaban los cubanos, quizá para separarse de los congoleños, y discuten el plan de asalto. Los roles se han invertido extrañamente y es ahora el Che quien convence al jefe congoleño de postergar el ataque y realizar previamente un estudio de las fuerzas rebeldes dispersas, y así establecer la realidad de los medios con que efectivamente se contaba. Sospechaba con razón que la información que manejaba el comandante congoleño era totalmente errónea, pues había comprobado que los jefes guerrilleros mentían al comando para lograr mayores cuotas de alimentos, armas y, sobre todo, dinero.

Para ennegrecer aún más este panorama, los informes alertaban sobre una pésima relación de los guerrilleros con los campesinos por las presiones que ejercían sobre ellos, haciéndolos víctimas de saqueos y expropiaciones, en siniestra competencia con las fuerzas del gobierno. El Che apuntará: «La característica fundamental del Ejército Popular de Liberación era la de ser un ejército parásito: no trabajaba, no se entrenaba, no luchaba y exigía de la población abastecimiento y trabajo, a veces con dureza extrema».

Mientras tanto, en Cuba, al desaparecer el Che repentinamente luego de tanta exposición pública, Fidel es acosado por los rumores sobre una presunta muerte del guerrillero argentino. La CIA y otras agencias occidentales desparramaban conjeturas propagandísticas que insistían en que habría sido asesinado por el propio Fidel como corolario de una áspera discusión, o que alguno de los esbirros del presidente cubano habría tomado a su cargo su eliminación.

La CIA producirá diversos informes secretos, contradictorios entre sí, que evidencian su interés en conocer la suerte del argentino. El identificado con la clave 00–K–323/08C (6 de mayo de 1965) informará de que el Che ha sido arrestado por Castro y enviado a Argelia. El 00–K–323/0904 (24 de mayo de 1965) asegura que, ante el fracaso de Guevara de levantar a las naciones africanas en contra de los Estados Unidos, Castro se había enfurecido y pedido su expulsión del Partido Comunista. También que podría estar en Moscú bajo tratamiento por un cáncer de garganta. El informe 00–K–323/1325 (4 de agosto de 1965) da dos versiones posibles para la desaparición de Guevara: que estaba a cargo de una invasión a la República Dominicana, pero habría fracasado siendo su paradero desconocido; la otra es que la URSS habría presionado sobre Fidel para sacarlo de circulación.

Recién el 19 de enero de 1966, en el informe 00–K–323/ 00185-66, un agente de la CIA cableará que «el gobierno cubano estaría adiestrando a negros cubanos en la guerra de guerrillas con el fin de enviarlos al Congo. El Che estaría a cargo de la operación y que ya en junio de 1965 se encontraba en el Congo». Hay quienes encuentran relación entre este documento y el hecho de que pidiendo que «no informe por escrito a Moscú», Castro le confía al embajador soviético Alexander Alexeiev el nuevo objetivo militar del Che. ¿Acaso podía dudar de que Alexeiev lo pondría en rápido conocimiento de su gobierno y que la KGB no tardaría en compartir la noticia con la CIA, ambos servicios secretos acostumbrados a coaligarse contra enemigos comunes?

Durante los meses que siguieron las versiones no disminuyeron, sino que cobraron más fuerza hasta que, presionado, Castro viola la promesa hecha al comandante Guevara y lee aquella carta de despedida que le entregase en Pinar del Río. El detonante parece haber sido una noticia aparecida en el confiable diario *La Prensa* de Lima, en la que se aseguraba, «de fuentes irreprochables», que el Che había sido asesinado por personeros del estalinismo como castigo por sus desviaciones prochinas. La versión fue luego divulgada por todo el mundo por France Press.

Ante el plenario del Primer Congreso del Partido Comunista Cubano, Fidel anuncia con sincera emoción: «Hay una ausencia en nuestro Comité Central de quien posee todos los méritos y todas las virtudes necesarias en el grado más alto: el Che Guevara. El enemigo ha podido tejer mil conjeturas; ha tratado de sembrar cizaña y la duda. Y nosotros, pacientemente, puesto que era necesario esperar, hemos esperado». A continuación el presidente de Cuba lee aquella memorable carta que es subrayada por un aplauso que parece no tener fin.

No faltan los que opinan que el objetivo de Fidel con esa lectura fue desembarazarse definitivamente de su amigo querido, pero políticamente incontrolable. Benigno, convencido de la existencia de un complot para eliminar al Che, me insistirá en París en que «la lectura de esa carta fue la condena de muerte para Guevara. A partir de allí ya no podía volver a Cuba y descontando, como se podía ya descontar, su fracaso en África, ya no tenía adónde ir y todos sabíamos que los norteamericanos y los soviéticos lo buscaban para matarlo. No tenía escape».

En una entrevista con el sacerdote brasileño Frai Betto publicada en 1985, Castro mentirá: «... La publicamos [la carta] cuando el Che tenía asegurada la llegada a la zona escogida por él en Bolivia. Fue entonces que la publicamos». Lo cierto es que el líder cubano da lectura a la carta cuando el Che todavía está en África y no hay ninguna intención aún de trasladar la guerrilla a Sudamérica.

Semanas después de la sigilosa partida del Che, en su tradicional discurso del 26 de julio, Fidel había hecho una referencia crítica a las ideas del ausente al abogar por un sistema regular de autoridad local, opuesto al de la centralización guevarista. El memo n.º 2333 de la CIA registrará que Castro «cuestionó calurosamente el antiguo sistema de centralización y describió el problema gráficamente. Dijo que cuando un perro hacía "sus necesidades" en la calle había que llamar a la autoridad central para que las limpiara».

En ese mismo mensaje afirmará que es «absurdo que intentáramos que la gran masa de hombres que se ganan el pan cortando caña fueran a hacer el máximo esfuerzo diciéndoles que han de hacerlo por un deber, independientemente de si gana más o si gana menos». Más claro, agua.

Tiempo antes, el guevarista presidente del Banco Nacional, Salvador Vilaseca, había sido removido de su cargo. Y el día anterior a la lectura de la carta, lo que no es un dato banal, «los únicos tres ministros excluidos del Comité Central fueron Luis Álvarez Rom (el ministro de Finanzas que apoyó a Guevara en la disputa del Banco Nacional), Orlando Borrego (el protegido de Guevara) y Arturo Guzmán (ministro de Industria, también leal a Guevara) ...». Además, los cinco integrantes del Comité Económico estaban encabezados por el presidente Dorticós y todos ellos eran adherentes a la orientación «liberal» de la economía cubana.

El Che no registrará en el diario de campaña su descontado disgusto por la violación del acuerdo acerca de cuándo Fidel debía dar a publicidad su carta de despedida, sino que sincera las dificultades que esa lectura agrega a las que ya pesaban en sus relaciones con sus hombres: «Ésta [la carta] provocó el que los compañeros vieran en mí, como hace muchos años cuando empecé en la Sierra, a un extranjero en contacto con los cubanos; en aquel momento, el que llegaba; ahora, el que estaba de despedida. Había ciertas cosas comunes que ya no teníamos, ciertos anhelos comunes a los cuales, tácita o explícitamente, había renunciado y que son los más sagrados para cada hombre individualmente: su familia, su tierra, su medio. La carta que provocó tantos comentarios elogiosos en Cuba y fuera de ella me separó de los combatientes».

65

Los problemas de comunicación del Che con la tropa congoleña lo tenían a mal traer. En su francés se comunicaba con Freddy Ilunga, «Ilanga», un congoleño traductor del dialecto swahili que a su vez trataba de reproducir lo que malamente comprendía en su defectuoso francés. Por otra parte no todos los congoleños hablaban swahili, sino los diversos dialectos de las distintas tribus de la zona. Con su proverbial rigurosidad el comandante se abocó a estudiar el swahili con la ayuda de Ilanga, quien aclarará algunas de las razones del rechazo sufrido por ese argentino de aspecto europeo: «No me cayó bien el Che; yo tenía la orden de estar permanentemente junto con él. No entendía qué estaba haciendo allí. Tampoco me gustaba su mirada irónica. ¿Por qué tenía que soportar yo a ese blanco? No me gustaba para nada».

En el mismo sentido, Alexis Selemani, otro integrante de las fuerzas guerrilleras congoleñas, confiesa que la cuestión no era clara para ellos: «Yo no podía entender que un blanco viniera a ayudarnos a nosotros los negros porque nuestra lucha era contra los blancos. Eso lo hacía irremediablemente desconfiable. Para nosotros, luchar por nuestra libertad era luchar contra los blancos y el Che era un blanco».

Los congoleños rechazaban a los cubanos y se negaban a colaborar en las tareas de conjunto; no querían transportar bultos desde el campamento de base hasta el de los cubanos en lo alto, y decían: «Yo no soy un camión» o «¿Me ves cara de cubano?». Estaba claro que esa etapa de su lucha de guerrilleros la vivían como «de los cubanos», y que poco tenía que ver con las necesidades estratégicas de los africanos.

Como reacción, en la tropa latinoamericana fue creciendo el desprecio hacia los otros y la convicción de ser superiores. Esta situación, que el mismo Guevara padecía como se evidencia en sus anotaciones muchas veces despectivas hacia sus camaradas congoleños, mereció en más de una oportunidad que el Che interviniera para invitar a los cubanos a tener paciencia y esperanza en los objetivos revolucionarios. Si les había ido bien en Cuba, ¿por qué no habrían de repetir el éxito en el Congo?

Antes de culminar el mapa de situación preparatorio para el ambicioso ataque a Albertville, el proyecto de los cubanos sufrió una pérdida irreparable al morir ahogado el decidido Mitudidi en circunstancias poco claras: cruzando en bote hacia Ruanda, adonde pensaba trasladar el Estado Mayor, cayó al agua y sus dos lugartenientes, que se arrojaron para salvarlo, también murieron a pesar de que era un día de aguas mansas. La explicación que se le transmitió al Che fue insólita, por no decir sospechosa: «Cuando Mitudidi cayó paramos el motor para subirlo, pero una fuerza mágica nos impedía acercarnos a salvarlo». Con su muerte se perdía la mejor oportunidad de organizar el caos reinante e insuflar algo de espíritu combativo a la insurrección congoleña.

La llegada de Kabila seguía anunciándose y postergándose. Una de las múltiples versiones, que iban de lo verosímil a lo fantasioso, fue que estaba en Dar es Salaam esperando la llegada de Chou En-lai para obtener apoyo logístico de China. De todas maneras se hará tiempo para informar por nota de que el infortunado Mitudidi sería reemplazado por Muteba, jefe de Comunicaciones del Estado Mayor congoleño. El Che no lo objetará, acorde con su táctica de aceptar su subordinación a los mandos africanos y prepara un informe al nuevo comandante enumerando los problemas, con la esperanza de ser escuchado:

«1. La falta de un mando central único con poder real sobre todos los frentes.

»2. La carencia de cuadros con nivel cultural adecuado y fidelidad absoluta a la causa revolucionaria.

»3. Dispersión de nuestras armas pesadas.

»4. Falta de disciplina en las unidades.

»5. Incapacidad de los mandos para mover coordinadamente unidades de cierta envergadura.

»6. Carencia de entrenamiento mínimo necesario para el manejo de armas de fuego.

»Estos males no deben asustarnos; son situaciones que toda revolución debe enfrentar. Sólo hay que tomar medidas sistemáticas para subsanarlos».

En su encuentro personal el Che recomienda a Muteba atacar Katenga, una guarnición relativamente pequeña en una zona que el enemigo había dejado desguarnecida. Pero también enviado por Kabila llegará el jefe de la etnia tutsi, el ruandés Mundandi, formado en China y con buen espíritu combativo, quien trajo el plan para atacar la guarnición militar y la planta hidroeléctrica de Fort Bandera. Los tutsis, luego de la independencia de su país, habían sido atacados y expulsados por los hutus, y ahora luchaban con los del Congo con quienes habían acordado que luego de triunfar los ayudarían a tomar el poder en su país.

De acuerdo a sus informes, el argentino sabía que lo de Fort Bandera era una empresa demasiado riesgosa pues estaba defendido por quinientos hombres entrenados, muchos de ellos mercenarios belgas y sudafricanos. Pero se guarda su opinión, pues piensa que de todas maneras es mejor el riesgo que la inacción, y pide a Kabila autorización para participar en la acción en calidad de comisario político, pero el jefe rebelde no responde a la solicitud y Guevara interpreta que su silencio es una negativa.

Cuarenta cubanos, ciento sesenta congoleños y cien tutsis ruandeses constituyeron la unidad de ataque. Como era de esperar el resultado fue catastrófico y el Che lo describe en su diario con triste ironía: «De los ciento sesenta congoleños, sesenta habían desertado antes de comenzar el combate y muchos no llegaron a disparar un tiro a la hora convenida. Abrieron fuego contra el cuartel tirando al aire casi siempre, pues la mayoría de los combatientes cerraban los ojos y oprimían el disparador del arma automática hasta que se acababa el parque. El enemigo respondió con un fuego certero de mortero 60 causando varias bajas y provocando la desbandada instantánea. En el primer momento fue atribuida la derrota a que el brujo era ineficiente y había dado un "dawa" malo; éste trató de defenderse echándole la culpa a las mujeres y al miedo, pero allí no había mujeres y no todos (algunos más sinceros, sí) estaban dispuestos a confesar sus debilidades. El brujo se las vio negras y fue sustituido; el mayor trabajo del comandante Calixte, jefe de esa agrupación, fue buscar un nuevo "mubanda" con las características adecuadas, recorriendo toda la zona con ese propósito».

Luego del combate los cubanos se enterarán de que Michel, un combatiente ruandés, ha sido detenido bajo la acusación de haber dado de beber alcohol a los hombres antes del combate, por lo que era culpable de las muertes sufridas pues había impedido que actuase el "dawa". A pesar de la intervención del Che el comandante Mundandi ordenará su muerte.

Los apuntes del guerrillero argentino nunca perderán su rigor autocrítico: «En esta acción desgraciada gran parte de la culpa le cupo al mando cubano; el compañero Inne, menospreciando al enemigo, en una acción de arrojo indiscutible y para cumplir lo que consideraba su deber moral, aunque no su cometido específico, se lanzó al ataque frontal pereciendo junto a otros compañeros y dejando abierta la vía de Albertville, por donde llegaban los refuerzos del enemigo».

Uno de los cubanos apodado Mafu, el teniente Catalino Olaechea, confesaría: «La tropa se encontraba un poco entristecida por culpa de la caída de los compañeros y producto también de la situación psicológica, porque el Che les ha dicho que aquella lucha debería durar cinco años y el primer día perdimos cuatro y yo dije: "Aquí no va a quedar nadie"».

El argentino había ordenado a los cubanos que antes de partir al combate dejasen todo tipo de identificación que pudiese ser útil al enemigo. Sin embargo cayó en manos de los mercenarios belgas el diario personal que llevaba uno de sus hombres, y ésa fue la confirmación que obtuvo la CIA de la presencia efectiva de fuerzas cubanas en el Congo.

La derrota de Fort Bandera acentúa la desmoralización de los combatientes africanos y también afectará el ánimo hasta entonces inquebrantable de los cubanos desatando resquemores contra los congoleños, a quienes acusaban de las muertes de varios de sus camaradas. Las críticas del Che y los suyos, que comenzaron a llamarlos «congos» con manifiesto desprecio, se pareció mucho a la discriminación. Tal era el clima de desconfianza mutua reinante en las fuerzas rebeldes que las dificultades lógicas de una guerra se hacían insalvables.

Entre tanto infortunio una alegría para el Che: llega su querido Harry Villegas, lugarteniente en Sierra Maestra y guardaespaldas en La Habana, al frente de un contingente de treinta y nueve cubanos seleccionados por Fidel. Harry pasará a llamarse Pombo. La llegada de los «nuevos», cuya moral no había aún sufrido desgaste, fue la excusa del Che para reunir a todos los cubanos bajo su mando. El comandante, alarmado por el decaído espíritu de los «viejos», deseaba refrescar las razones que los habían llevado allí para combatir al imperialismo «en todos los campos de batalla del mundo», como solía repetir en charlas y discursos. También para recomponer la resquebrajada disciplina.

—No quiero actitudes ni palabras derrotistas. Nos esperan sufrimientos de toda clase, hambre y balas. Hasta ser muertos por nuestros propios compañeros de lucha.

Luego remató:

—Quiero ser claro: si alguien quiere regresar a Cuba, éste es el momento para decirlo.

La frase estaba dirigida a los recién llegados, pero para su sorpresa tres de los veteranos levantaron la mano y pidieron el retorno. El Che les dijo que no se refería a los «viejos» y, rabioso, los amenazó con las más fuertes sanciones. Lo que más desconcertó al Che fue que uno de los tres «flojos» fuese Sitaini (Ángel Hernández), uno de sus escoltas permanentes durante los últimos años.

—Yo no sabía que era por tanto tiempo —adujo.

El Che, implacable, sostuvo en sus apuntes que el cubano conocía como ninguno que el planteo era de tres años como mínimo y cinco como máximo. Pero lo peor era que siendo su escolta y, por lo tanto, gozando de la proximidad del comandante, su abandono de la lucha daba muy mala impresión al resto. El

Che, con su proverbial inclemencia, le prohibió el regreso a Cuba y lo expulsó de su lado, por lo que no extrañó que el caído en desgracia enfermara gravemente con altas fiebres y una profunda depresión. Su dureza con los «rajados» se evidencia en sus notas de campaña; por ejemplo cuando escribe que «para evitar contaminaciones limpié la base de cubanos útiles, dejando solamente en ella a los que habían planteado su regreso a Cuba, a los enfermos y a algunos instructores».

El argentino estaba ya resignado a la ausencia de Kabila que parecía eterna cuando fue sorprendido por la llegada del líder congoleño, con el que también arribó su segundo, Ildefonse Masengo, quien se quedaría con los cubanos hasta el final. En sus conversaciones, el argentino le asegura la total subordinación de la tropa cubana a los mandos congoleños y se lamenta también de las contradicciones y enfrentamientos en el campo rebelde, lo que no es óbice para que Kabila desate una catarata de críticas contra Gaston Soumaliot, jefe político de los insurrectos.

La llegada de Kabila fue altamente motivadora para los congoleños, quienes parecieron despertar de su modorra bélica: se ajustan las defensas antiaéreas, se cavan trincheras, se construye un hospital de campaña, se ordenan y clasifican las reservas… hasta la partida del jefe sólo cinco días después de arribado. En cuanto volvió a ausentarse por razones confusas, para desesperación de los cubanos y su comandante, todo regresó a la normalidad: pereza, promiscuidad, disputas, viajes a Kigoma, rechazo a los petulantes intrusos de allende los mares y a su jefe blanco.

Guevara reflexionará sobre la desmoralización reinante entre los suyos: «Nuevamente varios compañeros se descorazonaron y decidieron retirarse de una lucha a la que venían a morir si era necesario, voluntariamente, además rodeados de un halo de bravura, de espíritu de sacrificio, de entusiasmo, de invencibilidad en una palabra. ¿Qué significado tiene entonces la frase: "Hasta la Muerte si es necesario"? La respuesta entraña la solución de problemas serios en la creación de nuestros hombres de mañana». En este razonamiento el Che evidencia que para él el concepto de sacrificio es independiente del éxito; éste será sólo consecuencia de muchos sacrificios y quien se sacrifica no debe esperar a ver el resultado de su inmolación. Un razonamiento similar expresará al secretario general del Partido Comunista Boliviano, Mario Monje, cuando éste le advierte con razón que sin su apoyo el foco guerrillero de Ñancahuazú estaba condenado al fracaso. Entonces Guevara acudirá a una metáfora que es frecuente en sus dichos: «Para conquistar el Everest fueron necesarios muchos intentos frustrados».

El Che ha insistido ante los africanos en que el entrenamiento guerrillero consistía en la acción misma y en ese camino, también para levantar la moral adelgazada con algunos éxitos, planificará pequeñas acciones con bajo riesgo que permitiesen la capacitación de la tropa y el crecimiento de su confianza como combatientes. Los informes indicaban que por la ruta hacia Albertville pasaba sin custodia un camión cada dos días y se fijó ese objetivo sencillo como parte del entrenamiento. Cincuenta hombres atacaron al camión. Con un bazucazo se abrió el fuego paralizando al vehículo y luego durante varios minutos dispararon acribillando a balazos a los dos conductores, de los que sólo uno portaba armas. Se trataba de un transporte de alimentos y bebidas. Al iniciarse el fuego contra el indefenso camión, los guerrilleros ruandeses disparaban retrocediendo y por ese descontrol una bala perdida hirió a un cubano en la mano, arrancándole un dedo.

Relato de la situación a cargo del propio Che: «Dos ejemplos que hablan del primitivismo que reina todavía en el Congo: el capitán Zakarías, cuando se enteró de la herida provocada por la ráfaga de un FM, la examinó y dictaminó que se perderían dos dedos, resolviendo aplicarle al culpable la ley del Talión; allí mismo sacó un cuchillo y le hubiera cortado la extremidad al pobre diablo si no fuera por la intervención de Mbili, quien con mucho tacto logró que se le perdonara.

»El otro ejemplo es el de un soldado ruandés que salió corriendo apenas sonaron los primeros tiros (disparados por nosotros mismos, porque no hubo combate); uno de nuestros hombres en función de celador, ya que cada cubano acompañaba a un ruandés, lo tomó por el brazo para detenerlo; el muchacho, despavorido, para librarse de ese agresor que le impedía ponerse a resguardo, le dio al cubano un tremendo mordisco en la mano».

Luego del «combate», los ruandeses se abalanzaron sobre las botellas de licor y no pararon hasta caer borrachos ante la mirada de los cubanos, quienes una vez más se preguntarían si tenía algún sentido continuar allí, en situaciones tan distintas a las que habían vivido en Sierra Maestra. Para colmo de males luego se realizó una caótica asamblea donde se decidió volver al campamento en lugar de seguir la guardia como se había dispuesto en la planificación, y los cubanos no se animaron a contradecir tan irresponsable resolución debido al elevado grado de agresiva borrachera de los colegas ruandeses.

Al regresar, dando tumbos y con la mente enturbiada, el capitán Zakarías mató a tiros a un campesino que pasaba por allí. Interrogado, adujo, sin asidero, que se trataba de un espía. «Cuando le expliqué a Masengo lo peligroso que resultaba el tener esta clase de actitud con los campesinos, justificó en cierta forma a Zakarías porque la tribu a la que pertenecía la víctima era hostil a la Revolución.»

66

El Che ya manifiesta en sus escritos un creciente pesimismo que mucho se parece a la impotencia. En su interior irá dibujándose la imagen del temido fracaso que lo proyecta hacia un futuro oscuro de caminos cerrados: su amor propio le impide imaginar un regreso a Cuba luego de la inesperada lectura de su carta de despedida. «Hay algunos que se conducen como pequeños Stalin personalistas», comentará entonces como para sí mismo y Benigno sospechará que se refiere a Fidel, aunque quizá sólo sea un recuerdo deformado por el rencor del cubano expatriado contra Castro.

En un acto dictado por la desesperación, el argentino envía una carta a Chou En-lai pidiéndole ayuda. Éste le contestará por formalismo pidiéndole que no se retire y le aconseja formar pequeños grupos de combate e internarse en el territorio, pero también le ruega que no permita el exterminio de su columna. Asimismo desde Bolivia, cuando todo estaba ya perdido, Guevara planeará escribir a los chinos.

«Habíamos tenido algo parecido a una primera victoria como para quitarnos algo del mal sabor anterior, pero era tal el cúmulo de problemas planteados por los sucesos observados que comencé a variar mis cálculos de tiempo; cinco años constituían una meta muy optimista para llevar la revolución congoleña a su fin exitoso si todo debía basarse en el desarrollo de estos grupos armados hasta constituirlos en un Ejército de Liberación con toda la barba» (*Pasajes de la guerra revolucionaria: Congo*).

En Cuba las informaciones eran contradictorias; algunos se

exaltaban con batallas ganadas y el triunfo inminente mientras otros cuchicheaban circunstancias penosas y un desenlace de fracaso. Para muchos era inimaginable un comandante Guevara derrotado, por el aura de invencibilidad que se había ganado en Sierra Maestra. Quizá para salir de dudas y para proteger al argentino un nuevo contingente cubano, el quinto, es enviado a Tanzania en septiembre de 1965 camino al Congo, llevando a su frente a Óscar Fernández Mell y Emilio Aragonés, dos altos miembros del gobierno y del Partido Comunista.

Entrevistado en La Habana, Emilio Aragonés contaría: «Durante todo el tiempo que estuve allí sólo comimos yuca hervida sin sal porque el barco encargado de aprovisionarnos traía nada más que armas y municiones. Una vez se le ocurrió a Oscarcito [Fernández Mell] pedirle al Che que nos autorizara a los cubanos a recibir algunas vitaminas en pastillas para compensar la pobre alimentación que ingeríamos, pero se negó rotundamente argumentando que teníamos que vivir como viven los pueblos subdesarrollados. Yo sabía que él se iba a negar y se lo advertí a Oscarcito, por eso no dije nada; pero después sí intervine cuando se hizo impostergable traer botas para nuestros combatientes porque ya andaban prácticamente descalzos, pues las botas habían perdido las suelas de tantas caminatas en medio de la selva. Mi razonamiento convenció al Che; le dije que los cubanos no estábamos acostumbrados a caminar descalzos por la selva como los congoleños, que eso podría traernos enfermedades y que debíamos preservar la vida de nuestros combatientes. El Che tenía hábitos de vida muy acendrados e inflexibles; era de una austeridad rayana en el estoicismo, no le importaban las privaciones».

Su entrega a la lucha antiimperialista tenía ribetes místicos que llegaban al desprendimiento de lo terrenal: «El guerrillero es el jesuita de la guerra», había escrito en su manual que sería leído y obedecido por muchos jóvenes en todo el mundo, que en los años por venir se inmolarían siguiendo sus pasos. Jorge Castañeda le recriminará que «tantos universitarios de la emergente clase media de la región marcharan al matadero con toda inocencia ... No fue el único responsable de los despropósitos guerrilleros de la izquierda latinoamericana, pero fue uno de ellos».

Años antes Óscar Fernández Mell había sido víctima de ese desprendimiento que hacía extensivo a sus colaboradores. Me contará durante nuestro encuentro en su casa de La Habana: «Yo tenía un reloj de oro que había heredado de mi padre y le mandé hacer, con el dinero que había podido ahorrar, una malla muy elegante también de oro para que hiciera juego. En cierta oportunidad, no me acuerdo el motivo, se lo presté al Che. Días después me lo envió de vuelta con una vulgar correa de plástico y una notita que decía: "El señor Óscar Fernández Mell ha donado al Estado cubano una malla de oro"».

Genge contará que cierta vez, ante la columna de cubanos formada, el Che transmitió una instrucción de Tatu: entre col y col se iba a dar una lechuga. El contraste es grande con el ritmo de vida que Kabila lleva fuera del Congo. Al llegar a Dar es Salaam, Fernández Mell se indignará al verlo desplazarse en un Mercedes Benz ostentoso y para colmo, cuando llegan a Kigoma para cruzar el Tanganica, no les permiten usar la lancha más rápida «porque es de Kabila». No les extrañó entonces que al llegar a Kibamba los recibiese Kumi, médico cubano, al grito de «¡Bienvenidos a la mierda!».

Pombo, quien más tarde acompañará al Che en Bolivia y será uno de los tres únicos cubanos sobrevivientes, los escolta hasta la base superior y les confirma que las cosas estaban peor que las más pesimistas versiones en La Habana. No encuentran al Che porque estaba de gira por las tribus vecinas haciendo «acción social»: distribuía semillas, remedios y aplicaba inyecciones de penicilina para la gonorrea. Enterado de la llegada del nuevo contingente, corre al encuentro de sus camaradas y de sus manos recibe correspondencia de Fidel en la que le aconsejaba no desesperarse, acordarse de las primeras épocas de la lucha en la Sierra y puntualizaba que era inevitable que surgieran inconvenientes, pero que siempre se encontrarían hombres buenos para la lucha.

Ese tono paternalista y condescendiente de quien le escribía desde tan lejos disgustó al Che, más aún al confirmar lo que le habían transmitido Aragonés y Fernández Mell: que en Cuba se comentaba que su actitud era muy pesimista, lo que al argentino le sonaría como una intolerable acusación de cobardía o «apendejamiento», como se decía en la isla.

El comandante Guevara responderá con dureza:

> Querido Fidel:
> Recibí tu carta que provocó en mí sentimientos contradictorios, ya que en nombre del internacionalismo proletario cometemos errores que pueden ser muy costosos. Además me preocupa personalmente que ya sea por mi falta de seriedad al escribir o porque no comprendas totalmente, se pueda pensar que padezco la terrible enfermedad del pesimismo sin causa.
> … Te diré solamente que aquí, según los allegados, he perdido mi fama de objetivo manteniendo un optimismo carente de bases, frente a la real situación existente. Puedo asegurarte que si no fuera por mí, este bello sueño estaría totalmente desintegrado en medio de la catástrofe general.
> En mis cartas anteriores les pedía que no me mandaran mucha gente sino cuadros; les decía que aquí prácticamente no hacen falta armas, salvo algunas especiales, sino al contrario, sobran hombres armados y faltan soldados, y les advertía muy especialmente sobre la necesidad de no dar dinero sino con cuentagotas, y después de muchos ruegos. Ninguna de esas cosas han sido tomadas en cuenta y se han hecho planes fantásticos que nos ponen en peligro de descrédito internacional, y pueden dejarme en una situación muy difícil.
> … No podemos liberar solos un país que no quiere luchar; hay que crear ese espíritu de lucha y buscar los soldados con la linterna de Diógenes y la paciencia de Job, tarea que se vuelve más difícil cuanto más comemierdas que les hagan las cosas encuentre esta gente en su camino.

¿A quién está llamando comemierdas el Che? En el párrafo siguiente se aclarará quién es uno de los que han hecho caso omiso de sus advertencias que «[no] han sido tomadas en cuenta» sobre «no dar dinero [a los supuestos jefe rebeldes africanos, los "paseantes"] sino con cuentagotas»: Fidel.

El asunto del dinero es lo que más me duele por lo repetida que fue mi advertencia. En el colmo de mi audacia de derrochador, después de llorar mucho me había comprometido a abastecer un frente, el más importante, con la condición de dirigir la lucha y formar una columna mixta especial bajo mi mando directo … Para ello calculaba, con todo dolor de mi alma, cinco mil dólares por mes. Ahora me entero que una suma veinte veces más grande se les da a los paseantes, de una sola vez, para vivir bien en todas las capitales del mundo … A un frente miserable donde los campesinos padecen todas las miserias imaginables, incluida la rapacidad de sus propios defensores no llegará ni un centavo [de ese dinero] y tampoco a los pobres diablos que están anclados en Sudán.

En La Habana no faltarían quienes habían comenzado a cuestionar el talento estratégico del comandante Guevara, cuya fama se había consolidado en la toma de Santa Clara; circunstancia en la que, según sus detractores, habían incidido sus formidables lugartenientes Fernández Mell, Faure Chomón, el Vaquerito, Cubela, Bordón y otros, y también, y principalmente, la indiscutible lucidez estratégica de Fidel, el artífice del diseño global de la exitosa invasión al poder de Batista.

La situación se complicaría aún más porque distintos grupos del Ejército Revolucionario enfrentados por religiones o por etnias se hostilizaban, llegando a veces a la violencia hasta el grado de que Soumaliot había destituido al presidente Gbenyé, generando la airada protesta de Kabila quien envió a Masengo a Kigoma donde fue atacado por una unidad guerrillera de Gbenyé, autodesignado presidente del Congo en Armas, salvando su vida milagrosamente. No era por momentos fácil determinar los que eran amigos o enemigos en ese frente de batalla. Tanto que, cierta vez, inspeccionando las fuerzas propias en el poblado de Fizi bajo el control del general Moulana, el Che se sorprendió de que la defensa antiaérea fuera comandada por un mercenario griego tomado prisionero, porque era allí el único que conocía el manejo de la ametralladora.

Moulana, que no se abstenía del hábito congoleño de las denominaciones ampulosas y era el general mayor jefe de la Segunda Brigada, estaba inquieto porque otro de los jefes congoleños con los que rivalizaba, Lambert, parecía haberse ganado la confianza del argentino. Le enviará mensajes diciendo que él era un veterano de la guerra de Lumumba; en cambio Lambert y los demás eran unos oportunistas recientemente integrados que lo único que querían era lograr dinero y armas. Para convencerlo lo invitó a conocer su aldea natal, Mbole, a lo que Guevara no pudo negarse para no ofender al africano. Éste se vistió de gala y para homenajear a la célebre visita se calzó un casco de motociclista forrado con piel de leopardo, y uno de los asistentes del Che, Tuma, otro de los que meses más tarde perderían su vida en Bolivia, lo bautizaría como «el cosmonauta». Después hizo formar a su tropa que desfiló aparatosamente por las calles polvorientas de la aldea, arrancando al Che otra anotación denigratoria: «Allí lo ridículo alcanzó una dimensión chaplinesca; tenía la sensación de estar observando una mala película cómica, aburrido y con hambre, mientras los jefes daban gritos, patadas en el suelo y tremendas medias vueltas, y los pobres soldados iban y venían, aparecían y desaparecían haciendo sus evoluciones».

Los ruandeses no eran mejores: Fara, un médico cubano que luego integraría el grupo de los «rajados», contará en un día cincuenta y siete alistados de ese origen que manifestaban estar enfermos y por lo tanto incapaces para combatir.

Estaba claro que uno de los principales motivos del fracaso sería la absoluta minusvaloración que el jefe guerrillero manifestaba hacia sus aliados africanos, a quienes despreciaba por una incapacidad combativa, cuyo origen también habría que buscarla en la imposibilidad del Che de hacerse ver por ellos como un jefe al que respetar y obedecer. Contra esto conspiró la dificultad idiomática y la estrategia cubana de operar sólo como asesores respetando la conducción de los ausentes jefes congoleños. Además en muchos momentos parecía que los africanos consideraban que las emboscadas, los repliegues y los traslados eran asunto de los intrusos y que ellos participaran o no eran decisiones de libre albedrío.

Los problemas no siempre los provocaban los autóctonos. Cierta vez, cuando el argentino discurría con Masengo sobre la posibilidad de formar una nueva fuerza no contaminada con campesinos reclutados, estalló un poderoso incendio en la base y volaron las chozas por el estallido de granadas y proyectiles. La confusión y el pánico fueron apocalípticos y algunos adjudicaron la catástrofe a la furia de los dioses. No se podía combatir el fuego por las esquirlas que volaban en todas direcciones a pesar de lo cual Pombo pudo salvar los papeles del Che en una acción de mucho riesgo. Esta vez el culpable había sido un cubano que en un descuido dejó caer su encendedor sobre la paja reseca de una choza. Fue castigado con tres días sin comer.

Lo que Guevara quizá nunca llegó a calibrar es que un factor decisivo en el éxito y el fracaso de sus operativos insurreccionales fue la estrategia de la CIA hacia éstos. En Sierra Maestra la tuvo a favor, o en el peor de los casos prescindente pues en aquellos tiempos Estados Unidos no congeniaba con las torpes dictaduras de Somoza, de Pérez Jiménez, de Batista. En cambio cuando fue lo del Congo y sobre todo en Bolivia, la agencia norteamericana será una enemiga eficiente, poderosa e impiadosa.

El ex agente William Blum contará en su libro *The CIA, a forgotten history* (*La CIA, una historia olvidada*): «Durante el principio de los sesenta la CIA compró y vendió políticos congoleños. Hacia la mitad del 64 los Estados Unidos daban un apoyo militar a Leopoldville que alcanzaba el millón de dólares al día por un período sustancial … Los Estados Unidos despacharon cerca de doscientos militares para el entrenamiento de las tropas y entrenaron a oficiales congoleños en Fort Knox».

El Che y los suyos debieron enfrentar a un ejército de cerca de cuatrocientos a quinientos mercenarios blancos al servicio de Tshombé. Pero el asunto no terminaría allí: «La CIA organizó su propia banda que incluía norteamericanos, cubanos veteranos de bahía de Cochinos, rhodesianos y sudafricanos, estos últimos con la ayuda del gobierno de Sudáfrica».

El Che, como la mayoría de los cubanos, padecerá de gastroenteritis aguda por ingerir agua contaminada y alimentos mal refrigerados. «La estadística de mi caso era: en veinticuatro horas más de treinta deposiciones», anota. Al asma, que lo tortura casi a diario, provocada por la vegetación exuberante a la que el sol tórrido arrancaba vapores irritantes, las tensiones constantes y la alimentación alergénica, le había salido un rival que tardó en disiparse, adelgazándolo hasta preocupar a los suyos.

Enojado con los congoleños por enésima vez debido a la falta de colaboración en el campamento, estalla en un ataque de cólera: «Les hablé en francés, enfurecido; les decía las cosas más terribles que podía encontrar en mi pobre vocabulario y, en el colmo de la furia, les dije que había que ponerles faldas y hacerles cargar yuca en una canasta (ocupación femenina) porque no servían para nada, que eran peor que mujeres, que yo prefería formar un ejército de mujeres antes que con individuos de su categoría; mientras el traductor vertía la descarga al swahili, todos los hombres me miraban y se reían a carcajadas con una ingenuidad desconcertante».

Quizá de lo que se reían los africanos era del espectáculo que daba ese hombre blanco que les gritaba y los ofendía como hasta no hace mucho, y durante siglos, habían hecho otros hombres blancos. Pero los tiempos del temeroso sometimiento habían pasado; ahora eran independientes, y entonces esa prepotencia en vez de cohibirlos les arrancaba risas.

67

Con octubre llegarían las lluvias de verano y el fin de la aventura. El gobierno de Kasavubu, que había depuesto a Tshombé, desató una fuerte y agresiva ofensiva dando por terminado el estable equilibrio militar con la guerrilla, seguramente estimulado por las potencias occidentales interesadas en aniquilar a los rebeldes. ¿Se habría desatado esa ofensiva de no haberse confirmado la participación de fuerzas cubanas apoyando a la guerrilla y la fuerte presunción de la presencia del Che? Algunos politólogos, sobre todo africanos, sugieren que la implicación de Guevara en la compleja beligerancia de la región fue motivo de atraso y no de ayuda a las fuerzas antiimperialistas.

En un operativo de pinzas en varios frentes las fuerzas gubernamentales atacan a los rebeldes: el general Moulana en Baraka y Fizi es sobrepasado por los enemigos que avanzan hacia Lubonja; el comandante Lambert huye junto a algunos cubanos hacia el lago Tanganica donde los espera una flota de lanchas artilladas, y son aniquilados. Bombarderos, helicópteros y aviones de reconocimiento controlaban y hostigaban desde el cielo mientras una fuerza terrestre diez veces superior de mercenarios y soldados congoleños, bien entrenados y mejor armados por Bélgica y Francia, arrasaban con los focos insurrectos.

Además logran disminuir aún más la escasa disposición combativa de los rebeldes congoleños y ruandeses arrojando panfletos desde aviones exhortándolos a combatir a los comunistas cubanos y chinos que venían a robarles sus riquezas. Estaban ilustrados con fotos siniestras de las supuestas atrocidades que cometían los extranjeros. Además Mobutu daba garantías a quienes desearan rendirse. «Los tiraban [los papeles] después de bombardear y sembrar el terror; parece que es un método estándar de los ejércitos represivos» (*Pasajes de la guerra revolucionaria: Congo*). Los cubanos deberían repetir una y otra vez ante los desconfiados africanos que se irían cuando la guerra de liberación estuviese ganada. En cuanto al perdón ofrecido, cuando Mulele cayó en manos de los belgas fue ahorcado y a Masengo lo descuartizaron.

El presidente Kasavubu, desde su posición de fuerza, negocia con el gobierno de Tanzania el cierre del paso al lago en Kigoma, pero Nyerere presionado a su vez por cubanos y soviéticos logra que no se acuerde la interrupción sino el descenso del nivel de circulación. Como resultado de febriles conversaciones celebradas al calor de combates tan desparejos, el gobierno del Congo informa en una reunión cumbre de los países africanos celebrada en Ghana de que acepta expulsar a los mercenarios belgas, pero a cambio de que también partan los cubanos. Kasavubu, con un astuto discurso de no internacionalizar los conflictos africanos, gana aliados entre los países vecinos. Pero los mercenarios, representados por el tristemente célebre Mike Hoare, presionan con amenazas al comandante en jefe del Ejército, Joseph Mobutu, para que se cumpla con sus contratos y continuar con esa guerra despareja que tan pingües beneficios económicos les reporta. Kasavubu, ante esos argumentos que Mobutu hace suyos, cede a la prepotencia de los mercenarios, pero exige liquidar rápidamente la guerrilla antes de que se produzcan reacciones negativas en su frente externo por el incumplimiento de lo acordado.

El 24 de octubre de 1965 las tropas oficiales del general Mobutu toman el campamento superior de los cubanos. El ataque fue inesperado y el Che se autocriticará por no haber desplegado una guardia suficiente que le diera tiempo para un repliegue ordenado. En la huida precipitada se perdieron equipos de comunicaciones y armas preciadas, y los rebeldes huirán en todas direcciones, aunque el grueso buscaba con los cubanos la salida hacia Tanzania a través del lago que, aunque peligrosa, aparecía como la única posible.

En la retirada el Che fue increpado duramente por campesinos de la zona pues en su desordenada huida los rebeldes habían raptado a varias esposas y causado desmanes. El comandante
tutsi-ruandés, Mundandi, que hasta entonces había sostenido
combates en la zona de Nganja protegiendo uno de los flancos
de la base, hace llegar al Che una esquela:

> Camarada Tatu:
> Soy incapaz de mantener la posición y asegurar la defensa. Le
> ruego comprenderme, he decidido hacer una retirada. La pobla-
> ción ha traicionado y se ha puesto a trabajar para el enemigo. No
> puedo exponer las fuerzas ruandesas a ser aniquiladas; no sería un
> buen comandante revolucionario, además marxista. Reciba mis
> sentimientos revolucionarios.
>
> MUNDANDI

Sabiendo que tanto los norteamericanos como los soviéticos
sospechaban de la presencia del Che en el Congo, no eran de
sorprender acciones tan sorpresivamente vigorosas y eficaces
destinadas a exterminarlo junto a sus cubanos.

En la orilla del Tanganica iban concentrándose los combatientes en retirada buscando las lanchas para llegar a Tanzania, sabe-
dores de que si caían en las manos de los soldados del gobierno
les esperaba una muerte horrible al cabo de inhumanas torturas.
El Che, que se ha quedado atrás para proteger la retirada de los
suyos, no cesa de apostrofar en su diario a quienes deberían de
haber sido sus aliados para obtener otra victoria de la revolución
socialista, con una virulencia aún mayor que la que emplea con
los soldados Kasavubu, Mobutu y Tshombé y se refiere a ellos
como «desertores, delincuentes y traidores».

Oficialmente el gobierno de Tanzania convoca al embajador
cubano, Pablo Rivalta, para informarle de los acuerdos de Accra
que establecían la ruptura definitiva con los rebeldes y un acuerdo
de amistad o cooperación con el gobierno del Congo. En una
carta Fidel lo confirma y le comunica al Che que el gobierno
de Tanzania retiraba todo apoyo a la causa revolucionaria congoleña y que ya no se podía esperar nada de ellos. Lo mismo le co-

munica Kabila: «Te envío todo el resto del dinero congolés. Ahogamiento de nuestra lucha, complot de las autoridades de Tanzania con los imperialistas. No hay más dinero».

Es una respuesta evasiva respecto a la que el Che había enviado a Kigoma y a Dar es Salaam: «Presión enemiga aumenta y tentativa de bloqueo del lago se mantiene. Urgen cantidades sustanciales de dinero congoleño previniendo aislamiento. Ofensiva se mantiene y avanza. Hay que moverse rápido. Nos preparamos para defender la base».

El propósito del Che, incapaz de imaginar una rendición, era enviar a los enfermos y a los que flaquearan a la base inferior para ser evacuados por agua, y quedarse en la montaña ofreciendo resistencia con algunos voluntarios cubanos y congoleños. Así le escribiría a Fidel: «Quedaremos un pequeño grupo como símbolo del prestigio de Cuba». Con ese propósito efectuó una consulta a los cubanos sobre sus planes y la respuesta, como era de imaginar, fue desalentadora. Nadie quería seguir combatiendo. En esas circunstancias el comandante tuvo un altercado con Aly, un joven camarada cubano a quien definiría como «buen combatiente y mal político» quien asumió valientemente la representación del grupo.

«—Ya está bueno —dijo— eso de andar corriendo lomas, sin tener la cooperación de esta gente.

»—Tú te vuelves con los que abandonan la lucha —replicó el Che, desencajado.»

El joven combatiente se apresuraría a refirmar su lealtad a su comandante:

«—No, yo te sigo a ti hasta el final… —El implacable Che escribiría que "para no perder" agregó—: … correteando por las lomas veinte años».

El terror de los congoleños era inmenso, y perdida la poca confianza que les quedaba en esos intrusos cuya intervención sólo había servido para quebrar el cómodo statu quo y despertar la feroz represión gubernamental, continuaban desbandándose en caos. Entonces se producirá una de las escasas circunstancias en que la conducta del Che parece abandonar su solidario humanitarismo y podría prestarse a crítica.

Así lo refleja en su diario congoleño (inexplicablemente retenido por La Habana para su publicación hasta 1998, treinta y cuatro años después de estos hechos, en una edición sospechosamente expurgada), cuando un grupo importante de congoleños en retirada se dirige hacia Fizi: «En principio tuve la intención de atajarlos, pero pensándolo mejor di orden de que se dejara ir a todo el que quisiera pues en el momento de la evacuación, si ésta se producía, no podríamos llevar a todo el mundo». Es decir que Guevara está ya decidido a dejar atrás a una buena parte de los rebeldes congoleños, que bien o mal habían luchado a su lado y cuya situación comprometiese con su presencia de repercusión internacional.

El Che y Masengo actúan conjuntamente para organizar la mejor evacuación posible sabiendo que deberán enfrentar decisiones crueles. Se afanan tratando de organizar el abandono del campamento de acuerdo a las reglas de la guerrilla; prenden fuego a los papeles y documentos para no dejar información útil al enemigo y también incendian las cabañas y los alimentos y materiales que pudiesen ser aprovechables por los de Kasavubu y los mercenarios. En el descontrol, que a pesar de sus esfuerzos ganó a la tropa, prendieron fuego al polvorín haciendo estallar una orgiástica lluvia de cohetes y fuegos artificiales, y un atronador concierto de salvas y explosiones. Una densa cortina de humo ocultó la montaña.

Las fuerzas enemigas bien conducidas por los experimentados mercenarios, con rápido desplazamiento iban cerrando el cerco con el apoyo de bombardeos terrestres y aéreos continuos. Los cubanos a evacuar no llegaban a doscientos, pero los africanos superaban el millar. Con el último equipo de radio, en tan mal estado como todos los demás, logran comunicarse con Changa, el valiente teniente Barcelay, a cargo del transporte en el lago, que estaba aún en Kigoma porque el comisionado tanzano, cumpliendo órdenes de su gobierno, no lo había dejado partir el día anterior, pero promete que esa noche hará el cruce sea como fuese.

El Che no ignoraba que no habría lugar para todos. Sólo doscientos cincuenta hombres podrían cruzar en los botes de Changa y llegar a Tanzania si lograban sortear las lanchas y los

aviones enemigos. «La idea de quedarme —recuerda el Che—
siguió rondándome hasta las últimas horas de la noche y quizá
nunca haya tomado una decisión sino que fui un fugitivo más.»
No tomar decisiones en esos momentos era favorecer el «sálvese quien pueda», garantizando las cosas de manera que los cubanos tuviesen las mejores chances. Sabía que a los que no logra-
sen embarcar les esperaba una orgía letal en la que, como era su
costumbre, los congoleños gubernamentales y los mercenarios
europeos competirían en sangriento sadismo.

Relata Mafu, teniente del ejército cubano: «Y yo me recuerdo
como si fuera ahora que la situación estaba muy difícil. Ya
los ruandeses habían abandonado la lucha, nos quedaban sólo los
congoleños y el Che me dice: "Si no podemos cruzar el lago Tanganica, tú con tu grupo (que estaba compuesto por trece compañeros cubanos más diez o doce congoleños) te vas a alzar en
las montañas y tratas de subsistir; igual vamos a hacer nosotros.
Te alzas, organizas una guerrilla, empiezas a golpear al enemigo
como tú sabes y posteriormente, si esto da éxito, vamos a hacer
la revolución en el Congo". Esto fue como a las cinco de la tarde
y ya a las siete de la noche me mandó a buscar y me dijo: "No
hay tal guerrilla; el Movimiento de Liberación decidió que los
cubanos abandonen la lucha y se dirijan a Tanzania porque esto
no da más"».

Algunos avispados guerrilleros congoleños sospechan algo y
no se separan de los cubanos. Masengo elige cuarenta de sus
hombres, entre ellos los jefes del Estado Mayor, y se lava las manos
traspasando el mando al Che para que éste manejara una situación tan comprometida. La noche era espesa cuando llegaron las
lanchas del valiente Changa. Había que partir de inmediato; el sol
no podía sorprenderlos en el cruce pues entonces serían cazados
como patos por los de Kasavubu, las seis horas de viaje debían
pasar milagrosamente inadvertidas.

El comandante Guevara planificará falsas misiones enviando
pelotones de congoleños a patrullar la zona para desprenderse de
quienes seguramente intentarían disputar los lugares de los cubanos y de los seleccionados por Masengo. Confesará en sus
Pasajes de la guerra revolucionaria: Congo que «nosotros [los cuba-

nos] y los distintos jefes [congoleños] evacuaríamos; la tropa autóctona quedaría allí, pero no se les diría de la intención de retirarnos, sino que se los enviaría con distintos pretextos al pueblo cercano». También, con su formidable honestidad intelectual: «Nuestra retirada era una simple huida y, peor, éramos cómplices del engaño con que se dejaba a la gente en tierra».

Primero subieron los enfermos cubanos y luego Masengo con sus congoleños, completando el cupo el resto de los cubanos. Pombo recuerda que «a todos nos corrían las lágrimas». Para el Che será un recuerdo siniestro que lo perturbará hasta el último de sus días: «Empezó un espectáculo doloroso, plañidero y sin gloria; debía rechazar a hombres que pedían con acento suplicante que los llevaran; no hubo un solo rasgo de grandeza en esa retirada, no hubo un gesto de rebeldía».

En la primera lancha iba Aly con un cañón de 75 mm en la proa, en la segunda viajaban el Che y Mbili y en la tercera Moja. La travesía fue más lenta de lo previsto porque las lanchas navegaban semihundidas por el peso de más de doscientos hombres, pero llegaron sin sobresaltos a Kigoma con las luces del día gracias a que la aviación enemiga no disparó contra ellos a pesar de que sobrevolaban las lanchas, como si supervisaran su huida, quizá cumpliendo con algún secreto acuerdo del que el Che nunca se enteró. Puede no haber sido una coincidencia que en esos días Fidel hubiera aceptado dejar salir de la isla a quienes lo desearan luego de largas tratativas con Washington, y es probable que los norteamericanos evitaran todo aquello que hiciera dar marcha atrás a Castro. En cambio los botes a remo y las pequeñas lanchas que los seguían, transportando africanos que también intentaban llegar a Kigoma, fueron salvajemente ametralladas con el resultado de muertes y hundimientos.

El Che se afeitó y acicaló en el viaje para cambiar su aspecto e ingresar y diluirse de incógnito en Tanzania. En su rostro podían descifrarse sus lúgubres emociones: «Durante estas últimas horas de permanencia en el Congo me sentí solo como nunca lo había estado, ni en Cuba ni en ninguna otra parte de mi peregrinar por el mundo. Podría decir: jamás como hoy he vuelto con todo mi camino a verme tan solo».

Los apuntes del Che sobre lo que él no tuvo pudor en llamar fracaso, culminan con una caracterización de Laurent Kabila, con quien se llevase tan conflictivamente: «Es preciso tener seriedad revolucionaria, una ideología que guíe la acción, un espíritu de sacrificio que acompañe sus actos. Hasta ahora Kabila no ha demostrado nada de eso. Es joven y pudiera ser que cambiara, pero me animo a dejar en un papel que verá la luz dentro de muchos años, mis dudas son muy grandes de que pueda superar sus defectos en el medio que actúa».

Al frente de una revolución popular, Laurent Kabila tomó el poder treinta y dos años después de que esas líneas fueran escritas, derrocando al dictador Joseph Mobutu luego de un prolongado desgaste provocado por la guerra de guerrillas por él conducida.

ÑANCAHUAZÚ

Se paga muy caro el ser inmortal. Tiene uno que morir en vida muchas veces.

NIETZSCHE

68

En 1952 se produce en Bolivia una insurrección popular que pone en jaque al gobierno y al ejército. La lucha se desarrolla en las minas y en las calles y desemboca en un proceso revolucionario que, durante la presidencia de Víctor Paz Estenssoro, implicó cambios importantes en la situación social, económica y política del país. Se nacionalizaron las grandes minas de estaño, se aplicó una extensa reforma agraria y se concedió el sufragio universal. Uno de los espectadores de esos tiempos convulsos sería el joven aventurero argentino Ernesto Guevara de la Serna.

Con el paso del tiempo el vigor revolucionario se debilita y las conquistas se ven amenazadas por la reacción de los poderosos afectados. La lucha popular se centra entonces en la conservación de las ventajas alcanzadas gracias a la revolución del 52 y se focaliza en particular contra los intentos de reprivatización de las minas.

El informe leído por Mario Monje, secretario general del Partido Comunista Boliviano (PCB), en el segundo Congreso Nacional que sesiona en abril de 1964 en La Paz subraya: «La victoria de la revolución cubana y su incorporación a la familia socialista han cambiado objetivamente la situación del continente. La revolución cubana no es apenas la revolución de una isla, sino la revolución en un continente. Ella no sólo ha elevado a un nuevo plano las luchas antiimperialistas y antifeudales que se fortalecen día a día sino que ha colocado en el orden del día el problema de la revolución».

Meses más tarde, el 4 de noviembre de 1964, se producirá el

golpe militar protagonizado por el astuto y carismático general René Barrientos. A partir de su llegada al poder se desencadena la ofensiva en contra de las conquistas del 52. Barrientos representará la nueva generación de militares latinoamericanos formados por asesores norteamericanos y que, en virtud de la Doctrina de Seguridad Nacional que propugna la participación de las Fuerzas Armadas en la defensa interior contra la amenaza comunista, asumirán un rol protagónico en la conducción política de los países de la región. El país del norte se encargará del adoctrinamiento y la modernización de esos ejércitos brindando armamento y entrenamiento a gobiernos que, como en Argentina, Chile, Uruguay y Bolivia, desencadenarán sangrientas represiones que merecerán la activa repulsa de los defensores en todo el mundo de los derechos humanos.

El secretariado nacional del PCB viaja a La Habana para entrevistarse con Castro y le expresa su convicción de que la insurrección armada, es decir el ejemplo cubano que se opone al reformismo, es la única vía de liberación de su patria y le solicitan ayuda a tal efecto. Luego hacen público en agosto de 1965 un sugerente texto sobre la situación en Bolivia: «Los comunistas estamos convencidos de que la lucha que se presenta no es de ningún modo parecida a las que existieron en el pasado: el pueblo boliviano ha hecho su propia experiencia y ha aprendido mucho durante la insurrección de abril, durante los doce años de gobierno del MNR y en la lucha contra la dictadura militar. Pero también y, del mismo modo, los enemigos de nuestro pueblo han hecho su propia experiencia sacando sus propias conclusiones. Por eso, hoy más que nunca, tenemos que superar todas las formas de lucha para derrotar a los enemigos de Bolivia, de una vez y para siempre».

Deprimido y sin horizonte político cierto, irreconocible en su nuevo disfraz, después de su fracasada expedición al Congo el Che saldrá de Dar es Salaam con destino a Checoslovaquia donde pasará varios meses replanteándose su futuro, que no puede ser sino diagramar una nueva aventura guerrillera.

Acompañado por sus custodios de mayor confianza, el comandante Guevara pasará sus días en Praga encerrado en un pequeño departamento, dedicado la mayoría del tiempo a la lectura y a escribir, con gran honestidad autocrítica, su experiencia en el Congo en un diario, *Pasajes de la guerra revolucionaria: Congo*.

El hábito, que también puede llamarse obsesión, del Che de llevar anotaciones de sus viajes, de sus reflexiones, de sus campañas, desde sus primeras experiencias juveniles, hacen que por momentos pareciera que su identidad esencial fuera la de escritor y que sus andanzas de aventurero y de revolucionario no fueran más que vivencias provocadas para ser volcadas en su autobiografía, en la que la apasionante realidad supera a la más frondosa imaginación literaria. Sus antecesores fueron lord Byron o D. H. Lawrence quienes sólo vivían aquello que merecía ser escrito.

Los apuntes de Sierra Maestra y del Congo fueron luego elaborados literariamente y es de suponer que también durante aquellos meses de clandestinidad en Praga, un escenario que le era tan ajeno, siguiendo con su inveterada costumbre de escribirlo todo, haya volcado también en páginas, además del diario congoleño su especial estado de ánimo luego del fracaso africano, de la lectura de su carta por Fidel y el consiguiente regreso prohibido a Cuba, del acoso a que lo sometían las dos mayores potencias del mundo, de la dificultad de imaginar con entusiasmo sus próximos pasos. Es seguro que sus escritos habrán contenido ríspidas críticas hacia sí mismo y hacia otros protagonistas de su vida, lo que podría justificar la supuesta inexistencia del diario de Praga.

Cabe aquí el comentario que la pasión de Guevara por relatar las andanzas de su personaje literario preferido, él mismo, contagió a varios de sus camaradas guerrilleros, en el Congo pero sobre todo en Bolivia, lo que significó un claro rasgo de imprudencia pues era inevitable que algunos de esos diarios cayeran en manos del enemigo proporcionándole valiosa información. Lo mismo sucedería con el insólito hábito de fotografiarse profusamente. Estos gestos podrían relacionarse aunque de manera inconsciente con una honda convicción de derrota y que lo único que cabía era documentar para la posteridad una epopeya heroica. De ser así no estaban descaminados, como se comprobaría trágicamente meses después en Ñancahuazú.

El Che desconfiaba de los servicios de seguridad checoslovacos, prosoviéticos, a tal extremo que pidió garantías a Piñeiro, encargado de la operación de rescate del Congo, de que su salida de África fuese manejada sólo por los servicios cubanos. La identidad del Che en Praga debería mantenerse en absoluta reserva pues sabía que si la KGB se enteraba también lo sabría la CIA de inmediato. Había logrado el milagro de unir a las potencias ferozmente enfrentadas en la guerra fría, ambas deseosas de eliminarlo de la faz de la tierra.

Sobre el tiempo compartido con el Che en Praga, los biógrafos mexicanos Castañeda y Taibo citarán al alimón a Ulises de Estrada: «Estuve con él hasta que decidió regresar a Cuba. Vivíamos en zozobra. No salíamos a la calle y cuando lo hacíamos íbamos a las afueras de Praga, a restaurantes alejados de la ciudad, en el campo. Yo llamaba mucho la atención [por ser negro], las camareras me tocaban el pelo, y entonces un día el Che me dijo: "Mira, no me vayan a descubrir por ti, porque tú llamas mucho la atención; donde quiera que vamos te miran. Tienes el privilegio de ser negro y por eso en algunos lugares te discriminan, pero aquí te admiran; entonces voy a pedirle a Fidel que te regrese y que me mande a otra gente"». Luego llegará el relevo, Juan Carretero, «Ariel», quien con Manuel Piñeiro, «Barbarroja», mucha responsabilidad tendrán de allí en adelante en lo bueno y en lo malo que le suceda al Che.

El viejo sueño andino del Che parece rejuvenecer bajo la luz de la bombilla de su pequeño cuarto centroeuropeo. No en vano, cuenta Benigno, meses después y ante el objetivo de una cámara, con el pecho subiendo y bajando por el asma, se erguirá sobre su escuálida mula boliviana y gritará elevando el brazo hacia el cielo: «¡Aquí va el nuevo Bolívar, libertador de América!».

Ángel Bauer, «Lino», agente de los servicios de seguridad cubanos, atestigua la intención obsesiva de Guevara de trasladarse a la Argentina: «Lo planteó en una forma muy heroica, casi sin condiciones. Era como quedarse a la orilla del lago Tanganica sin ningún apoyo, combatiendo a campo descubierto contra una fuerza muy superior que él no dudaba que lo doblegaría». ¿Estaba tan deprimido el Che que se imaginaba un suicidio heroico? ¿Fue muy distinto de esto lo que sucedió meses después?

Fidel Castro le insiste que regrese a Cuba, pero el argentino se niega. ¿Es tanta su vergüenza de regresar derrotado a ese país que lo venera? ¿Es tanto el rencor que le guarda a Fidel por haber violado su promesa de leer su carta sólo en caso de que muriese en acción? ¿O tiene informes de que sus rivales políticos en Cuba podrían atentar contra su vida como, según insistirán los rumores nunca acallados, le había sucedido a su amigo Camilo Cienfuegos? ¿O sería en una acción combinada de servicios secretos extranjeros? El Che responde que prefiere quedarse en Checoslovaquia organizando la próxima acción, todavía de destino incierto.

Fidel insiste, como puede leerse en la carta publicada recién en 1999: «Tu estancia en el llamado punto intermedio [Praga] aumenta los riesgos: dificulta extraordinariamente las tareas prácticas a realizar; lejos de acelerar retrasa la realización de los planes y te somete, además, a una espera innecesariamente angustiosa, incierta, impaciente».

A continuación se estirará en una estocada a fondo y escribirá que no comprende su dificultad de regresar a Cuba: «Ni hoy ni mañana ni nunca nadie podría considerarlo una falta, y menos que nadie tú ante tu propia conciencia. Lo que sí sería una falta grave, imperdonable, es hacer las cosas mal pudiéndolas hacer bien. Tener un fracaso cuando existen todas las posibilidades de éxito». El astuto presidente cubano seguramente había previsto el efecto que la palabra fracaso, a la que no había sido necesario anteponerle «otro», hará en el Che.

El agente Bauer indica: «Se da un juego con Fidel para que no vaya a la Argentina y regrese a Cuba. Fidel manda a Aleida y a otros a verlo. El Che quería ir directamente a Buenos Aires». Castro, preocupado, le transmite la necesidad de «hacer un análisis lo mejor posible sobre estos temas, sobre todo teniendo en cuenta el interés práctico con relación a los planes en la tierra de Carlitos». Carlitos es Carlos Gardel, el emblemático cantor de tangos rioplatense.

¿Por qué estaba tan empeñado Fidel en desalentar el proyecto argentino del Che? Quizá porque no dudaba del fracaso de una decisión tomada en malas condiciones psíquicas, sobre todo porque las fuerzas armadas argentinas habían demostrado su eficacia al abortar veloz y brutalmente la aventura de Masetti. Además, porque para el líder cubano sería muy difícil convencer al mundo de que no había responsabilidad suya en esa intentona, que despertaría muchas críticas en los demás gobiernos de la región en la que Argentina era, con Brasil, su país insignia.

Bauer, que mucho sabe por haber intervenido directamente en el asunto, afirmará que «Fidel inventa Bolivia, usando recursos que existen en ese país, para convencerlo de regresar a Cuba y no ir a la Argentina». Ha dicho «inventa», igual que Humberto Vázquez Viaña, «Humberto», pondrá a un libro suyo el título: *Una guerrilla para el Che*. Y esa preposición «para» aspira a dar una clave del fracaso de la acción y de la muerte de su jefe.

Según testimonios brindados por su entorno de aquellos últimos meses en el Congo, descartada la Argentina, el Che habría sopesado también la posibilidad de ingresar al Perú, país al que consideraba el nuevo frente de lucha en Latinoamérica, pues allí había focos guerrilleros como los recientes de Luis de La Puente. Al cabo de ciertos éxitos alcanzados en una ofensiva de junio de 1965 sus columnas fueron finalmente diezmadas entre septiembre de ese año, cuando cae su líder en combate, e inicios del año siguiente. El último intento, un nuevo frente dirigido por Héctor Béjar, fue segado en diciembre de 1965. La evidencia de que los grupos revolucionarios estaban gravemente infiltrados por el gobierno era ya incontestable.

Es recién en 1966 cuando Ernesto Guevara, influido por Fidel y otros, decide que será Bolivia el próximo escenario de su batalla contra el imperialismo. Manuel Piñeiro, «Barbarroja», quien fuera nombrado por el Che al frente de Liberación, el organismo creado para apoyar los movimientos revolucionarios en América, recuerda: «El golpe del general Barrientos abrió en Bolivia un período de intensa represión pero también de interesante resistencia del movimiento popular, particularmente de los mineros y los estudiantes. Desde entonces el Che siguió con atención el desarrollo de los acontecimientos bolivianos». Curiosamente, durante la campaña de Ñancahuazú, y a pesar de la falta de apoyos, el Che no buscaría el contacto con esos sectores politizados y se obstinaría en una guerrilla exclusivamente rural, obcecado en la idea de que lo que había funcionado en Cuba debía también hacerlo en otros lados. Ése sería uno de sus principales errores ya que la promesa de una reforma agraria no funcionaría donde la tierra ya había sido repartida, y donde el temor del campesinado era que les fueran arrebatadas sus fincas por los invasores extranjeros.

Los cubanos enviados a Bolivia para estudiar y preparar el terreno confirmarán el criterio de que era una opción viable ya que existían condiciones políticas mínimas y cuadros bolivianos con experiencia, algunos de los cuales habían tomado parte en la ayuda a la guerrilla de Masetti en Argentina y a la de Béjar en Perú. Además Fidel le contaría que los dirigentes del PC boliviano estaban dispuestos a colaborar en contraste con la posición de los comunistas argentinos y peruanos que estaban pública y enconadamente en contra de la vía armada.

En una fecha indeterminada aún por el secreto en que sucede y por el manto de oscuridad que los biógrafos oficiales de Cuba echan sobre el tema, aunque de acuerdo a nuestras averiguaciones sería el 20 de junio de 1966, el comandante Ernesto Che Guevara, hoy héroe nacional cubano, regresa a la isla en la más absoluta clandestinidad e irreconocible en su disfraz. Ni siquiera cuando visita a sus hijos se dará a conocer.

69

EL DESTINO MARCADO DEL VIEJO RAMÓN

Habla Aleida Guevara March, hija del Che*

Yo no supe hasta mucho tiempo después que ese extraño era mi papá. La precaución tuvo más que ver conmigo porque entonces yo ya tengo cinco años y podía reconocerlo. No fue el caso de mi hermana Celia, tres años menor que yo, que se enferma de los riñones y entonces mi mamá, que estaba todo el tiempo con mi papá en ese lugar donde se preparaba la nueva guerrilla, no tiene inconvenientes en llevarla con ella. Era muy pequeña y no se acordaba de él; así que lo ve sin disfraz de «viejo Ramón» y ésas son las últimas fotos en las que se los ve juntos.

Hasta muchos años después no volví a ver una foto del «viejo Ramón», que era mi papá disfrazado. Verla me ayudó a recordar muchas cosas que con el tiempo se habían desdibujado. La imagen que tengo es la de un hombre alto con poco cabello, vestido de negro, camisa blanca, muy sobrio y con corbata. Lo que todavía me llama la atención es que se pareciera tanto a un amigo de mi papá, un soviético, un hombre excepcional, un economista brillante. Era una persona muy humana, una bella persona. La imagen de ese señor y la de mi papá se me confunden porque son muy similares, como si mi papá hubiera copiado ese personaje para componer al «tío Ramón».

De aquella comida recuerdo que me caí y me di un golpe en la cabeza; entonces papá me tomó en sus brazos y me comunica algo muy especial. Ésa es la parte más linda de la historia,

---

* Entrevista realizada por el autor en Buenos Aires, Argentina, el 7 de noviembre de 1999.

porque yo soy una niña a la que no le han dicho que ese señor es su padre, me han dicho que es un amigo suyo; sin embargo yo noté, yo sentí que ese hombre me quería de una manera especial, ningún otro hombre me había querido así y saco las conclusiones lógicas de mi sexo: este hombre está enamorado de mí y así lo dije.

Debe de haber sido muy duro esa noche para él, porque estoy segura de que hubiera querido explicarme por qué estaba enamorado de mí. Pero si lo hacía al otro día yo hubiera repetido como un papagayo en la escuela: «¡Vi a mi papá anoche, estaba disfrazado!». Y eso no podía ser.

Eso fue parte del sacrificio de mi padre, alejarse de sus seres queridos. Hay una postal que le envía a mi mamá que es una de las que más me gustan. En ella se ve un arco de piedra en algún lugar de Europa y escribe: «Algún día pasaremos bajo este arco tomados de la mano y rodeados de críos». Es algo muy tierno que revela su gran sacrificio de separarse de la mujer que amaba y de sus hijos.

Cuando le llega la noticia, en el Congo, de que su madre ha muerto él escribe un relato que se llama «La piedra»* porque mi abuela le regaló un llaverito muy artesanal, muy barato, un recuerdo con una piedrecita que colgaba de un llavero. Él la lleva al África con su pipa, su pluma y sus hojas para escribir sus diarios y hacer sus anotaciones. También se lleva un pañuelo que mi madre le ha dado y que él siempre lleva consigo como reflejo de ese amor. Él comenta que si muere servirá para aguantarle la mandíbula, si se rompe un brazo le hará de cabestrillo, y siempre lo llevará consigo. De manera que lleva al combate un recuerdo de su madre y otro de su mujer. En un momento determinado cae al río y al levantarse se palpa buscando las cosas que no se le pueden perder a un soldado: la pipa, el tabaco, las hojas; verifica que su pañuelo esta ahí, pero se le olvida la piedrita. Uno de sus soldados le dice: «Oiga, jefe, esto es suyo» y le alcanza el llavero con la piedrita. Esto coincide con la noticia de la muerte de su mamá.

* Dado a conocer por la señora Aleida March de Guevara en octubre de 1988.

70

El Che ocupará su tiempo en la selección de los combatientes que lo acompañarán en su expedición a Bolivia y desarrollará con ellos los entrenamientos militares necesarios en el campamento de San Francisco, rodeado por un cerco de seguridad infranqueable. Benigno me dirá, durante la prolongada conversación que sostuvimos en París, que a los convocados les llamaba mucho la atención que Fidel y el Che nunca se mostrasen juntos. «Mientras Castro, que iba los fines de semana, nos hablaba sobre la revolución latinoamericana y sobre su experiencia en la guerrilla, el Che se mantenía apartado leyendo o escribiendo. En aquel momento no le di a eso mayor importancia; después me di cuenta dramáticamente de que sí la tenía, porque eso le costó la vida al Che y si yo estoy vivo es de milagro.»

El argentino escogerá su tropa «a su imagen y semejanza, hombres a los que ha visto sobreponerse al miedo, un tanto irreverentes ante la idea de la muerte, guapos a la cubana, un tanto enloquecidos; pero enfurecidamente igualitarios; premiará la abnegación, el estoicismo, y, a su imagen y semejanza, buscará en sus candidatos la capacidad de elevarse sobre el agotamiento y las penurias usando como resorte la voluntad» (P. I. Taibo II). Entre ellos habrá cinco miembros del Comité Central del Partido Comunista cubano y dos viceministros que respondieron sin dudar al llamado del argentino para volver a luchar contra el enemigo, sin ni siquiera saber en un principio cuál sería el escenario de esa nueva epopeya.

Lo cierto es que en sus escritos sobre el Congo el Che Guevara demuestra haber aprendido que la suerte de una guerra depende de la capacidad de los hombres que la desarrollan y de manera especial de sus mandos. Esta vez apostaría la suerte de su campaña a la carta de la eficiencia militar y a la lealtad de los hombres elegidos construida a lo largo de años en Cuba. Pero en otros aspectos de los preparativos deberá depender de Manuel Piñeiro y de Liberación (también llamado el ministerio de las revoluciones), y de sus hombres, indelegablemente responsables de la principal falla de la operación: la insólita imposibilidad de comunicaciones entre la columna guerrillera y La Paz o La Habana. A pesar de que en el Congo las transmisiones con Dar es Salaam y entre los distintos frentes habían funcionado aceptablemente bien como para coordinar las acciones.

Un ejemplo de la ineficiencia de los hombres de Piñeiro lo sufrió Ciro Bustos como miembro de la intentona de Masetti, cuando al serle entregado su pasaporte de identidad falsa observó con preocupación que la foto era la de un hombre mucho más joven de abundante cabellera rubia, cuando él ya sufría de una calvicie avanzada y sus cabellos eran oscuros. Ello lo obligó a teñirse y a vivir con preocupación cada paso de frontera.

El 25 de julio de 1966, Ricardo* recibe en Santa Cruz, procedentes de Checoslovaquia, a los custodios históricos del Che, Pombo y Tuma, a los que unos días más tarde se sumará el boliviano Roberto Peredo, «Coco», y un reducido grupo de compatriotas suyos entrenados militarmente en Cuba. Allí reciben las primeras informaciones sobre la situación en Bolivia que Pombo registrará en su diario de viaje: el secretario general del PCB, Mario Monje, había transmitido al capitán cubano la decisión del partido de hacer responsable a Tellería, hombre de escasa convicción y eficiencia, de la logística que abastecería al grupo. Eso es interpretado por la avanzada como una mala señal.

Para ellos es ya evidente que Monje sostiene una actitud dual, pues por un lado declara en reuniones políticas su abierta desaprobación a la apertura de un frente guerrillero en territorio bolivia-

* Véase la lista de seudónimos de los guerrilleros, con sus nacionalidades y sus verdaderos nombre en p. 545.

no y, por el otro, su ambigüedad lo llevará a insistir en su apoyo cuando participa de reuniones de coordinación con los cubanos, tal como lo hiciese ante Fidel Castro. Los de Cuba le hacen una pregunta capciosa: «¿Y si el Che viniera?», a lo que el dirigente comunista boliviano responde enfáticamente: «Combatiría a su lado donde y cuando él quisiera». La participación del Che en la guerrilla en Bolivia es todavía un secreto bien guardado.

En Cuba el comandante argentino intenta definir la mejor zona en territorio boliviano donde desarrollar su acción. Las versiones oficiales, de las que ingenuamente se han hecho eco algunos biógrafos, es que su intención era encontrar un espacio que sirviese de base estratégica de retaguardia para la guerrilla boliviana y que permitiese también la eventual irradiación hacia países vecinos, en especial un corredor geográfico transitable hacia la Argentina. Esa versión intenta disculpar a los responsables de la pésima elección de la zona donde se desarrollaría el foco guerrillero. Es imposible la extensión hacia la Argentina porque su frontera está separada de Ñancahuazú por cientos de kilómetros de la impenetrable selva chaqueña. En cuanto al Perú, el avance hacia el norte es también dificultoso pues debe hacerse por zonas descampadas que impiden el necesario ocultamiento de toda guerrilla. Justamente la columna del Che es aniquilada cuando se dirige en esa dirección intentando alcanzar zonas más aptas para su desenvolvimiento.

A través de los mensajes de Pombo, el argentino se enterará de lo actuado en la búsqueda de la zona de operaciones. Tres territorios han sido estudiados para el desarrollo de la guerrilla: el Alto Beni, zona recomendada por Régis Debray que ha cumplido con la misión encomendada por Fidel Castro, aunque insólitamente su informe nunca llegará al Che, el Chapare (Cochabamba) y la zona de Camiri (Santa Cruz).

A pesar de que el argentino insistirá en todas sus comunicaciones en que se elija el Alto Beni, finalmente optarán por la propiedad que Coco ha comprado en Ñancahuazú, una zona absolutamente inapropiada para la propuesta del Che, salvo por su tramposa proximidad con la frontera argentina. Allí el apoyo del campesinado, fundamental en Sierra Maestra, será imposible porque casi no hay población. Bolivia, con más de un millón de kilómetros cuadrados, en aquella época tenía sólo cinco millones de habitantes y la mayor población estaba entre el Altiplano y el Valle. En la zona sudoriental donde está Ñancahuazú la densidad poblacional por kilómetro cuadrado es, aún hoy, mínima, con zonas con densidad menor a uno.

El hoy coronel Vargas Salinas, quien emboscara y aniquilara a la retaguardia del Che en Puerto Mauricio (no en Vado del Yeso, como equívocamente se dijera hasta hoy), me contará en Santa Cruz de la Sierra que entonces los campesinos de la zona del Masicuri estaban separados por distancias de cinco a seis kilómetros. En cambio la zona de colonización en el Alto Beni era indudablemente superior, más poblada y con ex obreros de distintas ramas de la producción, fabriles o ex mineros con historia de militancia política y sindical y con experiencia organizativa.

¿Por qué se cometió tal error en la elección de la zona? En un encuentro con Humberto Vázquez Viaña en su casa de Santa Cruz de la Sierra escuché sus conclusiones: «Todo fue improvisado. Además de la finca de Ñancahuazú se había comprado otra en el Alto Beni pero era muy pequeña y con vecinos próximos, de manera que era inservible para un proyecto de entrenamiento guerrillero. La avanzada ingresada en Bolivia todavía no había desarrollado con seriedad su tarea de ubicar la mejor zona. Entonces todo se precipita, y eso puede leerse en el diario de Pombo, porque llega un cable que anuncia la llegada de Pacho. Entonces concluyen que lo que se anuncia es la inminente llegada del Che, porque el Che y Pacho andaban siempre juntos desde el fin de lo del Congo».

Vázquez Viaña habla con conocimiento de causa pues estuvo a cargo de algunos aspectos esenciales de la preparación de la guerrilla en Bolivia, como la compra de armas y de equipamiento. Es hermano de Jorge Vázquez Viaña, «Loro», el primer combatiente apresado por las fuerzas del gobierno a quien torturaron y luego, como corolario de un drama de sádica crueldad, su cadáver será arrojado desde un helicóptero para hacerlo desaparecer en la selva impenetrable. «Al recibir el cable se apresuran a avisar al Che de que han elegido la zona de Ñancahuazú sin que los cubanos la conocieran. La única razón de esa elección es que Coco y Loro ya han regresado porque han tenido a su disposición el único jeep con que contaban, mientras que Eusebio y Urbano, que viajaron otra vez al Alto Beni a mejorar su elección, todavía no habían vuelto. Tampoco lo había hecho Rodolfo Saldaña, "Rodolfo," quien fue a Tarija y Sucre, y me confirmó que como Coco y Loro habían vuelto primero se eligió esa zona.»

También Pombo dará la misma explicación en la versión que aún no había sido expurgada por la censura cubana: «Se debatieron las zonas de Alto Beni, Los Yungas, Cochabamba y Santa Cruz; se acordó mandar hombres a explorar las mismas. Debido a que los primeros que regresaron, porque se les dio el jeep, fueron los hombres de santa cruz se escogió esa zona».

Los errores de ortografía son del original y vienen a cuento de que se encargaron delicadas operaciones de estudio y preparación del terreno a hombres que eran formidables combatientes, pero que carecían de formación intelectual. Sobre Tuma contará Mariano Rodríguez Herrera: «El Che le pone un maestro pero él dice jovial: "¿Para qué leer? Que lean Fidel, Che, Raúl y que me avisen cuando haya que coger un fusil"».

La avanzada cubana se encontrará luego con que Pacho llega solo a Bolivia y debe regresar a La Habana para entregar al Che un informe de la zona elegida. El texto está reproducido en el diario de Pombo y en él pueden constatarse exageraciones y mentiras para justificar lo injustificable: se le dice al impaciente jefe guerrillero (también se informa a Piñeiro y su gente de Liberación) que luego de consultar con Estanislao (Mario Monje) (falso, el secretario general del PCB aún cree que los guerrilleros estarán sólo de paso, por lo que está claro que no ha sido consultado sobre un lugar de instalación) se decidieron por el Ñancahuazú por «ser zona tropical» (pobre justificativo), «zona de colonizadores como el Alto Beni» (falso, como ya lo hemos señalado), «se puede hacer travesía hasta Vallegrande por zona boscosa» (cualquier conocedor de la zona podrá atestiguar que ello es imposible), «por el sur se puede llegar hasta Argentina por regiones de naturaleza similar» (ya hemos dicho que tampoco es posible).

El 3 de noviembre de 1966 Loro recoge en el aeropuerto a un pequeño grupo de cubanos entre los que se destaca, por la blancura de su tez que contrasta con la de los negros o mulatos que lo acompañan, un hombre casi calvo que porta un pasaporte uruguayo con el número 130.748 a nombre de Adolfo Mena. El boliviano deducirá que es corto de vista por los gruesos cristales de sus anteojos de borde oscuro.

Las armas y el equipo ya han sido ingresados y almacenados en diferentes casas de seguridad no muy lejanas a la zona donde se realizarán las futuras operaciones, especialmente en la ciudad de Santa Cruz de la Sierra. El 5 de noviembre de 1966, dos días después de su ingreso a Bolivia, a las seis de la mañana, en compañía de Loro, Pacho y Tuma —todos ellos perderán la vida en el intento—, Guevara inicia la travesía hacia la finca llamada La calamina, en Ñancahuazú. Unas horas más tarde otro jeep saldrá de La Paz transportando a Pombo y a Ricardo. Así se inicia la experiencia guerrillera en el sudeste de Bolivia, que mucho tendrá de epopeya y de calvario.

Antes el comandante Ernesto Che Guevara ha hecho escala en Madrid con el propósito de visitar otra vez a Juan Domingo Perón en su residencia de Puerta de Hierro para pedir la colaboración de aquel cuya caída por un golpe militar le había arrancado un párrafo, como pidiendo disculpas, en una carta a su tía Beatriz: «Yo no sé bien qué será, pero sentí la caída de Perón un poquito».

«Yo era secretario de Perón en su exilio en Madrid —me contará Enrique Pavón Pereyra, tomando café en un bar de Buenos Aires—. Fue en el año 1966. Recuerdo que no hacía mucho que habíamos regresado de nuestras vacaciones del verano europeo. Una mañana muy temprano, serían las seis, a través de la ventana veo venir a un sacerdote y le aviso a Perón. "Es el Che Guevara", me dice ante mi sorpresa. "Hágalo pasar." En España gobernaba Franco y la situación de asilado del general no era muy cómoda, así que evitaba recibir a políticos de izquierda porque después venían las protestas y las amenazas de expulsión. Así sucedió, por ejemplo, cuando recibió al chileno Allende.

»El Che estaba disfrazado, irreconocible, afeitado y casi calvo, con anteojos de marco oscuro y cristales algo ahumados. Iba de paso hacia Bolivia y pasaba por Europa porque debido al bloqueo de Cuba los viajes debían necesariamente conectar con países socialistas. Durante la entrevista le contó a Perón su plan de insurgencia en el Alto Perú. Perón se mostró sorprendido y al principio no le creyó, o se hizo el que no le creía.

»"Esto va en serio", dijo el Che, y dio los detalles de la operación. Yo creo que Perón me hizo quedar al principio de la reunión para quitarle intimidad porque comprendió que el Che venía a pedirle ayuda para una acción con la que el general no estaba de acuerdo. Después del encuentro lo único que me comentó, como si hablara para sí mismo, fue: "Pobre Guevara, lo van a dejar solo". Y tuvo razón porque él también lo dejó solo.»

El astuto líder del movimiento justicialista, que convocaba casi unánimemente a los sectores populares argentinos y a buena parte de la clase media, pondrá énfasis en el asma de Guevara y en la inconveniencia de las alturas y de las selvas bolivianas para ese mal. «Yo conozco bien la zona porque allí cursé el segundo año de la instrucción militar que hicimos en Brasil, en Bolivia y en Chile. Usted debe saber que yo pertenecía al regimiento de montaña», le dirá y luego agregará con impostado dramatismo: «Disculpe, comandante, que sea franco con usted, pero usted en Bolivia no va a sobrevivir. Es contra natura. Suspenda ese plan. Busque otras variantes». Luego de algunos segundos de silencio casi dramático, agregó: «No se suicide».

Pavón continuó: «Entonces llegaría el momento de dejarlos solos. El general me ordenó que trajera yerba, agua caliente y un mate. A los dos les gustaba matear. Cerré la puerta a mis espaldas y siguieron conversando por veinte minutos. Estoy seguro de que entonces se habló de lo que más le interesaba al Che, y también estoy convencido de que Perón le dijo que no estaba en condiciones de darle una ayuda formal del Movimiento Justicialista mientras las acciones se desarrollaran en territorio boliviano, pues las circunstancias no favorecían que comprometiese en una operación internacional a un partido debilitado como el suyo, que debía enfrentar la proscripción a que lo habían condenado las dictaduras militares de la Argentina. Cuando la acción del Che se trasladase a territorio argentino, entonces podría contar con el peronismo. Mientras, prometió, no se opondría a quienes por voluntad propia quisieran participar del foco boliviano».

Se despidieron muy cordialmente y el general lo acompañó hasta la calle. También me dirá Pavón: «No sé si tiene que ver con esto que le conté pero tiempo después Perón me mostró una foto de Cooke vestido de guerrillero cubano, porque él estaba exiliado en La Habana, y me comentó: "Este hombre ha dejado de ser peronista"».

Confirmando las andanzas del Che por otros países sudamericanos antes de dirigirse hacia Bolivia, Jorge Castañeda apuntará que Reyna Carranza, segunda esposa de Gustavo Roca, estrecho amigo del Che, confirma que Roca se entrevistó con Guevara en el aeropuerto de Mendoza, provincia andina de Argentina, en una escala de regreso de Chile y probablemente en camino a su encuentro con Perón. Otro testimonio es el de Nora Feijin, esposa de un diplomático argentino y que había frecuentado al Che en su juventud, quien en esos días divisó al Che, disfrazado, caminando por la calle Monjitas de Santiago de Chile. Guevara le hará señas para que siga su camino sin evidenciar que lo ha reconocido. Era septiembre u octubre de 1966.

Con el nombre de Ñancahuazú (río de oro) los aislados pobladores del lugar llaman al ancho río de aguas tranquilas, perdido en la inmensidad montañosa del sudeste boliviano. La propiedad hacia la que se dirigía el Che por precarios caminos de tierra tenía 227 hectáreas, colindaba al oeste con la serranía de Incahuasi y estaba ubicada en una zona de exuberante vegetación y abundantes árboles de buena madera, que podían emplearse en un futuro aserradero que podría ser fuente de ingresos y fachada legal.

Los lugareños la llamaron casa de calamina porque al tener techo de planchas de zinc, la única en la región, cuando reflejaba los rayos del sol les daba la sensación de que toda la casa estaba hecha de calamina, que es como se llama al zinc en Bolivia.

Veinte kilómetros antes de llegar a destino, el supuesto Adolfo Mena revelará al Loro su verdadera identidad y ello perturbará tanto al boliviano que terminará desbarrancando el vehículo. Milagrosamente ilesos, deberán recorrer el resto del trayecto a pie con el riesgo de ser descubiertos al atravesar los poblados. A pesar de ello, cobijado por fin en la edificación rústica a cien metros de la ribera del Ñancahuazú, escribió el Che su anotación del 7 de noviembre de 1966: «Hoy comienza una nueva etapa. Por la noche llegamos a la finca. El viaje fue bastante bueno». Y días después: «El panorama se perfila bueno en esta región apartada donde todo indica que podemos pasarnos prácticamente el tiempo que estimemos conveniente».

Desde un principio el Che fijará su campamento lejos de la

casa pues teme una emboscada y se previene. La casa está habitada por tres miembros del PCB, Apolinar, Serapio y León, que operan bajo la cobertura de ser agricultores y criadores de cerdos.

El relevamiento de las vías de acceso, las posiciones del ejército boliviano y los caminos que en los primeros meses debían utilizar hubieron de ser preparados por el grupo de avanzada. Coco fue el responsable de esa tarea en la zona de Vallegrande, Santa Cruz, Lagunillas y Ñancahuazú, y uno de sus colaboradores fue Mario Chávez, el hombre que el Che menciona en su diario con el seudónimo de El Lagunillero: «Loro explicó que el viaje de El Lagunillero no había resultado fructífero y sólo logró el pequeño resultado del apunte, muy impreciso». Chávez se justificará dos décadas más tarde: «Yo hice un apunte lo mejor que pude, pero es que así eran los caminos, imposibles de definir, van por un lado y después van por otro. Ahora mismo la lluvia todavía los destruye». Contradiciendo las instrucciones de su guía *La guerra de guerrillas*, el Che se embarcará en un combate contra un enemigo poderoso desconociéndolo todo sobre la zona de operaciones. Al llegar a un río no sabrá cuál es y al enfrentar una montaña desconocerá su nombre. Ello es evidente en la última anotación de su diario boliviano, horas antes de ser apresado y asesinado, en que registra que a la anciana cuidadora de chivas, una de las delatoras, le preguntará dónde están y sabrá que «estamos aproximadamente a una legua de Higueras [*sic*], y otra de Jagüey y unas dos de Pucará».

Algunos hechos indicarían que Guevara se habría percatado de la inconveniencia del lugar elegido pues, al decir de Urbano «esperaba mantener el campamento central de Ñancahuazú como hospital y almacén de medicinas para, cuando llegara el momento de combatir lejos de esta zona, tener esa base de retaguardia en el más riguroso secreto». Es decir que su proyecto habría sido desplazar las acciones hacia el norte.

Las primeras operaciones de reconocimiento del terreno son ejecutadas por el Che el 9 de noviembre de 1966 en compañía de Tuma. El día 10 se producirá un hecho alarmante: en un descuido imperdonable en guerrilleros de tanta experiencia, Pacho y Pombo serán descubiertos por el chofer de un tal Argañaraz, el vecino más próximo a la casa de calamina. El Che se enfurece y ordena cambiar el lugar del campamento mientras escribe con raro pesimismo: «Esto se deteriora rápidamente; hay que ver si nos permiten traer, aunque sea, a nuestros hombres. Con ellos me sentiré más seguro». Hay pruebas de que dichos vecinos pronto denunciaron a los rebeldes, pero paradójicamente luego fueron acusados de colaboradores, apresados y torturados.

El día 12 el Che parece reencontrarse consigo mismo, quizá con algo de aquella fe olvidada a orillas del Tanganica: «Mi pelo está creciendo, aunque muy ralo, y las canas se vuelven rubias y comienzan a desaparecer; me nace la barba. Dentro de un par de meses volveré a ser yo».

La labor principal en los primeros días de organización del campamento base fue la construcción de un túnel donde ocultar «todo lo que pueda ser comprometedor»: municiones, armas, documentos, fotos, medicamentos. El día 20 se produce la llegada de los cubanos Antonio Sánchez Díaz, «Pinares», y de Eliseo Reyes, «Rolando», que lo hacen en compañía de Rodolfo Saldaña, «Rodolfo», el mismo que había recibido años antes a Masetti, Ciro Bustos y los otros, miembro de la juventud comunista boliviana que produce un efecto positivo en el Che por su decisión, si fuese necesario, de romper con el partido. Lo que es indicativo de la poca fe que el jefe guerrillero tenía a esas alturas del prometido apoyo del PCB, ya que en el momento de la despedida Fidel le ha contado sobre la advertencia de Monje y los suyos de que sólo apoyarían a un grupo en rápido tránsito hacia la Argentina, como había sido el caso de Masetti, y no avalarían ningún intento de abrir un foco guerrillero en territorio boliviano.

El 27 de noviembre de 1966 se producirá la incorporación de Roberto Peredo, Inti, los cubanos Joaquín y Urbano, además de un estudiante de medicina boliviano, Freddy Maymura, «Médico». El Che se entera de una presencia inesperada: «Ricardo trajo una noticia incómoda: el Chino [Juan Pablo Chang, peruano] está en Bolivia y quiere mandar veinte hombres y verme. Esto trae inconvenientes porque internacionalizaremos la lucha antes de contar con Monje». El Che alienta la esperanza del apoyo comunista y sabe que el encuentro con su secretario general será decisivo. Mientras tanto no desea hacer nada que pudiese complicar sus relaciones.

El 11 de diciembre, conducidos por Coco y Ricardo, se produce la incorporación de más combatientes: los cubanos Gustavo Machín Hoed de Beche, «Alejandro»; René Martínez Tamayo, «Arturo»; el médico Octavio de la Concepción, «Moro»; Benigno y los combatientes de nacionalidad boliviana Lorgio Vaca, «Carlos»; Orlando Jiménez Bazán, «Camba», y Julio Luis Méndez Korne, «Ñato». En su diario el Che dejará sentadas las responsabilidades: «Joaquín como segundo jefe militar, Rolando e Inti como comisarios, Alejandro como jefe de operaciones, Pombo de servicios, Coco de finanzas, Ñato de abastecimientos y armamentos; por ahora Moro de servicios médicos».

Entre quienes pasaron por la finca de Ñancahuazú estaría Loyola Guzmán Lara, «Loyo»; la única mujer boliviana que compartió momentos de la vida en campaña junto al Che y sus compañeros. Por su juventud era difícil imaginar que esa bonita estudiante de la ciudad de La Paz fuera la responsable de finanzas del movimiento revolucionario que se gestaba, también uno de los pilares de la red urbana de apoyo a la guerrilla. Al ser descubierta fue apresada, torturada, y sufrió largos años de prisión. Narraría a Adys Cupull y Froilán González sus sensaciones cuando conoció al Che en Ñancahuazú: «En un lado [del río] estaban Ricardo, Pombo y otros. En la otra orilla estaba el Che ... Él me dio la mano y me preguntó: "¿Por qué estás mojada? ¿El río es muy hondo o tú eres muy pequeña?". Tuve la impresión de que a pesar de ser un hombre tan conocido, que había ganado su lugar en la lucha, era muy sencillo ... Me pareció que lo había conocido toda la vida. Él me explicaba todo con gran sencillez y con muchos detalles, y me escuchaba como si yo fuera diciendo las mejores cosas del mundo». La buena impresión fue recíproca: «Loyola me hizo muy buena impresión. Es muy joven y suave, pero se le nota una cabal determinación» (*Diario del Che en Bolivia*).

Pero los buenos augurios no serán muchos: el esperado encuentro con Mario Monje comenzará mal.

72

EL DESENCUENTRO Y LA CARTA MARCADA

*Habla Humberto Vázquez Viaña, «Humberto»,
ex colaborador de la guerrilla del Che**

Una de las primeras misiones que enfrenté fue colaborar en el encuentro entre el Che y Monje. A fines de 1966, cuando se preparaba aquí el movimiento guerrillero nosotros no sabíamos que el Che venía; no era entonces parte del proyecto. Lo que sabíamos era que había un grupo de cubanos que nos estaba ayudando y con los que trabajábamos juntos.

Es a fines de noviembre cuando surgen dos problemas. El primero es la llegada de Debray, quien llega aquí mandado por Fidel Castro a investigar qué zonas guerrilleras eran las mejores. Pero el francés había estado en Bolivia antes, en 1963, enviado por el periódico *Révolution* de París, financiado por los chinos. En aquel entonces Debray se identifica con los maoístas en contra del PC tradicional y eso fue público y notorio. Conozco el conflicto que entonces se suscitó entre la línea armada prochina y la pacifista prosoviética porque Debray se alojó en mi casa debido a que yo era y soy muy amigo de Elizabeth Burgos, su entonces compañera.

En 1966 el francés vuelve con los cubanos y entonces es inevitable que el PCB desconfíe y crea que está avalado otra vez por los chinos, y por carácter transitivo sospechan que los cubanos están jugando con los chinos. Y me mandan a mí, incluso, a averiguar en qué andaba Debray. Su llegada, eso es evidente si se lee detenidamente el diario de Pombo, crea y precipita la crisis.

---

* Entrevista realizada por el autor en Santa Cruz de la Sierra, Bolivia, el 7 de mayo de 2002.

Los del PCB dicen: «Aquí hay gato encerrado; se está jugando sucio a espaldas del partido».

Monje entonces viaja a La Habana para entrevistarse con Fidel. Llegan a un acuerdo: no habrá guerrillas en Bolivia, pero el partido facilitará el entrenamiento y el paso de guerrillas con destino al Perú y a la Argentina. Todo indica que Fidel le advierte que una figura muy importante pasará por Bolivia en tránsito pero no le revela su identidad. Se trataría de algo parecido a lo de Masetti, cuando el PC boliviano se limitó a facilitarle el tránsito hacia Salta, en Argentina.

Debido al bloqueo, el viaje de regreso desde La Habana hasta La Paz debe hacerse a través de Europa oriental. Monje establece una clave con el jefe de la red urbana, Rodolfo, para fijar la fecha del encuentro con Guevara. El cable cifrado dirá: «Llego el día 25». Rodolfo tenía que recogerlo en La Quiaca, del lado argentino, cruzar la frontera a Villazón y llevarlo directamente hasta Ñancahuazú. Pero se equivoca con la clave que decía tres días antes del 25 y entiende que es tres días después.

El 23 ya estaba Monje en La Quiaca, esperando, mientras nosotros, muy tranquilos, hacíamos tiempo en Camiri para que fuera la fecha. Advertidos del error, me dan la misión de volar inmediatamente a Santa Cruz y allí alquilar un jeep e ir a toda velocidad a recoger a Monje y llevarlo a Ñancahuazú. En tiempo récord llegamos a Villazón, pasamos a La Quiaca y buscamos a Monje durante dos días y no lo encontramos por ningún lado. Se había cansado de esperar y había seguido viaje hacia La Paz.

Para mí este desencuentro es fundamental para interpretar la conflictiva relación entre la guerrilla del Che y el Partido Comunista de Bolivia. Lo es desde el punto de vista operativo, ideológico y también desde el punto de vista de la confianza. Porque si un dirigente político ha sido citado y corriendo riesgo llega al punto de encuentro y no hay nadie esperándolo, con todo derecho concluirá: «Esto no funciona».

Se produce entonces el cambio radical de la línea que podía tener Monje en su cabeza, porque si hubiera llegado directamente de La Habana a hablar con el Che era el Monje persona, el Estanislao comprometido con la lucha armada que había recibido entrenamiento en Cuba. Era un problema individual. Pero cuando do llega a La Paz y se reúne con el secretariado del PCB y éste fija la línea política a seguir en la conversación con el Che, ya las circunstancias son otras.

Tanto es así que antes de que salga Monje otra vez hacia Ñancahuazú, ya está convocada una reunión de emergencia del Comité Central. Ya está la bomba armada. Entonces quien llega a hablar con el Che es otro Monje que el de días antes, cuando el desencuentro. Es el secretario general con una línea política marcada por su partido que le dice al Che: «Tú te metiste en esto; eres tú quien tiene que salir porque el PCB no está en esa línea».

El 31 de diciembre de 1966 se produce finalmente la reunión. El único objetivo de Monje era salirse de la escena; por eso le exige a Che lo que sabe que éste nunca le concederá: el mando militar de la fuerza guerrillera. La explicación está en el diario del Che del día siguiente: «Me parece que Monje se agarró a ese punto porque Coco le dijo que yo no cedería el mando militar». Coco, al traerlo a Monje desde La Paz, llegando a Camiri, le comenta que Guevara el mando militar no lo va a ceder por nada del mundo porque ha tenido una mala experiencia por una situación similar en el África. Monje llega entonces al encuentro con una gran ventaja; tiene sus cartas marcadas y se aferra a ese punto para crear un conflicto y salirse políticamente, argumentando que el Che no había aceptado sus condiciones y por consiguiente el PCB no daría su apoyo.

73

El Che apunta ampliamente en su diario el debate que sostuvo con el secretario general del PCB:

31 de diciembre

A las 7.30 llegó el Médico con la noticia de que Mario Monje estaba allí. Fui con Inti, Tuma, Urbano y Arturo. La recepción fue cordial pero tirante; flotaba en el ambiente la pregunta: «¿A qué vienes?». Lo acompañaba Pan Divino, el nuevo recluta, Tania que viene a recibir instrucciones y Ricardo que ya se queda.

La conversación con Monje se inició con generalidades pero pronto cayó en su planteamiento fundamental, resumido en tres condiciones básicas:

1. Él renunciaría a la dirección del Partido, pero lograría de éste al menos la neutralidad y se extraerían cuadros para la lucha.

2. La dirección político-militar de la lucha le correspondería a él mientras la revolución tuviera un ámbito boliviano.

3. Él manejaría las relaciones con otros partidos sudamericanos, tratando de llevarlos a la posición de apoyo a los movimientos de liberación (puso de ejemplo a Douglas Bravo).

Le contesté que el primer punto quedaba a su criterio, como secretario del Partido, aunque yo consideraba un tremendo error su posición. Era vacilante y acomodaticia y preservaba el nombre histórico de quienes debían ser condenados por su posición claudicante. Que el tiempo me daría la razón.

Sobre el tercer punto, no tenía inconveniente en que se tratara de hacer eso, pero estaba condenado al fracaso. Pedirle a

Codovila* que apoyara a Douglas Bravo* era tanto como pedirle que condonara un alzamiento dentro de su partido. El tiempo también sería el juez.

Sobre el segundo punto, no podía aceptarlo de ninguna manera. El jefe militar sería yo y no aceptaba ambigüedades en esto. Aquí la discusión se estancó y giró en un círculo vicioso.

Quedamos en que [Monje] lo pensaría y hablaría con los compañeros bolivianos. Nos trasladamos al campamento nuevo y allí habló con todos planteándoles la disyuntiva de quedarse o apoyar al Partido; todos se quedaron y parece que eso lo golpeó. A las doce hicimos un brindis en que señaló la importancia histórica de la fecha. Yo contesté aprovechando sus palabras y marcando este momento como el nuevo «grito de Murillo» de la revolución continental y que nuestras vidas no significaban nada frente al hecho de la revolución.

En La Habana, Urbano, casi cuarenta años más tarde, me aportaría otros datos significativos: «Cuando Monje llega a una distancia de diez a quince metros de donde está el Che, al verlo, dice:"¡Coño, Che, qué flaco estás!", y el Che, jocoso, le responde: "¡Coño, Mario, qué barrigón que estás!". Después los dos se dan un abrazo y a las once de la mañana, después de dos horas de hablar de distintos temas y tópicos, el Che dice: "Bueno, Monje, ha llegado la hora que tanto esperábamos y a ti te toca jugar un gran papel en esta historia: serás el segundo jefe de la guerrilla y el jefe político; siempre aparecerás ante tu pueblo como el jefe. Firmarás todos los comunicados en nombre de nosotros, pero siempre cumpliendo instrucciones mías". Monje: "Mira, Che, yo no permito que ningún extranjero mande la lucha armada en mi patria, si fuera en otro país nomás iría contigo para aunque sea cargarte la mochila". El Che: "Monje, tú sabes que yo considero a Fidel mi maestro, y si yo me encontrara en Argentina y Fidel llegara, inmediatamente me subordinaría a él porque sé que

---

* Codovila era secretario general del PC de Argentina; Bravo era miembro del Comité Central del PC venezolano, quien renunció al mismo porque se negó a acatar la decisión de abandonar la lucha armada, y pasó a liderar el Frente de Liberación Nacional.

sabe más que yo. En esas condiciones tú te encuentras hoy aquí. Tú sabes que la revolución cubana me ha dado a mí unos conocimientos que tú no tienes. Cuando esta noticia salga al exterior y digan que aquí están el Che Guevara y Mario Monje, nadie va a creer que Mario Monje está conduciendo al Che Guevara. La falsa modestia no nos conduce a nada", terminó diciendo el Che.

»Pero Monje no quiso ceder: "Mira, Che, ni aunque venga Lenin yo le entrego el poder. Además la CIA puede infiltrar a un hombre en la guerrilla y darse cuenta de que yo no soy el jefe efectivo". El Che: "Si esto es lo que te preocupa yo me comprometo a levantarme bien temprano todos los días, cuadrarme ante ti delante de la tropa y pedirte las instrucciones, y con eso dejamos satisfecho al agente de la CIA"».

Urbano continuó: «Monje, en la reunión con los bolivianos, les dice que están a tiempo de abandonar la lucha y que el que no lo hiciera sería expulsado del partido. Y que sus familiares se morirían de hambre porque no podrían contar con ningún tipo de ayuda económica por parte del partido. El compañero Carlos, indignado, abandonó la reunión, se dirigió al Che y le manifiesta: "Ramón, vamos a tomarlo preso y lo fusilamos aquí mismo". El Che, lógicamente, no iba a hacer eso y le dijo que la historia se encargaría de juzgarlo».

Guevara comprende, sin que Monje lo haya dejado explícito al retirarse del campamento guerrillero, que la relación con el PCB había terminado. Al respecto Chato Peredo, hermano de los inmolados Inti y Coco, me contará en nuestro encuentro en su casa de Santa Cruz de la Sierra: «Dentro del Comité Central del Partido Comunista había división en las opiniones. Inti, que pertenece al Comité, le insiste al Che Guevara para que lo autorice a concurrir a la reunión de urgencia convocada para enero del año 67, porque estaba convencido de que él podría arrastrar a un importante contingente del Partido al compromiso asumido con la guerrilla. Después de la conversación que tiene Monje con el Che ya se veía que el PC no iba a cumplir pero el Che seguía confiando demasiado pese a la advertencia que mi hermano le había hecho.

»Inti conocía bien a la gente del Partido y estaba convencido de que si iba podía ganarse a una parte del mismo planteando una discusión en el seno del Comité Central y así catalizar opiniones que ya estaban divididas en dos corrientes, una a favor y otra en contra, pero como el Che no lo autorizó en esa reunión finalmente la única versión que se escuchó fue la de Monje dando un informe tendencioso sobre la reunión que tuvo con el Che, y no hubo nadie que opusiera otra visión sobre el tema del apoyo o no apoyo a la guerrilla. La insistencia de mi hermano, a quien el tiempo daría razón, le ganó una anotación fastidiada del Che en su diario: "Lo veo demasiado susceptible a Inti",»

El desacuerdo con Monje y la ruptura de relaciones con el PC boliviano pone sobre el tapete el talento estratégico del Che pues su actitud rígida, sin duda influida por la experiencia nefasta de haberse subordinado a la conducción militar de Kabila en el Congo, parece dar la razón a los que no cuestionan su coraje y obstinación de combatiente, pero sí lo hacen acerca de su capacidad de negociar, de acordar, de postergar, condiciones imprescindibles en un conductor. Es indudable que carece del talento político de Fidel, que ante Monje seguramente hubiera tratado de suavizar las discordias, cerrarle el camino de la huida, aceptar su conducción militar en la seguridad de que los hombres seguirían al de mayor experiencia y prestigio. La diferencia entre el cubano y el argentino nuevamente se pone en evidencia: Castro es un político; Guevara oscilará entre el monje, el aventurero y el exterminador. Fidel se resignará a las opacas e ingratas tareas del realismo político, que desarrollará con indudable talento de funcionario aunque eso mismo le negará el ingreso en la historia grande; en tanto el Che llegará al fanatismo en su opción por el idealismo moral a escala mundial, por la pureza revolucionaria exigida en los demás pero sobre todo en sí mismo, por el heroísmo consagrado al Bien (el antiimperialismo) en su lucha contra el Mal (los Estados Unidos).

A raíz de la defección del PCB, el futuro Ejército de Liberación Nacional de Bolivia se quedará sin estructuras políticas y logísticas en las ciudades. Nunca contaría con el apoyo que tuvo

por parte del Movimiento 26 de Julio o del comunismo cubano (PSP), esencial en la victoria sobre Batista. En el análisis del
mes de diciembre, el Che tratará de consolarse reflexionando que
la actitud de Monje podría retardar el desarrollo del proyecto,
pero también contribuir a liberarlo de compromisos políticos. Los
próximos pasos serían buscar el apoyo del comunista disidente y
dirigente minero Moisés Guevara, y el 2 de enero envía a Tania
a Buenos Aires para convocar a los argentinos Roberto Ciro
Bustos, quien luchó con Masetti, y Eduardo Jozami, integrante
de un sector juvenil escindido del comunismo oficial argentino.

El dirigente comunista de Cochabamba, Jesús Lara, escribió
que su yerno, Inti, crédulo, había comentado con notoria satis-
facción: «"Monje va a renunciar a la primera secretaría". Quedamos complacidos y expectantes pues el hombre aquel había
causado ya demasiados daños al Partido. Cuando días después,
volvió a aparecer Inti por casa, antes que nada le preguntamos por
la renuncia aquella. El camarada meneó la cabeza y con profunda decepción nos dijo: "No renunció. Al contrario, se hizo rati-
ficar"».

Su hermano Chato me dirá: «Lo que quería el Partido Comunista era marginar de la guerrilla del Che no sólo a sus propios
militantes, sino también a los de otros partidos. Quería apropiarse
de las guerrillas. Su intención era hacer una guerrilla para el Partido Comunista, no para el pueblo boliviano».

El Comité Central decidió enviar una carta a Fidel Castro
con la esperanza de detener el curso de los acontecimientos y
conseguir la dispersión de la guerrilla. En ella se aludía a la discusión sostenida entre el Che y Monje insistiendo en «el criterio de que la revolución boliviana debe estar dirigida por bolivianos» y reclamaba ese derecho por contar «con los cuadros para
enfrentar la lucha». A partir de entonces el PCB no sólo no brin-
dará ayuda al Che, sino que desarrollará un activo saboteo. Chato
me informará de que, encontrándose en Moscú por estudios, había recibido el encargo de Inti de reclutar jóvenes bolivianos para
ser entrenados allí en las técnicas de la guerrilla y luego incorporarse a la del Che. El Partido Comunista soviético respondería que lo haría sólo con anuencia del PC de Bolivia, autoriza-

ción que nunca llegó. Por su parte, el comité regional de Cochabamba se había comprometido a enviar un experto montañista
para facilitar los desplazamientos de la columna rebelde pero
recibió la orden perentoria del Comité Central de no mandar ni
un solo hombre a Ñancahuazú.

Todo ello no impedirá que en el pleno que el PCB celebraría el 19 de enero de 1968, cuando la guerrilla ya había sido
exterminada, y su jefe, asesinado, sus miembros expidieran un
documento en el que se rendía «fervoroso homenaje a los heroicos guerrilleros que con su sangre generosa empezaron a abrir
el camino de la verdadera liberación de nuestra patria». A renglón
seguido aseveraban que «el Partido no supo de la presencia del
Che Guevara en nuestro país», pero que «conocemos el proceso
preparatorio de la guerrilla ya que en él fueron actores principales nuestros tres secretarios y sus suplentes».

74

El primero de febrero de 1967 la columna del Che emprendió una expedición con el fin de explorar la zona y también para foguear a los novatos en las exigencias y en las privaciones de la guerrilla. Pero lo que se había planeado como una experiencia de quince días se convirtió en una odisea que duró más del triple de lo previsto debido a la carencia de mapas y las dificultades de comunicación. Fueron marchas y contramarchas, jornadas agotadoras machete en mano para abrir trochas por donde avanzar en la tupida y desconocida vegetación, trepando y bajando cadenas montañosas que muchas veces se interponían como obstáculos insalvables.

Veinticinco días después de la partida se produjo la primera baja y el rigor impuesto por el Che tendría parte importante en ella, como resulta claro en su anotación diaria:

> Seguimos caminando, tratando de alcanzar el Río Grande para seguir por él. Lo logramos y se pudo seguir durante un poco más de un kilómetro, pero hubo que volver a subir pues el río no daba paso en un farallón. Benjamín se había quedado atrás, por dificultades en su mochila y agotamiento físico; cuando llegó a nuestro lado le di órdenes de que siguiera y así lo hizo; caminó unos cincuenta metros y perdió el trillo de subida, poniéndose a buscarlo arriba de una laja … hizo un movimiento brusco y cayó al agua.
>
> No sabía nadar. La corriente era intensa y lo fue arrastrando mientras hizo pie; corrimos a tratar de auxiliarlo y cuando nos quitábamos las ropas desapareció en un remanso. Rolando nadó

hacia allí y trató de bucear, pero la corriente lo arrastró lejos. A los cinco minutos renunciamos a toda esperanza. Era un muchacho débil y absolutamente inhábil pero con una gran voluntad de vencer; la prueba fue más fuerte que él.

No sería la única baja, pues Carlos, otro boliviano, aquel que quería fusilar a Monje, perdería la vida el 16 de marzo de 1967 al ahogarse cuando una de las precarias balsas en las que los guerrilleros cruzaban el caudaloso Río Grande se desarmó. El Che lo lamentará: «Era considerado, el mejor hombre de los bolivianos en la retaguardia por su seriedad, disciplina y entusiasmo».

El 20 de marzo los rebeldes, al límite de sus fuerzas, por fin llegan nuevamente al campamento central en Ñancahuazú. El Che ya se ha enterado de la presencia de Tania, del pintor argentino Ciro Bustos, del escritor francés Régis Debray y de Chino.

El Loro anuncia haber matado a un soldado durante una exploración en los alrededores del campamento, pero el Che no le cree demasiado hasta que escucha la confirmación en la radio del gobierno. Es ésa la primera víctima del enemigo. Los acontecimientos se van precipitando demasiado deprisa para el tiempo necesario para la consolidación de la base guerrillera.

Es curioso que Guevara no dé importancia en sus anotaciones al hecho de que dos de los bolivianos reclutados por Simón Guevara, Vicente Rocabado y Pastor Barrera, hayan desertado antes de su regreso del accidentado periplo de exploración y seguramente ha dado información al ejército.

Eusebio, quien también será acusado de desertar más tarde, aunque él insistirá en que perdió contacto con la retaguardia luego de una emboscada, me contará lo que escuchó de boca de Rocabado, con quien compartiría celda: «Al día siguiente [de desertar] llegaron a Camiri y se dirigieron a la Cuarta División a dar parte, pensando que les darían una buena recompensa y que con ese dinero podrían volver a sus familias y lugares. Pero la comandancia los consideró unos chiflados; entonces, sin saber qué hacer, dieron vueltas por el pueblo. Allí encontraron a varios hombres que, por su actitud y su vestimenta, era claro que iban a incorporarse a la guerrilla y trataron de convencerlos de que no lo hicieran.

»Después se encontraron con Coco a quien le pidieron plata y como no les dio vendieron el rifle que llevaban a un hombre que encontraron en la calle. Por la noche se alojaron en Lagunillas donde los encontró León que había venido a obligarlos a regresar al campamento, pero no logró convencerlos. Seguramente tenía órdenes de ejecutarlos pero no se animó y les recomendó que se fueran cuanto antes». Esta complacencia de Coco antes y de León después es clara señal de que el Che aún no ha regresado al campamento y que su estilo implacable con los desertores que se cobrara no pocas vidas en la Sierra Maestra, no había aún prendido entre sus lugartenientes.

«Pero en vez de irse volvieron al comando a insistir que su denuncia era verdadera y que les dieran una recompensa. Entonces los detuvieron y los trasladaron a La Paz donde fueron interrogados, y después los subieron en un avión militar para volar sobre el terreno para que mostraran dónde estaba ubicado el campamento central. Después quedaron detenidos.» El diario del Che registrará: «Andaba volteando una avioneta que no presagiaba nada bueno».

«Día de acontecimientos guerreros», calificaría el Che a la jornada del 23 de marzo de 1967. Algunos graves errores de sus hombres habían atraído la atención de un opaco oficial del Cuarto Comando del ejército boliviano quien, como asombroso instrumento del destino, sin proponérselo irá sacando a la luz lo que el Che confiaba en mantener a la sombra por mucho tiempo más, hasta que su foco se hubiera asentado. Eso es confirmado por Régis Debray, quien escribirá que el plan del argentino era que el bautismo de fuego se hiciese recién en la cubana fecha del 26 de julio de 1967 atacando el cuartel de Sucre.

75

UN INSTRUMENTO DEL DESTINO

Habla Augusto Silva Bogado, capitán (R) del ejército boliviano*

Siempre me gustó mucho pescar y habitualmente lo hacía con mi amigo don Secundino Parada, que Dios lo tenga en su gloria. Ese 9 de marzo de 1967 me pasó a buscar a las cinco y media de la mañana en su camioneta Toyota color azul. Yo voy de civil porque ese día estoy de franco, con sombrero de paja y botas de goma.

Nos dirigimos al campamento petrolero de Tatarenda y luego llegamos al Río Grande que estaba muy caudaloso y turbulento. Allí dejamos el vehículo al cuidado de un joven encargado de un generador que daba electricidad para el campamento petrolero.

Al no tener suerte con los anzuelos, al mediodía los cambiamos por las escopetas y fuimos de caza bordeando el río. De pronto escuchamos un estornudo y palabras sueltas, y dimos por sentado que se trataría de cazadores apostados en espera de alguna presa y continuamos caminando. Como tampoco nos fue bien con la caza desandamos el camino y entonces nos topamos con tres personas de aspecto desarrapado.** Les preguntamos si habían cazado algo y de ser así si podrían vendernos un poco de carne. Entonces los hombres se rieron con fuerza y nos manifestaron que no eran cazadores sino estudiantes de la Universidad Tomás Frías de la ciudad de Potosí, y que estaban haciendo un

---

* Entrevista realizada por el autor en Santa Cruz de la Sierra, Bolivia, el 30 de octubre de 2002.

** Eran Marcos, Benigno y Loro.

relevamiento de la cuenca del río. Como yo olí algo raro, le dije por lo bajo a don Secundino que no revelara que yo era oficial del ejército.

Nos dicen que son un grupo de cinco estudiantes y que están esperando a que crucen los otros dos desde la otra orilla del río. Don Secundino y yo miramos en la dirección que nos indicaban y efectivamente vimos a dos personas que se afanaban en amarrar palos y construir una balsa muy precaria. El río tenía en esos momentos cerca de ciento cincuenta metros de ancho y el oleaje era muy fuerte, además de que el agua arrastraba troncos muy grandes. Yo pensé que era una locura y se lo dije, pero sin hacerme caso uno de ellos, que parecía el jefe [Marcos], hizo señas a los de la otra orilla para que se lanzasen al agua.

En varios momentos el río pareció devorarse a la balsita y a sus ocupantes, y los tres jóvenes que estaban con nosotros empezaron a asustarse y a correr hacia donde la correntada llevaba a sus compañeros. Nosotros, curiosos, fuimos tras ellos y después de caminar y correr tres kilómetros encontramos a los audaces, jadeantes y agotados, atendidos por sus compañeros.*

Uno de ellos llevaba atada a su espalda una bolsa de nailon; la desatan y vacían sobre el suelo una importante suma de dinero boliviano en billetes de a mil y los extienden para que se sequen al sol. Era mucho dinero, más de lo que yo había visto en mi vida. Lógicamente eso nos sorprendió mucho porque al mismo tiempo contrastaba con el aspecto de hambre y debilidad que presentaban.

Los invitamos a acompañarnos hasta la camioneta donde hemos dejado víveres y bebidas que alcanzarían para todos, ellos se entusiasman, recogen todo el dinero y nos dirigimos juntos por la orilla de las barrancas hasta donde hemos dejado la movilidad. Casi todos ellos hablan un castellano distinto al nuestro, evidenciando que eran extranjeros pero no pudimos precisar de qué país.

Mientras observan nuestras provisiones nos cuentan que ha-

---

* El Che asentará en su diario: «Inti y Ricardo se tiraron al agua … Inti tuvo dificultades y casi se ahoga».

cía varios días que se les habían acabado las suyas y que ese día habían desayunado tres loros. Nos llamó la atención su aspecto, pues los cinco tienen cabellera larga y barba crecida, su ropa está desgarrada y sucia, sus botas deshechas y amarradas con trapos o bejucos. Uno de ellos nos cuenta que está enfermo, que tiene fiebre; entonces don Secundino les regala el botiquín que guardaba en la camioneta y ellos se muestran muy agradecidos.

Luego vuelven a sorprendernos cuando van a buscar armas que tenían escondidas. Son fusiles cortos, muy modernos, y nos explican que son armas automáticas M-1 y M-2, que se las había facilitado la universidad para defenderse de las fieras.*

Mientras volvíamos a Camiri y comentábamos el encuentro con don Secundino llegamos a la conclusión de que eran pichicateros, traficantes de drogas. Al día siguiente fui al comando de la Cuarta División a dar parte de lo sucedido al coronel Rocha, pero como todavía no ha llegado converso con el capitán ayudante Lafuente, quien me aconsejó lo mismo que mi esposa: que no me metiera en líos. Debería haberles hecho caso.

Cuando el coronel se enteró de lo sucedido se lo contó a las autoridades de YPFB (Yacimientos Petrolíferos Bolivianos) y todos se alborotan y deciden que yo salga al frente de algunos hombres a la caza de los supuestos universitarios. El motivo principal de buscarlos era la plata que llevaban encima.

La primera intentona es fallida porque se nos mojan las armas y entonces ordeno regresar a Camiri cuando estábamos sobre huellas frescas de los hombres. El guía, un baqueano llamado Epifanio Vargas, se molesta y me levanta la voz diciendo que no está de acuerdo en volver, que estamos pisándoles los talones, que los alcancemos, les quitemos el dinero y lo distribuyamos entre todos, y si se resisten los matamos.

Ya de regreso en Camiri, el 17 de marzo, el coronel Rocha me ordena volver a salir en persecución de los intrusos, con un subteniente y cinco soldados, además del guía Vargas y el ex soldado Ángel Robles, que estoy seguro de que lo mandaba el co-

---

* «Parece que Marcos hizo de las suyas mostrando las armas», escribe el Che en su diario.

ronel para que le llevara todo el dinero confiscado. Al principio me resisto porque quedé muy cansado de la expedición anterior, pero el coronel se mantiene firme.

Partimos en un jeep y nos dirigimos, para cortar camino y alcanzarlos, hacia el río Ñancahuazú. Allí preguntamos por el camino hacia el Río Grande y pasamos por una casa cuyo dueño dijo llamarse Ciro Algañaraz, y algunos kilómetros más allá, al borde del río, topamos con una casa de techo de calamina donde nadie nos respondió. Entramos y encontramos el fuego ardiendo, una olla de agua a punto de hervir; en el centro de una de las dos habitaciones hay una mesa cuyo mantel floreado ha caído sobre el piso. En el fondo de la casa hay un jeep color verde, Toyota, sin placa. Es evidente que las personas que estaban allí al escucharnos llegar habían escapado por motivos que entonces no comprendí.

Explorando los alrededores encontramos varias picadas con muchas pisadas, algunas frescas. Entonces escuchamos una balacera de armas automáticas durante algunos minutos. Eran otros soldados que andaban por la zona al mando del teniente coronel Alberto Libera Cortez, quien me cuenta que ha tenido un encuentro con un grupo de hombres armados y que han apresado a uno que se llamaba Salustio Choque Choque. En el encuentro cayó herido un soldado y yo cedo mi movilidad para que lo trasladen a Lagunillas.*

Al día siguiente volví a la casa de calamina y comprobamos que se habían llevado todo lo que allí habían dejado el día anterior. Exploramos los alrededores y encontramos ocho puestos de tiro y de observación sobre los árboles. Después, cada vez más intrigado, me corrí hasta lo de Algañaraz, quien me confirmó que esos vecinos eran gente rara, que él se daba cuenta de todo porque iban y venían en el jeep por el camino que pasaba por el medio de su patio.**

Que le compraban alimentos y madera y le contaban que estaban construyendo un aserradero y un criadero de chanchos.

---

* Ése será el soldado muerto por Loro.
** Otro dato de la mala elección del lugar.

Me informa también de que en diciembre pasó una partida de la policía de Camiri para inspeccionar la casa, y que al volver le dijeron que no habían encontrado a nadie pero que se llevaban una pistola Beretta 9 mm, y que sospechaban que los de la casa de calamina estaban en lo de la cocaína. Algañaraz mandó a su peón, de apellido Rosales, a espiarlos pero lo amenazaron con que si lo encontraban metiendo las narices donde no debía lo iban a matar.

El 20 de marzo me llamó la atención un árbol cortado a hacha, caído como si lo hubieran acomodado, y ordeno que lo muevan y caven debajo. Encontramos una cueva donde había ocho maletas y un portafolios, además de dos libros, uno en quechua y otro en aymara. En cada maleta había un traje completo, casi todos de color azul; también camisas, cinturones, zapatos, ropa interior, corbatas, calcetines, sombreros. En el portafolios sólo hay papel para carta y sobres. En otro pozo descubrimos muchas latas de cerveza y conservas.

A la tarde llega el mayor Hernán Plata Ríos en reemplazo del teniente coronel Libera que ha regresado a Camiri, y es él quien se hace cargo del mando. Era un gordo prepotente con el que me llevé mal desde un principio porque le gustaba llamarme la atención delante de los soldados. Además era miedoso.

Cuando el 22 recibimos la orden de ponernos en movimiento, disponemos de una sección de veintisiete soldados, todos mostrencos recién reclutados, sin instrucción, con un buen refuerzo de armamento pero los oficiales, y mucho menos los reclutas, no estábamos familiarizados con el manejo de las metralletas UZI y los morteros de 60.

El 23 de marzo, un Jueves Santo, vamos caminando con mucho cuidado y en absoluto silencio con el agua del río por la cintura. El guía Epifanio Vargas y yo vamos en punta, todos con un mal presentimiento, con la sensación de que nos vigilan desde el bosque. Los soldados también venían con problemas, acalambrados porque el agua estaba muy fría y era difícil caminar sobre las piedras del fondo. Además se nos habían mojado las armas y las provisiones.

Estábamos discutiendo con el mayor si continuábamos o suspendíamos la operación cuando fuimos sorprendidos con ráfagas de armas automáticas que venían de todos lados. Enseguida cayó el guía Vargas con la cara destrozada y varios más. Mi metralleta no funcionó, llena de agua y una bala me atravesó el birrete arrancándome la escarapela. Recuerdo que a mi alrededor el agua se tiñó de rojo y los guerrilleros seguían disparando mientras gritaban: «¡Viva el Ejército de Liberación Nacional!». El mayor Plata estaba agazapado detrás de una roca, tan aterrado que no reaccionaba, así que fui yo quien dio la orden de rendirnos.

En la emboscada murieron, además del guía Vargas, el subteniente Amézaga Faure y cinco soldados. Hubo seis heridos que fueron curados por un médico guerrillero y catorce somos tomados prisioneros. Los demás huyeron cobardemente abandonando sus armas.

Me llevan a hablar con uno de ellos a quien le dicen el jefe, después me entero de que es el Che, y me acusa de ser un delator porque me reconocen como el que había estado con los que se hacían pasar por universitarios. Después me llevan a una cueva donde un custodio no me quita los ojos de encima; más tarde lo reconocería como el francés Debray.

Luego me juntan con el mayor Plata para carearnos pero como algunas de nuestras respuestas no coinciden se ponen furiosos y nos empiezan a golpear. Al mayor lo patean hasta romperle varias costillas y sangra por la nariz y la boca. A mí me dan un culatazo que me arranca tres dientes y me abre un tajo en la comisura que el médico cierra con cuatro puntos. Por suerte llega otro que los reta y les dice que cuando el jefe se entere de lo que están haciendo los va a castigar y hasta quizá los expulse de la guerrilla. Era Inti Peredo y los que nos golpearon eran dos guerrilleros collas que nunca pude identificar.

Nos habían anunciado que al mayor y a mí nos iban a fusilar al amanecer y pasamos una noche de llanto y rezos, pero después nos dijeron que el Tribunal Supremo de Campaña había decidido dejar sin efecto la medida y que nos iban a liberar con los soldados. Antes me hicieron jurar que iba a renunciar al ejército y me advirtieron que si desobedecía me iban a buscar para matarme, y como yo les había mentido diciéndoles que era comunista y que tenía un hermano estudiando en Cuba, eso era cierto, me avisaron de que si necesitaban mi ayuda iban a acudir a mí y que no se me ocurriera traicionarlos.

Lo curioso es que tuve que abandonar el ejército no sólo por la amenaza de los guerrilleros, sino también porque me volví un sospechoso para mis superiores que decían que si me habían dejado libre y con vida era porque algo tenía que ver con ellos. Hasta inventaron que yo había conducido al batallón a una emboscada.

76

El gobierno boliviano del general Barrientos emitiría un comunicado y el combate de Ñancahuazú tendría gran difusión nacional e internacional. «Hoy hizo explosión la noticia acaparando todo el espacio radial y produciendo multitud de comunicados», escribirá el argentino, gozoso. En respuesta al comunicado gubernamental, que distorsionaba los hechos, redactó el comunicado número uno del Ejército de Liberación Nacional de Bolivia: «Cuando llega la hora de la verdad y el pueblo se alza en armas, respondiendo a la usurpación armada con la lucha armada, el gobierno usurpador pretende seguir su torneo de mentiras». Luego enumeraba los muertos, heridos y prisioneros de las fuerzas gubernamentales. También se hacía constar que «como resultado de la acción quedaron en nuestro poder veinticinco armas de todo tipo, incluyendo tres morteros de 60 mm con su dotación de obuses, abundante parque y equipo». Finalmente se decía que todos los prisioneros habían sido dejados en libertad, «previa explicación de los ideales de nuestro movimiento».

Insólitamente el documento no podrá ser irradiado pues el equipo de transmisión a lámparas que los rebeldes han llevado consigo funcionará sólo por algunas semanas, condenando al Che a una incomunicación que tendrá resultados desastrosos y que es también muestra de lo precario de la organización; tanto que aún hoy da a los suspicaces sospechas de saboteo. El mensaje fue trasladado por uno de los oficiales prisioneros —seguramente el temeroso capitán Silva—, aunque no me lo confirmará en nuestra entrevista, y publicado en el diario *Prensa Libre* de la ciudad de Santa Cruz el primero de mayo de 1966.* La noticia provocó otra ola de informaciones y crónicas transmitidas al mundo entero; también el cierre del diario y el encarcelamiento, tortura y condena de su director, liberado después ante la presión internacional ejercida por las asociaciones de periodistas.

Varios años antes de los acontecimientos bolivianos, el 30 de abril de 1962, el entonces ministro de Industria, comandante Ernesto Guevara, había expuesto ante los trabajadores su punto de vista sobre la lucha armada: «No hay forma tal o cual de tomar el poder. La clase obrera, auxiliada y fortalecida por la clase campesina, no debe buscar nunca la batalla más sangrienta porque costaría miles y miles y miles, y millones de vidas de sus hijos ... Pero la toma del poder por la clase obrera es una necesidad histórica, y nadie puede oponerse a la historia de tal manera que aquellos que no quieran ceder ante las razones y ante las fuerzas unificadas de la clase obrera, deben aprestarse a defender sus malas razones con las armas, y deben también aprestarse a sucumbir ante una fuerza histórica que ya no reconoce límite a su poder, a su expansión, a su capacidad de ascenso continuo».

En el momento del bautismo de fuego el destacamento guerrillero contaba con cuarenta y un efectivos organizados en una vanguardia, el grupo del centro y la retaguardia. Como jefe de la vanguardia fue escogido el cubano Miguel (en reemplazo de Marcos, degradado por su imprudencia) y la integraban los también cubanos Pacho y Benigno. A esta sección de avanzada fueron incorporados los bolivianos Loro, Aniceto, Coco, Julio, Pablo, Darío, Raúl y Camba.

Comandado por el propio Che, el centro contaba con los cubanos Alejandro, Rolando, Tuma, Muganga, los hermanos Ricardo y Arturo, Antonio, Urbano y Pombo. De los bolivianos fueron seleccionados para ese grupo Coco, Ñato, Willy, Luis, León y Moisés, así como los peruanos Eustaquio y Chino. Allí se incluyó, además, a la argentino-alemana Tania, al argentino Ciro Roberto Bustos, «Pelao», y al francés Régis Debray, «Danton»,

---

* Según P. Kalfon, quien lo hizo llegar al periódico fue el mayor Rubén Sánchez, uno de los apresados, aleccionados y liberados en Iripití.

quienes no pudieron abandonar el campamento por haberse iniciado las hostilidades.

La retaguardia se conformó con Joaquín y Braulio como jefe y segundo al mando, respectivamente, y la integraban los también cubanos Rubio, Marcos y los bolivianos Pan Divino, Apolinar, Walter, Médico y Víctor.

El 10 de abril de 1967, de madrugada, el Che ordenó otra emboscada en Iripití con ocho hombres de la retaguardia reforzada con otros tres de la vanguardia: «Pronto llegaron las primeras noticias, con un saldo desagradable: el Rubio estaba herido de muerte … Junto a un soldado herido lo encontraron ya agonizante, su Garand estaba trabado y una granada con la espoleta suelta, pero sin estallar, estaba a su lado». El Che destacará «que la primera sangre derramada fue cubana». La acción será otra vez plenamente favorable a los rebeldes, que causarán bajas y capturarán armamento para luego dejar libres a los oficiales y soldados presos, no sin antes aleccionarlos sobre sus objetivos revolucionarios.

Los temores de Monje y sus camaradas del PC boliviano se ven confirmados, pues el partido es declarado ilegal el 14 de abril debiendo pasar todos a la clandestinidad a pesar de su negativa a apoyar el foco guerrillero. Mientras tanto la salud de los combatientes comenzaba a resentirse: Joaquín, jefe de la retaguardia, tenía su cuerpo inflamado desde principios de marzo por la falta de proteínas; Tania y Alejandro padecían de agudas infecciones generalizadas; Moro presentaba un gran decaimiento psíquico y físico y Moisés padecía de agudos cólicos biliares.

Para colmo de males el ejército había incrementado a dos mil quinientos hombres sus fuerzas en la zona de operaciones, como consecuencia de las sangrientas escaramuzas que habían dejado malparadas a las fuerzas gubernamentales, y también por las denuncias de los desertores. Asimismo Barrientos ha pedido ayuda al gobierno norteamericano, y un informe secreto de la CIA registra que se firma un tratado «de activación, organización y entrenamiento del Segundo Batallón de Rangers en el Ejército Boliviano», y se especificaban los motivos: «Reconociendo una posible amenaza a la seguridad interna de la República de Bolivia en el Oriente, específicamente en las áreas de responsabili-

dad de las Tercera, Cuarta, Quinta y Octava Divisiones, se acuerda
que una fuerza de reacción rápida del tamaño de un batallón,
capaz de ejercitar operaciones de contrainsurgencia en la selva y
terrenos difíciles de esta región, será creada en la vecindad de
Santa Cruz». Luego de establecer los compromisos recíprocos
firman al pie el coronel Kenneth T. Macek, jefe del USARSEC,
y el general Alfredo Ovando Candia, general en jefe de las Fuerzas Armadas bolivianas.

El Che, cuya única fuente de información será un vulgar
radiorreceptor portátil que le permite sintonizar emisoras bolivianas, chilenas y argentinas, anotaría en su diario el 13 de abril:
«Los norteamericanos anuncian que el envío de asesores a Bolivia responde a un viejo plan y no tiene nada que ver con las
guerrillas. Quizá estamos asistiendo al primer episodio de un
nuevo Vietnam». Y si bien por un lado ello significará un peligro
incrementado para él y sus hombres, por otro lado estará en la
línea de lo pregonado por el argentino cuando en su comunicación a la Tricontinental, una convocatoria a los gobiernos y
movimientos antiimperialistas de todo el mundo, abogará por la
creación de «dos, tres, muchos Vietnam» para mundializar la sublevación contra su odiado enemigo, «el imperialismo yanki»,
pero también porque así se descomprimiría la presión sobre
Cuba, Vietnam y otros lugares donde se daban levantamientos
guerrilleros.

Otro de los problemas era la irresponsabilidad con que se
habían reclutado integrantes de la columna, sobre todo por parte
de Simón Guevara, quien lo había hecho con engaños, ofreciendo viajes y becas en el extranjero. Una consecuencia de ello fue
la rápida deserción de algunos y el deficiente funcionamiento de
otros a los que el Che descalificó como «resaca», formada por
bolivianos a quienes se les retiraron las armas y fueron manteni-
dos en la retaguardia, obligados a realizar pesadas tareas de trans-
portadores.

77

¿QUIÉN ES EL CHE? MI JEFE ES RAMÓN

*Habla Eusebio Tapia Aruni, «Eusebio», ex integrante
de la columna del Che como «resaca»**

Yo soy aymara y cuando me incorporo a la guerrilla casi no hablaba castellano. El Eusebio que usted conoce hoy es otro Eusebio que el que podía conocer hace treinta y cinco años. Yo era semianalfabeto pues sólo había podido asistir a algunos cursos en una escuela adventista del altiplano, en pleno campo; después ya no pude estudiar más. Eso, claro, me creaba serias dificultades de comunicación con los cubanos y también con algunos bolivianos.

Nunca supe que el Che era nuestro jefe hasta que caí preso. En realidad yo tampoco sabía quién era el Che, qué había hecho, porque mi nivel de información era entonces muy bajo. Lo llamábamos Ramón y era una persona normal, común y corriente, que no reflejaba tener la superioridad de grado militar que es tan ostensible en el ejército boliviano. Yo lo consideraba un compañero que los otros cubanos habían designado como responsable para dirigirnos en esas circunstancias. Tampoco quería averiguar demasiado por la consigna de reserva que nos habían enseñado en el Partido Comunista: no averiguar para no saber y así si uno caía no podía delatar.

Algunos compañeros y yo no habíamos sido entrenados para la guerrilla, a diferencia de otros bolivianos como los hermanos Peredo y el Loro Vázquez Viaña, y de todos los cubanos que tenían mucha experiencia. En un principio me costó diferenciar

---

* Entrevista realizada por el autor en Santa Cruz de la Sierra, Bolivia, el 6 de junio de 2002.

la guerrilla de un campamento de recreo, tanto que a poco de llegar le pregunté a mi primo Polo: «¿A qué hora sirven el almuerzo?».

Me entero de que Ramón es el Che y de quién es el Che recién cuando caí preso y me torturaron para sacarme información sobre él. Yo respondía: «No sé dónde estará ese Che, no lo conozco», hasta que me preguntan: «¿Quién dirige la guerrilla?» y yo respondo: «Ramón» y alguno de los militares me dice: «Ése es el Che»; entonces yo comento: «Pues no lo sabía».

El 21 de enero llego a Ñancahuazú y después de una semana ya salimos de expedición al Río Grande. Un día yo estaba acomodando mis cosas, cansado por la caminata en la selva y con hambre y sed, cuando se acerca Ramón, se detiene frente a mí y me pregunta: «¿Cómo está la moral?». Ya le dije que casi no hablaba castellano y no entendí lo que me decía; entonces para salir del paso respondí con un «Más o menos» que fue claro que lo desagradó. Más tarde le pregunto a mi primo Polo que también estaba en la columna: «¿Qué quiere decir moral?» y él me aclara: «Es el espíritu de lucha, el valor que uno pone en la guerrilla». Cuando le cuento me dice: «Pues respondiste mal».

Desde ese día nunca pude mejorar mi relación con Ramón; me tomó ojeriza. En su libreta de evaluación escribe que soy «flojo, ladrón y mentiroso», y eso porque me acusan injustamente de robar más de veinte latas de leche condensada.

A mí me recluta el Partido Comunista a través de mi vínculo con Mario Monje. Yo me entero de la discrepancia entre Ramón y Monje cuando llego a Ñancahuazú pero como los bolivianos que allí estaban decidieron seguir luchando, mi primo entre ellos, y como era mi referente, si él se quedaba yo me quedaba, y si él se iba yo también me iba porque él tenía mucha más altura política. Por eso me quedé.

En un principio hubo algo que me desconcertó: si luchábamos contra los gringos, ¿qué hacía un gringo entre nosotros?; si luchábamos contra la burguesía, ¿por qué estaba entre nosotros una burguesa? Yo tenía una mentalidad muy clasista y radical; no podía concebir que la gente de aspecto burgués o gringo como el Che o Tania, tan europeos en apaciencia, con una tez tan blanca, estuvieran luchando por nuestra liberación nacional.

Mis problemas con el Che fueron provocados por el jefe de mi sección, el cubano Joaquín, que después de haber perdido comida y algunas latas de leche, faltas que Ramón consideraba graves, me echó la culpa a mí porque no me perdonó haberlo enfrentado, porque a los bolivianos nos tocaban las cargas más pesadas. Me quejé porque a algunos como a Aniceto, a Chingolo y a mí el brusco cambio climático del altiplano al trópico nos afectaba en nuestra fuerza y en nuestra resistencia.

Lo cierto fue que el cansancio, la debilidad y el hambre nos tenía agobiados a todos y no pude aguantar la tentación de tomarme la lata de leche condensada que llevaba en mi mochila, además de una sardina pequeña, convencido de que tenía derecho a hacerlo porque las llevaba conmigo; en mi pobre comprensión del castellano no había entendido lo de la «reserva estratégica», no la asocié con la leche y la sardina; pensé que podía disponer de ellas porque estaban en mi poder.

El 20 de marzo regresamos a Ñancahuazú después de aquella expedición en la que ya perdimos dos ahogados en el río. El 23 se produce el primer combate con los soldados del gobierno y el 25 de marzo se produce la reunión en la que el Che, haciéndole caso a Joaquín, me atribuye la pérdida de las latas de leche; también criticó a Paco porque decía tener fatiga en el corazón, pero el Médico no le encontró ninguna alteración; a Pepe porque se quejaba de reumatismo articular y Chingolo, por haber corrido a esconderse de los bombardeos aéreos, es calificado de cobarde. Todos somos tipificados de «resacas».

El Che también anunció que seríamos licenciados por no servir para la lucha revolucionaria, que no comeríamos si no trabajábamos, que al día siguiente se nos incautarían las armas y los pertrechos de campaña, y sólo quedaríamos con los elementos de supervivencia. Al día siguiente Inti me dirá que debo abandonar la columna en cuanto se pueda salir y que tengo que devolver el fusil y todos los pertrechos militares, debiendo quedarme solamente con la ropa civil; lo que nos pone en malas condiciones para la lucha como sucederá a los pocos días cuando abandonamos el campamento central y en Iripití se produce el segundo combate donde yo y los otros «resacas» participamos, pero sin armas.

El Che se equivoca conmigo porque no comprendió a los bolivianos; tenía prejuicios con nosotros. Esto es claro en su diario, en el resumen del mes de septiembre, donde escribe: «La moral del resto de la gente se ha mantenido bastante bien y sólo me quedan dudas de Willy, que tal vez aproveche algún zafarrancho para tratar de escapar, sólo si no se habla con él». El Che duda de Willy, quien una semana después murió asesinado por ayudarlo y protegerlo cuando Guevara fue herido en el Churo.

78

El 19 de abril de 1967 una patrulla de los guerrilleros detiene a un hombre que dijo ser periodista anglochileno y llamarse George Andrew Roth, quien era guiado por dos niños de la zona, lo que es indicio del conocimiento que tenían los lugareños de la ubicación de la guerrilla y que pone en duda las afirmaciones de que fue imposible ayudar o rescatar al Che porque estaba completamente cercado por el ejército.

Los rigurosos investigadores cubanos Cupull y González dieron a conocer una versión que les fue facilitada por la infidencia de un ex agente de la CIA: el supuesto periodista Roth cumplió una misión especial, consistente en llevar una sustancia química proporcionada por los oficiales de la CIA para esparcirla entre los guerrilleros. Era el primer paso para aplicar un método de inteligencia denominado «huella técnica», poco conocido en aquella época, que consistía en utilizar a perros pastores alemanes convenientemente adiestrados para que a través del olfato identificaran el olor de una sustancia determinada. La misión de Roth al esparcir la sustancia sobre la vestimenta de los guerrilleros facilitaría el seguimiento y la detección de Guevara y sus hombres, y así se contrarrestaría la principal arma de los rebeldes que eran las emboscadas.

Es indicativo que seis días después de la visita del supuesto corresponsal, el Che escribiera: «Al poco rato apareció la vanguardia que para sorpresa nuestra estaba integrada por tres pastores alemanes con su guía. Los animales estaban inquietos pero no me pareció que nos hubieran delatado; sin embargo siguieron avanzando y tiré sobre el primer perro, errando el tiro, cuando iba a darle al guía se encasquilló el M-2. Manuel Hernández mató a otro perro…». La radio insólitamente dará el nombre de los perros «muertos en cumplimiento de su deber»: Rayo y Tempestad.

Roth es incorporado al grupo de Debray, Bustos, Tania y Chang, a quienes el prematuro inicio de las acciones bélicas hizo que no pudieran regresar a sus tareas urbanas de apoyo, debiendo incluso operar como combatientes aunque algunos de ellos no demostraron aptitudes para ello. Especialmente el francés, que se transformó en un engorro por su ansiedad en alejarse de la columna. Era muy distinto para ese aristócrata e intelectual europeo escribir sobre la guerrilla en su estudio en París que vivir personalmente sus riesgos y sus privaciones en un humilde país sudamericano.

El otro argentino convocado por el Che a través de Tania fue Eduardo Jozami, quien me cuenta muchos años después: «Yo viajé en dos ocasiones a Bolivia para contactar con el Che. La primera en febrero de 1967 en compañía de mi mujer, Lila Pastoriza. Pero cuando llegamos a Camiri junto con Tania y dos militantes peruanos, Juan Pablo Chang, "Chino", y José Cabrera Flores, "Negro", me entero de que el Che había salido en una expedición que se prolongaría por lo menos quince días. Entonces quedo en regresar más tarde, a mediados de marzo, porque era peligroso para todos quedarme en Camiri llamando la atención. Los demás siguen porque ellos están decididos a incorporarse a la lucha; en cambio yo iba a recibir instrucciones. Vuelvo en marzo, como había prometido, pero ya Tania no pudo salir de la columna y venir a buscarme porque la guerrilla ya había sido detectada y el ejército la cercaba. Estuve unos días esperando en Tarija, y como ya empezaba a despertar sospechas me volví a Buenos Aires».

Así se frustraba una posibilidad de apoyo de militantes de izquierda argentinos en la que Guevara depositaba esperanzas, y que le valió una violenta reprimenda a Tania por su imprudencia que la retenía con los combatientes en vez de cumplir con la función de apoyo exterior que le había asignado el argentino.

Urbano me contará que el Che había sido injusto en esa oportunidad porque la culpa de que Tania hubiese abandonado sus
tareas específicas fue una consecuencia más de la deserción del
PC boliviano, ya que la argentino-alemana había pedido en cuatro oportunidades que un militante condujese a los visitantes hasta
el campamento guerrillero pero que ante la falta de respuesta no
le había quedado otra alternativa que hacer ella misma de guía.

El Che comete entonces un error que terminará costándole
su vida y la de otros porque prima en él su condición de argentino fascinado por la cultura francesa. Hace por Régis Debray lo
que no hubiera hecho por Bustos ni por Tania. Para darle salida,
acompañado por el pintor argentino y el misterioso fotógrafo
anglochileno, el Che y su columna debieron desviarse hacia
Muyupampa y separarse el 17 de abril de la retaguardia por pocos
días. En sus anotaciones subraya: «A éste [Joaquín] le ordené hacer
una demostración por la zona para impedir un movimiento excesivo y esperarnos durante tres días, durante los cuales debe permanecer por la zona pero sin combatir frontalmente y esperarnos hasta el regreso». Pero Joaquín deberá mover su columna por
la cercanía de tropas gubernamentales, con la consecuencia de que
jamás volvieron a encontrarse a pesar de que no dejaron de bus-
carse, carentes de todo sistema de intercomunicación, dando
vueltas y vueltas por la zona, siendo ésa una de las causas principales de la tragedia final. Sin duda fue un grave error el no fijar un punto de encuentro alternativo.

El 20 de abril Régis Debray y Ciro Bustos son detenidos en
el poblado de Muyupampa. No será casual que en una comunicación secreta que el consejero para Asuntos Latinoamericanos,
Walt Rostow, dirige al presidente de los Estados Unidos, Lyndon
Johnson, el 11 de mayo de 1967, le informará acerca de «el primer informe creíble de que el Che Guevara está vivo [subraya-
do] y operando en América del Sur». En otro párrafo: «Necesi-
taremos más evidencia de que Guevara está operativo y no
muerto, como los organismos de inteligencia, con el paso del
tiempo, estaban más y más inclinados a creer».

El Che comprende la gravedad de la situación y no elude su
responsabilidad: «Danton [Debray] y Carlos [Bustos] cayeron víc-

timas de su propia prisa, su casi desesperación por partir. Y de mi
propia falta de energía para detenerlos, así la comunicación con
Cuba [era la misión del francés] se ha cortado y el plan de acción en Argentina [la de Bustos] se ha perdido».

Algunos biógrafos de Guevara han sostenido una absurda
polémica entre los «debrayistas» y los «bustistas» para determinar
«quién fue el delator». Una sincera revisión de los antecedentes
demuestra clara y penosamente que ambos cedieron rápidamente
a la presión de los interrogadores del ejército boliviano y de la
CIA, y brindaron abundante y precisa información sobre la guerrilla y su jefe. Como prueba de ello están los testimonios que
personalmente recibí del general Gary Prado y del coronel Vargas Salinas que incriminan al francés, además de las afirmaciones
de los agentes de la CIA destinados a Vallegrande, Félix Rodríguez, «capitán Ramos», y Gustavo Villoldo, «doctor García».
Este último escribirá en su informe: «Debray habló hasta por los
codos».

Del lado de Ciro Bustos son suficientes pruebas los excelentes
dibujos de los guerrilleros que hizo por indicación de las fuerzas bolivianas y su declaración escrita que fuera publicada por el
general Saucedo Parada, entonces jefe de inteligencia de la Cuarta
División. Lo cierto es que durante mucho tiempo quien cargó
con la culpa fue Bustos, entre otros motivos porque el pintor
argentino era un perseguido por la dictadura de su país, y por lo
tanto debió mantener su presencia en el perfil más bajo posible
para proteger a sus familiares y a sus compañeros de militancia.
Eso le imposibilitó defenderse ante la opinión pública internacional; en tanto Debray era un mimado de la intelectualidad
europea y su causa fue defendida oficialmente por el presidente
de su patria.

El Chato Peredo me expresará un razonamiento de enorme
sensatez que por sí mismo debería terminar con toda polémica:
«Ciro Bustos no tenía relieve como para ser el principal delator;
era un dibujante, un publicista de poca monta. En cambio el francés era una celebridad mundial y si estaba allí seguramente no era
para entrevistar a alguien de poca importancia. Su sola presencia denunciaba al Che aunque no dijese una palabra».

Aleidita Guevara, en una entrevista que le hice para la televisión argentina, tomaría franco partido: «En el diario de mi padre puede leerse: "Debray habló más de la cuenta". Además coinciden algunos datos ya que hasta entonces nadie sabía quién era el que comandaba la guerrilla y a partir de ese momento sí lo supieron». A continuación la hija del Che me sugiere que ese secreto, guardado durante años, era revelado entonces por ella debido a la deslealtad del francés quien, por ejemplo, en un reportaje en los noventa en el *Corriere della Sera* acusa al Che de «fanático» y «sadomasoquista». También afirma que «no fue a Bolivia para vencer, sino para perder. Así lo exigía su batalla espiritual contra el mundo y contra sí mismo. Cierto, no se mató, pero se dejó morir. Tenía esa vocación. Entre un suicidio y un sacrificio, ¿qué Dios vería la diferencia?».

«Lo que no me gustó es que este señor treinta años después de muerto mi padre, venga a decir que mi papá se quería morir y cosas por el estilo; me indigna y no me parece de hombre, a mí siempre me han educado que las cosas se dicen de frente, pueda tener o no razón. Lo que sabemos es que mi padre le facilita la salida de la guerrilla porque piensa que Debray no tiene condiciones para quedarse; lo hace para protegerlo, a pesar de lo cual no lo degrada humanamente, no dice nada despectivo sobre él, entiende que hay hombres que tienen capacidad para la lucha y otros no.»

El agente de la CIA Félix Rodríguez, que tendrá una participación protagónica en la muerte del Che, confesará al periodista John Weisman que, al ser capturado, el francés sufrió un tratamiento rudo por parte de oficiales bolivianos que duraron hasta la llegada del agente Gustavo Villoldo, cubano de nacimiento, quien era asesor en contraespionaje del ministro del Interior de Bolivia. A partir de entonces el francés fue tratado con respeto y en una entrevista de 1968 en *Evergreen Review* diría que la CIA le salvó la vida. «Debray contó de buen grado a los bolivianos y a la CIA todo lo que sabía sobre las operaciones del Che. Es el testimonio de Debray el que convenció a la Agencia [CIA] de concentrar sus esfuerzos en la captura del revolucionario escurridizo.» Rodríguez será aún más explícito: «El francés pudo haber sido condenado a muerte. En cambio, por su cooperación, fue condenado a sólo treinta años para luego ser perdonado en 1970».

No parecerían ser veraces entonces las versiones de varios biógrafos de Guevara quienes, seguramente de buena fe, abonan la hipótesis de la hidalga resistencia del intelectual francés a las torturas y de la ominosa delación del pintor argentino, confirmando que siempre será más creíble la opinión de alguien del mundo desarrollado que la de otro proveniente del subdesarrollo.

El golpe de gracia a la deformación histórica de la delación lo daría Humberto Vázquez Viaña, quien me entregará una borrosa fotocopia, pero perfectamente legible, de una carta que el francés le envía a su abogado boliviano, el doctor Walter Flores Torrico, y que reproducimos en exclusividad:

Facsímil de la carta de Debray en la que éste revela haber informado a las FF. AA. de la presencia del Che Guevara en las guerrillas.

Sábado, 1 de julio de 1967

Sr. Flores:

Yo tengo que hablar con usted.

Le recuerdo que la presencia de el Che Guevara era algo muy confidencial, que tenía el compromiso periodístico con él de no revelar su presencia aquí por el momento, y el compromiso de honor con el comandante Reque Terán de no hablar de él a los periodistas. Me parece que sus declaraciones no han tomado en cuenta nada de eso. A lo mejor pueda usted reparar el daño de otra forma. Mis declaraciones cuya copia tiene usted son también confidenciales.

Hasta pronto y gracias por todo.

Le saluda muy atentamente,

RÉGIS DEBRAY

Esta carta debía llegarle antes. Le agrego lo siguiente. Le ruego devolver los rollos y mis declaraciones al señor Quintanilla.

El coronel Reque Terán era el comandante de la IV División del ejército acantonada en Camiri. El coronel Quintanilla era jefe de Inteligencia del Ministerio del Interior, posteriormente asesinado en Hamburgo en 1971.

En este documento queda inobjetablemente claro que los militares bolivianos conocen la presencia del Che Guevara en su territorio, y han establecido un acuerdo con Debray para que nadie sepa que ellos saben. En cambio los que lo desconocen son los militantes bolivianos y latinoamericanos, que de haberse enterado de que ese mito viviente estaba al frente del movimiento guerrillero en el sudeste de Bolivia se hubieran prestado, quizá en gran número, a participar en ella o a apoyarla. La principal carta, la más eficaz, nunca fue jugada.

Guevara no podrá hacerlo por su insólita incomunicación con el exterior, agravada por el hecho nunca explicado de que el responsable cubano que operaba en La Paz, el misterioso Iván, fuera obligado a regresar a La Habana sin que se pudiera probar hasta hoy si hubo algún esfuerzo para resolver esa falencia tan importante.

La presencia del francés en Bolivia será también nefasta para el comandante Guevara, porque una de las razones que los generales bolivianos aducirán para decidir su muerte es que el juicio a Debray ha generado una gran repercusión mundial que ha presionado perjudicialmente sobre ellos, lo que da a imaginar lo que sucedería en caso de mantener vivo al Che y someterlo a juicio.

El hoy general Vargas Salinas, en nuestro encuentro en Santa Cruz de la Sierra, me confirmará que fue el testimonio de Debray el que terminó de convencer a la CIA y al gobierno boliviano de la presencia del Che. Los testimonios anteriores del desertor Vicente Rocabado, del apresado Salustio Choque, del capitán Silva Bogado, no habían logrado convencer a la central de la Agencia en Langley, Estados Unidos, quienes sostenían la tesis de la muerte del Che en el Congo a pesar de la insistencia de los jefes de la CIA en Bolivia, Larry Sternfield, quien ocupó ese cargo hasta junio de 1967, y de su sucesor John Tilton.

79

El 25 de abril, cerca de una de las orillas del Ñancahuazú, durante la marcha de la columna hacia Muyupampa, el Che anotaría en su diario: «Día negro … Al producirse un alto mandé a Urbano para que ordenara la retirada, pero vino con la noticia de que Rolando estaba herido; lo trajeron al poco rato ya exangüe y murió cuando se empezaba a pasarle plasma. Un balazo le había partido el fémur y todo el paquete vasculonervioso; se fue en sangre antes de poder actuar».

Un testigo presencial narró posteriormente: «Y allí se para el Che y lleno de dolor afirma: "Hemos perdido a uno de los más valientes y a uno de los más queridos de nuestros compañeros". Y vemos como si quisiera seguir hablando pero ya no tuviera palabras. Cuando abrimos una sepultura y ponemos a Rolando, el Che se viró de espaldas y le vimos sacar el pañuelo sin darnos el frente. Luego, como siempre, se dominó y dice: "¡A ver, carajo, a su lugar! ¡No nos van a matar aquí a todos!"». «Rolando», Eliseo Reyes Rodríguez, había actuado en Sierra Maestra a las órdenes del argentino y cuando obedeció el llamado para integrarse a la guerrilla en Bolivia era miembro del Comité Central del PC en Cuba.

La escasez de alimentos azotaba a la retaguardia de Joaquín, Tania, la «resaca» y los heridos, que seguía su lenta marcha en busca del grueso de la columna guerrillera y manteniendo, al mismo tiempo, el enfrentamiento con el enemigo. En el resumen de mayo el Che subrayó: «El punto negativo es la imposibilidad de hacer contacto con Joaquín, pese a nuestro peregrinar por las

serranías. Hay indicios de que éste se ha movido hacia el norte».
Se pagaba el error de no haber fijado un punto de encuentro
alternativo y también la imprevisión, inaudita en combatientes
experimentados, de no tener equipos para comunicarse entre sí.

Uno de los factores que valoró el Che para decidirse por
Bolivia como el lugar más adecuado para reiniciar la lucha armada revolucionaria en Sudamérica, había sido la ostensible desmoralización de su ejército, devastado por su compromiso en
acciones políticas que repugnaban a sus integrantes provenientes, a diferencia de la mayoría de las fuerzas armadas latinoamericanas, de los sectores humildes de la sociedad. Adys Cupull y
Froilán González se ocupan de esa situación: «Cuando los soldados llegaban a Camiri no encontraban barracas, dormitorios ni
locales apropiados para guardar sus pertenencias; al regresar por
alguna causa, casi todo había desaparecido ... El promedio de
bajas por enfermedades crecía mes tras mes. Sólo existían tres
sanitarios para toda la tropa ... Las deserciones, abandono de las
misiones y los amotinamientos alcanzaban niveles peligrosos ...».
Por otra parte las acciones victoriosas de la guerrilla impactaban
en la mente de los soldados; también las narraciones sobre el buen
trato a quienes caían prisioneros.

Los rumores elevaban a mil el número de guerrilleros del
Ejército de Liberación Nacional de Bolivia. Entre los «soldaditos», como a veces los llamarían los cubanos en esos diarios que
algunos llevaban obsesiva e imprudentemente, se decía que los
revolucionarios tenían armas modernas, aviones que acuatizaban
en los ríos y que eran valientes, corajudos y bien organizados,
acrecentando el sentimiento de derrota entre quienes se veían
obligados a combatir sin ningún sentido moral o ideológico.

A mediados de 1967 un artículo publicado en el periódico
El Pueblo de la capital boliviana, burlando la censura, aceptaba que
«Los jóvenes conscriptos desconfían de sus conductores ... La
moral combatiente no tiene acicate patriótico». En otro párrafo,
se expresa textualmente: «Los guerrilleros han llegado incluso a
utilizar sus propias medicinas y alimentos para auxiliar a la gente del campo que vive en la miseria».

La existencia de la guerrilla y su dinámica influencia política, pese a las condiciones de aislamiento respecto a las principales ciudades bolivianas, conmocionaron el tradicional panorama social del altiplano e hicieron resurgir las contradicciones existentes. El incesante proceso de polarización de la sociedad —los ricos cada vez más ricos, los pobres cada vez más pobres—, así como los despidos masivos de mineros, médicos y maestros, y el recrudecimiento de la represión, generaban un estado de explosiva conmoción social. La represión gubernamental se endureció y cuando la presencia del Che en Bolivia fue divulgada por la revista local *Crítica*, mediante un reportaje de su director, el periodista Juan José Capriles, la edición de ese número fue secuestrada y las instalaciones destruidas, a la vez que Capriles fue encarcelado.

Los campesinos de las zonas donde operaba el ejército, si llegaban a ser considerados sospechosos de colaborar con los revolucionarios, eran torturados y en ocasiones asesinados; sus mujeres, violadas, y sus pertenencias, robadas o destruidas.

Eso no impedía que existiera gran agitación entre los obreros del estaño, históricamente atados a una vida de virtual esclavitud y con una larga trayectoria de acciones en reivindicación de sus derechos. Entre ellos se comentaba con esperanza acerca de la posible presencia del Che en las montañas del sudeste boliviano, a cuyo lado habrían acudido varios mineros para unirse al movimiento armado revolucionario.

El 8 de mayo de 1967 se producirá un nuevo enfrentamiento armado. El Che lo describe así: «Todo el mundo estaba en tensión cuando llegaron, al parecer, veintisiete guardias. Habían visto algo raro y el grupo comandado por el subteniente Laredo avanzó; él mismo inició el fuego y cayó muerto en el acto, junto con dos reclutas más». Antes de que termine el día, los insurgentes capturarán seis soldados. El resto de los gubernamentales abandonará la zona.

El día 13 la columna guerrillera encabezada por el Che, hambrienta y agotada, comprará a un campesino un cerdo que devorarán sin medir las consecuencias. El alimento de los últimos días de los guerrilleros sólo había consistido en sopas de manteca. El Che describirá los resultados del festín: «Día de eructos, pedos, vómitos y diarreas; un verdadero concierto de órgano. Permanecimos en una inmovilidad absoluta tratando de asimilar el puerco. Tenemos dos latas de agua. Yo estuve muy mal hasta que vomité y me compuse».

Una anotación de Pombo del 15 de mayo en su diario revela los problemas que el asma genera al Che y también a sus hombres: «Fernando [su nuevo apodo debido a que los gubernamentales ya saben que él es Ramón] se pone gravemente enfermo y tenemos que inyectarle droga para controlarlo. Por esta razón preparamos una camilla y lo llevamos a una pequeña montaña. A las 7 pm lo colocamos en una carreta que encontramos durante una de nuestras expediciones de exploración».

No será ésa la única manifestación de la débil salud de ese jefe de moral altísima, pero de cuerpo traicionero. El 16 de mayo por la noche los guerrilleros logran romper el cerco impuesto por los militares a pesar de que la salud del Che se deteriora bruscamente: «Al comenzar la caminata se me inició un cólico fortísimo, con vómito y diarrea. Me lo cortaron con demerol y perdí la noción de todo mientras me llevaban en hamaca; cuando desperté estaba muy aliviado pero cagado como un niño de pecho. Me prestaron un pantalón pero, sin agua, hiedo a mierda a una legua».

80

El 28 de mayo de 1967 el Che y sus hombres tomarán por asalto Caraguatarenda y aprovecharán para abastecerse de alimentos y medicamentos contra el asma, y por primera vez en mucho tiempo se trasladarán en vehículos que expropiaron en el poblado. Días después se producirá otro enfrentamiento con tropas gubernamentales que caen en una emboscada y el resultado será nuevamente favorable a los insurgentes. Los militares se retirarán del lugar dejando tres muertos y un herido. Estas acciones alientan al Che, que escribe en el reporte final del mes: «Desde el punto de vista militar, tres nuevos combates, causándole bajas al ejército y sin sufrir ninguna, además de las penetraciones en Pirirenda y Caraguatarenda, indican el buen éxito». Evidenciando que el asunto de los perros le había llamado la atención agregará: «Los perros se han declarado incompetentes y son retirados de la circulación».

Luego detallaría las principales dificultades a las que se enfrenta:

«1. Falta total de contacto con Manila [así designaba en clave a Cuba], La Paz, y Joaquín; lo que nos reduce a los 25 hombres que constituyen el grupo.

»2. Falta completa de incorporación campesina, aunque nos van perdiendo el miedo y se logra la admiración de los campesinos [expresión de deseos sin correlato en lo real]. Es una tarea lenta y paciente.

»3. El partido, a través de Kolle, ofrece su colaboración, al parecer, sin reservas [ídem que anterior].

»4. El clamoreo del caso Debray ha dado más beligerancia a

nuestro movimiento que 10 combates victoriosos [también lo ha puesto en la mira para su aniquilamiento].

»5. La guerrilla va adquiriendo una moral prepotente y segura que, bien administrada, es una garantía de éxito [lo de la elevada moral de la mayoría de los combatientes es innegable y se mantendrá hasta el final].

»6. El Ejército sigue sin organizarse y su técnica no mejora substancialmente [se han iniciado los entrenamientos a cargo de los boinas verdes norteamericanos, quienes también proveen de armamento moderno].

»Noticia del mes: el apresamiento y fuga del Loro, que ahora deberá incorporarse o dirigirse a La Paz a hacer contacto [el guerrillero boliviano ya ha sido asesinado y su cuerpo arrojado en la selva desde un helicóptero].

»El Ejército dio el parte de la detención de todos los campesinos que colaboraron con nosotros en la zona de Masicuri [entre ellos estaría Honorato Rojas, cuya delación tendría tanta importancia en la derrota final]; ahora viene una etapa en la que el terror sobre los campesinos se ejercerá desde ambas partes, aunque con calidades diferentes; nuestro triunfo significará el cambio cualitativo necesario para su salto en el desarrollo». El Che parece haber perdido su confianza en el buen trato a los campesinos, cuyo resultado ha sido nulo.

Igual que en el Congo, la teoría guevarista de que no eran necesarias condiciones objetivas de concientización y movilización campesina para desencadenar la lucha armada revolucionaria quedaba cuestionada. No parecían suficientes las condiciones subjetivas representadas por un grupo de combatientes decididos a abrir un foco guerrillero que, por sí mismo, por su presencia y accionar, sería capaz de despertar la voluntad de cambio revolucionario de los habitantes de la región. Mucho menos cuando una equivocada decisión táctica inicial, a lo que luego se sumaría la incomunicación de la columna guerrillera, hizo que su principal arma propagandística, la presencia del mítico Che Guevara combatiendo en el sudeste boliviano, no fuese divulgada y sólo la conocieran la CIA y el gobierno barrientista, y en cambio la ignorasen los muchos militantes izquierdistas de Bolivia y de otros países latinoamericanos, que a no dudar se hubieran incorporado a la empresa insurreccional.

El primero de junio la situación se oscurecerá aún más con dos muertes del lado de la guerrilla: el cubano Pinares y el boliviano Víctor, quienes, cuando se encontraban en una misión en busca de comida, son sorprendidos por fuerzas gubernamentales y caen abatidos en Peñón Colorado, cerca de Bella Vista.

Poco después el Che enviará a dos exploradores para un patrullaje en la extrema vanguardia y regresaron con la noticia de que se habían topado con tres lugareños. Uno de ellos era Paulino Baigorria, el primer y único campesino boliviano que se integraría a la fuerza encabezada por el comandante Guevara. Uno de los dos guerrilleros que patrullaban aquel día recordó años más tarde: «Era un joven de unos veinte años de edad, muy ágil, fuerte y franco. Nos miró sin reflejar ningún temor y directamente a los ojos, como tratando de reconocernos … Nos invitó a su chaco a comer, compartió con Pablito y conmigo su comida … El ambiente fue bueno, los campesinos no estaban temerosos, yo diría que resultaban amistosos; nos informaron sobre los caminos y los habitantes.

»Paulino se compenetró con nosotros, incluso se fotografió, tomó una metralleta y quería que le enseñáramos a manipularla; mostró su disposición a integrarse a la guerrilla … De acuerdo al lugar donde vivía y el ambiente donde se desarrollaba tenía una inteligencia superior; era el más listo de toda la comunidad, así era considerado por su familia y los vecinos».

El Che necesitaba imperiosamente restablecer los contactos con la red urbana y sabiendo los peligros a los que se exponía decidió encargar esa tarea a Paulino, quien se prestó de buen grado, quizá irreflexivamente, despidiéndose de cada combatiente pero con especial afecto por Inti, quien lo había aleccionado largamente sobre las razones de su lucha. «Estaré de vuelta pronto», dirá, casi alegremente.

El Che y sus hombres siguen incomunicados, la columna guerrillera es muda y casi sorda; por eso dependerán de la lealtad y de la astucia del flamante recluta para que alguien se entere de las reflexiones del jefe argentino: «En cuanto a los anuncios sobre la presencia de supuestos combatientes de otros países americanos, por razones de secreto militar y de nuestro lema, el de la verdad revolucionaria, no daremos cifras, aclarando solamente que cualquier ciudadano que acepte nuestro programa mínimo conducente a la liberación de Bolivia es aceptado en las filas revolucionarias con iguales derechos y deberes que los combatientes bolivianos, los que constituyen naturalmente la inmensa mayoría de nuestro movimiento».

Paulino Baigorria, el mensajero leal, terminará encerrado en una cárcel de La Paz y torturado por la inteligencia militar que no logrará hacerlo hablar, ocultando el destino de los mensajes que portaba. Tiempo después, evidenciando en su aspecto el infortunio sufrido, se presentará en la casa de la esposa de Inti Peredo, entonces prófugo, y le dirá con los ojos húmedos: «Dígale al Inti que no lo traicioné».

El crecimiento de la resistencia de los mineros y las organizaciones políticas en las ciudades en contra de Barrientos crece día a día, pero sin conexión con la columna guerrillera de Guevara. Muchos criticarán a éste que insistiera en la concepción rural de la insurrección, lo que lo hacía deambular penosamente en regiones deshabitadas donde los pocos campesinos eran dueños de sus parcelas, no tenían patrones, y su conciencia política era muy baja. Todo lo contrario de lo que sucedía en las minas o en las fábricas.

81

LOS MINEROS OFRENDAN SUS SALARIOS Y SUS VIDAS

*Habla Juan Claudio Lechín, escritor e hijo del fallecido líder minero
y ex vicepresidente de la República, Juan Lechín Oquendo**

Al rememorar la guerrilla de Ñancahuazú, su fracaso, emerge la pregunta, aunque la sensatez y la disciplina historiográfica no lo permitan, acerca de una caballería que a último minuto hubiera aparecido en el escenario para alegrarnos con su sorpresa salvadora. La única caballería posible eran los trabajadores mineros, que para entonces habían construido su propia épica y eran bien conocidos en todo el continente por su potencia revolucionaria, por su autonomía de clase y por su lucidez política. Los mineros bolivianos eran como un ideal de lo proletario. Trabajadores sufridos al tiempo que humoristas, combativos, con gran diversidad ideológica en su seno, pero con una férrea unidad de acción sindical.

Juan Lechín Oquendo, mi padre, era su secretario ejecutivo y estaba en La Habana cuando se produjo el primer choque guerrillero.

«—Lee este radiograma —cuenta mi padre en *Memorias*, su biografía, que le dijo Fidel. Y continúa:

»En el radiograma decía que se había producido el primer choque guerrillero en Bolivia. Me sorprendió.

»—Ahora puedo decirte, Juan —me dijo Fidel—, que el Che está en Bolivia y nos acaban de informar de que se ha producido el primer choque con el ejército, donde la guerrilla ha ganado la batalla.

* Entrevista realizada por el autor en La Paz, Bolivia, el 5 de noviembre de 2002.

»Me pidió una alianza con los mineros. Yo le dije que eso debía consultarlo con los miembros de la Federación, pero que no veía problema alguno.

»—Sin embargo, Fidel, debo declararte una preocupación acerca del proyecto del Che. En Bolivia ya se ha hecho la reforma agraria, por lo que no hay una fuerte reivindicación que movilice a los campesinos. Ellos no van a apoyar a la guerrilla. El único sector que se puede incorporar a la lucha son los mineros y éstos se encuentran en la zona andina y el Che está en el trópico.

»Luego de una prolongada charla, donde Fidel más que afirmar preguntaba, me pidió que entrara a Bolivia para hablar con el Che y exponerle mis puntos de vista y lograr, si era posible, esa alianza. Fidel se comprometió a avisarle de mi llegada.»

El mismo Che registra en su diario que espera la llegada de Lechín y en agosto de ese año la revista chilena *Punto Final* reproduce un mensaje de Fidel a Ramón (el Che), donde le recomienda entrevistarse con el líder sindical. Lechín volvió a América Latina por el largo camino de Europa del Este, Praga posiblemente, porque en aquella época no había vuelos directos entre ningún país de nuestro continente y Cuba, salvo México que se evitaba porque estaba muy vigilado por la CIA.

Previniendo posibles represalias por parte de la dictadura, mi padre me hizo sacar de Bolivia y me envió al Perú. Salvado el frente afectivo, buscó ingresar por Chile. Portaba pasaporte argentino con el nombre de Eduardo Manosera. En las afueras de Arica fue detenido. Le dijeron que se trataba de algo rutinario. Luego de una breve declaración, la policía lo estaba dejando ir cuando apareció el jefe de la seccional.

—Don Juan, ¿cómo está usted? —lo nombró al reconocerlo.

Era ¿casualmente? el mismo policía que le había hecho firmar el libro de asistencia durante su primer destierro en Chile, veinte años atrás. Lo apresaron al corroborar que portaba un documento falso. Otra vez los quites del destino. El Che y Lechín no se encontrarían nunca.

Entretanto los trabajadores mineros no habían detenido el normal curso de su propia lucha: la vigencia de su federación y de sus derechos sindicales proscritos por la dictadura de Barrientos, y el restablecimiento de su nivel salarial reducido con el sempiterno argumento del ajuste de cinturones. Para discutir estos puntos en detalle y definir formas de lucha se realizó un congreso ampliado en la localidad minera de Huanuni, en pleno macizo andino, un desierto de rocas pardas, a cuatro mil metros de altura y con un frío seco que cuartea la piel. Varios dirigentes de la Federación de Mineros salieron de la clandestinidad para asistir al evento, el cual se llevó a cabo de manera normal hasta que al final un universitario de Oruro solicitó al ampliado apoyar la guerrilla de Ernesto Guevara.

Aparte de unos pocos dirigentes, quizá los comunistas que conocían a fondo el contenido ideológico de la guerrilla, los mineros con los que he podido charlar tenían una percepción brumosa de ésta. Para ellos era un misterio, sin embargo encomiable pues dentro de lo poco que sabían era que la guerrilla llevaba a cabo una lucha revolucionaria y, como tal, la ponderaban. Había, empero, una ajenitud que no solamente estaba marcada por el desconocimiento o por la falta de proselitismo sino porque guerrilleros y mineros eran mundos políticos distintos: el foco frente a la congregación, la línea política frente a la discusión, la conspiración frente a la asamblea, el cuadro selecto frente al obrero de base, la guerra de guerrillas frente a la insurrección popular.

Es por eso por lo que la caballería no acude al tropel a rescatar a la guerrilla. El clarín solidario sonó más bien por otro lado. Los mineros procesaron el apoyo solicitado a través de la sensibilidad y no a través del entramado ideológico. Con esa forma tan local del juicio que es apoyar siempre al débil, aprobaron dar un jornal por cada trabajador para la guerrilla. Era una miseria de su propia miseria pero agregado en miles de trabajadores haría un apoyo significativo. Resultaba ser otro gesto profundo de ese proletariado puro que daba algo a cambio de nada, o, sin calcularlo, daría la vida además de un jornal, a cambio de nada, como veremos.

Estaban haciendo la aprobación ritual, la fórmula: «Los compañeros que estén de acuerdo…», y el voto con los brazos levantados, cuando un dirigente minero comunista planteó que en el próximo ampliado, en el distrito de Siglo XX, también se considerara la misma propuesta. Por su condición vanguardista al interior del sector minero, una resolución de Siglo XX tendría mucho mayor impacto. Se aceptó la propuesta.

Quizá mineros y guerrilleros hubieran podido encontrar los puentes para una asociación singular entre concepciones diferentes... pero no hubo tiempo. La noche del 23 de junio, la noche de San Juan, que se festeja haciendo fogatas para combatir la noche más fría del año, el ejército ingresó en el distrito minero de Siglo XX y disparó a mansalva para evitar que el ampliado se llevara a cabo al día siguiente. Los mineros desprevenidos no pudieron apelar a la dinamita, su arma legendaria, para defenderse y fueron masacrados.

El número de muertos es desconocido hasta hoy. Cuando el cielo amaneció enrojecido por la humareda de las hogueras, de los disparos y por los gritos suspendidos en el frío, ya se habían llevado los cadáveres en camiones caimanes. Así, la moción de apoyo a la guerrilla jamás se consolidó. Algunos meses más tarde, el Che, a quien el destino había estado buscando sin sosiego, sería ejecutado. Y mientras su memoria no ha dejado de crecer desde entonces, la costosísima solidaridad de los mineros ha sido olvidada sin cesar.

En este mundo de la globalización, la masificación, del triunfo de la moral inquisitorial, donde la estética ha sido arrasada por un poder hegemónico culturalmente rústico va a haber, sin duda, un Renacimiento. Así ha sucedido siempre en la historia; la luz ha terminado haciéndole posta a la oscuridad. Y Latinoamérica, donde tenemos la antigüedad y la juventud necesarias, está signada para llevar adelante el avance hacia ese mundo, el de la libertad interior, la belleza, el rubor y la sobremesa; el de los gestos y frases cortesanos, la trova poética, la amistad como un verdadero amor, el alma como motor de la vida, la tertulia, la intuición, el cortejo amoroso, el asombro, la sensualidad como un misterio y no como un aputarramiento, la fraternidad con la épica, el compadrazgo con la muerte, el goce de convertir el rigor del pensamiento en explosivo romance, el sueño frente a la avara teoría de costos, la autenticidad frente al mercadeo, la ansiedad de ser frente a la de tener; en fin, el avance hacia el gobierno, siempre nuevo, de los sentimientos como la verdad incontestable de la preocupación humana.

Entonces sabremos si nuestra cultura ha hecho un buen uso del Che, de su mito y de todos sus muertos para llegar a Ítaca.

82

El Che supo de la masacre de Siglo XX por las noticias emitidas desde radioemisoras argentinas mientras se desplazaba por una zona conocida como Piraí, en su incesante e infructuosa búsqueda del grupo de la retaguardia, y redactó otro comunicado:

> Una vez más corre la sangre proletaria en nuestras minas. En una explosión varias veces secular, se ha alternado la succión de la sangre esclava del minero con su derramamiento, cuando tanta injusticia produce el estallido de protesta; esa repetición cíclica no ha variado en el curso de centenares de años ... La lucha de masas de los países subdesarrollados, con gran base campesina y extensos territorios, debe desarrollarla una pequeña vanguardia móvil: la guerrilla, asentada en el seno del pueblo que irá adquiriendo fuerza a costillas del ejército enemigo, y capitalizará el fervor revolucionario de las masas hasta crear la situación revolucionaria en la que el poder estatal se derrumbará de un solo golpe, bien asestado y en el momento oportuno ... Compañero minero: las guerrillas del ELN te esperan con los brazos abiertos y te invitan a unirte a los trabajadores del subsuelo que están luchando a nuestro lado. Aquí reconstruiremos la alianza obrero campesina que fue rota por la demagogia antipopular; aquí convertiremos la derrota en triunfo y el llanto de las viudas proletarias en un himno de victoria. Te esperamos.

Firmaba el Ejército de Liberación Nacional de Bolivia (ELN). El comunicado nunca llegará a destino.

Aprovechando la coyuntura que propició el sangriento descabezamiento del movimiento minero, el gobierno pondrá en marcha una campaña para crear condiciones, en la opinión pública nacional e internacional, favorables a una intervención directa del ejército norteamericano en la lucha contra la guerrilla. «Bolivia es agredida por fuerzas invasoras extranjeras al mando del Che Guevara», difundirá el gobierno castrense anunciando oficialmente lo que ya conocía desde hacía varios meses: la presencia del comandante argentino en las montañas. En ciertas zonas la acción psicológica gubernamental difundirá que los agresores eran de nacionalidad paraguaya, aprovechando los rencores residuales de la guerra entre Bolivia y Paraguay por la posesión del Chaco.

El 26 de junio de 1967, Pombo escribe en su diario: «Durante el enfrentamiento hicimos dos prisioneros, dos nuevos espías: un teniente de carabineros llamado Walter Landívar y un carabinero. Che les dio una charla y se dejaron en libertad; anteriormente se los despojó de todas sus pertenencias. Los soltamos en calzoncillos. Después el Che nos llamó la atención por ello. Consideró que era una falta contra la dignidad humana que nadie tenía derecho a realizar».

Guevara alternaba los gestos humanitarios hacia el enemigo con la cruel disciplina con los propios. Pierre Kalfon me contará que su amigo Régis Debray quedará impresionado porque aquellos hombres que habían ocupado altísimos cargos en el gobierno cubano o en el Partido Comunista en La Habana, y que se habían alistado en la guerrilla boliviana por solidaridad con el Che, le imploraban que intercediese ante él para que dejara de maltratarlos, de humillarlos.

Chato Peredo, en nuestro encuentro en Bolivia, no coincidirá con lo de la crueldad del Che: «Él infundía disciplina sin necesidad de dar órdenes, de mandar. Simplemente con el ejemplo. Pero es más, también era flexible cuando las circunstancias lo imponían; por ejemplo, cuando estaban en una situación crítica, amenazados por un cerco muy estrecho y en cualquier momento el enemigo podía atacar, esos momentos en que la orden es "todos duermen sobre la mochila", al único que dejaba dormir en hamaca era a Coco, porque mi hermano no podía dormir si no lo hacía en hamaca.

»El Che consideraba las características personales de la gente porque la disciplina no valía por sí misma, sino como un instrumento para sostener la moral. Cuando un cubano protestaba: "No, a mí no me vengan con clases, yo vine a pelear y no a aprender economía política", porque aun en las peores condiciones se impartían clases de quechua o de estrategia, el Che lo aceptaba. Era recomendado, pero no obligatorio».

En su deambular en círculos buscando infructuosamente a la retaguardia de Joaquín, la columna del Che volverá a Muyupampa («valle redondo» en quechua) y una delegación presidida por el único médico del pueblo, el doctor Mario Cuéllar, les sale al paso para negociar que se retiren sin hacer daño a los pobladores. Lo registrará Inti en su libro *Mi campaña junto al Che*: «La delegación nos ofreció "paz de tipo nacional" y nos rogó que no atacáramos Muyupampa porque el ejército estaba atrincherado. "No queremos derramamiento de sangre", dijeron.

»Les pregunté cómo vivían los campesinos de los alrededores, la forma como los explotaban y al médico le exigí datos sobre la mortalidad infantil. Como en toda Bolivia el cuadro era allí deprimente. Les dije: "¿Encuentran justa esa situación? Nosotros estamos peleando para que los pobres no sean más pobres ni los ricos más ricos. Nosotros estamos combatiendo por el progreso del pueblo, para que no haya tanta hambre, tanta miseria"».

El guerrillero boliviano les ofreció la paz para su poblado con la condición de que retornaran al atardecer con una camioneta cargada de víveres y medicinas, sobre todo para el asma. Lo ocurrido después fue que «la delegación se retiró, pero en lugar de medicinas y alimentos llegaron los aviones a bombardearnos. Tres AT-6 dejaron caer sus cargas mortíferas cerca de la casa donde estábamos ubicados».

Existen sólo dos jornadas señaladas por el Che como «día negro» en sus anotaciones. La primera fue al reseñar la pérdida de Rolando; la última, el 26 de junio de 1967 cuando en la zona de Piray muere su leal Carlos Coello, «Tuma»: «Parecía que todo transcurría tranquilamente y había mandado a cinco hombres a reemplazar a los emboscados en el camino de Florida, cuando se oyeron disparos. Fuimos rápidamente en los caballos y nos encontramos con un espectáculo extraño: en medio de un silencio total, yacían al sol cuatro cadáveres de soldaditos, sobre la arena del río. No podíamos tomarles las armas por desconocer la posición del enemigo; eran las diecisiete horas y esperábamos la noche para efectuar el rescate; Miguel mandó avisar de que se oía ruido de gajos partidos hacia su izquierda; fueron Antonio y Pacho, pero di orden de no tirar sin ver. Casi inmediatamente se oyó un tiroteo que se generalizó por ambas partes y di orden de retirada ya que llevábamos las de perder en esas condiciones. La retirada se demoró y llegó la noticia de dos heridos: Pombo en una pierna y Tuma en el vientre. Los llevamos rápidamente a la casa para operarlos con lo que hubiera. La herida de Pombo es superficial y sólo traerá dolores de cabeza su falta de movilidad; la de Tuma le había destrozado el hígado y producido perforaciones intestinales; murió en la operación. Con él se me fue un compañero inseparable de todos los últimos años, de una fidelidad a toda prueba y cuya ausencia siento desde ahora casi como la de un hijo».

Antes de expirar, Tuma alcanzó a pedir a su jefe que quitara el reloj de su muñeca y lo entregara a su hijo, a quien nunca llegó a conocer pues había nacido cuando su padre ya estaba inmerso en los preparativos de la guerrilla boliviana. Cuando fue capturado en La Higuera, el Che llevaba en su muñeca el reloj de su camarada y se lo disputarían los captores.

Con esa muerte la columna ha quedado reducida a veinticuatro combatientes. La capacidad militar de Guevara y los suyos se ha puesto de manifiesto en el triunfo en diez combates, pero la situación de aislamiento ya es total. Muchos acusan a Fidel Castro de haber abandonado al Che y llegan a hablar, como Benigno, de traición. Lo que es indudable es que hubo, al menos, una gran imprevisión organizativa por parte de los servicios cubanos.

Humberto Vázquez Viaña conoció de cerca el tema pues hubo de estar a cargo de la estación de radio en La Paz. Reflexionará en uno de nuestros encuentros en Santa Cruz de la Sierra: «En esa época ya existían en el mercado magníficas radios a transistores y con baterías; sin embargo la guerrilla del Che, aunque parezca mentira, estaba equipada con radios anticuadas y en mal estado, con lámparas y a corriente eléctrica. ¿Cómo pensarían hacerla funcionar en esas montañas que usted conoce? Con un motor eléctrico, claro. ¿Y éste? A gasolina. ¿Y de dónde obtendrían la gasolina? Nada de esto se previó y si se lo previó, se lo previó muy mal, demasiado mal».

Lo cierto es que esa columna sin mapas y sin comunicaciones estaba condenada al fracaso. Sólo quienes hemos conocido los lugares por donde se desplazaban, al borde de abismos que cortan el aliento, abriéndose paso a través de una vegetación resistente a los machetes, vadeando ríos caudalosos, recorriendo enormes distancias avaras en gente, en animales, en aves y en peces. Nadie en Cuba podía ignorarlo. Como descargo para Fidel señalemos que la presión política de los soviéticos, de quienes dependía la subsistencia de su gobierno, era muy grande. En un documento recientemente desclasificado de la CIA que obra en mi poder, entre tachaduras que protegen nombres y datos demasiado reveladores, puede leerse que «a fines de 1966 Brezhnev [presidente soviético] criticó enfáticamente [*strongly*] el envío de Ernesto Che Guevara a Bolivia y la política de Castro con respecto al apoyo a la actividad revolucionaria en Latinoamérica».

Más adelante: «En junio de 1967 Brezhnev, en respuesta a una pregunta sobre Guevara, respondió (sarcásticamente) que estaba en Latinoamérica «haciendo sus revoluciones». Algunos párrafos después el informe de la CIA da en la clave de las razones de la irritación soviética: «Brezhnev afirmó que dichas actividades [guerrilleras en Bolivia] eran dañinas para los verdaderos intereses de la causa comunista y preguntó acerca de "qué derecho"* tenía Castro para fomentar revoluciones en Latinoamérica sin una apropiada coordinación con los otros países socialistas».

La Unión Soviética no estaba dispuesta a renunciar ni un ápice a su liderazgo del bloque socialista y tampoco a validar movimientos enfrentados con los partidos comunistas que respondían a sus estrategias que, además, creaban conflictos en el «patio trasero» de su rival pero también socio en la guerra fría, los Estados Unidos. El citado informe secreto revela además que

* Estas comillas y las siguientes son del informe.

«el premier ruso, Kosygin, afirmó que las disputas entre los varios grupos revolucionarios de izquierda favorecían a los imperialistas y debilitaban y confundían los esfuerzos del auténtico "mundo socialista" por "liberar" América Latina».

El documento secreto de la CIA, identificado como IN 73140 en cada una de sus seis páginas, también refleja la respuesta de Fidel a Kosygin: «Guevara había ido a Bolivia con el mismo "derecho" con el que había venido a Cuba a ayudar a Castro en su lucha contra Batista: el "derecho" de todo latinoamericano a contribuir a la liberación de su país y del continente de América Latina». Si bien es una respuesta digna, está claro que el astuto Castro identifica al Che como un *condottiere* extranjero que va por el mundo luchando por la libertad de las naciones latinoamericanas. Ello quita culpas a Cuba pues no sería ésta quien alienta las revoluciones. En esa línea Castro «explicó la tradición revolucionaria en Latinoamérica y describió las características de sus principales libertadores, particularmente Bolívar y San Martín», quienes también habían luchado en países que no eran los propios.

El presidente de Cuba aprovechará la visita del premier ruso para criticar la política de la Unión Soviética, que últimamente retaceaba ayuda a su país, «acusándola de haber dado la espalda a su propia tradición revolucionaria y haber tomado la actitud de rehusar apoyo a todo movimiento revolucionario, salvo que sus acciones contribuyeran al logro de objetivos estrictamente soviéticos, en contraste con objetivos comunistas internacionales».

El presidente norteamericano Lyndon Johnson ha aprovechado una reunión previa con el premier ruso en Glassboro para proponerle que en su encuentro con Castro le transmita también el disgusto de EE.UU. por las acciones de Guevara en Latinoamérica. El Che tendrá tras de sí a las dos mayores potencias de la tierra, mortales enemigas entre sí, pero unidas en sus esfuerzos para darle caza.

Una consecuencia de esas deliberaciones será la brutal desactivación de los esfuerzos de algunos leales al Che bajo la coordinación del segundo de Manuel Piñeiro en Liberación, Juan Carretero, «Ariel», a quienes, como inmediato colofón del ultimátum soviético de que suspenderían su ayuda si continuaba el apoyo al Che, se les comunica que deben suspender sus planes de armar una columna de apoyo y regresar a sus casas y a sus trabajos.

A través de su pequeña radio portátil, el Che se entera de las posiciones críticas hacia la guerrilla por parte de varios partidos comunistas leales a Moscú y sobre las respuestas que dan los dirigentes cubanos. Apunte del 24 de julio de 1967: «Raúl [Castro] habló a la promoción de oficiales de la Escuela Máximo Gómez y, entre otras cosas, refutó las descalificaciones de los checos a mi artículo de los Vietnam. Los "amigos" me llaman un nuevo Bakunin y se lamentan de la sangre derramada y de la que se derramaría en caso de tres o cuatro Vietnams». El hermano de Fidel, quien en los últimos tiempos del Che en Cuba había entrado en conflicto con él, se encargó de responder: «El principio por el cual se rigen los imperialistas: todo lo que yo hago contra los pueblos es bueno; todo lo que hagan contra mí los pueblos es malo. Ésa es una de las razones de por qué el compañero Che Guevara habla de varios Vietnams».

Pero los apoyos morales no serán suficientes. A mediados de julio el asma deteriora seriamente la salud del Che, lo que dificulta la movilidad de la columna, que se desplaza en territorio desconocido y a paso lento. Lo que el argentino comienza a sospechar es lo que efectivamente ha sucedido: el ejército ha retirado los medicamentos antiasmáticos de todos los hospitales y todas las farmacias de la región.

La situación política en Bolivia empeora para el gobierno de Barrientos pero Guevara, por su aislamiento, es incapaz de aprovecharla. En su apunte diario del día 14 escribirá: «El PRA [Partido Revolucionario Auténtico] y el PSB [Partido Socialista Boliviano] se retiran del frente de la revolución [gobierno] y los campesinos advierten a Barrientos sobre una alianza con la Falange. El gobierno se desintegra rápidamente. Lástima no tener cien hombres más en este momento».

En reiteradas oportunidades el argentino señalará que lo más negativo de su acción es el nulo reclutamiento de combatientes bolivianos. Las razones había que buscarlas en la circunstancia de que los campesinos eran dueños de sus tierras que les fueron otorgadas durante la reforma agraria de Paz Estenssoro por lo que eran sensibles a la propaganda gubernamental de que los «invasores» querían arrebatárselas. También los militares, acaudillados por el carismático Barrientos, que provenía de familia humilde y campesina como la mayoría de ellos, habían desarrollado una inteligente tarea de captación de la simpatía de los sectores agrarios construyendo caminos, escuelas y hospitales.

En otro sentido, no se debe descartar la eficaz acción de terror ejercida por el gobierno que secuestraba, incendiaba, torturaba, mataba ante la mínima sospecha de colaboración con los rebeldes, a quienes los campesinos veían como extranjeros, algunos de piel más blanca y otros más oscura que la pigmentación aceitunada de los descendientes de collas, aymaras o guaraníes.

Por último, condicionantes culturales hicieron imposible la fluida comunicación entre rebeldes y campesinos, como lo demuestra la sensación del Che de que éstos lo escuchaban impertérritos, sin demostrar emoción alguna, «tan impenetrables como las piedras». En algún apunte llegará a describirlos como «animalitos». Cabe la pregunta de si no sería alguna rigidez de la personalidad del Che la que le hacía repetir los problemas de relación que había sufrido con los congoleños.

Extrañará sin duda a aquellos guajiros de la Sierra Maestra como Julio Zenón Acosta, uno de los primeros incorporados a la guerrilla, cuya muerte en combate merecerá una sentida anotación en su diario: «Era el hombre incansable, conocedor de la zona, el que siempre ayudaba al compañero en desgracia o al compañero de la ciudad que todavía no tenía la suficiente fuerza para salir de un atolladero; era el que traía el agua de la lejana aguada, el que hacía el fuego rápido, el que encontraba la cuaba necesaria para encender fuego un día de lluvia».

A fines de julio la guerrilla del Che ha sido detectada nuevamente por los gubernamentales, lo que provocará un nuevo combate entre soldados de Barrientos y una emboscada guerrillera: «Teníamos todo listo para salir con la gente de la emboscada, había recibido orden de hacerlo automáticamente a las once, cuando llegó Willy faltando pocos minutos para esa hora anunciando que estaba el ejército; fueron para allá el mismo Willy, Ricardo, Inti, Chino, León, Eustaquio, los que junto con Antonio, Arturo y Chapaco hicieron la acción. Ésta se desarrolló así: ocho soldados aparecieron en la cresta, caminaron hacia el sur siguiendo un caminito viejo, retornaron tirando algunos morterazos, haciendo señas con un trapo. En algún momento se escuchó el llamado a un tal Melgar, que podría ser el de Florida. Luego de descansar un rato ocho soldaditos emprendieron la marcha hacia la emboscada. Sólo cayeron en ella cuatro pues el resto venía un poco reposado; hay tres muertos seguros y el cuarto probable, pero de todas maneras herido».

A partir de entonces los enemigos de los rebeldes dejarán de merecer el despectivo mote de «soldaditos», con que los califican los cubanos, pues los gubernamentales ya no serán esos hombres desprolijamente vestidos y armados con los vetustos máuser de un tiro, reliquias de la guerra contra el Paraguay, temerosos de enfrentar a quienes admiran y temen, incapaces de hacer valer su enorme superioridad numérica, conducidos por jefes en los que desconfían y carentes de convicción para enfrentar a quienes combaten por una causa que saben justa.

¿Qué es lo que ha sucedido? Que el entrenamiento de los rangers a cargo de los boinas verdes ha ido avanzando y sus resultados comienzan a sentirse, como así también el letal efecto del armamento moderno con que los Estados Unidos han provisto a los soldados bolivianos. El cambio en la eficiencia y en la combatividad de las fuerzas del gobierno se notará rápidamente con consecuencias dramáticas para los rebeldes.

«El ejército sigue nulo en su tarea militar, pero está haciendo un trabajo campesino que no debemos descuidar, pues transforma en chivatos a todos los miembros de una comunidad, ya sea por miedo o por engaños sobre nuestros fines» (*Diario del Che*, resumen del mes de junio).

«El ejército sigue sin dar pie con bola, pero hay unidades que parecen más combativas» (mes de julio).

«Ahora sí el ejército está mostrando más efectividad en su acción y la masa campesina no nos ayuda en nada, y se convierten en delatores» (mes de septiembre).

También serán asignados agentes de la CIA, entre ellos el eficiente Félix Rodríguez, cubano de nacimiento, quien en una investigación interna de la CIA reflejada en el memorándum interno y secreto, fechado el 29 de mayo de 1975, da cuenta de su participación en la captura y muerte del Che Guevara en 1967.

En ella contará que trabajaba en las oficinas de la Agencia en Miami cuando fue convocado por su «experiencia y entrenamiento paramilitar». Se le avisó «que trabajaría con otro cubano, Gustavo Villoldo* y que su tarea sería el entrenamiento en misiones de inteligencia para el Segundo Batallón de Rangers de la Octava División del Ejército Boliviano». Se le advirtió también de «que había fuertes indicios de que Guevara lideraba esas guerrillas». Partirían con documentación falsa «a nombre de Capitán Ramos y Doctor García en un vuelo de Braniff el 30 de julio». Luego de una semana en La Paz volarían a Santa Cruz donde serían presentados al coronel Zenteno. «Fueron provistos de uniformes y credenciales de capitán pero sin las insignias.»

A Félix Rodríguez, un fanático anticomunista, le cabía lo que el Che había escrito en vísperas de su partida de Cuba, su «mensaje para la Tricontinental» aparecido en abril de 1967 y que dio y da pie a sus detractores para denunciar su «espíritu criminal»: «El odio como elemento de la lucha, un odio implacable al enemigo que nos impulsa más allá de las limitaciones naturales propias del hombre y lo transforman en una máquina de matar, efectiva, seductora y fría. Así deben ser nuestros soldados; un pueblo sin odio no puede vencer a un enemigo brutal».

Al futuro Capitán Ramos no le faltaban antecedentes para ser elegido: a los diecinueve años se había integrado a las fuerzas anticastristas que se entrenaban en Guatemala y en el comando Sur de los boinas verdes norteamericanos en Panamá. Luego se lanzaría en paracaídas cerca de Varadero con el propósito de abrir un frente guerrillero en la zona de Las Villas para preparar el desembarco en Playa Girón. Milagrosamente a salvo, otra vez en Miami, Félix Rodríguez propondrá un atentado contra la vida de Fidel Castro pero los tres intentos fracasarán.

---

* En el memo los nombres están tachados.

83

«Yo había sido el organizador de la Policía Militar en La Paz, quizá fue una razón para ser elegido. Además yo estaba al mando del regimiento Manchego que será la base de los rangers —me contará en su casa en Santa Cruz de la Sierra el entonces mayor Manuel Ayoroa, de decisiva participación en la liquidación de la guerrilla del Che—. De Estados Unidos llegaron para entrenarnos el mayor "Papi" Shelton, cuatro oficiales y doce soldados veteranos de Vietnam. Se elige como base de entrenamiento una refinería azucarera abandonada, La Esperanza, al norte de Santa Cruz. El ejército boliviano destina allí cerca de ochocientos hombres de los que quedarán los que se adaptan al rigor del entrenamiento; unos seiscientos cincuenta que constituirán el batallón de rangers a mi mando.»

En una de las tantas escaramuzas, hasta entonces favorables a los rebeldes, el caballo en el que cabalgaba el Che pierde pie al tropezar con una piedra en el río y su jinete queda a merced de las balas enemigas. Inmediatamente Coco, Miguel y Julio lo rodearon disparando sus armas e impidiendo así que fuera alcanzado por las balas de los gubernamentales; pero éstos, en vez de retirarse como era lo habitual, se animarán a perseguirlos a través de la selva y como consecuencia de ello Raúl morirá de un certero disparo en la boca, quedando heridos Pacho y Ricardo, quien también sucumbirá poco después.

El Che mezclará su condición de jefe severo, aun ante la muerte, con el dolor de la pérdida del amigo entrañable: «De nuestros muertos, Raúl no puede ser casi catalogado, dada su introspección; era poco combativo y poco trabajador, pero se le notaba constantemente interesado en problemas políticos, aunque no hacía nunca preguntas. Martínez Tamayo era el más indisciplinado del grupo cubano y el que menos decisión tenía frente al sacrificio cotidiano, pero era un extraordinario combatiente y un viejo compañero de aventuras en el primer fracaso de Masetti, en el Congo y ahora aquí. Es otra pérdida sensible por su calidad. Somos veintidós, entre ellos, dos heridos, Pacho y Pombo, y yo con el asma a todo vapor».

Mientras tanto, en La Esperanza, el jefe de los boinas verdes, el eficiente y experimentado «Papi» Shelton y su segundo, el también capitán negro Leroy Mitchell, bajo un inclemente sol tropical, enseñaban las pequeñas y mortales artes de la contraguerrilla: cómo sembrar en los senderos de la selva aparatos de alarma hechos con latas de café y cordel que avisaran de la presencia del enemigo; disparar cohetes sin retroceso de calibre 3,5; contraatacar en una emboscada; cruzar un río; leer un mapa. Durante todas las semanas que duró la instrucción Papi y sus hombres estuvieron bajo la vigilante mirada de siete generales norteamericanos, cuya presencia pasó desapercibida para el periodismo. A la distancia el jefe supremo del comando Sur en Panamá, Robert W. Porter Jr., un general de cuatro estrellas, también seguía al detalle los preparativos para la caza del Che, cada vez más convencido de un desenlace inminente.

El análisis que hace Guevara del mes de julio da escaso lugar al optimismo:

«1) Sigue la falta total de contactos. 2) Sigue sintiéndose la falta de incorporación campesina, aunque hay algunos síntomas alentadores en la recepción que nos hicieron viejos conocidos campesinos. 3) La leyenda de las guerrillas adquiere dimensiones continentales: Onganía* cierra fronteras y el Perú toma precauciones. 4) Fracasó la tentativa de contacto a través de Paulino. 5) La moral y experiencia de lucha aumenta en cada combate: quedan flojos Camba y Chapaco».

También se referirá a la crecida moral de combate de las fuer-

---

* Militar que ejerce de facto como presidente argentino.

zas gubernamentales, y se lamentará de que los Estados Unidos estén concediendo pequeños créditos que disminuyen el descontento de los bolivianos con su gobierno. Asimismo el Che hace mención al número de heridos, incluyéndose en la lista. Es que su salud se ha deteriorado considerablemente y es uno de los motivos fundamentales que provocan la engorrosa marcha de la columna guerrillera. No sólo por la asfixia que enlentece sus pasos sino también porque, cuando incapacitado ya de caminar monta en caballo o en mula, es mucho más arduo abrir picadas para un animal que para un hombre.

En su diario da cuenta de una estadística deprimente: «Hoy se cumplen nueve meses exactos de la constitución de la guerrilla con nuestra llegada. De los seis primeros [que llegamos], dos están muertos, uno desaparecido y dos heridos; yo con asma que no sé cómo tratarla».

El 7 de julio la vanguardia, reforzada con algunos del centro, habían tomado la población de Samaipata con el principal objetivo, como lo asentará el argentino, «de tomar el DIC [puesto de policía], comprar en la farmacia, saquear el hospital, comprar alguna latería y golosinas y retornar». Está claro que el propósito era conseguir adrenalina y cortisona para domar los bronquios del Che, pero nuevamente se fracasará en ello. Ninguna farmacia ni hospital de una amplia región cuenta con dichos medicamentos por decisión de los asesores de la CIA, aunque ello perjudique a inocentes asmáticos. Aunque la operación fue espectacular, a la vista el pueblo, y a pesar del número de soldados y oficiales prisioneros, el Che escribirá: «En el orden de los abastecimientos la operación fue un fracaso».

El nerviosismo gana por momentos el ánimo del comandante argentino: «Caminamos algo así como una hora efectiva, que para mí fueron dos por el cansancio de la yegüita; en una de ésas le metí un cuchillazo en el cuello abriéndole una buena herida ... Por la noche reuní a todo el mundo haciéndole la siguiente descarga: estamos en una situación difícil, el Pacho se recupera pero yo soy una piltrafa humana y el episodio de la yegüita prueba que en algunos momentos he llegado a perder el control; eso se modificará pero la situación debe pesar exactamente sobre todos y quien no se sienta capaz de sobrellevarla debe decirlo».

Agosto será un mes durísimo. El 2 se terminará la última inyección con que contaba Guevara y el leal Benigno se ofrece de voluntario para recorrer los doscientos cincuenta kilómetros que los separan del campamento de Ñancahuazú, donde en los depósitos han dejado medicamentos antiasmáticos. Lo acompañan como postas Julio y Ñato. Pero los túneles habían sido descubiertos por las tropas gubernamentales a raíz de la confesión de Chingolo, arrancada en la mesa de torturas luego de ser capturado junto con Eusebio por el pelotón del capitán Hugo Saravia cuando, habiendo desertado de la columna de Joaquín y acuciados por el hambre, se dejaron ver en un caserío.

También Ciro Bustos había dibujado con su trazo entrenado prolijos planos con la ubicación de los campamentos y sus escondrijos. «A la noche el noticiero dio noticias de la toma de la cueva adonde iban los enviados, con señales tan precisas que no es posible dudar. Ahora estoy condenado a padecer asma por un tiempo no definible. También nos tomaron documentos de todo tipo y fotografías. Es el golpe más duro que nos hayan dado; alguien habló. ¿Quién? Es la incógnita» (*Diario del Che*).

En relación con las fotografías, es curioso el hábito del Che y de los suyos de tomarse fotografías que luego caían en manos de sus enemigos. Ése fue uno de los motivos de la identificación de Tania que hasta entonces había llevado una eficiente tarea de espía, llegando a intimar con los generales Barrientos y Ovando. También la caída de Loyola Guzmán tendrá ese origen. Eso descalifica la importancia de los dibujos de Bustos, ya que los gubernamentales tenían en su poder un archivo de fotos cada vez más nutrido de los guerrilleros en plena campaña. También los diarios que varios combatientes llevaban, entre ellos el Che, Braulio, Pombo, Pacho, Rolando, y no pocos bolivianos, servirán, al caer en manos del enemigo, para desentrañar decisivas claves de la composición y la estrategia guerrillera.

«Los asesores norteamericanos nos proveen de armamento moderno, lo que nos permite sustituir los anticuados máuser de un tiro por los modernos Garand, que son fusiles que disparan ráfagas. También recibimos morteros y granadas de mano —continuará contándome el mayor Ayoroa, hoy coronel—. Pero lo más importante fue el trabajo psicológico, que consistió en transmitirnos el sentimiento de superioridad. Nos decían que nuestros enemigos eran buenos combatientes, pero que nosotros éramos superiores. También hicieron hincapié en el sentimiento patriótico y nos alertaban de que Bolivia había sido invadido por un ejército extranjero que quería dominarnos.»

La descripción del enemigo que divulgaba el Estado Mayor del Ejército a sus oficiales y soldados de las Cuarta y Octava Divisiones era explícito: «Extranjero, asesino y salvaje, con cabellera de mujer y barba poblada; carente de sentimientos; resistente a la fatiga y diestro en el manejo de armas; sin Dios, patria ni ley; con intenciones de arriar la bandera boliviana y reemplazarla por otra teñida de sangre; imponer costumbres extrañas y retrotraer el esclavismo; pero animales de carne y hueso vulnerables al fuego».

El 18 de agosto Camba planteará su voluntad de abandonar la guerrilla; el 19 Chapaco demostrará que su salud mental ha quedado dañada por el sufrimiento; el 26 el Che maltratará a Antonio por su mala conducción de una emboscada en la que los combatientes casi se matan entre sí.

Como si la situación no fuera ya insostenible una nueva plaga azotará a la columna: la falta de agua, lo que hace que los macheteros sufran desmayos, incapaces de sostener el esfuerzo de abrir camino en la espesura selvática. Se da el caso de que varios de los combatientes, al borde de la emaciación, deciden beberse sus propios orines con la consecuencia, según el Che, «de diarreas y calambres».

El resumen de agosto deja entrever el destino inevitable al que se dirigen el Che y sus hombres. Guevara parece entrar en razón con respecto a la verdadera situación por la que atraviesan, y es evidente que comienza a dudar seriamente sobre las posibilidades reales de triunfo. Quizá en esos momentos recuerde los consejos de Fidel de no apresurarse, de esperar a que las condiciones mejoraran para garantizar el triunfo, de incorporarse a la expedición recién cuando a la avanzada le hubiese sido posible hacer pie. «Fue, sin lugar a dudas, el mes más malo que hemos tenido en lo que va de guerra. La pérdida de todas las cuevas con sus documentos y medicamentos fue un golpe duro, sobre todo psicológico. La pérdida de dos hombres en las postrimerías del mes y la subsiguiente marcha a carne de caballo desmoralizó a la gente, planteándose el primer caso de abandono, el Camba, lo que no constituye sino una ganancia neta, pero no en esta circunstancia. La falta de contacto con el exterior y con Joaquín, y el hecho de que prisioneros hechos a éste hayan hablado, también desmoralizó un poco a la tropa … Estamos en un momento de baja de nuestra moral y de nuestra leyenda revolucionaria.»

A fines de agosto, sin que Guevara lo supiera al escribir su resumen del mes, el subsecretario Rostow informará al presidente Lyndon Johnson: «Al cabo de una serie de derrotas en manos de los guerrilleros las fuerzas armadas bolivianas finalmente obtuvieron su primera victoria, y fue una gran victoria». En dicha acción será aniquilada la retaguardia comandada por Joaquín a raíz de la denuncia del campesino Honorato Rojas, quien años más tarde sería ajusticiado por un comando guerrillero.

84

«ENROSCADO A MIS PIES COMO UN PERRITO»

Habla Mario Vargas Salinas, capitán del ejército boliviano en 1967*

Honorato Rojas vivía en una choza de tres por tres y era un centinela de la nacionalidad allí en Río Grande, solo y abandonado; cómo llegaría allí no tengo la menor idea, pero eran él, su esposa, sus hijos y punto. En toda la cuenca del Masicuri en esa época sólo había dieciséis campesinos dispersos, con una distancia entre ellos de unos cinco o seis kilómetros.

Los guerrilleros llegan a la choza de Honorato Rojas durante la accidentada excursión que el Che ordena a poco de llegar a Ñancahuazú y le mandan preparar comida. Honorato se la lleva a un lugar que él llamaba el pozo del agua, una vertiente de agua dulce y obviamente el lugar más adecuado para hacer un campamento.

Le preguntan dónde está el ejército y se enteran de que se encontraba a cuarenta y cinco kilómetros; era el batallón de ingenieros con base en Vallegrande que estaba construyendo el camino Vallegrande-Lagunillas, que dividía el teatro de operaciones del Che Guevara en dos. Honorato Rojas me contó que el Che dijo entonces: «Qué carajo hacemos nosotros aquí si el ejército está tan cerca construyéndoles un camino». No era el ejército de Batista que asesinaba y torturaba, sino un ejército que estaba haciendo algo que al campesino le interesaba porque era para su beneficio. El presidente Barrientos era un presidente constitucional y querido por los campesinos; era el artífice de lo que dio en llamarse el pacto de unidad militar-campesino.

* Entrevista realizada por el autor en Santa Cruz de la Sierra, Bolivia, el 31 de octubre de 2002.

Más adelante, el 16 de abril de 1966, se producirá la separación de la fracción que comandaba el Che, la vanguardia y el centro, de la retaguardia que comandaba Joaquín. Hasta el 31 de agosto en que la retaguardia es aniquilada se buscarán sin encontrarse. El Che hace intentos desesperados de establecer el contacto, pero fue imposible. Yo no puedo entender cómo no tenían ni siquiera un *handy* pero hay que reconocer que el Che Guevara, con sólo una radio a transistores con la que escuchaba los noticieros, se iba enterando del despliegue operacional nuestro, y en la forma mas rústica, pero más inteligente, se daba cuenta de nuestras estrategias y formaba su tablero de ajedrez.

Los guerrilleros tenían tres reglas de oro que eran: «vigilancia, desconfianza y movilidad permanente». Entonces nunca permanecían en un lugar mucho tiempo, y le decían al campesino: «Nos vamos en dirección norte» y se despedían y le pagaban. Apenas se perdían de vista se iban al sur, o sea desinformaban al campesino, que corría al ejército y decía: «Están yéndose al norte», y el ejército se iba al norte en la dirección equivocada.

El grupo de Joaquín era pequeño con enfermos como Alejandro que estaba delicado de salud pero se puede decir que «pegó» a la Cuarta División. En términos militares eso quiere decir que la Cuarta División se fue en búsqueda de Joaquín y se olvidó del Che; ese pequeño grupo dio vueltas y toda la Cuarta División dio vueltas alrededor de él, aunque finalmente Joaquín no cae en la Cuarta División sino en la Octava.*

Ya teníamos informes de inteligencia, esencialmente basados en la colaboración de los campesinos, de que el Che Guevara había llegado a la cuenca del Masicuri; entonces a mí me ordenan retornar a mi base en el Río Grande. Durante los cinco meses que permanecí en la vecindad de Honorato Rojas, con un trato frecuente, nunca me contó que los guerrilleros habían estado allí acampando y comiendo un cerdo. Se descubrió porque mis soldados constataron la existencia de una senda abierta con el corte cubano que es de abajo arriba, distinto al boliviano que es de arriba hacia abajo. Confirmamos que realmente los guerri-

---

* Esto será desmentido por el mismo entrevistado más adelante.

lleros habían estado en las inmediaciones cuando los soldados excavaron un lugar y encontraron una bolsa con medicinas y un papel con indicaciones de un puesto de centinela. Entonces hablé con Honorato Rojas, le mostré las evidencias y le dije: «Por qué no me has contado que los guerrilleros estuvieron acá». O sea que ese campesino nunca traicionó a nadie, ni a favor ni en contra, sino que era un hombre seco y tonto.*

A partir de ese momento teníamos la casi seguridad de que podrían volver los guerrilleros a la zona, y entonces tomamos contacto con los dieciséis campesinos que habitaban la región e hicimos acción cívica. También nos movimos en la zona de forma tal que la cuenca del Masicuri resultó ser como nuestra casa.

Regresé al campamento el día 30 de agosto** y el oficial me dio parte de que el sanitario Faustino García y el soldado Fidel Rea habían ido a recoger un chancho a la casa de Honorato Rojas, y que a las seis de la tarde el soldado había vuelto informando de que los guerrilleros estaban en Rancho Mauricio, que así había yo bautizado esa zona.

Mis hombres habían ido directamente a la casa del campesino porque habíamos convivido cinco meses con él; le hicimos casas, le sembramos, le cosechamos; éramos como una familia. El sanitario estaba almorzando con Honorato y el soldado había ido a pescar al río, cuando los perros comenzaron a ladrar violentamente. Honorato sale de su choza a ver qué sucede y se encuentra con tres guerrilleros. El sanitario debió meterse en la cama y fingir que sufría de malaria. Le creyeron y luego llegarían los demás.

Aconteció lo de la primera vez; le dijeron que preparase comida y que la llevara al pozo del agua. Cumpliendo con la regla del movimiento permanente, le dijeron a Honorato que al día siguiente partirían hacia el sur y que necesitarían su ayuda para encontrar un vado que les permitiese cruzar el Río Grande. Ellos lo habían vadeado por su cuenta para llegar a la casa del campe-

---

* Todo indica que el campesino fue golpeado y amenazado por ello.
** Posiblemente volviera de interrogar a Paulino Baigorria.

sino, por lo que era claro que no necesitaban de su ayuda, pero lo hacen porque ya están acostumbrados a ser delatados, y se trata de una maniobra de despiste.

De pronto vemos aparecer por retaguardia a la mujer de Honorato Rojas con su hijo menor en brazos y los demás chiquitos detrás. «¿Adónde vas?», le pregunto. «Me estoy escapando», me dice. Yo la tomo de los brazos, deteniéndola: «Si te escapas, a tu marido lo van a matar. Cuando se den cuenta de tu ausencia van a deducir que fuiste a avisar al ejército». La convencí de que regresara y le pedí que le dijera a Honorato que bajase al río; así juntos preparábamos la emboscada.

Llega cuando son las seis y media de la mañana; le doy la mano y me dice que van a cruzar el vado a las cinco de la tarde. Elegimos el lugar cuidadosamente y Honorato me dice que tiene mucho miedo de que lo matemos también a él en la balacera. Era una persona alta de casi dos metros, delgado; parecía una lanza. Yo le digo que todos lo reconocían, que ninguno de mis hombres iba a disparar contra él, pero por las dudas decidimos que se pondría una camisa blanca.

El vado lo conocíamos de memoria y dispuse que el subteniente Barba se emboscase con ocho soldados en la orilla norte, y yo y el subteniente Barbery vadearíamos el río para hacerlo en la otra orilla con doce hombres.

La espera fue desde las ocho de la mañana hasta las dieciocho y treinta de la tarde, sin tomar un trago de agua y sin probar bocado. El tiempo parecía no pasar nunca. El subteniente Barbery se desplaza hasta mi posición y me dice: «Mi capitán, tengo la impresión de que Honorato Rojas nos ha jugado sucio porque ya son más de las seis de la tarde y el sol está por entrar». Yo le respondí que era posible pero de ser así nosotros, esa misma noche, saldríamos en búsqueda de ellos con muchas posibilidades de éxito porque era nuestro territorio, y en ese momento escucho a alguien que susurra: «¡Ya vienen!», y entonces me asomo y a la distancia veo una sombra que se movía.

Cuando se aproximan ya se distingue la camisa blanca de Honorato Rojas. Entonces ocurre que se detienen porque han visto nuestras huellas, pero Honorato les dijo que eran de los soldados de la junta, que quería decir la unión de las quebradas de Ñancahuazú y Río Grande, por donde ellos habían pasado y sabían que había soldados. Le creyeron, le pagaron y Honorato desapareció en el monte.

Siguieron avanzando y fue una sorpresa para nosotros detectar una figura de mujer; eso no estaba en nuestras informaciones. Hasta ese momento yo pensaba que ése era el grupo del Che; no estaba enterado de la división, y lo que menos me imaginaba era que entre los guerrilleros había una mujer, Tania, con pantalón y polera cargando su mochila.

Entraron al vado de la emboscada y yo había dado la orden de que todos los soldados debían esperar a que yo diera el primer disparo. Pero me quedé paralizado porque lo que estaba a punto de ocurrir era como un sueño; más de cinco meses esperando que sucediera después de tantos encuentros en que los nuestros habían sido derrotados.

El primero de la fila, Braulio, se metió en el agua. Era un cubano negro, alto y corpulento; llevaba una ametralladora Browning en el brazo izquierdo y un machete en el otro. Miraba con desconfianza hacia la orilla donde estábamos nosotros y espantaba con el machete los mariguis, y de rato en rato tomaba agua pero sin dejar de mirar. No sé cuánto tiempo habrá durado eso pero por fin Braulio hizo la seña para que los demás avanzasen.

Lo hicieron con el fusil en alto y el agua al pecho, con mucha distancia entre uno y otro y yo esperé a que el último entrase al agua, pero entonces ya Braulio había alcanzado la otra orilla. Entonces reaccioné y disparé sin apuntar y ése fue el inicio de la emboscada que no duró más de tres o cuatro minutos. El río se llenó de cabecitas y mochilitas que la correntada llevaba río abajo. No había previsto eso y entonces hubo peligro de no poder recuperar los cadáveres para mostrarlos, y así convencer a mis colegas y al periodismo de que lo de la emboscada había sido real. Di orden de que todos mis hombres salieran a la caza y a la pesca y recuperamos siete cuerpos.

Uno logró escapar, el Negro, peruano, que dos días después fue muerto en la quebrada de Ñancahuazú por una compañía de la Cuarta División. La fracción de Joaquín fue diezmada y hacemos dos prisioneros: Maimura «Médico» y Castillo «Paco». El cadáver de Tania no apareció hasta algunos días más tarde.

Habíamos recibido orden de no hacer prisioneros. Se trataba de una guerra no convencional que no está sujeta a los tratados de Ginebra; si ellos emboscan y matan a sus prisioneros, nosotros también emboscamos y matamos a nuestros prisioneros.* Cuando salió a la orilla Braulio destrozó a un soldado de apellido Vaca; con su Browning le cortó el abdomen y después murió porque otro soldado lo mató fulminantemente. Maimura me había insultado y se había comportado con mucha insolencia; entonces en la noche algunos soldados se me aproximan y me dicen: «Mi capitán, ha muerto el soldado Vaca y usted sabe que la orden es que no haya prisioneros». Probablemente yo haya dicho que sí con la cabeza y enseguida se escucharon las ráfagas.

Paco estaba enroscado a mis pies como un perrito y sollozaba. Con una linterna que tomé de una de sus mochilas leí rápidamente los diarios de Joaquín y del Médico. La última anotación del Médico decía que Tania tenía cáncer en el útero y que la muerte para ella sería una bendición. Después se corrieron rumores de que lo que le pasaba era que estaba embarazada del Che. Nunca se sabrá.

A Paco se le perdona la vida porque teníamos necesidad de alguien que reconociera los cadáveres. Cuando juntamos los cuerpos lo llamo y empieza a decirme: «Éste es Joaquín», pero para mí ese nombre no me decía nada; «Éste es Guevara», pero era claro que no era el Che Guevara sino Moisés Guevara.

La emboscada fue el 31 de agosto a las seis y media de la tarde; luego pasamos la noche allí y al día siguiente fue la verdadera hazaña: transportar los cadáveres a lo largo de cuarenta y cinco kilómetros. Pero eso hubiera sido humanamente imposible si los campesinos no nos hubieran respondido trayendo mulas y burros, y colaborando en el acarreo.

Lo asombroso es que ese mismo día, el primero de septiembre, el Che y sus hombres llegaban a la casa de Honorato Ro-

---

* La guerrilla del Che devolvió a todos los oficiales y soldados apresados en combate.

jas; ese mediodía estaba en su casa. Si éste nos mandaba el hijo a avisarnos, a lo mejor en esa misma jornada terminábamos también con la columna del Che. No se lo reprocho porque tampoco hizo lo contrario, avisarle al Che de nuestra presencia a pocos kilómetros. Hubiera sido muy fácil emboscarnos y nos hubieran encontrado desprevenidos y en muy malas condiciones para defendernos, cargando cadáveres y el armamento capturado. Yo llevaba dieciséis fusiles, ocho en cada hombro.

A Honorato no lo volví a ver más y dos años después fue asesinado en su casa, mientras dormía, por un comando guevarista.

La acción se recuerda como la emboscada de Vado del Yeso pero en realidad sucedió a algunos kilómetros al norte, en el vado de Puerto Mauricio, así bautizado por mí en honor a mi hijo. El cambio de lugar se debió a que Vado del Yeso quedaba dentro de la jurisdicción de la Cuarta División que comandaba el coronel Reque Terán y por una cuestión de rivalidad el coronel Zenteno, de la Octava División, para quedarse con el mérito del triunfo militar sobre la guerrilla, anunció que había sido en el Vado del Yeso que estaba dentro de su territorio. Pero debería recordarse como la emboscada de Puerto Mauricio.

85

El entonces teniente Eduardo Galindo Marchant, hoy general, quien tendrá también protagonismo en la decisiva emboscada de La Higuera, me contará en Cochabamba: «Recorríamos la vera del río cuando, al promediar las dieciocho horas, se presentó el sargento Molina dándome parte de que su patrulla había encontrado el cadáver de una mujer río abajo, atascado en una piedra y destrozado por los peces. Enseguida me di cuenta de que se trataba de Tania. Pregunté dónde estaba el cuerpo, a lo cual respondió que había sido recuperado del río y jalado hasta la orilla.

»Molina me explicó que los soldados le quitaron la mochila y la dejaron tendida allí sin saber qué hacer porque el cadáver presentaba un avanzado estado de descomposición. Fui hasta allí y me entregaron su mochila con sus pertenencias que incluía algunas cartas; la que más me llamó la atención estaba dirigida a una tal Edith Vargas, donde manifestaba que tal vez no retornaría ya que la situación era muy difícil».

En el ya citado informe secreto de la CIA, fechado el 29 de mayo de 1975 y dirigido al *Deputy Inspector General*, se establece que uno de sus agentes, sin duda Félix Rodríguez, habría salvado la vida del único sobreviviente, José Castillo Chávez, a quien los rangers bolivianos estaban decididos a ejecutar. «El prisionero fue enviado a Vallegrande donde [tachadura, es de suponer que se refiere a la CIA] cubrió todos los gastos médicos y luego llevó a cabo un interrogatorio a lo largo de dos semanas. El resultante informe del interrogatorio, de veinte páginas, aportó a los bolivianos un concepto completo de la estrategia guerrillera, que significó la clave para la captura del Che.»

Guevara se enterará de la masacre de Puerto Mauricio a través de la radio recién el 2 de septiembre. La tragedia impone un cambio de planes. Es posible que se haya planteado la posibilidad de salir del país para organizar mejor las cosas y regresar en momentos más propicios; sobre todo cuando a través de las últimas comunicaciones descifradas tenía conocimiento del adiestramiento de grupos guerrilleros de distintas nacionalidades, dispuestos a cooperar en un futuro con el foco boliviano. Intentará romper el cerco de las fuerzas gubernamentales y dirigirse hacia el noroeste.

En medio de tanta privación el comandante encuentra tiempo para enojarse con sus críticos lejanos: «Un diario de Budapest critica al Che Guevara, figura patética y al parecer irresponsable, y saluda la actitud marxista del partido chileno que toma actitudes prácticas frente a la práctica. ¡Cómo me gustaría … refregarles en el hocico sus cochinadas!» (*Diario del Che*, 8 de septiembre de 1967).

Los hombres de Barrientos, cada vez más aguerridos y mejor armados, van cerrando el cerco y no dejan punto cardinal por donde huir; quizá la espesura de la selva pueda salvar la situación y en ella se interna el Che con sus macheteros a la cabeza. Cuando salen nuevamente al Río Grande, al cruzarlo por enésima vez, perderá su calzado en el barro. «Yo crucé el río a nado con la mula pero perdí los zapatos en el cruce y ahora estoy a abarca, cosa que no me hace ninguna gracia …»

No serán abarcas, pues fabricar éstas hubiera requerido elementos con los que no contaban, sino que Ñato lo ayudará a envolver y atar sus pies con cueros y trapos; los que su cadáver mostrará en las fotos de La Higuera. A pesar de tanto infortunio el Che no perderá el humor, como si estuviese escribiendo una carta a sus padres contándoles sus aventuras juveniles en Chile o en Guatemala: «Se me olvidaba recalcar un hecho: hoy, después de algo más de seis meses, me bañé. Constituye un récord que ya varios están alcanzando».

86

«LO ÚNICO QUE NOS QUEDA POR DELANTE ES LA MUERTE»

Habla Dariel Alarcón, «Benigno», sobreviviente de la guerrilla del Che en la campaña boliviana*

Partimos hacia Bolivia y cuando llegamos allí nada había de lo que Fidel nos había prometido tantas veces. Nuestra gran sorpresa es que Castro nos había asegurado que el Partido Comunista Boliviano nos estaría esperando en el lugar para unirse a nosotros, y proveernos de un avituallamiento general para los seis primeros meses de lucha, pero allí no había nada, no había un fusil, nada de comer, no había ropa ni zapatos, tampoco medicamentos, tampoco hombres.

Antes se había utilizado al francés Régis Debray, por su deseo de ayudar en la causa y por sus condiciones de periodista, para hacer una exploración en el norte de Bolivia, en el Alto Beni, motivo por el cual nosotros en el entrenamiento tuvimos que estudiar el dialecto quechua para comunicarnos con la indiada del norte de Bolivia. Otra gran sorpresa es que cuando llegamos no vamos al norte sino al sudeste boliviano, a una selva inhóspita, árida, sin campesinado, sin vías de comunicaciones, sin agricultura, sin nada.

Entonces lo que yo veo es el Che transformado en otro Che Guevara; ya no era el que yo conocía. Aunque el Che Guevara tenía el alto privilegio que pocos hombres tenemos en la vida de tener una fe de hierro y una voluntad de acero, en aquellos momentos no se veía esa fe y esa voluntad de hierro y de acero; era un hombre que meditaba y a mí me preocupó ver al Che

---

* Entrevista realizada por el autor en París, Francia, el 12 de junio de 2002.

meditando tanto, mirando hacia el infinito sin ver nada. Nunca lo había visto así.

Che se va a Bolivia sabiendo que era el único lugar que le quedaba por ir y sabía de antemano todo cuanto le esperaba y que era la última batalla del Che Guevara en vida. Y aquí es donde puedo hacerle una crítica al Che de Bolivia y al Che mío: haber confiado tanto en Fidel Castro, haber sido tan honesto en sus pensamientos; eso fue lo que terminó destruyéndolo.

En el mundo en que vivimos era un hombre único, condiciones como las del Che Guevara no las he visto en nadie. Tuvo el coraje de saber qué quería y jugarse por ello, de respetar al hombre como tal y cuando daba su palabra la cumplía a costa de lo que fuera. No estaba hecho de fibra carnívora [sic] sino de fibra de acero, tanto su cuerpo como su mente. Y exigía que los que estaban con él también fueran de acero, y ahí es donde puede haber tenido otra equivocación al no darse cuenta de que todos no podíamos tener la misma voluntad que él. Exigía, pero antes de exigir el Che lo hacía primero y fue exigente consigo mismo hasta la médula, sacrificarse hasta el punto de llegar a ser masoquista, hacer cosas imposibles.

Por ejemplo, yo era un hombre que físicamente me encontraba más fuerte que casi todos los otros combatientes; yo era un verdadero ranger, me había preparado para eso. Hubo un momento, pocos días antes del final, en el que había que pasar por un precipicio que era de vida o muerte, más de muerte que de vida; entonces yo me hice para atrás y le dije Fernando, ya se llamaba Fernando entonces, por ahí es imposible pasar. Entonces él me dice enojado: «¡Coño, no hay nada imposible en esta vida, todo se puede, las imposibilidades las hace el hombre y es el hombre quien tiene que superarlas!», y me apartó con el brazo y yo me quedé un poco molesto por su gesto pero me molesté más todavía cuando el Che me dejó en ridículo porque lo que yo decía que no se podía hacer, el Che lo hizo. Entonces me sonríe desde el otro lado y me dice con una vocecita irónica: «¿Ves que se podía, Benigno?», y yo le contesté: «Sí, se puede porque usted es el Che Guevara».

Se habla mucho de las violaciones a las reglas de la guerrilla que fue cometiendo el Che Guevara en la conducción de los últimos días en Bolivia. Efectivamente, en el mes de septiembre, el último, violamos todas las leyes de la guerra de guerrillas y la única explicación es lo que el Che nos planteaba a diario: «Lo único que nos queda por delante es la muerte».

«Para qué alargarla más», pienso yo que pensaría él. Siempre insistía en que «lo único que nos queda es la muerte y tenemos que tener el coraje de esperarla con valor; el que no tenga el coraje de hacerlo así tiene todas las posibilidades para regresarse y abandonar la lucha». El Che siente la necesidad de buscar la muerte lo más rápido posible porque ya se daba cuenta de que no se podía hacer más nada, que los hombres que quedábamos en aquellos momentos éramos veintidós pero el 26 de septiembre bajamos a diecisiete.

Me habían herido el día 26 de septiembre cuando cargaba sobre mis hombros al Coco Peredo herido, entonces una bala lo remató, atravesó su cuerpo y me hizo una herida que llegó hasta unos milímetros de la médula. Una herida bastante mala. Los demás no estaban mejor: el Che Guevara en un peso de unos noventa, noventa y cinco libras, o sea unos cuarenta y cinco, cuarenta y seis kilos, no pesaría más. Habíamos pasado un mes de agosto de hambre y sed terribles a tal punto que estuvimos seis días sin tomar un buche de agua a una temperatura de cuarenta grados.

Nuestra situación era ésta: Pombo y Pacho restableciéndose de heridas; Chapaco loco; con Eustaquio, el peruano, no se podía contar porque aparte de estar muy débil físicamente su coraje no lo acompañaba; Juan Pablo Chang era una piltrafa humana pues era miope y no tenía espejuelos, y cojeaba de una pierna por motivo de la tortura; al médico cubano, baldado, teníamos que cargarlo; Willy el boliviano era renuente a combatir. De manera que quedábamos nueve combatientes con menos del treinta por ciento de disposición combativa para enfrentar a dos mil soldados.

Nadie pensó en desertar; todos teníamos el deseo de continuar junto al Che hasta la muerte, aun los que no tenían coraje para combatir. Es una cosa extraña y quizá no se le encuentre otra explicación que el imán del Che para captar al hombre.

Para que se tenga claridad sobre cómo estaba el resto de los hombres: yo me encontraba con una fiebre de treinta y nueve a cuarenta grados, con el brazo derecho atado en la cintura, con una infección muy grande pues llevaba doce días herido y no se me había podido hacer ninguna curación, por lo que estaba agusanado y padeciendo unos mareos terribles; pero a pesar de todo ello el Che me plantea que yo fuera en la punta de la vanguardia porque físicamente era el hombre que más fuerte estaba. Así que te podrás imaginar cómo estarían los demás.

87

La detención de Loyola Guzmán en La Paz, ocurrida el 15 de septiembre, es quizá el golpe final para las esperanzas del Che de materializar sus planes. Todo el movimiento de apoyo al ELN en las ciudades ha sido desmantelado. Además no hay ninguna señal de que Cuba se apreste a enviar las decenas de bolivianos que ya han cumplido su entrenamiento para la guerra insurreccional. También hay voluntarios de otras nacionalidades latinoamericanas dispuestos a sumarse al contingente. Uno de los encargos que debía cumplir Ciro Bustos, a su vuelta de Ñancahuazú, era organizar el ingreso de esas columnas a través del cerco gubernamental. De no ser eso posible se había contemplado arrojarlas en paracaídas.

Los encuentros con los habitantes de las pequeñas aldeas por las que los rebeldes van atravesando no son positivos porque aquéllos se muestran reticentes a entablar relación, temerosos de las represalias gubernamentales, y tienden a denunciarlos tentados por las recompensas pecuniarias profusamente divulgadas por el gobierno en comunicados que ponen en guardia a la población sobre «el peligroso delincuente internacional Che Guevara».

Pero habría otra activa fuente de delaciones: uno de los hombres de Shelton, el capitán puertorriqueño Margarito Cruz, instruyó a un pelotón de agentes de información por cada compañía de rangers para desempeñar misiones de inteligencia vestidos de paisanos, mezclándose con la población del país, dispersándose calladamente por el sector operativo de los guerrilleros, y sus informes serían decisivos para romper el equilibrio entre la pequeña tropa del Che Guevara y las fuerzas del gobierno.

Los campesinos y sus familias abandonaban sus casas y poblados cuando sabían de la proximidad de la guerrilla. «Al llegar a La Higuera … habían desaparecido los hombres y sólo una que otra mujer había. Coco fue a casa del telegrafista, pues hay teléfono, y trajo una comunicación del día 22 en la que el subprefecto de Vallegrande comunica al corregidor que se tienen noticias de la presencia guerrillera en la zona, y cualquier noticia debe comunicarse a V. G. [Vallegrande] donde pagarán los gastos.»

Fue justamente a raíz de una denuncia que, cuando abandonan La Higuera (lugar maldito para la guerrilla pues es allí donde días más tarde se producirá el desenlace definitivo), los rebeldes son sorprendidos por una emboscada tendida por una compañía de soldados regulares del Regimiento 12 de Infantería con sede en Santa Cruz, que no habían recibido entrenamiento de rangers. Treinta y cinco años más tarde escucharé su relato en Cochabamba de boca del entonces subteniente Eduardo Galindo Marchant: «Preparamos una emboscada con el siguiente dispositivo: dos escuadras de nueve hombres con dos FAL (automáticas) paralelas a la senda que conducía al pueblo, por donde se esperaba que pasara el enemigo. La tercera, también de nueve hombres, cortando la senda, para formar una L. La cuarta, con seis hombres, como reserva en la retaguardia, con un FAL, ocupando una posición elevada.

»Cuando vimos llegar al enemigo abrimos fuego derribando a tres de ellos. Ante la fuga del grueso de la columna enemiga que estaba saliendo del pueblo, di orden a mis hombres de abandonar sus posiciones y entrar al asalto, persiguiéndolos. Los insurgentes, sorprendidos ante el impetuoso ataque de mi fracción con gritos de asalto que buscaban, por un lado, desubicar y amedrentar a los guerrilleros y, por otro, infundir coraje a mis soldados, huyeron internándose en una quebrada».

El Che describe el hecho en su anotación del día 26: «Cuando salí hacia la cima de la loma, 13.30 aproximadamente, los disparos desde todo el firme anunciaron que los nuestros habían caído en una emboscada. Organicé la defensa en el pobladito para esperar a los sobrevivientes y vi como salida un camino que baja al Río Grande. A los pocos momentos llegaba Benigno herido y luego Aniceto y Pablito, con un pie en malas condiciones. Miguel, Coco y Julio habían caído y Camba desapareció dejando su mochila».

En el informe interno de la CIA, en el que Félix Rodríguez es interrogado ocho años más tarde sobre los sucesos que le tocó vivir en Bolivia, cuenta que «enterado de la emboscada de La Higuera, viajó velozmente en jeep hasta Pucará llevando consigo a Paco, quien pudo establecer que los cadáveres pertenecían a integrantes de la vanguardia de Guevara. Al retornar a Santa Cruz, convencido de que el Che no podía estar lejos, aconsejó al coronel Zenteno que interrumpiera las dos semanas que restaban para completar el entrenamiento de los rangers y que desplegara velozmente el batallón. Zenteno aceptó su consejo y el batallón se desplazó a Pucará mientras que los cuarteles de la Cuarta División fueron trasladados a Vallegrande».

Gary Prado, el entonces capitán de rangers que diez días después capturaría al Che, me cuenta durante una entrevista que sostuvimos en México D.F. que en el amanecer del 27 de septiembre, cuando recién habían llegado al lugar que se les había asignado y basándose en la información de un campesino, capturaron en la quebrada de San Antonio, luego de breve resistencia, al Camba. «Hice que cada uno de mis soldados tuviera la oportunidad de ver de cerca al guerrillero para que se dieran cuenta de lo vulnerables y débiles que eran en contraste con la imagen de invencibilidad que pretendían mostrar. El Camba, agotado, débil y andrajoso, inspiraba más pena que temor, y su captura fue un aliciente para mi tropa puesto que en pocas horas de acción ya habíamos logrado resultados en contraste con otras unidades que, a pesar de operar durante meses en la zona de guerrillas, nunca habían logrado ver a un enemigo.»

También León desertaría aprovechando la balacera en La Higuera para ser apresado de inmediato por los gubernamentales. Guevara cerrará sus anotaciones del día 27 con la ingenua esperanza de que ambos desertores no hubiesen sido apresados. «Nuestras bajas han sido muy grandes esta vez; la pérdida más sensible es la de Coco, pero Miguel y Julio eran magníficos luchadores y el valor humano de los tres es imponderable. León pintaba bien.»

Otra vez se equivocaría el argentino en su valoración de bolivianos porque Camba, a quien había denigrado en una de sus anotaciones, tendría una digna actitud ante la tortura, muriendo como asilado en Suecia, mientras que su elogiado León se quebraría rápidamente y pasaría a ser un dócil colaborador de las fuerzas gubernamentales.

88

El comandante Guevara no abandonará su hábito de lectura ni en las peores circunstancias. En su mochila, al ser capturado, se encontró una enigmática lista de libros dada a conocer por el investigador Carlos Soria Galvarro, dividida en dos partes: la primera es una relación general; la segunda está dispuesta por fechas que podrían interpretarse en dos sentidos, o bien un programa de lecturas para el mes o bien un registro de las lecturas hechas en él.

Los primeros meses, desde enero de 1966 hasta abril de 1967, son abundantes en títulos; los últimos, en cambio, escasos, lo que, según algunos, estaría en directa relación con el empeoramiento de las condiciones de la lucha. Ello abonaría la improbable hipótesis de que se trataría de obras leídas durante esos períodos.

Lo más posible es que se trate de un listado de libros guardados en los depósitos y el orden en que Guevara planeaba leerlos. En esa dirección la disminución de títulos a medida que avanzan los meses estaría relacionada con que el argentino, a priori, habría confiado en ir haciéndose de otros libros en las tomas de poblaciones.

El plan de lecturas quizá tuviese que ver con la idea original de retardar varios meses la iniciación de las acciones bélicas, dando tiempo a la preparación de los guerrilleros y a la incorporación de nuevos reclutas. También recordaría el Che las horas muertas que se abrían en los lapsos entre combates en la Sierra Maestra o en las largas esperas de la improbable llegada de Kabila en el Congo, cuando los libros no alcanzaban.

Carlos Franqui, un colaborador del Llano, conserva la lista de los pedidos de libros del Che en la Sierra Maestra. Uno de los tantos incluía la *Historia de la filosofía* de Will Durant y obras de Proust, Hemingway, Faulkner, Graham Greene, Sartre; también poesía de Neruda, Milton y Góngora.

En la línea de mi hipótesis cabe anotar «el inventario de libros y la documentación encontrada en Ñancahuazú», con fecha 23 de agosto de 1967, en el que figuran muchos de los libros aquí citados y que fueron encontrados cuando el ejército ocupó el campamento base. Allí llegaron conducidos por los mapas dibujados por Ciro Bustos y por la delación de Chingolo, quien había ayudado al imprudente Simón Guevara en el acarreo y ocultamiento.

En la transcripción del listado se respeta el orden original.

1. Lista general
La historia como hazaña de la libertad – B. Croce
Los orígenes del hombre americano – P. Rivet
Memorias de guerra – General De Gaulle
Memorias – Churchill
Fenomenología del espíritu – Hegel
Le neveu de Rameau – Diderot
La revolución permanente – Trotsky
Nuestros banqueros en Bolivia – Margarita Alexander Marsh
El lazarillo de ciegos caminantes – Concolocorvo
Descripción de Bolivia – La Paz 1946
El hombre americano – A. d'Orbigny
Viaje a la América Meridional – Buenos Aires
El pensamiento vivo de Bolívar – Fombona
Aluvión de fuego – Óscar Cerruto
El dictador suicida – Augusto Céspedes
La Guerra de 1879 – Alberto Gutiérrez
El Iténez salvaje La Paz – Luis Leigue Castedo
Túpac Amaru el rebelde – Boleslao Lewin
El indoamericanismo y el problema social en las Américas –
　　Alejandro Lipschutz
Internacionalismo y nacionalismo – Liu Shao Shi
Sobre el proyecto de constitución de la R. P. China

Informe de la misión conjunta de las Naciones Unidas y organismos especializados para el estudio de los problemas de las poblaciones indígenas andinas – O. I. T. Ginebra 1953.

Monografía estadística de la población indígena de Bolivia – Jorge Pando Gutiérrez

Historia económica de Bolivia – Luis Peñaloza

Socavones de angustia – Fernando Ramírez Velarde

La cuestión nacional y el leninismo – Stalin

El marxismo y el problema nacional y colonial

Petróleo en Bolivia

Historia del colonialismo – J. Amault

Teoría general del estado – Carré de Malberg

Diccionario de sociología – Fairchild Pratt

Heráclito, exposición y fragmentos – Luis Forie

El materialismo histórico en F. Engels – R. Mondolfo

Nacionalismo y socialismo en A. Latina

Contribución a la crítica de la filosofía del derecho de Hegel – Marx

Ludwig Feuerbach y el fin de la filosofía clásica alemana – Engels

El desarrollo del capitalismo en Rusia – Lenin

Materialismo y empiriocriticismo – Lenin

Acerca de algunas particularidades del desarrollo histórico del marxismo.

Cuadernos filosóficos – Lenin

Cuestiones de leninismo – Stalin

La ciencia de la historia – John D. Bernal

Lógica – Aristóteles

Antología filosófica (La filosofía griega) – José Gaos

Los presocráticos. Fragmentos filosóficos de los presocráticos – García Bacca

De la naturaleza de las cosas – Tito Lucrecio Caro

El filósofo autodidacto – Abentofail

De la causa, principio y uno – Giordano Bruno

El príncipe. Obras políticas – Maquiavelo

2. LISTA POR FECHAS

11/66   El embajador. Morris West
         Orient Express. Graham Greene
         En la ciudad. William Faulkner
         La legión de los condenados. Sven Hassel

Romancero Gitano. García Lorca

Cantos de vida y esperanza. Rubén Darío

La lámpara maravillosa. Valle Inclán

El pensamiento de los profetas. Israel Matuk

Raza de bronce. Alcides Arguedas

Misiones secretas. Otto Skorzeny

El cuento boliviano – Selección

La cartuja de Parma. Stendhal

La física del siglo XX. Jordan

La vida es linda, hermano. N. Hikmet

Humillados y ofendidos. F. Dostoievski

El proceso de Nuremberg. J. J. Heydeker y J. Leeb

La candidatura de Rojas. Armando Chirveches

Tiempo arriba. Alfredo Gravina

Memorias. Mariscal Montgomery

La guerra de las republiquetas. Bartolomé Mitre

Los marxistas. C. Wright Mills

La villa imperial de Potosí. Brocha Gorda (Julio Lucas Jaimes)

Pancho Villa, 1. Lavretski

La Luftwaffe. Cajus Bekker

La organización política. C. D. H. Cole

De Gaulle. Edwad Ashcroft

12/66 La Nueva Clase. Milovan Djilas

El joven Hegel y los problemas de la sociedad capitalista. G. Lukács

Juan de la Rosa. Nataniel Rodríguez

Dialéctica de la naturaleza. Engels

Historia de la Revolución Rusa, 1. Trotsky

1/67 Categorías del materialismo dialéctico. Rosental y Staks

Sobre el problema nacional y colonial de Bolivia. Jorge Ovando

Fundamentos biológicos de la cirugía. Clínicas Quirúrgicas de Norteamérica

Política y partidos en Bolivia. Mario Rolón

La compuerta n.° 12 y otros cuentos. B. Lillo

2/67 La sociedad primitiva. Lewis H. Morgan

Historia de la revolución rusa, 11. Trotsky

Historia de la Filosofía, 1. Dynnik

Breve historia de la revolución mexicana, I. Jesús Silva

Breve Historia de la revolución mexicana, II. Jesús Silva
   Anestexia. Hertzog
Clínicas quirúrgicas de Norteamérica
3/67   La cultura de los Inkas. Jesús Lara
Todos los fuegos el fuego. Julio Cortázar
Revolución en la Revolución. Régis Debray
La insurrección de Túpac Amaru. Boleslao Lewin
Socavones de angustia. Fernando Ramírez Velarde
4/67   Idioma nativo y analfabetismo. Gualberto Pedrazas J.
La economía argentina. Aldo Ferrer
Sobre la práctica. Mao Tse Tung
Aguafuertes porteñas. Roberto Arlt
Costumbres y curiosidades de los aymaras. M. L. Valda
   de J. Freire
Las 60 familias norteamericanas. Ferdinand Lundberg
5/67   Historia económica de Bolivia, I. Luis Peñaloza
La psicología en las fuerzas armadas. Charles Charde-
   nois.
7/67   Historia económica de Bolivia, II. Luis Peñaloza
Elogio de la locura. Erasmo
8/67   Del acto al pensamiento. Henri Wallon
9/67   Fuerzas secretas. F. O. Miksche

89

La situación se torna desesperante; las posibilidades de escape van desvaneciéndose y el Che lo sabe. Reúne a sus hombres a fines de septiembre e invita a los bolivianos a abandonar la expedición; la respuesta es unánime: todos se quedarán sirviendo a su comandante y a la revolución. A los cubanos, Guevara los exhorta a combatir hasta el último hombre por representar a la triunfante revolución cubana. Ya no hay tiempo ni espacio para una estrategia que hubiese sido lógica: ordenar una retirada honrosa y abocarse a una reorganización de las fuerzas, conservando lo que quedase de un grupo de hombres que ahora estaban a punto de caer vencidos no sólo por un enemigo militar sino también por el hambre, el aislamiento y la obstinación de un jefe para quien no existía la aceptación de una derrota. O de otra derrota que se sumase a la política en Cuba y a la militar en el Congo. Su amor propio se lo prohibía. Sólo piensa en morir abriéndose paso hacia el norte, con la imposible esperanza, como contará Inti, de llegar a Pucará, tomar la población, dejar allí a los enfermos y a los heridos y luego continuar hasta Vallegrande con el delirante plan de tomar esa gran ciudad. Con la esperanza, seguramente, de que allí hubiese adrenalina o cortisona. Hacia el norte, hacia donde debería haber desarrollado su campaña de no haber sido por tantas trampas y tantos malentendidos que sellaron su suerte desde el principio.

¿Sabía Fidel lo que sucedía? Quizá no lo supiera en detalle, día tras día, pero no podía dudar de que la situación era dramáticamente comprometida: hacía mucho tiempo que no recibía mensajes del Che. Iván habrá llevado noticias frescas de la debacle; las agencias noticiosas informaban sobre combates cada vez más desfavorables para la guerrilla; no ignoraba que la red de apoyo urbano había sido deshecha; tenía información de sus servicios secretos sobre la ayuda que Estados Unidos brindaba al gobierno de Barrientos. La prensa, la radio y la televisión pregonaban en todo el mundo que el Che y sus hombres estaban cercados y que el desenlace era inminente. Las muertes de Tania, de Ricardo, de Rolando, de Coco y de los demás no dejaban dudas de que la del Che se acercaba con la misma inevitabilidad que la noche sucede al crepúsculo.

¿Pudo haber hecho algo Castro para ayudar a Guevara? Sin duda. Había en Cuba cuarenta a cincuenta bolivianos entrenándose para la guerrilla que podrían haber sido enviados para reforzar la columna del Che, sumando también a aquellos de otras nacionalidades deseosos de participar, sobre todo si Cuba hubiese confirmado que era el legendario guerrillero quien combatía en el sudeste de Bolivia. Lo que hubiese generado un amplio movimiento de militantes de la izquierda internacional deseosos de incorporarse a la intentona insurreccional. Quizá fue justamente esta presión lo que se intentó evitar manteniendo el silencio, que ni siquiera fue roto aprovechando el escándalo internacional provocado por el apresamiento y juicio de Debray.

Eran muchos los aspectos negociables en las relaciones entre Cuba y los EE.UU., y uno de ellos pudo haber sido la supervivencia del Che a cambio de alguna pretensión de Washington, como pudo haber sucedido en la sorprendente huida de Guevara y sus cubanos en el Congo, cuando los aviones y las cañoneras enemigas no dispararon probablemente para no perturbar el acuerdo por el que Castro permitiría la salida de la isla a muchos de los que desearan hacerlo.

Por otra parte, dependiendo del interés o la decisión de hacerlo, pudo haberse intentado un rescate con helicópteros, como otros países han hecho en circunstancias aún peores, cuando el Che y los suyos no habían sido aún capturados. Consultados especialistas del tema, me explicaron que también hubiera podido abrirse otro frente guerrillero en algún punto de Bolivia, descom-

primiendo así la presión que la totalidad de las fuerzas gubernamentales ejercían sobre Guevara, facilitando así la ruptura del
cerco y el escape.

Siempre quedará el interrogante de por qué Piñeiro ordena
el retiro de Iván, nombre de guerra de Renán Montero, quien
años más tarde colaboraría con el sandinismo y se haría ciudadano nicaragüense. Era el único representante de los servicios
cubanos que quedaba en la red urbana, luego de la detención de
Debray y de la imposibilidad de regresar de Tania. Pero a fines
de febrero es llamado a La Habana adonde llega con una notable demora, recién a fines de abril. Las explicaciones para su abandono son varias e insuficientes: que debía renovar su pasaporte,
que estaba enfermo, que iba a contraer matrimonio…

Es sugestiva la anotación de Pombo en su diario referente a
un comentario de Martínez Tamayo, «Ricardo», al Che: «Iván no
se quedará porque está vacilando de la situación». Lo más significativo es que nunca será reemplazado y por si hubiera alguna
duda de que su abandono hubiera sido una decisión propia y no
de las autoridades cubanas, jamás fue sancionado y en los tiempos por venir le serían asignadas tareas de responsabilidad.

Indudablemente llamativo es que no se haya hecho ningún
esfuerzo por ayudar al Che y a sus hombres, algunos de los cuales eran miembros del Comité Central del PC cubano y, otros,
viceministros. No existe constancia de algún plan o intento en
esa dirección. Ciro Bustos me dirá que en esos tiempos, importantes sectores del gobierno castrista no tomaban en serio a
Guevara, no se sentían solidarios con sus «locuras». También es
indudable que no pocos temerían el regreso del argentino a La
Habana y el reinicio de los conflictos intestinos con el sector
prosoviético al que, dicho sea de paso, pertenecía Manuel Piñeiro.

La actitud hacia el Che en Bolivia contrasta con la que se
había tenido con el argentino cercado y en riesgo de muerte en
el Congo. Emilio Aragonés le comentará a Coco López en La
Habana: «Yo había querido participar en la excursión al África,
pero Fidel no me dejó porque yo entonces era secretario de
Organización del partido. Después fue evidente que la situación

en el Congo desmejoraba y se comenzó a temer por la vida de nuestros compatriotas allá.

»Un día me llega una esquela firmada por el Che en la que me decía con su habitual humor: "Querido gordo: no te traicioné. Ahora me doy cuenta de que tus dotes de político marrullero me serían invalorables aquí". Con la carta en la mano arranqué para el despacho de Fidel y le anuncié que me iba. Al principio protestó: "Así que ustedes me van a dejar solo aquí". Se me ocurrió decirle que se viniera con nosotros al Congo. "¿Me puedes decir quién se queda aquí, entonces?", me respondió con lógica. Fidel después me diría que había que cuidar al Che, que tenía un coraje legendario, y me responsabilizó de traerlo vivo a La Habana. Si lo hubieran matado en el Congo yo, que no soy suicida, debería de haber buscado la forma de que me mataran a mí también».

El ímpetu que ponen Aragonés y Fernández Mell en convencer a Guevara de abandonar el Congo es tal que Urbano, testigo presencial, me contará que se trató de una verdadera trifulca en la que casi llegaron a las manos.

Quien sí intentó una maniobra de rescate en Bolivia fue el editor italiano Feltrinelli, quien hace llegar al gobierno boliviano una oferta de varios millones de dólares para dejar escapar al grupo guerrillero. El asunto avanza bastante hasta que, enterada la CIA, secuestra al italiano y lo pone en la frontera con amenaza de muerte si insiste.

Esa insólita apatía de La Habana está en relación inversa con el entusiasmo que post mórtem demostrará el gobierno cubano en la explotación política de un Che al que eleva a la categoría de mito, al que los biógrafos oficiales denominan «Guerrillero Heroico», con mayúsculas, con un propósito en apariencia exaltatorio pero que oculta la dimensión de pensador y teórico de Guevara, que es donde se registran sus conflictos con el partido y con el gobierno de la isla. Una consecuencia colateral de esa «apropiación» del Che es que su memoria queda cubanizada, lo que también reflejan la mayoría de sus biógrafos, que dedican a la etapa cubana las mayores y mejores investigaciones y las páginas más numerosas. No debería olvidarse que la de Cuba fue una de las tres campañas guerrilleras del Che, sin duda la más exitosa y también la más estimulante en su producción teórica, pero que su actividad como combatiente y como funcionario en la isla ocupan poco más de ocho años de los treinta y nueve que vivió.

Fidel tuvo la suficiente astucia para hacerse de los restos del Che, recuperados en 1997, aprovechando que la Argentina, quizá como rémora de sus gobiernos dictatoriales anticomunistas y del predominio en lo económico y social de los sectores conservadores y liberales, no tuvo reflejos para reclamarlos para sí a pesar de que el Che nació y murió argentino, renunciando a la nacionalidad cubana en su carta de despedida. Por su parte también a Bolivia le asisten derechos «de propiedad» por cuanto fue en su suelo donde murió luchando por su libertad económica y política, y por la justicia social para sus humildes. Lo único que hoy guardan es el diario y la libreta de anotaciones del Che, el que luego de muchas peripecias está hoy custodiado en el tesoro del Banco de Bolivia, conjuntamente con el diario de Pombo.

90

Abandonado, asmático y sin medicamentos, exhausto, hambriento y sediento, el comandante Ernesto Che Guevara marcha hacia su calvario. Acuciados por la desesperación, con el ejército ya no de «soldaditos» sino de rangers entrenados por los eficaces boinas verdes norteamericanos acosándolos implacablemente, los guerrilleros parecían dirigirse sin resistencias hacia el desastre. «Yo quería morir, todos queríamos morir para que todo terminase de una vez», repetirá Benigno. Uno de los mandamientos guerrilleros violados era que se desplazaban casi sin ocultarse por una geografía que se había modificado, y ya no era la selva generosa en escondites y camuflajes sino una zona de vegetación rala y poco foliada, con amplios espacios descampados en los que era muy difícil ocultarse.

Los militares bolivianos y sus asesores estadounidenses ya sienten el olor a sangre, a victoria, y el batallón de rangers se moviliza hacia Vallegrande. El 28 de septiembre, Ernesto Guevara, comandante del Ejército de Liberación de Bolivia, reconocerá en su diario: «Día de angustias que, en algún momento, pareció ser el último nuestro. Por la madrugada se trajo agua y casi enseguida salieron Inti y Willy a explorar otra posible bajada al cañón, pero volvieron enseguida pues toda la loma de enfrente está marcada por un camino y un campesino a caballo lo transitaba. A las diez pasaron enfrente nuestro 46 soldados con sus mochilas puestas; tardaron siglos en alejarse. A las doce hizo su aparición otro grupo, esta vez de 77 hombres, y para colmo se oyó un tiro en ese momento y los soldados tomaron posiciones; el oficial ordenó bajar a la quebrada que parecía ser la nuestra … pero al fin se comunicaron por radio y pareció quedar satisfecho reiniciando la marcha». El espacio que les deja el cerco gubernamental no tiene más de cinco kilómetros de diámetro y la sensación de estar a merced del enemigo es grande: «Nuestro refugio no tiene defensa contra un ataque desde lo alto y las posibilidades de escapar eran remotas si nos descubrían».

También Pacho refleja en su diario la gravedad de la situación: «Los soldados pasan frente a nosotros y escuchamos su conversación en este mismo momento. Estamos rodeados por todas partes … En estos días en que estamos enterrados en vida en este cañón, viendo el desfile de las tropas, sueño mucho. ¿Volveré a ver a Tery y el niño?» (29 de septiembre).

Acerca de este guerrillero, Benigno me hará en París un comentario conmovedor: cuando estuvieron en casa de Paulino Baigorria, constataron que sus hermanitos pequeños dormían sobre el suelo y que sólo tenían un cuero de anta agujereado para taparse. Entonces Pacho, con los ojos húmedos, les regalará su colcha. Benigno lo felicita por su gesto pero le advierte que ahora sería él quien tendría frío de noche. «Para qué los tengo a ustedes», responde el combatiente generoso. Efectivamente su anotación del frío 2 de agosto dirá: «Pombo y yo dormimos juntos».

Octubre encontrará a los diecisiete combatientes atrapados en un cañón alejado de la selva boliviana. El Che y sus hombres permanecerán cuatro días casi sin moverse en una región descampada con poca vegetación, agazapados detrás de piedras o sumergidos en la hierba, viendo pasar efectivos del ejército delante suyo.

La última página del diario del Che, del día 7 de octubre de 1967, da cuenta de la conmovedora serenidad con que ese hombre exhausto, emaciado, asmático, hambriento y sediento, descalzo, enfrenta su final, convencido ya de la obstinación de ese destino que lo conduce aladamente hacia la eternidad de la memoria de los pueblos, símbolo, más allá de las ideologías, del principismo, la ética, el coraje, valores que la sociedad moderna degrada hasta el envilecimiento:

«Se cumplieron los once meses de nuestra inauguración guerrillera sin complicaciones, bucólicamente». Es la misma persona que no mucho tiempo antes, cuando era un alto funcionario recibido con honores por las máximas personalidades del mundo, comentará con el presidente egipcio, Gamal Nasser: «El momento decisivo en la vida de cada hombre es el momento cuando debe decidir enfrentar a la muerte. Si la enfrenta será un héroe, tenga éxito o no. Puede ser un buen o un mal político pero si no se anima a enfrentarla nunca dejará de ser sólo un político».

Tres días antes de enfrentar a la muerte, había escrito un texto revelado en 1969 por el periodista Tomás Molina en el periódico *Los Tiempos* de Cochabamba y recogido por Albert Brun, quien era entonces director regional de la agencia France Press. Se trata de un agnóstico Guevara, esforzándose por recordar un texto de influencia religiosa de su poeta preferido, el gran León Felipe. El poema fue encontrado en la mochila del Che y conservado por un oficial que prefirió el anonimato.

Ésta es la versión del Che:

> *Cristo, te amo,*
> *no porque bajaste de una estrella*
> *sino porque me revelaste*
> *que el hombre tiene lágrimas,*
> *congojas,*
> *llaves para abrir las puertas cargadas de la luz.*
> *Sí... tú me enseñaste que el hombre es Dios,*
> *un pobre Dios crucificado como tú.*
> *Y aquel que está a tu izquierda en el*
> *Gólgota, el mal ladrón,*
> *también es un Dios.*

Y éste es el fragmento correspondiente a la versión original del poeta español:

> *Cristo, te amo,*
> *no porque bajaste de una estrella,*
> *sino porque me descubriste*
> *que el hombre tiene sangre,*

lágrimas, congojas,
llaves, herramientas,
para abrir las puertas cerradas de la luz.
Sí, tú nos enseñaste que el hombre es Dios…
Un pobre Dios crucificado como tú…
Y aquel que está a tu izquierda en
el calvario, el mal ladrón
también es un Dios. …

¿Podrá pensarse en un acercamiento del Che a Dios en el momento postrero?

Luego será el prólogo de la tragedia ya inevitable: «A las 12.30 una vieja pastoreando sus chivas entró en el cañón en que habíamos acampado y hubo que apresarla. La mujer no ha dado ninguna noticia fidedigna sobre los soldados, contestando a todo que no sabe, que hace tiempo que no va por allí». También informará vagamente sobre dónde se encuentran, marcando distancias con los pueblos próximos (entre ellos, La Higuera, «a una legua»), a esos casi moribundos que deambulan sin mapa al borde de precipicios abismales, tropezándose con piedras y ensartándose con los espinos, acosados por los jejenes y maribuis. «A las 17.30 Inti, Aniceto y Pablito fueron a casa de la vieja, que tiene una hija postrada y una medio enana; se le dieron cincuenta pesos con el encargo de que no fuera a hablar ni una palabra, pero con pocas esperanzas de que cumpla a pesar de sus promesas.»

Parece haberse desatado una competencia entre algunos biógrafos del Che para determinar quién fue el o la delatora, teniendo cada uno su propio candidato. La polémica no tiene sentido pues fueron varios los que denunciaron al ejército la marcha de los guerrilleros que ya entonces habían perdido el sentido de la prudencia, psicológicamente entregados a un final anunciado, y se desplazaban por descampados y sin la protección de la noche. El entonces mayor Ayoroa me contará que la única pregunta que le hizo al Che preso en la escuelita de La Higuera fue: «Por qué habían venido hasta allí a la luz del sol».

¿Denunció la vieja Epifania al argentino y a sus hombres? Sí, a través del corregidor Quiroga de La Higuera. También lo hicieron Pedro Peña y Víctor Colomí que los vieron atravesar sus sembradíos y el corregidor Herrera del Jaguey, quien había recibido otros testimonios de la presencia en las cercanías de los guerrilleros. «La masa campesina no nos ayuda en nada y se convierten en delatores», había escrito el comandante Guevara una semana antes del final.

La versión oficial sobre el Che y sus hombres había calado en la mente de los pobladores. Irma Rosado, una de las pocas habitantes de la hoy despoblada La Higuera, me contará: «Estábamos convencidos de que los guerrilleros eran gente mala, que abusaba de los campesinos, que querían quitarnos lo poco que teníamos, que abusaban de la gente y mataban a los hombres y violaban a las mujeres. Sólo cuando pasó el tiempo supimos la verdad de las cosas. Éramos gente ignorante». Hoy Irma, como muchos otros en la zona de Vallegrande, le reza a san Ernesto de la Higuera y afirma que es muy milagrero.

—En la quebrada del Churro* —informaría el campesino pobremente vestido, extendiendo un billete de cincuenta pesos que parecía quemar en sus manos—. Nosotros no queremos dinero manchado con sangre de nuestros soldados —dirá sin alzar la mirada, haciendo dar vueltas el ajado sombrero de fieltro en sus manos.

Es a cinco kilómetros de donde se encuentran. Los tenientes Huerta y Pérez deliberan y resuelven que las denuncias ya son muchas y tienen visos de veracidad; entonces ordenan que sus pelotones se alisten y parten al frente de ochenta hombres. Cuando llegan a la altura de Punta de la Higuera divisan la confluencia de las quebradas del Churo y de San Antonio, y verifican que se trata de un terreno con espesa vegetación sólo en una estrecha franja que corre junto al río en el fondo del valle; las laderas de las montañas, en cambio, son peladas. No hay dudas de dónde están escondidos los enemigos.

La táctica que han aprendido de los boinas verdes será obligarlos a salir de la espesura para luego cazarlos en el descampado, pero para ello son necesarios morteros que ninguno de los dos pelotones posee. Recuerdan entonces que los tiene la com-

* Es así como la escriben y pronuncian en la zona.

pañía B que está acampada cerca, en el Abra del Picacho, bajo el mando del capitán Gary Prado, uno de los oficiales más ponderados por los instructores norteamericanos. Éste, luego de consultar con su superior, el mayor Ayoroa, se pone en marcha rápidamente con el pelotón del sargento Huanca y dos piezas de mortero. Antes de partir ha ordenado al subteniente Totti Aguilera dirigirse hacia La Higuera con algunos hombres y allí instalar un equipo de radio y aguardar sus órdenes.

A las cuatro y media de la madrugada del 8 de octubre de 1967, los sobrevivientes de la columna guerrillera de Ernesto Che Guevara ingresan a la quebrada del Churo con el enemigo respirándole en la nuca. Pacho registrará en su diario que arrancarle la tapa a una latita de sardinas en esas circunstancias hubiese sonado como un estampido delator.

Benigno, quebrándose por la emoción, me contará en nuestro encuentro en París: «En el amanecer del día 8, estábamos en la quebrada del Churo y él da la orden de parar porque ya vienen los claros del día, después de que en toda esa noche de un arduo camino no pudimos avanzar más de mil quinientos metros; las condiciones de la quebrada lo impedían pero más nuestras deplorables condiciones físicas. Se caminan mil quinientos metros en pocos minutos, pero nosotros necesitamos doce horas para hacerlo cuando hubiéramos deseado caminar cientos de kilómetros para escapar del cerco de los del gobierno.

»Veo unas piedras en el medio de un arroyo y allí me senté; cuando me doy cuenta el agua me llegaba a la cintura, al descampado, sin protección. Entonces lo veo al Che venir en una forma que para mí fue una pena y creo que mayor era para él porque caminaba haciendo una de las cosas que condenaba siempre: el maltrato al arma, y él venía con su fusil tomado por el cañón y arrastrándolo por el suelo. Era deprimente. Considero que no tenía fuerzas ni para levantar el fusil.

»Llega a donde yo estoy y "chiquiándome" [sic] el nombre por segunda vez en la vida me pregunta: "Beni, ¿cómo te encuentras?", yo le digo: "Bien", él se da cuenta de que ese "bien" es mentira porque estoy en el medio del agua sentado y lo lógico es que hubiera buscado un lugar más cómodo y protegido, y me vuelve a preguntar: "¿Tan bien como para hacer una exploración en todo ese frente que tenemos ahí?", le contesto que sí y entonces me ordena: "Mira, hay que hacer una exploración en todo este frente y tratar por todos los medios de ubicar bien al enemigo". Para eso me da a Pacho y Aniceto para que me ayuden porque me voy valiendo con un solo brazo y llevo el fusil.

»Cuando hemos avanzado unos cien o ciento cincuenta metros ya descubrimos al ejército delante de nosotros en tres cercos en forma de anillo que se abría adelante en abanico, y se cerraba atrás como una herradura. Entonces regreso y le hago al Che una exposición de lo explorado: esa quebrada que teníamos a la izquierda terminaba en una casa de campesino tomada por el ejército, la quebrada que estaba al frente moría de una forma brusca llegando casi a la cima pero también estaba tomada por el ejército y en cuanto a la quebrada a la derecha era la más corta, tendría unos sesenta metros de largo pero terminaba muy a pique en forma de cascada, y desde arriba la dominaba una casa de campesino también tomada por el ejército. Era un cerco, un buen cerco donde había cientos de efectivos. Y nosotros encerrados en unos cinco kilómetros cuadrados.

»El Che me escucha y después me dice: "Mira, sube al borde de la quebrada y trata de localizar el lugar de menor fortaleza del cerco para tratar a toda costa de romperlo en la noche"; después me mira en los ojos y me dice: "Ve preparándote porque creo que éste es el último combate". Yo deseaba que fuera el último combate, que muriéramos todos pero especialmente yo quería morir, y considero que el mismo deseo lo tenían todos los otros porque era un calvario; ya no podíamos dar más, pero tampoco queríamos ser prisioneros».

Ese comandante famélico, jadeante, que ni zapatos tiene, al frente de hombres en igual y peor condición, ordena la disposición de su fuerza de combate, y me lo cuenta, dibujando sobre un papel, el coronel Leonardo Tamayo Núñez, «Urbano,» en su casa de La Habana: «En la retaguardia y en la entrada de la quebrada, Antonio, Chapaco, Arturo y Willy; Benigno y posteriormente Inti y Darío en el flanco izquierdo con la misión de garantizar la entrada para escabullirnos por ese lado; en el flanco derecho,

Pacho en un puesto de observación elevado, y en el extremo superior de la elevación Pombo y yo. Los demás quedaron con el Che en el centro, en el fondo de la quebrada. Las instrucciones eran que si el ejército entraba en la quebrada nos retirábamos por la izquierda; si lo hacía por el flanco derecho o desde arriba la consigna era retirarse hacia abajo, hacia el Río Grande».

Las primeras luces del día iluminan dos figuras con uniforme del ejército boliviano que se incorporan del lugar donde han estado descansando; Benigno los ve y da la voz de alerta descubriendo la emboscada. Antes, en la última reunión, en voz muy baja para no ser localizados por el enemigo, Guevara comentará que si las tropas atacaban antes de las doce del mediodía la situación se tornaría bastante seria, pero si la acción tenía lugar alrededor de las tres, o después, sus posibilidades de resistir y salir de la quebrada serían mejores a medida que fuese oscureciendo.

También les repetirá la consigna de aquellos últimos días, y me lo comentará un Benigno conmovido: «Lo que nunca comprenderé, y es algo que llevo clavado como un puñal en mi pecho, es que en esos momentos finales, sabiendo que habíamos sido traicionados por la mala conciencia de Fidel, el Che nos aconseja esperar la muerte con dignidad, no dejarnos caer prisioneros y en el último instante de vida pensar en la revolución y en ¡Fidel Castro!».

Es posible que el Che comprendiera la diferencia entre un revolucionario, él, y un político como Fidel entrampado en las vicisitudes de lo real, en las telarañas del posibilismo. «Yo puedo hacer lo que te está negado por tu responsabilidad al frente de Cuba», escribirá con meridiana claridad, y no sin una pizca de crueldad, en su carta de despedida. El Che sabía que a él lo esperaban la Historia y la Leyenda, con mayúsculas; en cambio a Fidel no mucho más que el protagonismo indudable de una etapa polémica de la historia de Cuba.

El argentino cumpliría con todos los requisitos para transformarse en un icono, para muchos el mayor del siglo xx: moriría joven, era bello, lo hacía sin abjurar de sus ideales, llegando a la inmolación como Jesucristo, como Juana de Arco, como Martí. El derrumbe del bloque comunista le regalaría la chance de ser

también venerado por quienes ya no temerán a la derrota de Occidente, y no habrá ya riesgo en lucir su efigie en una prenda de vestir o en pegar un póster con la genialidad fotográfica de Korda.

La globalización neoliberal con su hegemonía mundial de miseria y exclusión pondrá en creciente valor las virtudes que degrada y envilece y que, en cambio, el Che exalta hasta el paroxismo: el coraje, el principismo, la ética, la convicción de que aquello en lo que se cree es digno de ser llevado hasta el límite, hasta el sacrificio si fuese necesario.

Su último pensamiento hacia Fidel tendrá también algo de reconocimiento porque era el cubano quien había hecho posible al Che; sin aquel encuentro en México quizá Ernesto Guevara de la Serna hubiera satisfecho su vocación de aventurero, pero habría perdido el camino de sufrimiento y entrega que lo condujo a la inmortalidad. Aunque también estaría implícito su desdén hacia los mediocres, envidiosos y pusilánimes que rodeaban al líder cubano y que habían cumplido con el papel que el destino les tenía reservados de necesarios partiquinos en tan glorioso calvario.

Ya en la quebrada del Churo el capitán Prado apostará al subteniente Pérez y sus hombres en lo alto, hacia el norte, cerrando la salida por ese lado, en tanto que el pelotón del teniente Huerta se situará en la quebrada del Tusca que corre hacia el este de la del Churo. Él, por su parte, desplegará su fuerza en la confluencia de ambas quebradas, a dos kilómetros de la posición de Pérez por lo que los guerrilleros quedan cercados. El sargento Huanca deberá rastrillar la Tusca para obligar a los rebeldes a combatir o a estrellarse contra las posiciones de los rangers.

91

«NO DISPAREN, SOY EL CHE GUEVARA»

Habla Gary Prado, capitán de los rangers bolivianos, en 1967*

Yo estaba al mando del Segundo Batallón de Rangers, entrenado especialmente para la lucha antiguerrillera por especialistas del ejército de los Estados Unidos.

Cuando percibí que el taponamiento efectuado por el subteniente Pérez en la parte superior del Churo, sumado al eficiente rastrillaje que el sargento Huanca efectuaba en el fondo de la quebrada, obligaría a los guerrilleros a intentar salir por nuestra posición, en la confluencia de ambas quebradas. Dispuse que el mortero de 60 fuera emplazado y preparado para lanzar granadas a cien yardas, hacia el interior de la quebrada y la ametralladora ligera apuntada a un claro lleno de piedras y con alguna vegetación, paso obligado para quien quisiera escapar de la encerrona que habíamos preparado.

Efectivamente, a los pocos minutos vimos algunos bultos, sombras entre la vegetación que se acercaban al claro, observaban y se preparaban para cruzarlo. Manteniendo absoluto silencio esperamos, pero de pronto desde la parte superior una ráfaga de arma automática barrió nuestra posición obligándonos a cubrirnos, mientras otras armas abrían fuego contra nosotros cubriendo el desplazamiento de los que intentaban romper el cerco. Nos recuperamos rápidamente y ordené que el mortero y la ametralladora abrieran fuego apoyando su acción con nuestras armas individuales, así logramos rechazar ese primer intento. En esos momentos el sargento Huanca me comunicó que

---

* Entrevista realizada por el autor en México D.F., el 22 de mayo de 2002.

había logrado romper una primera línea de defensa eliminando a dos guerrilleros (Antonio y Arturo) pero que tenía un herido grave.

Luego, apostados, observamos otros dos enemigos que tratan de subir una pendiente para escapar pero moviéndose con mucha dificultad pues uno demuestra estar herido. Doy orden de no disparar y esperarlos y cuando alcanzan la cima hay dos soldados que yo dispuse en ese lugar para controlar esa salida, Balboa y Encinas, apuntándoles e intimándoles la rendición.

Mi impresión al tener frente a mí al comandante Guevara no pasó de la que se tiene en una guerra cuando un enemigo se rinde. No era tiempo para sensiblerías; estábamos en medio de un combate que duró cinco horas. Cuando capturamos a estos enemigos todavía faltaban dos horas de combate. Quien lo llevaba a la rastra era Willy Cuba, un guerrillero boliviano que antes fue minero.

Como consecuencia de una de las ráfagas de nuestra ametralladora el Che tenía una herida de bala en la pantorrilla y otro disparo le había atravesado la boina sin herirlo. También su fusil había sufrido un impacto que lo inutilizó. Mal que les pese a quienes se niegan a aceptarlo fue Guevara y no Cuba quien gritó: «No disparen, soy el Che Guevara y les soy más útil vivo que muerto». Quien pidió por su vida fue el mismo Che, yo lo escuché, y no me parece criticable que lo haya hecho; es humano. También dijo cuando le pedí que se identificara: «Esto ya se terminó». Eran las 3.30 pm del 8 de octubre.

Confirmé su identidad en base a datos de que disponía: una cicatriz en el dorso de su mano izquierda y protuberancias frontales notoriamente pronunciadas. Además llevaba conmigo el retrato que hacía poco tiempo le había hecho Ciro Bustos, el argentino capturado junto al francés Régis Debray, luego de haber estado en el campamento del Che. A propósito, a raíz de la controversia sobre el tema, le aclaro que mi opinión es que fue Debray quien comunicó a mi gobierno sobre la presencia del Che en Bolivia. Era él y no Bustos quien estaba en condiciones de dar datos valiosos.

El Che llevaba una boina negra, uniforme de soldado com-

pletamente sucio, una chamarra azul con capucha y el pecho casi
desnudo pues la blusa no traía botones. Los atamos de pies y
manos y los trasladamos a un lugar más seguro, y puse una guardia
de custodia. Carecíamos de médico pero se le hizo un vendaje
en la pierna para contener la hemorragia que era escasa porque
la herida era superficial, en sedal.

El comandante Guevara me dice que tiene sed y me pide que
le deje beber agua de su cantimplora. Como temo que se enve-
nene le doy a beber de la mía. Luego le ofrezco uno de mis cigarrillos rubios marca Pacific, pero lo rechaza porque le gustan
más fuertes; entonces uno de los soldados le alcanza un Astoria
de tabaco negro.

Al revisarlo se encontraron algunos mapas que él anotaba con
mucha prolijidad, haciendo correcciones y observaciones; además
de su diario. A continuación envié el parte a mis superiores guar-
dando las formas correspondientes a un combate: tantos heridos
nuestros, tantos de ellos, tantos muertos de uno y otro bando, dos
prisioneros enemigos, Fernando y Willy. Fernando era el nuevo
nombre de guerra de Guevara porque el suyo anterior, Ramón,
estaba en nuestro conocimiento.

Mi superior inmediato era el teniente coronel Ayoroa, y por
encima suyo el coronel Zenteno. Éste, al recibir mi parte, solicitó urgente confirmación, y una vez recibida anunció su inmediata llegada en helicóptero al poblado de La Higuera. Yo debía
desplazarme hasta allí con los prisioneros y así lo hice. El Che lo
hizo caminando con la ayuda de mis hombres. Nos acompañaban aproximadamente doscientos pobladores de la zona que se
habían acercado a curiosear. Cuando llegamos ya había aterrizado
el coronel Selich, quien, aunque no era su regimiento, lo había
hecho en el primer viaje para indicar al piloto la ubicación del
caserío.

También llegó un hombre de la CIA, cuyo nombre figurado
era capitán Ramos y el real era Félix Rodríguez. Molesto, le
pregunté a Zenteno: «¿Para qué trae usted a ese hombre?», «Para
identificarlo», me responde. No había ninguna necesidad de ello,
ya estaba identificado. Además, de eso se iban a encargar los expertos argentinos que no sé por qué se demoraron tanto; tarda-

ron una semana en llegar. Lo único que hará ese agente será fotografiar todas las páginas del diario del Che y mantener misteriosas comunicaciones por radio.

Yo conversé con el Che en cuatro oportunidades. La primera es cuando le llevo un plato de comida y me acompaña una campesina del lugar a la que le pido que me ayude. De allí salió uno de los tantos mitos falsos, el de la maestrita que habría recibido consejos y confesiones del prisionero. Esa muchacha no alcanzó a estar más de quince segundos con Guevara y en mi presencia.

En otra de mis visitas para comprobar que todo estuviese en orden y el prisionero bien atendido, me senté en un pequeño banco, encendí dos cigarrillos, uno para el Che y otro para mí, y ofrecí otro al subteniente Totti Aguilera, a quien invité a sentarse a mi lado.

A Guevara le pregunté qué hacía allí, en esa zona de Bolivia; le transmití mi impresión de que había cometido un grave error al elegirla como escenario de su aventura. Él era un extranjero al que acompañaban otros extranjeros, negros cubanos, y muy pocos bolivianos. Los campesinos tenían miedo de que les quitaran sus finquitas.

Él me corrigió y me dijo que la revolución no era una aventura y me recordó que la independencia sudamericana se había iniciado en mi país, y que los bolivianos debíamos sentirnos orgullosos de ello. Luego reconocería que a lo mejor había sido un error y que no era él quien había elegido el lugar sino «otros niveles»; le pregunté si se refería a Fidel pero se limitó a contestar que los más entusiasmados habían sido los bolivianos. Pienso que se refería a los hermanos Peredo, que habían recibido entrenamiento en Cuba y participaron activamente en la preparación de la guerrilla en Bolivia.

Le reproché que como resultado del combate habían muerto cuatro soldados y otros tantos habían resultado heridos, y le pregunté qué podía decir a sus padres al comunicarles la terrible noticia. «Que murieron por su Patria, en cumplimiento del deber», respondió en un tono algo sarcástico que me enojó un poco.

Yo le llevaba ventaja al Che porque yo era de allí mismo, de

Vallegrande. Le pregunté cómo explicaba que, mientras él decía que luchaba por los campesinos, éstos le habían demostrado indiferencia ese día y en cambio se habían preocupado y atendido a los soldados heridos. Replicó que se debía a su ignorancia, al atraso en que se los mantenía y que no les permitía entender lo que estaba sucediendo en el continente. «Su liberación está en camino y ustedes los militares latinoamericanos tendrán que decidir si están con su pueblo o al servicio del imperialismo», opinó con dignidad.

Al Che le habían informado mal; yo creo que lo habían engañado a propósito. No hay que olvidar tampoco que el general Barrientos, el entonces presidente, había sido elegido en elecciones democráticas. Mi impresión es que el objetivo último del Che era entrar en su país, la Argentina, pero lo que en el mapa parece una distancia corta en la realidad es tremenda, pura selva chaqueña.

Con el mayor Ayoroa y el entonces teniente coronel Selich comenzamos a revisar la documentación que llevaba el Che. Hojeamos el diario descifrando con dificultad la letra menuda del guerrillero y verificamos sus anotaciones de varias fechas que habían sido importantes en la efímera vida de la guerrilla. Leímos sus comentarios referentes a Ñancahuazú, Iripití, Morocos y otros combates. Llevaba también un librito de claves, las cartas y algunos mapas de la zona que, como ya dije, había completado y corregido prolijamente con lápices de colores.

Más tarde nos dirigimos los tres a la escuela e ingresamos en la habitación del Che, quien se encontraba recostado y cubierto con una frazada. El subteniente Espinoza montaba guardia.

—¿Cómo se encuentra? —preguntó el mayor Ayoroa.

—Bien —repuso el Che.

—Voy a registrarlo.

—Ya lo han hecho —respondió el argentino con fastidio.

—No se olvide de que usted es nuestro prisionero y debe obedecer. —Lo ayudé a incorporarse y el mayor lo palpó a conciencia sin encontrar nada—.* Mañana lo llevaremos a Vallegrande. El comandante de la división vendrá a primera hora.

---

* Ayoroa me dirá que en uno de los bolsillos encontró un huevo duro.

—Tiene que poner buena cara. Hay mucha gente ansiosa por fotografiarlo —comentó sardónicamente el teniente coronel Selich—. ¿Qué tal si lo afeitamos primero? —dijo al tiempo que se agachaba para tironear la barba del prisionero.

Guevara miró fijamente al oficial. Con calma levantó la mano derecha y apartó la de Selich que retrocedió riendo, al tiempo que decía:

—Se acabaron tus paradas, amiguito, ahora la música la tocamos nosotros, no lo olvides. —Y diciendo esto salió de la pieza, irritado.

Ya de madrugada volví a visitar al Che, quien tampoco podía dormir. Su ánimo fue mejorando a medida que comprobaba que yo lo trataba con respeto. «¿Qué van a hacer conmigo?», me preguntó. «Lo van a juzgar», le respondí. En esos días se desarrollaba el juicio a Debray y a Bustos en Camiri. «¿Me van a juzgar allí?» «No, lo de usted corresponde a la jurisdicción de Santa Cruz de la Sierra.» Yo no tenía dudas de que iba a ser juzgado, era lo que correspondía; no había antecedentes de otra actitud. Nunca se me ocurrió que podían ejecutarlo.

Su muerte se decide en el nivel más alto: el entonces presidente, general Barrientos; el comandante de las Fuerzas Armadas, general Ovando, y el jefe del Ejército, general Torres. Varios años después tuve oportunidad de conversar con el general Ovando acerca de los motivos de esa decisión: no teníamos ninguna prisión con la seguridad suficiente para retener a un personaje de tanto calibre que seguramente provocaría operaciones de rescate; además la presión internacional sobre un país chico y débil como el nuestro se haría insoportable y nos crearía problemas con otros países. Recuerde usted las dificultades que nos trajo juzgar y poner preso a Debray.

92

En un principio el combate del Churo había sido favorable a los guerrilleros que hicieron varias bajas entre los soldados, Mario Characayo el primero y luego Mario Lafuente, Manuel Morales y Sabino Cossío. Benigno escucha a alguien transmitiendo un angustioso pedido de autorización para retirarse. Pero en vez de abandonar el terreno, como sucedía anteriormente, los gubernamentales reaccionan y avanzarán gritando y haciendo fuego provocando bajas entre los guerrilleros. El entrenamiento de «Papi» Shelton y los suyos no ha sido en balde.

Según otro de los sobrevivientes, Pombo, el Che se habría inmolado para salvar a los enfermos y heridos de su columna. Encarga a Pablito, que estaba en aceptables condiciones físicas, alejarse con Moro, Eustaquio y Chapaco mientras él los cubriría con Pacho, Simón, Chino, Antonio y René. La operación es exitosa y los enfermos y heridos logran romper el cerco pero días más tarde, el 14 de octubre, su marcha dificultosa hará que sean alcanzados por el ejército en Cajones a orillas del Río Grande. Todos fueron asesinados en el acto.

La rendición del Che sin combatir hasta el último instante se presta a polémica. El diario de Pacho, una semana antes del final, cuenta: «Fernando [el Che] me pide un cigarro y que le arme un peine de la pistola. Tiene la pistola en la mano como si estuviera resolviendo matarse antes de caer prisionero. Yo estoy en la misma disposición». Benigno reflexionará años más tarde en mi presencia: «Es obvio que por el fragor del combate o por razón desconocida el Che perdió ese peine que le había preparado Pacho, y eso impidió que cumpliera la decisión de matarse para no caer en manos enemigas, que nadie duda hubiera cumplido conociendo su extraordinario valor tantas veces probado y su desprecio a la muerte». También Fidel Castro, en la introducción al *Diario del Che en Bolivia*, especula: «Se ha podido precisar que el Che estuvo combatiendo herido hasta que el cañón de su fusil M2 fue destruido por un disparo, inutilizándolo totalmente. La pistola que portaba estaba sin magazine. Estas increíbles circunstancias explican que lo hubiesen podido capturar vivo».

Sin embargo el inventario que de inmediato se hace de las pertenencias del jefe guerrillero, cuando aún no había especulaciones al respecto, establecerá que se ha incautado una pistola 9 mm «con su cargador». Cabe la posibilidad de que algún soldado lo haya recogido del suelo en el Churo y lo haya devuelto al arma. Pero también puede concedérsele al Che un postrer y humano anhelo de sobrevivir, de la misma manera que Jesucristo en la cruz, sometido a la humana tragedia del morir, reclamará: «¡Padre, por qué me has abandonado!». Un instinto de supervivencia que habla a su favor pues contradice a los que, como Régis Debray, descalifican el heroísmo del Che sugiriendo una vocación suicida finalmente cumplida.

Con respecto al Inti y Darío, bolivianos, y los cubanos Pombo, Benigno y Urbano salvarán milagrosamente sus vidas aprovechando que, caído el Che, el cerco gubernamental se afloja. Luego de riesgosas peripecias que cuestan la vida del Ñato, cruzan a pie la cordillera de los Andes. En Chile serán protegidos por el futuro presidente socialista Salvador Allende que los acompañará hasta Tahití, desde donde viajarán de regreso a Cuba donde son recibidos como héroes.

Chato Peredo me contará una anécdota de esa milagrosa huida que escuchase de boca de su hermano Inti, asesinado meses más tarde: «Una noche estaban los seis sobrevivientes, contando al Ñato antes de que cayera, cerca de Mataral. Estaban totalmente cercados y el espacio entre soldado y soldado no era mayor a los dos metros. Es una isla de monte rodeada por soldados. Por alguna razón el jefe de esa división del ejército decide que van a esperar a la mañana siguiente para buscar y liquidar al pequeño grupo de rebeldes. Inti me contaba: "Yo sabía que al día siguiente peinaban ese montecito y nos mataban. La única posibilidad era romper el cerco, pero había una luna que alumbraba como si fuese de día haciendo suicida todo intento. Pero de pronto aparece una nubecita en el horizonte". Entonces los guerrilleros cercados dicen: "¡Pucha! Vamos a tener que rezar por primera vez en nuestras vidas para que la nube se haga más grande y venga para este lado". Y así sucedió: la nube fue arracimando otras nubes y haciéndose más grande hasta que en un momento determinado tapa la luna, y es entonces cuando Inti y los demás aprovechan para salir a la carrera disparando sus armas, matan a varios soldados y se arma un caótico zafarrancho de combate, un infierno de disparos. La confusión y el miedo se apoderan de los soldados que gritaban: "¿Dónde están? ¿Por dónde fueron?", mientras disparaban de un lado y del otro baleándose entre ellos, al tiempo que Inti y sus compañeros se alejaban a toda velocidad».

Urbano me revelará el secreto del dramático final del Ñato: «Nos habíamos juramentado que si alguno de nosotros caía herido los demás lo despenaríamos, pues era imposible imaginar que los otros cinco pudiesen acarrearlo en las circunstancias de acoso y debilidad en que nos encontrábamos. En una emboscada en Mataral, el Ñato, que iba detrás mío en la fila, recibe un tiro en la espalda que le parte la columna en dos. Cuando quiere incorporarse se da cuenta de que no siente las piernas. Me arrodillo a su lado y cuando le palpo la columna ésta se mueve como teclas de piano. Le digo entonces que debemos proceder. El Ñato no dice nada y hunde su cabeza en el hueco de su brazo doblado. Saco el arma pero en ese momento Pombo, con buen criterio, me dice: "Es un boliviano, lo debe hacer otro boliviano". Entonces lo llamamos a Inti».

Extrañamente Benigno se adjudicará ese disparo, versión recogida por varios biógrafos.

93

Mucho se ha escrito y especulado sobre el final del Che. Las versiones son difusas y contradictorias, pues han opinado quienes poco sabían, osando hasta escribir libros, y en cambio se han escurrido con versiones antojadizas los que fueron los verdaderos protagonistas. Un biógrafo tiene la obligación de investigar hasta llegar a la verdad y no limitarse a reproducir las distintas versiones, pues ello sólo contribuye a acentuar la confusión, de la cual no pocos han sacado beneficio con jugosos derechos de autor o con protagonismos inexistentes, mientras los que han tenido responsabilidades ominosas han buscado ubicarse en un astuto segundo plano para esquivar los reflectores de la historia. Tal es el caso de la evidente complicidad de varios de los que estuvieron en La Higuera en achacarle al difunto coronel Zenteno la exclusiva responsabilidad material de matar al Che, cuando su rol se limitó a transmitir la orden para cumplimiento de sus subordinados.

Luego de haber entrevistado a casi todos los participantes y testigos todavía vivos de la tragedia de La Higuera, aquel 8 de octubre de 1967, y de haber escuchado no sólo sus afirmaciones sino también sus silencios, sus contradicciones, sus actos fallidos, sus mentiras, me atrevo a afirmar que la secuencia de aquellos hechos fue la siguiente:

1. Los soldados Balboa y Encinas observan que uno de los rebeldes arrastra a un compañero herido y les intiman rendición. Son las 3.30 pm. Para chequear que efectivamente se trata del comandante Guevara llaman a su inmediato superior, el sargento Huanca. Éste, quien ha tenido un desempeño sobresaliente en

el combate, excitado, insulta y maltrata a los prisioneros y hunde un culatazo en el vientre del comandante Guevara. Llega el capitán Prado y ordena que se los trate con respeto.

Un ranger testigo de la escena dirá que «Guevara hablaba orgullosamente, sin bajar la cabeza y no le apartaba los ojos a mi capitán». Otro soldado recuperará el fusil dañado del Che que lleva la inscripción «Lan Div. United 744.520» y en su culata es visible una D mayúscula.

2. Prado anuncia la novedad por radio a La Higuera a Morocho (subteniente Totti Aguilera), quien operaba el equipo GRC-9 que el capitán había hecho trasladar desde el Abra del Picacho, y ordena que se comunique la novedad al mayor Ayoroa y se transmita al comando de la Octava División en Vallegrande donde se encuentra Saturno, el comandante de la Octava División, coronel Joaquín Zenteno Anaya.

3. Luego de pedir confirmación de tamaña noticia, Saturno ordena a Flaco (capitán Prado) trasladarse con muertos, heridos y prisioneros a La Higuera, distante dos kilómetros. A su vez Prado ordena levantar la operación militar hasta el día siguiente, dejando guardias apostadas para impedir la fuga de los guerrilleros que aún estuviesen ocultos en la quebrada, y regresa a La Higuera.

4. Muere Pacho desangrado y sin asistencia durante el camino. La revista *Enfoque* de La Paz recogerá las declaraciones del suboficial Eduardo Huerta Lorenzetti: «Los dolores del guerrillero iban en aumento y murmuró algo, acerqué mi oreja a su boca y escuché que me decía: "Me siento muy mal, le ruego haga algo para atenuar mi dolor". Yo no sabía qué hacer pero él mismo me indicó los movimientos de presión. "Ahí en el pecho, por favor", me dijo». Ese combatiente, que en una de las páginas de su diario dejó constancia de que ese día había liberado una mariposa de una telaraña, morirá pocos minutos después.

5. El mayor Ayoroa sale al encuentro de esa lúgubre procesión que transporta soldados y guerrilleros muertos, los heridos de ambos bandos y los prisioneros Che y Willy, seguidos por los lugareños atraídos por el combate y que observan la escena con una mezcla de morbo y estupor.

6. El teniente coronel Selich es el primer alto oficial que ate-

rriza a bordo del helicóptero LS-4 en La Higuera. No corresponde a su área de mando pues es comandante del Regimiento de
Ingenieros n.º 3, pero, conocedor de la zona, lo hace para orientar
al piloto, mayor Jaime Niño de Guzmán, en sus futuros vuelos.
Éste regresa a Vallegrande con dos soldados heridos y ya no volverá a volar ese día pues el sol se ha ocultado.

7. Selich ha salido al encuentro de Ayoroa y Prado y los tres
arriban a La Higuera ya de noche con muertos, heridos y prisioneros. Estos últimos son alojados en la humilde escuela del
villorrio, construida en adobe y con techo de paja, que tiene dos
habitaciones apenas separadas por un tabique de madera. Los
cadáveres de Arturo y Antonio son depositados en el suelo del
espacio ocupado por Willy. Los muertos y heridos bolivianos, en
casa de un campesino.

8. Prado organiza un sistema de seguridad para custodiar a los
prisioneros. Teme una acción de rescate por parte de los guerrilleros que no han podido ser capturados; un oficial deberá estar
siempre en la habitación y dos soldados en la puerta. Ordena al
teniente Totti Aguilera que vende la herida de Guevara. Este suboficial contará al periodista Reginaldo Ustáriz Arce que la respiración del prisionero «era dificultosa, comenzaba a roncar. Parecía
como si se le tapara la respiración. No podía dormir, se sentaba».

9. El entonces capitán de rangers Gary Prado, hoy general
retirado y embajador de su país, inmovilizado en una silla de
ruedas a raíz de un balazo alojado en su médula, me cuenta: «En
una de mis conversaciones con el prisionero, me dice: "Me han
robado mis dos relojes". "¿Quiénes han sido?", le pregunto. "Sus
hombres", me responde. Ordeno una rápida investigación y se los
restituyo. "Uno de ellos es el mío, el otro es del Tuma, un camarada muerto; lo llevo para entregarlo a su familia", me aclara.
"¿Cómo voy a saber cuál es el suyo para devolvérselo cuando
todo esto termine?", le pregunto. Entonces tomó una piedrita del
suelo y a uno de los relojes le hizo una cruz en la parte de atrás.
Luego murió y quedaron en mi poder.* Cuando se reiniciaron

* Versiones de testigos afirman que regaló el Rolex de Tuma a su superior, el mayor Ayoroa.

las relaciones diplomáticas entre nuestros países los envié a Cuba. No sé dónde habrán ido a parar».

10. El teniente coronel Selich, un fundamentalista del anti-comunismo, cuando está frente al Che lo insulta, le reprocha las muertes de sus compatriotas, lo conmina a hablar, le tira de la barba. Ese será el único contacto de Selich con el Che a pesar de sus declaraciones posteriores en las que alega haber dado una lección al jefe rebelde acerca de lo equivocado de su accionar.

11. El mayor Ayoroa, cuando Selich ha abandonado el cuarto, se limita a ordenar al Che que se ponga de pie para palparlo. El militar boliviano, en nuestro diálogo en Santa Cruz de la Sierra, me cuenta: «No llevaba nada encima, salvo un huevo duro», seguramente su alimento para todo el día. Antes de retirarse preguntará al prisionero por qué se habían desplazado de día, haciéndose tan visibles, en flagrante contradicción con las reglas de la guerrilla. El Che se limitará a preguntar por sus hombres, «son buena gente, en estos momentos podrían estar viviendo cómodamente, con sus familias».

12. Guevara es despojado de sus pertenencias que son acumuladas en la habitación del telegrafista: su diario de campaña, libros de historia y geografía bolivianas, mapas por él actualizados de la zona, su documentación personal, un altímetro que colgaba de su cuello, una pistola alemana calibre 9 mm con cargador, una daga Solingen, dos pipas (una de fabricación casera), una carterita con dinero: dos mil quinientos dólares y veinte mil pesos bolivianos (que serán repartidos entre los oficiales).

13. Durante esa noche, la última de su breve vida, el Che recibirá buenos y malos tratos. Entre los primeros está el respeto con el que lo trata el capitán Prado; también los tenientes Totti Aguilera y Huerta Lorenzetti, quienes lo convidan con cigarrillos y se interesan por la familia del prisionero.

En cambio lo maltratarán, además de Selich y Ramos, el subteniente Pérez y algunos soldados que han estado bebiendo y festejando, y que ingresan a la escuelita para insultarlo y mofarse de él hasta que Totti Aguilera los obliga a retirarse.

14. Entre los que desean maltratarlo está Julia Cortés, una de

las maestras del pueblo, una joven agraciada de diecinueve años que ingresa en la escuelita «para preguntarle por qué había venido de tan lejos para matar bolivianos», me contará muchos años después en su vivienda de Vallegrande donde ejerce como partera. «Me lo imaginaba feo, con un aspecto temible; en cambio cuando estuve frente al Che y nos miramos me pareció un hombre increíblemente bello. Quedé flechada.»

El preso le contestará que los guerrilleros luchaban para que haya menos pobres en Bolivia donde había muchas enfermedades que podían evitarse, como la desnutrición, la tuberculosis y los problemas dentarios. También dice que demasiados niños mueren al nacer o cuando son muy pequeños. Después conversarán sobre la vocación de enseñar de Julia y el Che le dirá que tiene hambre, que le consiga un huevo para comer.

15. Más tarde, otros de los que desfilan para observar al mítico guerrillero que yace sobre el suelo agotado, sucio, deprimido, asfixiado, comentarán con ironía: «Está pensando en la inmortalidad del burro», a lo que Guevara responderá, rápido: «No señor, no estoy pensando en eso; estoy pensando en la inmortalidad de la revolución, esa que tanto temen aquellos a quienes ustedes sirven».

16. El argentino premiará a quienes lo han tratado con deferencia. Un ex soldado que conservó el anonimato cuenta: «Yo le vi manejar dos pipas al Che Guevara; una se la entregó a un soldado de apellido Zambrana, de Porco. Se la regaló como un recuerdo porque el soldado era muy bueno».

17. Julia Cortés, quien hasta hoy está convencida de que el flechazo fue recíproco, lo que ha servido para que muchos descalifiquen injustamente su rico testimonio, regresa a la escuelita a llevarle comida junto con Gary Prado, quien no registró las otras sigilosas visitas de Julia. «El Che tomó el cazo con las manos atadas y con dificultad se lo llevó a la boca.» Es evidente que el Che ha encontrado en la joven a alguien que podrá jugar a su favor y desarrolla un juego de seducción. «Cuando después es sacado al sol para tomarle fotos, pedirá que me ponga a su lado, pero uno de los soldados me aconseja que no lo haga.» Quizá sea cierto, quizá el deseo se apodere de su memoria.

18. Cuando le correspondió el turno al teniente Eduardo Huerta, un joven de veintidós años de edad y miembro de una familia destacada de Sucre, el Che conversaría largo rato con él. El oficial boliviano contará que la mirada del Che lo había impresionado, tanto que llegó a sentirse casi hipnotizado. El prisionero le habló de la miseria en que vivían los pueblos latinoamericanos y de la necesidad de una revolución que cambiase las cosas. También sobre el trato respetuoso que los guerrilleros daban a sus prisioneros, tan diferente del que recibían los capturados por el ejército.

El joven oficial lo escucha hablar también de sus cinco hijos, de su esposa, de Camilo Cienfuegos, de Fidel Castro, del cariño y respeto que sentía por ellos. Huerta narrará que estaba tan atrapado por la personalidad y las palabras de su prisionero que consideró seriamente la posibilidad de facilitarle la fuga, para lo que salió al exterior para estudiar la situación. Allí su amigo de apellido Arambar, que estaba de guardia, lo llamó a la realidad acerca de que eso podía costarle la vida; entonces Huerta reflexionó y decidió no actuar. Al reingresar en la habitación el Che lo escrutará fijamente en silencio y el teniente confesará que no pudo sostenerle la mirada.

19. El presidente de Bolivia, Barrientos, convoca en la noche del 8 de octubre de 1967 una reunión militar del más alto nivel. Ingresa con sus jefes de Estado Mayor y comandante en jefe del Ejército, generales Ovando y Juan José Torres, a una pequeña sala de exposiciones en la sede militar. Después de una grave conversación se incorporan a la reunión otros altos mandos de las tres armas como Marcos Vásquez Sempertegui, David La Fuente, León Kolle Cueto y Horacio Ugarteche, ante quienes Barrientos, con el deliberado propósito de comprometer a los miembros del alto mando militar en la decisión, plantea el punto de la eliminación física del Che. Lo expuso como decisión, no para someterla a discusión. Concluida la reunión se envía una instrucción cifrada a Vallegrande. Luego Ovando se dirigirá hacia el aeropuerto y en un avión TM-14 parte hacia esa población; con él viajaron el contralmirante Horacio Ugarteche, los coroneles Fernando Sattori y David La Fuente, el teniente coronel Heberto

Olmos Rimbaut y los capitanes Óscar Panno, Ángel Vargas y René Ocampo.

20. A las 7 de la mañana llega Zenteno a La Higuera trayendo personalmente la orden de eliminar al Che. Urbano, durante nuestra conversación en La Habana, recordará: «Durante la campaña de la Sierra, cuando la toma del cuartel de Guiñé de Miranda, el ejército se rinde pero un compañero no oye la orden de alto el fuego y sigue tirando. El Che se corrió hasta su posición, le dio con el codo y le dijo: «¡Oye, tienes que dejar de tirar, que se rindieron. Y cuando un hombre se rinde ya deja de ser enemigo!».

En el helicóptero, además del coronel Zenteno y del piloto Niño de Guzmán, llega Félix Rodríguez, el agente de la CIA cuyo nombre ficticio es Capitán Ramos. Como se trata de un aparato pequeño que sólo puede llevar dos pasajeros, se prefiere embarcar a Rodríguez y dejar en tierra al jefe de Inteligencia boliviano, Arnaldo Saucedo Parada. El informe secreto de la CIA, al que ya nos hemos referido, que lleva la identificación en español «Inspector General-15 2015», especifica que Ramos lo acompaña «para interrogar a Guevara». Señala también que lleva consigo «un radio-transmisor RS-48».

21. El teniente coronel Selich vuela a Vallegrande en el regreso de ese primer vuelo, tal como lo escribe Gary Prado. La jefatura le corresponde a Zenteno y nada tiene que hacer allí Selich; además se sabe que Ovando llegará a Vallegrande y quizá esté en sus propósitos el hacerle de anfitrión y chequear sus sentimientos ante una circunstancia que indudablemente favorecerá a su adversario en la disputa interna del poder militar, el presidente Barrientos.

22. Zenteno transmite la orden de matar al Che al mayor Ayoroa. Éste argumenta que no es una orden que el reglamento militar obligue a obedecer y propone que esté a cargo de alguien que se ofrezca voluntariamente.

23. Zenteno, Ayoroa y Prado parten hacia la quebrada del Churo donde continúan los rastrillajes. De tanto en tanto se escuchan disparos y explosiones. Aniceto también será muerto en combate o ejecutado una vez hecho prisionero. El Chino es traí-

do al pueblo herido, ciego, con la cara destrozada por un balazo; aún no ha llegado la instrucción de que no deben quedar
«sapos vivos» y se lo aloja en lo del telegrafista. Durante nuestra
entrevista Gary Prado cometerá un acto fallido y me dirá: «Capturamos un cadáver».

24. Mientras el helicóptero va y viene transportando soldados heridos y luego los cadáveres de ambos bandos, el capitán
Ramos fotografía una por una las páginas del diario del Che con
la ayuda de un soldado cuyos dedos aparecerán en varias de las
tomas. También despliega una antena y con su moderno radio-
transmisor mantiene secretas conversaciones con su base de
la CIA.

25. A continuación el falso capitán Ramos tiene un violento
diálogo con el Che del que será testigo el piloto Niño de Guzmán: «El supuesto capitán entró en la habitación y acercando su
cara hasta casi tocar la del Che, en una actitud prepotente, le
preguntó: "¿Tú sabes quién soy?". Guevara lo miró y le dijo: "Sí,
un traidor", y le escupió en la cara».

La versión coincide con la que Gary Prado me contará en
México: «¿Cómo se atreve ese hombre a hablar del Che si lo
único que hizo fue insultarlo? Guevara le respondió que era un
mercenario y le escupió en la cara».

Sin arredrarse ante los testimonios descalificadores, Félix
Rodríguez ha mantenido hasta hoy su fantasiosa versión del
encuentro con el Che, que repetirá a la periodista Daniela Reverte en Miami, para este libro, casi sin cambiar una coma de sus
dichos a otros biógrafos que los han reproducido con insólita
credulidad (los signos de interrogación me pertenecen): «Entré
en la habitación donde él estaba, me lo quedé mirando y le dije:
"Mi comandante, lo siento, son órdenes superiores, yo he tratado…". Su cara se puso blanca como un papel. Nunca he visto a
una persona que cambie el color de su cara como el Che [¿?]. Sin
embargo, no movió ni un músculo y me dijo: "Es mejor así. Yo
nunca debí caer preso vivo". En ese momento sacó la pipa y me
dijo: "Yo quiero entregarle mi pipa a un soldado que se portó
muy bien conmigo" [¿?]. Entró el sargento Terán que nos estaba
oyendo detrás de la puerta. Él ya había ejecutado a los otros dos

prisioneros y me dijo: "Mi capitán, yo la quiero, yo quiero esa pipa". En eso el Che dijo: "No, a ti, no te la doy" [¿?]. Yo le dije: "Comandante, ¿me la da a mí?". "Sí, a ti, sí te la doy", respondió [¿?]. Me dio la pipa, me la guardé y le dije: "Si es posible y puedo hacerlo, ¿quiere algo para su familia?". Y entonces me dijo con cierta amargura: "Dile a Fidel que pronto verá una revolución triunfante en América Latina". Lo cual yo interpreté como que había sido abandonado, y sin embargo le quiso decir a Fidel que su idea iba a triunfar [¿?]. Después me dijo en otro tono: "Y si puedes, dile a mi señora que se case y trate de ser feliz" [¿?]. Después de eso ya no cruzamos más palabras. Estaba parado, se acercó donde estaba yo, me extendió la mano, se la estreché y me dio un abrazo [¿?]. Se lo correspondí. Después él se retiró, se quedó mirándome, se paró en atención, pensando que era yo el que lo iba a ejecutar. Fue un momento muy emocionante, algo difícil de explicar. Entonces nos dimos la mano otra vez, lo abracé y me retiré de la habitación" [¿?]». Este fantasioso relato por supuesto no figura en el informe secreto que da a su agencia ocho años más tarde y al que ya nos hemos referido.

También mentirá el general Ovando ante el periodismo al confirmar la versión oficial de la muerte en combate del Che e inventando que uno de los soldados alcanzó a escuchar sus últimas palabras: «Soy el Che, he fracasado». También una inexistente frase del diario del guerrillero argentino: «Nunca imaginé que los soldados bolivianos pelearían con tanto valor».

26. Zenteno y Ayoroa regresan a La Higuera dejando a Prado a cargo de las últimas acciones pues ya han comprobado que no hay más rebeldes en la quebrada. Se han escapado diez de diecisiete, el cerco no ha sido exitoso salvo por la captura del pez más gordo. Al llegar los oficiales convocan a tenientes y sargentos y piden voluntarios para matar a los prisioneros. Todos se ofrecen. Zenteno, al azar pues no los conoce, elige al sargento Terán para el Che y al sargento Huanca para Willy.

27. Mis investigaciones llegan a la conclusión de que el Chino fue asesinado a culatazos por oficiales y soldados borrachos durante los desbordados festejos nocturnos. Esa versión me fue corroborada por Urbano durante nuestro encuentro en La Ha-

bana. Julia Cortés me dirá que el peruano nunca estuvo en el interior de la escuelita y que sólo lo vio tendido sobre el suelo, muerto, junto a los otros cadáveres. Las referencias de la maestra son importantes porque todos los habitantes masculinos habían huido de La Higuera ante la inminencia del combate, y de las mujeres fue la única que tuvo el coraje o el desparpajo de curiosear y de interactuar con guerrilleros y soldados.

28. Casi ningún biógrafo se ha ocupado de Willy en aquellas horas previas a su muerte. Julia Cortés me dirá que se asomó a la habitación donde el minero boliviano estaba alojado y quedó impactada por lo lúgubre de la escena: el prisionero estaba casi a oscuras, sentado sobre el suelo, junto a los cadáveres de sus compañeros. Con voz serena Willy le preguntará: «¿Tú quién eres?» y luego comentará que él también era profesor. «Después supe que no era cierto, no sé por qué mentiría», me dirá Julia.

29. Félix Rodríguez insistirá luego en una versión desculpabilizadora que no es creíble: que ha recibido por su radio orden de mantener vivo al Che y trasladarlo a Panamá para interrogarlo. Está claro que eso era inaceptable para la dignidad del gobierno boliviano y también para los Estados Unidos que no podrían explicar al mundo cuáles eran sus derechos para disponer a su antojo del guerrillero argentino.

30. El coronel Zenteno se encuentra en un aprieto: se están reuniendo periodistas y funcionarios en Vallegrande para recibir el cadáver del Che y éste está todavía vivo en La Higuera. En el citado informe secreto puede leerse: «Le dijo [a Félix Rodríguez] que ejecutara a Guevara de cualquier forma, que él [Zenteno] debía volar hacia Vallegrande y que enviaría el helicóptero de regreso para recoger el "cuerpo" [con comillas en el informe] de Guevara a las 2 pm y que "como amigo" le pedía que el cuerpo estuviese listo».

Es indudable que no confía en que el mayor Ayoroa, que hasta el día de hoy mantiene una actitud evasiva, tendrá el coraje de asumir la responsabilidad de hacer cumplir la pena. En parte por razones humanitarias, pero también por razones políticas: la detención y muerte del Che fortalecerá la posición del presidente

Barrientos ante el poco secreto golpe que Ovando prepara en su contra. No es su voluntad aparecer favoreciendo a quien se encuentra en posición de extrema debilidad política, y que poco tiempo después morirá en un atentado que derribará el helicóptero en que viajaba. Zenteno, que tiempo después también sería asesinado por un comando Che Guevara en París, parte a las 11 am.

31. Se da la curiosa circunstancia de que al no estar Zenteno, Selich, Ayoroa ni Prado el oficial de más alta graduación, aunque falsa, es el capitán Ramos. Los designados verdugos vacilan en cumplir la orden. Vuelve a sonar el teléfono de comunicaciones militares y Félix Rodríguez escucha una voz, cree reconocer la del mayor Ayoroa, que «por mandato de las más altas autoridades» le ordena cumplir con la clave «500-600». Capitán Ramos no desconoce que «500» significa comandante Che Guevara, «600», ejecutar y «700», preservar su vida.

32. Ramos convoca a Terán y a Huanca e instruye al primero de balear al Che del pecho hacia abajo para seguir con la ficción del «muerto desangrado por heridas recibidas en combate», pues las radios han difundido que fue herido en las piernas. Gary Prado me dirá: «Ése fue un error tremendo pues muchos lo habían visto caminando».

33. Huanca entra en la habitación de Willy y lo mata. Es la 1 pm.

34. La muerte del Che no será inmediata, contradiciendo la versión unánime de quienes se han ocupado del tema. Según Julia Cortés pasaría media hora y según Félix Rodríguez veinte minutos. Hay tiempo para que el Che mande llamar a la maestra. Lo hace un soldado por instrucción del teniente Huerta, nuevamente a cargo de vigilar al prisionero. «Me dice que el Che quiere hacerme una corrección de un error de ortografía», me cuenta la mujer en Vallegrande, que a pesar del paso de los años y los infortunios conserva una indudable belleza. Es claro que se trata de un pretexto y Guevara, Huerta y Julia lo saben.

«Todos los que han escrito sobre esto se equivocan al decir que era una frase escrita sobre el pizarrón. No había pizarrón, eran afiches pegados contra la pared y escritos a mano. Tampo-

co aciertan con la frase, no era "Ya sé leer", sino que la palabra
fue "Angulo". El Che decía que la mayúscula debía llevar acento y yo le insistí que no. Al final me dio la razón.»

Pero lo que interesa al Che es otra cosa. «Me encarga que
averigüe qué es lo que van a hacer con él. En ese momento aparece un soldado que le dice a Huerta que lo llaman a lo del telegrafista. El Che y yo nos quedamos a solas; entonces me cuenta
que han entrado tres uniformados a avisarle de que lo van a matar
como a Willy. Yo salgo afuera pero no veo a ningún jefe, ni Ayoroa, ni Zenteno, ni Prado, nadie.»

Quienes han entrado son el teniente Pérez y otros dos sub-
oficiales no identificados:

—¿Tiene usted algún deseo antes de morir?

—Comer.

—¿Es usted materialista que sólo piensa en comer?

—Quizá —contestará el Che, con un dejo burlón.

«No parecía asustado, me sonrió; creo que lo que quería era
prepararse para lo que viniese», recordará la maestra. Durante el
almuerzo la joven consultará con su madre quien le aconsejará
no implicarse tanto en el asunto; podía ser peligroso.

35. El sargento Terán ha estado buscando un arma mejor que
la suya. No es cierto que se haya emborrachado, y mucho menos con whisky como inventa algún biógrafo, inhallable en un
lugar donde me fue imposible, más de treinta años después, tomar una Coca-Cola. Pero lo cierto es que le cuesta mucho apre-
tar el gatillo y entra y sale de la habitación no menos de tres
veces, sufriendo el escarnio de sus colegas que se burlan de su cobardía, que contrasta con la decisión del sargento Huanca.

36. El Che le dirá a su verdugo, entre provocativo y sereno:
«Dispara, cobarde, vas a matar a un hombre». No es acertada la
tan difundida versión de que habría dicho: «sólo a un hombre»,
de confusa acepción. En cambio lo que quiere significar, con dignidad, es que quien va a morir es un valiente. Y su apelación al
verdugo es inevitable asociarla con aquel «ve y cumple con lo que
debes hacer» de Jesús a Judas.

Aleida Guevara, su hija, me dirá: «En su escrito "La piedra"
habla de la muerte, confiesa que le tiene miedo a la muerte. Es

un hombre como cualquiera: teme a aquello que le puede hacer daño o simplemente a lo que desconoce. Lo que le da valor es que él se sobrepone a ese miedo y por eso murió como vivió, con mucha dignidad y con mucha integridad»:

En «La Piedra» el Che escribiría: «Si quedaba tendido en un monte o me recogían los otros no habría pañuelito de gasa; me descompondría entre las hierbas o me exhibirían y tal vez saldría en el *Life* con una mirada agónica y desesperada fija en el instante de supremo miedo. Porque se tiene miedo, a qué negarlo».

37. No habrá tiros posteriores. Ni Gary Prado ni el suboficial Carlos Pérez ni el soldado Fortunato Cabero, contrariamente a las afirmaciones de algunos biógrafos, entrarán a la habitación y dispararán sus pistolas contra el cuerpo del comandante Ernesto Che Guevara. Los testigos que aún viven en La Higuera y en Vallegrande me dirán, unánimemente, que luego de la ráfaga del Garand de Terán sobrevino un impresionante silencio que dura hasta hoy.

Urbano, que trataba de huir de la zona con los otros cinco combatientes, me cuenta en La Habana: «Con su típica generosidad, el Che le había dado a Benigno una radio pequeñita, de bolsillo, para que oyera música y lo de su herida fuese más tolerable. Mientras mis compañeros se acostaban a dormir, a mí me toca hacer la primera guardia y a las 8 de la mañana oigo en el noticiero que fue hecho prisionero en combate Ernesto Che Guevara, herido leve en las piernas, y describen que trae los pies envueltos en unos pedazos de colcha, un par de medias de lana tejidas, y describen los objetos que llevaba encima menos aquello de algún valor como los relojes Rolex, veinte mil dólares, el diario y la pistola, o sea que las cosas importantes no aparecieron en la noticia. No me quedan dudas de la veracidad de la noticia; le tiro una piedrecita a Pombo, lo despierto y le informo. En aquel momento viramos la cara los dos para no vernos las lágrimas».

94

El informe de la autopsia realizada por el ejército boliviano indica:

Edad: aproximadamente 40 años.

Raza: blanca.

Estatura: 1,73 m aproximadamente.

Cabello: castaño, ondulado, bigotes y barba igualmente ondulados, cejas pobladas.

Nariz: recta.

Labios: delgados, boca entreabierta con manchas de nicotina, falta del premolar inferior izquierdo.

Ojos: ligeramente azules.

Constitución: regular. Extremidades: pies y manos bien conservados, con una cicatriz que cubre casi todo el dorso de la mano izquierda. Al examen general presenta las lesiones siguientes:

1. Herida de bala en la región de la clavícula izquierda, con salida en la región escapular del mismo lado.
2. Herida de bala en la región de la clavícula derecha, con fractura de ésta, sin salida.
3. Herida de bala en la región costal derecha, sin salida.
4. Dos heridas de bala en la región costal lateral izquierda, con salidas en la región dorsal.
5. Herida de bala en la región pectoral izquierda entre la novena y décima costilla, con salida en la región lateral del mismo lado.
6. Herida de bala en el tercio medio de la pierna derecha.
7. Herida de bala en el tercio medio del muslo izquierdo en sedal.

8. Herida de bala en el tercio inferior del antebrazo derecho, con fractura del cúbito.

La muerte fue causada por las heridas del tórax y por la hemorragia subsiguiente.

Anexo del comunicado:

La comisión de técnicos destacados por el gobierno argentino, a pedido del gobierno boliviano, para confirmar por las huellas digitales la identificación de los restos de Ernesto Guevara de la Serna, atestiguará que efectivamente se trata de él.

Firman los doctores Moisés Abraham y José Martínez Osso.

Lo que vendrá después de la ráfaga del Garand de Terán da material para otro libro. El asesino se ocultará obsesivamente disfrazado con pelucas y prótesis, negándose a toda entrevista y descalificando por falsas a todas las que supuestamente diera. También a mí me resultó imposible convencerlo.

Félix Rodríguez, en el documento desclasificado el 4 de septiembre de 1999, PD 102-526, informará a sus superiores que reportó las ejecuciones al mayor Ayoroa y al capitán Prado cuando ambos regresan a La Higuera. Luego se dirige por tierra hasta Santa Cruz de la Sierra (no estará en Vallegrande donde será relevado por Gustavo Villoldo, el falso Doctor García, quien será fotografiado por R. Ustáriz en el momento de propinar un puntapié al cadáver del Che). Rodríguez volará luego a La Paz y de allí a la zona del canal de Panamá en un C-130 especialmente enviado por el general Porter, a quien rendirá una exhaustiva información.

El cadáver aún tibio expuesto en la lavandería del hospital Nuestra Señora de Malta en Vallegrande fue sometido a limpieza, corte de pelo y acicalamiento con el fin de convencer a los incrédulos periodistas nacionales y extranjeros de que era cierto que el humilde ejército boliviano había derrotado al mítico guerrillero, y que era él quien allí yacía para alivio o consternación del mundo entero. Eso construyó esa imagen maravillosa e impresionante de un muerto que observa el infinito con una mirada crística de ojos abiertos por el viento que azotó a ese cuerpo atado al patín de un helicóptero. Expresión inmortalizada por el audaz fotógrafo Fredi Alborta, quien, a pesar de las protestas de los militares, tuvo el coraje de pararse sobre el piletón para tomar una fotografía frontal que contrasta con el también primer plano del rostro cruelmente deformado del argentino muerto hacía pocos segundos, aún yacente sobre el piso de la escuelita, que hace poco tiempo diera a conocer el general Arana Cerrudo, entonces jefe de Inteligencia del ejército boliviano.

Varios de los oficiales que intervinieron en la persecución y asesinato de Guevara enfrentarán un destino trágico dando pie a la leyenda de la «maldición del Che». En realidad algunos de ellos fueron víctimas de atentados relacionados con La Higuera, pero otros fueron parte de la sangrienta lucha por el poder que se desató en las fuerzas armadas bolivianas:

1. El general René Barrientos, presidente de Bolivia, muere en 1969 en un accidente de helicóptero cuya causa nunca será aclarada.

2. El general Alfredo Ovando, su sucesor, ve cómo su hijo mayor muere también en un sospechoso accidente de aviación. Cae en un pozo depresivo y muere en 1982.

3. El general Juan José Torres, jefe de Estado Mayor cuando el Che fue capturado y presidente de un gobierno de izquierda en 1971, es asesinado en Buenos Aires, en 1976, por el grupo parapolicial Triple A.

4. El comandante de la Octava División de Santa Cruz, el coronel Joaquín Zenteno, quien transmite la orden de ejecutar al Che, es asesinado en una calle de París en 1976 por un comando Che Guevara.

5. El coronel Roberto Quintanilla, quien quería decapitar el cadáver del Che, es asesinado en su despacho de cónsul de Bolivia en Hamburgo en 1971.

6. El teniente coronel Andrés Selich, el que insulta y tironea de la barba al Che en la escuelita, muere en 1973 linchado por sus compañeros de armas en La Paz.

7. El capitán Prado, jefe de la compañía que capturó al Che, recibe en 1972 un balazo en la columna que lo obliga desde entonces a desplazarse en una silla de ruedas.

La ansiedad de los bolivianos por que no se dudase de que su presa era el celebérrimo comandante Ernesto Che Guevara hizo que se le cortasen ambas manos para que los especialistas argentinos, que demoraron varios días en traer sus impresiones digitales, pudiesen cotejarlas. Se adoptó esa macabra decisión cuando hubiese bastado con tomar las huellas digitales del cadáver ante periodistas, funcionarios y notarios. A duras penas algunos lograron impedir que también se le cortase la cabeza. Las manos fueron introducidas en un frasco con formol e iniciaron un disparatado periplo que terminará en Cuba.

Algo similar sucedió con el diario cuyo original pretendió ser subastado en los Estados Unidos pero que hoy yace custodiado en el tesoro del Banco Central de Bolivia, conjuntamente con la libreta de anotaciones del Che y el diario de Pombo. Una copia del diario fue enviada temprana y clandestinamente a Fidel Castro y su divulgación impidió que se lo tergiversara.

Muchos jóvenes siguieron las enseñanzas del Che sobre la lucha armada y tomaron su vida y su lucha como ejemplo, desatando en varios países de Latinoamérica una etapa de sangrienta guerra contra las fuerzas armadas que actuaron interrelacionadas entre sí y con apoyo logístico de los Estados Unidos. Las pérdidas fueron cuantiosas por ambos lados aunque en el país del Che, la Argentina, la cantidad de bajas civiles, que no sólo incluyó a guerrilleros sino también a dirigentes políticos, gremiales y estudiantiles de la oposición, alcanzó la impresionante suma de treinta mil desaparecidos, es decir torturados y asesinados cuyos cuerpos jamás fueron reintegrados a sus familias. En escala menor un proceso similar se dio en otros países de la región.

Ello no fue una consecuencia colateral del fenómeno Che Guevara, sino algo que estaba en sus cálculos y en su deseo: «En cualquier lugar que nos sorprenda la muerte bienvenida sea, siempre que ése, nuestro grito de guerra, haya llegado hasta un oído receptivo y otra mano se tienda para empuñar nuestras armas, y otros hombres se apresten a entonar los cantos luctuosos con tableteo de ametralladoras y nuevos gritos de guerra y de victoria». Estas líneas cerraban su mensaje «Crear dos, tres... muchos Vietnams», dirigido a los no alineados e insurrectos de la Tricontinental y publicado en mayo de 1967 cuando ya las sombras de la tragedia boliviana se cernían sobre el jefe guerrillero y sus hombres.

La difusión de la lucha armada como vía revolucionaria, sin duda alentada por el ejemplo heroico de Guevara, rápidamente entronizado como mesías antiimperialista, contradijo un memorando secreto de Walt Rostow al presidente Lyndon Johnson, desclasificado con las siglas E.O. 12938, SEC. 3.6, NLJ 95-319, en que se afirma que «en el contexto latinoamericano [la muerte del Che] tendrá un fuerte impacto en descorazonar futuras guerrillas».

En lo que acierta el citado memo es al establecer que la aniquilación de la guerrilla guevarista «demuestra el acierto de nuestra asistencia de "medicina preventiva" [entre comillas en el original] a países que enfrentan insurgencia incipiente. Fue el Segundo Batallón de Rangers bolivianos, entrenado por nuestros boinas verdes desde junio a septiembre, quienes lo arrinconaron y lo capturaron».

En mi recorrido por la zona de Vallegrande y La Higuera me sorprendí al descubrir un difundido culto religioso al Che, san Ernesto de La Higuera, a quien se le erigen altares y se le reza, siendo considerado muy milagrero, especialmente con los humildes. Nelly Ramírez, una campesina que entrevisté en el camino entre Pucará y La Higuera, me contará que su marido había caído gravemente enfermo y debía trasladarse a la ciudad para comprar el medicamento pero no tenía cómo hacerlo. «Le recé a san Ernesto y al ratito llega un vecino a devolver un caballo que le habíamos prestado tiempo atrás. Pero era de noche y el camino, sobre todo para una mujer sola, era muy peligroso. Entonces se apareció un perro negro, grandote, que daba miedo, nunca visto en la zona, que no se despegó de mi lado a la ida ni a la vuelta.» Según Nelly, y otras mujeres que escuchaban el relato, ese perro era el Che.

Pero no estaría completa una biografía sobre el Che sin dar voz a sus críticos. Desde que cobró notoriedad estuvo expuesto a campañas de desprestigio. Aún hoy, casi cuarenta años después de su muerte, caso único en el mundo, existen sitios en internet dedicados a denigrarlo acusándolo de varios miles de ejecuciones, e inventarán que no pocas fueron por mano propia o en su presencia. También allí se afirma que su título de médico era falso y que le fue otorgado por motivos políticos. O se exageran sus conflictos con Castro para perjudicar a éste, llegando a afirmar que la muerte del Che respondió a una expresa, y no creíble, decisión del presidente cubano.

Para muchos es sospechosa la parábola de Régis Debray, que pasó de ser uno de sus admiradores, tanto como para incorporarse al foco guerrillero en Bolivia, a constituirse en un crítico que fue más allá del ideario de Guevara para sostener que padecía de graves trastornos psicopatológicos. Lo que no era banal, pues el francés es un intelectual de prestigio, sin duda aumentado por su experiencia boliviana, cuya palabra es escuchada en todo el mundo.

Estas deformaciones no restan lugar a comentarios polémicos, pero honestos como el del filósofo francés Bernard-Henri Lévy cuando le pregunté su opinión: «La imagen del Che que ha dominado mi juventud es la del caudillo romántico, sin miedo y sin reproches, idealista, oponiéndose a los poderosos, fuesen los Estados Unidos o Fidel Castro. Pero la realidad es que el Che Guevara también era, a su manera, un totalitario. Tenía una concepción de la sociedad, del mundo, que si su revolución hubiera triunfado yo no hubiese querido vivir en esa sociedad supuestamente perfecta.

»Él tenía la obsesión por la pureza, que es a mi juicio una de las peores de las tentaciones políticas. Era en pos de ese ideal que el Che era capaz de apoyar el caño de su revólver en la sien de un descarriado y disparar fríamente como lo hizo varias veces en la Sierra Maestra. Cuando un hombre de la política, un hombre de la historia, se embandera con la toga de la pureza incentiva, hace soñar, pero también es el signo de que lo peor se está preparando. Porque es en defensa de la pureza que se llevan a cabo las mayores masacres, en defensa de la raza pura, de la sociedad pura, de la comunidad pura, de la revolución pura en el caso de Guevara».

Lo cierto es que el guerrillero legendario —también interesante teórico marxista— ha sobrevivido a sus críticos, y el tiempo en vez de borrar su memoria parece agigantarla día tras día. Los que pretendieron extirparlo de la faz de la tierra, a manos del centurión Terán, lo que lograron fue inmortalizarlo en los noticieros globalizados, ya que donde haya una manifestación o una huelga, donde ciudadanas y ciudadanos de algún rincón del planeta se junten para protestar y rebelarse, sea en Stuttgart, en Ankara o en Santo Domingo, en Davos, en Bagdad o en Porto Alegre, en cualquier ciudad del mundo, la imagen del comandante Che Guevara sobrevolará gritos, gases lacrimógenos y estampidos con aquella serenidad semisonriente que jamás dejará de observarnos, juzgarnos y empujarnos.

Sobre su capacidad de pensar, tan admirable como su capacidad de hacer, baste con reproducir un fragmento de su discurso ante la UNCTAD, en marzo de 1963, ¡hace más de cuarenta años!: «El Fondo Monetario Internacional, el Banco Internacional de Reconstrucción y Fomento, el GATT y, en nuestra América, el Banco Interamericano de Desarrollo, son ejemplos de organismos internacionales puestos al servicio de las grandes potencias capitalistas, fundamentalmente del imperialismo norteamericano. Ellos se introducen en la política económica interna, en la política de comercio exterior y en todas las formas financieras de relaciones internas y de relaciones entre los pueblos».

Sabedor de que estaba escribiendo esta biografía, mi amigo Eduardo Galeano me hizo llegar un fax:

Pacho: Te mando un textito que escribí hace algún tiempo y que es todo lo que tengo que decir:

¿Por qué será que el Che tiene esta peligrosa costumbre de seguir naciendo? Cuanto más lo insultan, lo manipulan, lo traicionan, más nace. Él es el más nacedor de todos.

¿No será porque el Che decía lo que pensaba, y hacía lo que decía? ¿No será que por eso sigue siendo tan extraordinario, en un mundo donde las palabras y los hechos muy rara vez se encuentran, y cuando se encuentran no se saludan, porque no se reconocen?

COMPOSICIÓN DE LA GUERRILLA EN BOLIVIA

Alejandro	Gustavo Machín Hoed de Beche	Cubano
Aniceto	Aniceto Reynaga Gordillo	Boliviano
Antonio-Olo	Orlando Pantoja Tamayo	Cubano
Apolinar-Polo-Apolinario	Apolinar Aquino Quispe	Boliviano
Arturo	René Martínez Tamayo	Cubano
Benigno	Daniel Alarcón Ramírez	Cubano
Benjamín	Benjamín Coronado Córdoba	Boliviano
Braulio	Israel Reyes Zayas	Cubano
Camba	Orlando Jiménez Bazán	Boliviano
Carlos	Lorgio Vaca Marchetti	Boliviano
Chapaco-Luis	Jaime Arana Campero	Boliviano
Chingolo	Hugo Choque Silva	Boliviano
Chino	Juan Pablo Chang Navarro	Peruano
Coco	Roberto Peredo Leigue	Boliviano
Daniel	Pastor Barrera Quintana	Boliviano
Danton	Jules Régis Debray	Francés
Darío	David Adriazola Veizaga	Boliviano
Ernesto-Médico	Freddy Maymura Hurtado	Boliviano
Eusebio	Eusebio Tapia Aruni	Boliviano
Eustaquio	Lucio Edilberto Galván Hidalgo	Peruano
Guevara-Moisés	Moisés Guevara Rodríguez	Boliviano
Inti	Guido Álvaro Peredo Leigue	Boliviano
Joaquín-Vilo	Juan Vitalio Acuña Núñez	Cubano

Julio	Mario Gutiérrez Ardaya	Boliviano
León-Antonio	Antonio Domínguez Flores	Boliviano
Loro-Bigotes-Jorge	Jorge Vázquez Viaña	Boliviano
Marcos-Pinares	Antonio Sánchez Díaz	Cubano
Miguel	Manuel Hernández Osorio	Cubano
Moro-Muganga- *Morogoro-Médico*	Octavio de la Concepción de la Pedraja	Cubano
Negro-Médico	Restituto José Cabrera Flores	Peruano
Ñato	Julio Luis Méndez Korne	Boliviano
Orlando	Vicente Rocabado Terrazas	Boliviano
Pablo	Francisco Huanca Flores	Boliviano
Paco	José Castillo Chávez	Boliviano
Pacho-Pachungo	Alberto Fernández Montes de Oca	Cubano
Pedro-Pan Divino	Antonio Jiménez Tardío	Boliviano
Pelao-Mauricio Carlos	Ciro Roberto Bustos	Argentino
Pepe	Julio Velazco Montaro	Boliviano
Pombo	Harry Villegas Tamayo	Cubano
Ramón-Fernando	Ernesto Che Guevara	Argentino
Raúl	Raúl Quispaya Choque	Boliviano
Ricardo-Papi- *Chinchu-Taco*	José María Martínez Tamayo	Cubano
Rolando- *San Luis*	Eliseo Reyes Rodríguez	Cubano
Rubio-Félix	Jesús Suárez Gayol	Cubano
Salustio	Salustio Choque Choque	Boliviano
Serapio-Serafín	Serapio Aquino Tudela	Boliviano
Tania	Haydée Tamara Bunke Bider	Argentino-alemana
Tuma-Tumaini	Carlos Coello	Cubano
Urbano	Leonardo Tamayo Núñez	Cubano
Víctor	Casildo Condori Vargas	Boliviano
Walter	Walter Arancibia Ayala	Boliviano
Willi-Wylly- *Willy-Wily*	Simón Cuba Saravia	Boliviano

BIBLIOGRAFÍA

LIBROS

Acevedo, Enrique, *Descamisado*, Cultura Popular, La Habana, 1993.

Agüero, Luis y otros, *Che comandante*, Diógenes, México, 1968.

Alain, José, *El conflicto chino-soviético en América Latina*, Arca, Montevideo, 1967.

Alarcón Ramírez, Daniel, Benigno, y Mariano Rodríguez, *Les survivants du Che*, Éditions du Rocher, París, 1995.

—, *Memorias de un soldado cubano*, Tusquets, Barcelona, 1997.

Alcázar, José Luis, *Ñancahuazú, la guerrilla del Che en Bolivia*, Ediciones Era, México, 1969.

—, y José Baldivia, *Bolivia: otra lección para América*, Era, México, 1973.

Almeyra, G., y Santarelli, E., *Che Guevara*, La Jornada, México, 1997.

Álvarez, Eliseo, *El hombre que engañó a Kennedy*, Buena Letra, Buenos Aires, 1999.

Álvarez Batista, Jerónimo, *Che: una nueva batalla*, Sindicato General del Libro, París, 1994.

—, *América le canta al Che Guevara*, Pablo de la Torriente, La Habana, 1996.

Anderson, Jon Lee, *Che, una vida revolucionaria*, Emecé, Buenos Aires, 1997.

Anguita, E., y Caparrós, M., *La voluntad*, Norma, Buenos Aires, 1997.

Arana Serrudo, Federico, *Che Guevara y otras intrigas*, Planeta Colombiana, Colombia, 2002.

Arguedas, Antonio, *Captura y muerte del Che*, Los '70, 11, La Paz, s.d.

Ariet, María del Carmen, *Che. Pensamiento Político*, Editora Política, La Habana, 1988.

Barros, Diego, «Los mil y un Che», *Todo es Historia*, n.º 363, octubre de 1997.

BAYO, Alberto, *Mi aporte a la Revolución cubana*, Ejército Rebelde, La Habana, 1960.

BEAUVOIR, Simone de, *La force des choses*, Gallimard, París, 1963. [Hay trad. cast.: *La fuerza de las cosas*, Edhasa, Barcelona, 1987.]

BETTELHEIM, Charles, *La transition vers l'économie socialiste*, François Maspero, París, 1970.

BORREGO, Orlando, *Che, el camino del fuego*, Hombre Nuevo, Buenos Aires, 2001.

BOURNE, Richard, *Political Leaders of Latin American*, Penguin Books, Hardmonsworth, *c.* 1970.

BREGA, Jorge, *¿Ha muerto el comunismo? El marxismo en la Argentina*, Buenos Aires, Ágora, 1997.

BRUSCHTEIN, Luis, *Che, un destino insurgente*, Cuadernos de Veintitrés/1, Buenos Aires, 2002.

CABRERA ÁLVAREZ, Guillermo, *Camilo Cienfuegos, el hombre de mil anécdotas*, Política, La Habana, 1989.

CABRERA INFANTE, Guillermo, *La Habana para un infante difunto*, Plaza & Janés, Barcelona, 1989.

—, *Tres tristes tigres*, Seix-Barral, Barcelona, 1988.

CAIRO BALLESTER, Ana, «Ernesto Che Guevara y los intelectuales cubanos», en A.V. *Los caminos del Che*, Dirple, Buenos Aires, 1998.

CANDIA, Alfredo, *La muerte del «Che» Guevara*, Liga Anticomunista Mundial, La Paz, 1971.

CANTOR, Jay, *The Death of Che Guevara: a Novel*, Alfred Knopf, Nueva York, 1983.

CAPARRÓS, Martín, «La última batalla de Ernesto Guevara», *Tres Puntos*, 5 y 7 de agosto de 1997.

CARDONA CASTRO, F. L., dir., *«Che» Guevara*, Editors, Barcelona, 1991.

CASTAÑEDA, Jorge, *La Vida en Rojo*, Espasa, Buenos Aires, 1997.

CASTRO RUZ, Fidel, *La historia me absolverá*, edición comentada, Oficina de Publicaciones del Consejo de Estado, La Habana, 1993.

CAU, Jean, *Une passion pour Che Guevara*, Julliard, París, 1979.

CHÁVEZ, Fermín, *El Che, Perón y León Felipe*, Nueva Generación, Buenos Aires, 2002.

CHÁVEZ ANTÚNEZ, Armando, *Del pensamiento ético del Che*, Política, La Habana, 1983.

CLERC, Jean-Pierre, *Fidel de Cuba*, Ramsay, París, 1988.

—, *Las cuatro estaciones de Fidel Castro*, Seuil, París, 1995; Aguilar, Buenos Aires, 1997.

CODINA, Iverna, *Los guerrilleros*, De la Flor, Buenos Aires, 1968.

COHN-BENDIT, Dany, *La revolución y nosotros, que la quisimos tanto*, Anagrama, Barcelona, 1987.

CORMIER, Jean, *Che Guevara, compagnon de la révolution*, Gallimard, París, 1996.

—, *La vida del Che*, Sudamericana, Buenos Aires, 1997.

CORTÁZAR, Julio, *Los relatos, 3, Pasajes*, Alianza Editorial, Madrid, 1976 (en este volumen se encuentra la narración «Reunión», que evoca la travesía del Che en el *Granma*).

—, y otros, *Cuba por argentinos*, Merlín, Buenos Aires, 1968.

CUPULL, Adys, y GONZÁLEZ, Froilán, *De Ñancahuazú a La Higuera*, Editora Política, La Habana, 1989.

—, *La CIA contra el Che*, Editora Política, La Habana, 1992.

—, *Un hombre bravo*, Capitán San Luis, La Habana, 1994.

—, *Cálida presencia, su amistad con Tita Infante*, Ameghino, Rosario, 1997.

—, *Ernestito vivo y presente*, Política, La Habana, 1989.

DEBRAY, Régis, *Essais sur l'Amérique Latine*, Maspero, París, 1967.

—, *Revolution in the revolution*, Penguin Books, Londres, 1973.

DEUTSCHMANN, David, *Che en la memoria de Fidel Castro*, Ocean P., Melbourne, 1998.

DUBOIS, Jules, *Fidel Castro*, Grijalbo, Buenos Aires, 1959.

DUMONT, René, *Cuba, socialisme et développement*, Seuil, París, 1964.

—, *Cuba, est-il socialiste?*, Seuil, París, 1970.

EDWARDS, Jorge, *Persona non grata*, Círculo de Lectores-Barral, Barcelona, 1975.

ESCOBAR, Froilán, y Félix GUERRA, *Che, sierra adentro*, Política, La Habana, 1988.

FANON, Frantz, *Peau noire, masques blancs*, Seuil, París, 1952.

FERNÁNDEZ MONTES DE OCA, Alberto, *El diario de Pacho*, Punto y Coma, Santa Cruz, Bolivia, 1987.

FRANQUI, Carlos, *Le livre des douze*, Gallimard, París, 1965.

—, *Journal de la révolution cubaine*, Seuil, París, 1976.

GADEA, Hilda, *Años decisivos*, Aguilar, México, 1972.

GALASSO, Norberto, *Cooke: de Perón al Che*, Homo Sapiens, Rosario, 1997.

—, *El Che*, Ediciones del Pensamiento Nacional, Buenos Aires, 1997.

GALEANO, Eduardo y otros, *Querido Che*, Revolución, Madrid, 1987.

GALINDO GRANDCHANT, Eduardo, Gral., *Crónicas de un soldado – Cuando nos enfrentamos al Che*, Compañía Gráfica Industrial, Cochabamba, Bolivia, 2001.

GÁLVEZ RODRÍGUEZ, William, *Camilo, señor de la Vanguardia*, Editorial de Ciencias Sociales, La Habana, 1988.

—, *Che deportista*, Gente Sur, s.d., Buenos Aires, 2002.

GAMBINI, Hugo, *El Che Guevara*, Planeta, Buenos Aires, 1996.

GARCÍA LUPO, Rogelio, *El Che y los prisioneros secretos de Perón*, Clarín, Buenos Aires, 17 de enero de 1999.

—, *El encuentro secreto de Perón y el Che*, Clarín, Buenos Aires, 11 de octubre de 1998.

GARNIER, Jean-Pierre, *Une ville, une révolution: La Havane*, Anthropos, París, 1973.

GONZÁLEZ, J. Luis, y Gustavo SALAZAR SÁNCHEZ, *Che Guevara en Bolivie*, Stock París, 1969.

GONZÁLEZ CARBAJAL, Ladislao, *El ala izquierda estudiantil y su época*, De Ciencias Sociales, La Habana, 1974.

—, *Mella y el movimiento estudiantil*, De Ciencias Sociales, La Habana, 1977.

GONZÁLEZ-MATA, Luis M., *Las muertes del «Che» Guevara*, Argos Vergara, Barcelona, 1980.

GRANADO, Alberto, *Con el Che Guevara*, Opolop, Córdoba, 1997.

—, *Con el Che por Sudamérica*, El Mañana, s.d., Quito.

GRIGULEVICH, Iósif, *Luchadores por la libertad de América Latina*, Progreso, Moscú, 1988.

GUEVARA DE LA SERNA, Ernesto, *Obras completas*, Casa de Las Américas, La Habana, 1970.

—, *Diario del Che en Bolivia*, Instituto Cubano del Libro, La Habana, 1968.

—, *Escritos y discursos,* De Ciencias Sociales, La Habana, 1972.

—, *Obras escogidas 1957-1967*, 2 tomos, De Ciencias Sociales, La Habana, 1985.

—, *Mi primer gran viaje*, Seix Barral, Buenos Aires, 1994.

—, *Otra vez. El diario inédito del segundo viaje por América Latina*, Sudamericana, Buenos Aires, 2000.

—, *Pasajes de la guerra revolucionaria: Congo*, Mondadori, Barcelona, 1999.

GUEVARA LYNCH, Ernesto, *Mi hijo el Che*, Sudamericana, Buenos Aires, 1984.

—, *Cartas inéditas*, Sandino, s. l., s. d.

—, *Aquí va un soldado de América*, Sudamericana-Planeta, Buenos Aires, 1987.

HABEL, Janette, *Ruptures à Cuba. Le castrisme en crise*, La Brèche, París, 1989.

HAMON, Hervé, y Patrick ROTMAN, *Génerátion, 1. Les Années de Rêve*, Seuil, París, 1987.

HARNECKER, Marta, *Cuba: dictadure ou démocratie?*, François Maspero, París, 1975.

—, *El movimiento estudiantil en la revolución cubana*, Dialéctica, Buenos Aires, 1988.

HART DÁVALOS, Armando, «Mi visión del Che desde los 90», *América Libre*, n.° 16, s.d.

HETMANN, Frederik, *Yo tengo siete vidas*, Libresa, Quito, 1996.

IGLESIAS LEYVA, *De la Sierra Maestra al Escambray*, Editorial Letras Cubanas, La Habana, 1979.

KALFON, Pierre, *Argentine*, Seuil, París, 1967.

—, *Che Ernesto Guevara, una leyenda de nuestro siglo*, Plaza & Janés, Barcelona, 1997.

KOROL, Claudia, *El Che y los argentinos*, Dialéctica, Buenos Aires, 1988.

LADRÓN DE GUEVARA, Matilde, *Cubanía y Che*, Instituto Chileno Cubano de Cultura, Santiago, 1998.

LARA, Jesús, *Guerrillero Inti Peredo*, Canelas, Cochabamba, Bolivia, 1980.

LARREVEUX, Philippe, *Bolivia bajo el Che*, Colección Replanteo, Buenos Aires, 1968.

LAVETSKI, I., *Ernesto Che Guevara*, Progreso, Moscú, 1975.

LEMOINE, Maurice, *Les 100 portes de l'Amérique Latine*, Éditions Autrement, París, 1988.

LOCKWOOD, *Castro's Cuba, Cubas Fidel*, The Macmillan Company, Nueva York, 1967.

LÓPEZ, Coco, *Mate y ron*, Ameghino, Rosario, 1997.

LORA, Guillermo, *Revolución y foquismo*, El Yunque, Buenos Aires, 1975.

LOWY, Michael, *El pensamiento del Che Guevara*, Siglo XXI, Buenos Aires, 1972; François Maspero, París, 1970.

MAESTRE ALFONSO, Juan, *El «Che» y Latinoamérica*, 2 vols., Akal, Madrid, 1979.

MAO TSE TUNG, *La guerra de guerrillas*, Huemul, Buenos Aires, 1963.

MARTÍ, José, *Obras completas*, Editorial Nacional de Cuba, La Habana, 1963-1973.

MARTÍNEZ ESTÉVEZ, Diego, Gral., *Ñancahuazú: Apuntes para la historia militar de Bolivia*, Computación y Proyectos, La Paz, 1989.

MARTÍNEZ HEREDIA, Fernando, *Che, el socialismo y el comunismo*, Casa de las Américas, La Habana, 1989.

MASETTI, Jorge Ricardo (hijo), *La loi des corsaires, itinéraire d'un enfant de la révolution cubaine*, Stock, París, 1993.

MASETTI, Jorge Ricardo (padre), *Los que luchan y los que lloran*, Freeland, Buenos Aires, 1968.

MATTHEWS, Herbert L., *Fidel Castro*, Seuil, París, 1970.

MINÀ, Gianni, *Habla Fidel*, Mondadori, Madrid, 1988.

—, *Un continente desaparecido*, Sudamericana, Buenos Aires, 1996.

MINOGUE, Kenneth, «Che Guevara», en M. Cranston (comp.), *Prophetic Politics*, Simon & Schuster, Nueva York, 1972.

NASSIE, Rosa, *El Che*, Ágora, Buenos Aires, 1995.

NICOLINI, Hernán Santos, *Che periodista-deportista pasión y aventura*, Cinco, Buenos Aires, 2002.

NIEDERGANG, Marcel, *Les vingt Amériques Latines*, 3 vols., Seuil, París, 1969.

OPPENHEIMER, Andrés, *La hora final de Castro*, Javier Vergara, Buenos Aires, 1992.

PADILLA, Heberto, *La mala memoria*, Plaza & Janés, Barcelona, 1989.

PARADA VACA, Gustavo, *Los compañeros del Che Guevara*, Sirena Color, Santa Cruz, Bolivia, 1997.

PARDO LLADA, José, *Fidel y el «Che»*, Plaza & Janés, Barcelona, 1988.

PEREDO LEIGUE, Inti, *Mi campaña con el Che*, Prensa Latinoamericana, Santiago de Chile, 1971.

PINO SANTOS, Óscar, *Los tiempos de Fidel, el Che y Mao*, Nuestro Tiempo, México, 1997.

POIROT, Luis, *Neruda, retratar la ausencia*, Hachette-Los Andes, Santiago de Chile, 1986.

PONCHARDIER, Dominique, *La mort du condor*, Gallimard, París, 1976.

POSSE, Abel, *Los Cuadernos de Praga*, Atlántida, Buenos Aires, 1998.

PRADO SALOMÓN, Gary, *La guerrilla inmolada. Testimonio y análisis de un protagonista*, Punto y Coma, Santa Cruz, Bolivia, 1987.

RAMOS SÁNCHEZ, Nilo (comp.), *El discurso universitario 1908-1994*.

—, *Resoluciones y protagonistas*, Movimiento Universitario Boliviano, Cochabamba, 1995.

RATNER, M., y SMITH, M. S., *El Che Guevara y el FBI*, Ocean Press, Melbourne, Australia, 1997; Siglo XXI, México D.F., 2000.

RODRÍGUEZ, Daniel, Horacio, *Che Guevara, ¿aventura o revolución?*, Plaza & Janés, Barcelona, 1968.

—, *Retrato de familia con Fidel*, Seix-Barral, Barcelona, 1981.

—, *Vida, aventuras y desastres de un hombre llamado Castro*, Planeta, Barcelona, 1988.

RODRÍGUEZ, Félix I., y John WEISMAN, *Guerrero en la sombra*, Emecé Editores, Buenos Aires, 1991.

RODRÍGUEZ HERRERA, Mariano, *Ellos lucharon con el Che*, Ciencias Sociales, La Habana, 1982.

—, *Con la adarga al brazo*, Política, La Habana, 1988.

—, «La cultura y el Che», *Archipiélago*, n.º 14, 1997.

—, *Las huellas del Che Guevara*, Plaza & Janés, Barcelona, 2002.

Rojas, Marta, y Mirta Rodríguez, *Tania, la guerrillera inolvidable*, Instituto Cubano del Libro, La Habana, 1974.

Rojo, Ricardo, *Mi amigo el Che*, Legasa, Buenos Aires, 1994.

Rouquié, Alain, *Amérique Latine, introduction à l'Extrême-Occident*, Seuil, París, 1987.

Salgado, Enrique, *Radiografía del «Che»*, Dopesa, Barcelona, 1974.

Sánchez Otero, Germán, *Los enigmas del Che*, Ko'eyú, Caracas, 1997.

Sandison, David, *Che Guevara*, Ediciones B, Barcelona, 1997.

Santana, Adalberto, «Ernesto Che Guevara en México», *Cuadernos Americanos*, n.° 69, 1998.

Saucedo Parada, Arnaldo Gral., *No disparen... soy el Che*, Oriente, Santa Cruz de la Sierra, Bolivia, 1987.

Selser, Gregorio, *La CIA en Bolivia*, Hernández, Buenos Aires, 1970.

Serguera Riverí, Jorge, Papito, *Caninos del Che, datos inéditos de su vida*, Plaza & Valdés, México, 1997.

Siles del Valle, Juan Ignacio, *Que el sueño era tan grande*, Plural, La Paz, Bolivia, 2001.

Soria Galvarro, *El Che en Bolivia, documentos y testimonios*, CEDOIN, La Paz, vol. 1; *El PCB, antes, durante y después...*, 1992; *Su último combate*, 1993, vol. 2; *Análisis y reflexiones*, 1994, vol. 3; *Los otros diarios y papeles*, 1996, vol. 4; *Su diario de campaña*, 1996, vol. 5.

Spencer, David, «The impact of the Cuban Revolution on Latin American student politics», en *Student Politics in Latin America*, USNSA, s.d.

Surí Quesada, Emilio, *Y nadie se cansa de pelear*, Vanguardia, Managua, 1987.

Szulc, Tad, *Castro, trente ans de pouvoir absolu*, Payot, París, 1987.

Tablada Pérez, Carlos, *El pensamiento económico de Ernesto Che Guevara*, Casa de las Américas, La Habana, 1987.

Taibo II, Paco Ignacio, *Ernesto Guevara, también conocido como El Che*, Planeta-Joaquín Mortiz, México, 1996.

—, *La batalla del Che*, Política, Santa Clara, La Habana, 1989.

Taibo II, Paco Ignacio, Froilán Escobar, y Félix Guerra, *El año en que estuvimos en ninguna parte*, Pensamiento Nacional, Buenos Aires, 1994.

Tapia Aruni, Eusebio, *Piedras y espinas en las arenas de Ñancahuazú*, Qhananchawi, Bolivia, 2001.

Uribe, Hernán, *Operación tía Victoria*, Pablo de la Torrente, La Habana, 1992.

Ustariz Arze, Reginaldo, *Vida, muerte y resurrección del Che*, Brasbol, San Pablo, Brasil, 2002.

VALLADARES, Armando, *Prisonnier de Castro*, Grasset, París, 1979.

VARGAS SALINAS, Mario, *El Che: mito y realidad*, SEPA, La Paz, 1987.

VÁZQUEZ VIAÑA, Humberto, *Acerca de la publicación de «Mi campaña junto al Che» atribuida a Inti Peredo*, La Paz, 1971.

—, *Una guerrilla para el Che. Antecedentes de la guerrilla del Che en Bolivia*, Institute of Latin American Studies, Estocolmo, 1987.

VÁZQUEZ VIAÑA, Humberto, y Ramiro ALIADA SARAVIA, *Bolivia, ensayo de revolución continental*, texto inédito, París, 1970.

VILLAR-BORDA, Carlos, *Che Guevara, su vida y muerte*, Gráfica Pacific Press, Lima, 1968.

VILLEGAS TAMAYO, Harry, Pombo, *Pombo, un hombre de la guerrilla del Che, Diario y testimonios inéditos*, Editora Política, La Habana, 1996-1998.

VITALE, Luis, *El proyecto andino del Che*, Pineda Libros, Santiago de Chile, 1997.

VIVÉS, Juan, *Les Maîtres de Cuba*, Robert Laffont, París, 1981.

VUSKOVIC, Pedro, y Belarmino ELGUETA, *Che Guevara en el presente de América Latina*, Casa de las Américas, La Habana, 1987.

AUTORES COLECTIVOS O DOCUMENTOS

Cronología 25 años de Revolución, 1959-1983, Editora Política, La Habana, 1984.

La Revolución cubana 1953-1980. Selección de textos, Ministerio de Educación Superior, La Habana, 1983.

Las emisiones de billetes de 1960 y 1961 firmadas por el Che, Boletín del Museo Numismático del Banco Nacional.

Un encuentro con Fidel. Entrevista realizada por Gianni Minà, Oficina de Publicaciones del Consejo de Estado, La Habana, 1987.

REVISTAS CUBANAS

Verde Olivo.
Bohemia.
Cuba Internacional.
Tricontinental.
Alma Mater.
Prisma Latinoamericano.
Casa de las Américas.

ÍNDICE ONOMÁSTICO

A

Abraham, Moisés, doctor, 537
Academia Militar-Cultural, en Cuba, 214
Acción Argentina, 38
Acevedo, Enrique, combatiente, 151, 163, 166
Acosta, Armando, 227
Acosta Ferrals, Clodomira, 160
Acuña Núñez, Juan Vitalio, «Joaquín», guerrillero cubano, 439, 443, 449, 454, 464, 477, 479
Adler, Adolf, 33
Adriazola Veizaga, David, «Darío», guerrillero boliviano, 434, 511, 521
Agee, Philip, espía, 320
Agencia Latina, agencia de noticias, 110-111
Aguilar, Celia, 147
Aguilera, Totti, subteniente boliviano, 510, 517, 524-526
Aguirre Cámara, familia, 32
Aja Castro, Ramón, 279, 320
Alarcón, Dariel, «Benigno», guerrillero, 134, 344, 374, 413, 434, 465, 475, 487-490, 493, 505, 510-511, 520, 535
Alborta, Fredi, fotógrafo, 539
Alexeiev, Alexander, agente secreto soviético, 225, 288, 291, 363
Algañaraz, Ciro, 429-430

Alianza de la Juventud Democrática de Guatemala, 105
Alianza para el Progreso, 266, 271, 273-274
Allende, Salvador, líder socialista chileno, 407, 521
Almafuerte, Pedro B. Palacios, poeta, 52
Almeida, Celso de, hombre de confianza de Quadros, 278-279
Almeida, Juan, 129-132, 141, 264
Álvarez Rom, Luis, ministro de Finanzas, 285, 305, 365
Ameijeiras, Efigenio, jefe de policía de La Habana, 228, 266
Amézaga Faure, subteniente boliviano, 431
Anderson, J. L., 132, 251, 322
APRA peruano, 101
Aquino Quispe, Apolinar, miembro del PCB y guerrillero, 411
Aquino Tudela, Serapio, miembro del PCB y guerrillero, 411
Aragonés, Emilio, 287-288, 375, 377, 502-503
Arambar, soldado boliviano, 528
Arana Campero, Jaime, «Chapaco», guerrillero, 470, 476, 489, 511, 520
Arana Cerrudo, general boliviano, 539

Arbenz, Jacobo, presidente de Guatemala, 96, 101, 103-105, 107-108, 208, 214-215, 226, 263

Arenas, Reynaldo, 261, 347

Arencibia, Armando, 103

Arestuch, Leonor, 189

Arévalo, Juan José, líder guatemalteco, 107

Argañaraz, 411-412

Argudín, José, teniente, 229, 342

Arguedas, Antonio, ministro del Interior boliviano, 13

Arias, Carmen, nodriza gallega del Che, 21, 133

Arismendi, dirigente uruguayo, 315-316

Aristidio, combatiente, 163

Ascensio, Lázaro, 225

Associated Press, 295

Ayoroa, Manuel, mayor boliviano, 472, 476, 508, 510, 516, 518, 524, 526, 529, 532

Azaña, Manuel, 101

B

Baigorria, Paulino, campesino boliviano, 455-456, 506

Bakunin, Mijaíl A., 113, 212, 468

Balboa, soldado boliviano, 515, 523

Banco de Desarrollo (BANDES), 245

Banco de Desarrollo Agrícola (BANFAIC), 229

Banco Nacional de Cuba, 45, 162, 232, 243, 273

Barba, subteniente boliviano, 481

Barbery, subteniente boliviano, 481

Barcelay, teniente, 386

Baró, Leonardo, 146

Barral, Fernandito, 37-38

Barrera, Luis, «el Maestro», 139

Barrera, Pastor, guerrillero boliviano, 424

Barrientos, René, general y presidente boliviano, 394, 398, 433, 435, 456, 468-469, 475, 478, 486, 501, 518-519, 528, 533, 539

Barrios, Jaime, 232

Batallón Rojo, 239

Batista, Fulgencio, dictador cubano, 99, 111, 119, 126, 130, 135, 138, 140-141, 144, 149, 165, 171-172, 175, 177, 192, 196, 214, 467

Baudelaire, Charles, 33

Bauer, Ángel, «Lino», agente de los servicios de seguridad cubanos, 396

Bayo, Alberto, general, 115
    Mi aporte a la revolución cubana, 116

Beatriz, tía del Che, 23, 98, 111, 407

Beauvoir, Simone de, 52, 252

Béjar, Héctor, guerrillero peruano, 318, 398-399

Bellamy, economista estadounidense, 236

Beltrán, Jorge, amigo de juventud del Che, 41-43

Ben Bella, Ahmed, presidente argelino, 33, 300, 310, 335

Beruff, Jorge, doctor, 207

Betancourt, Rómulo, presidente venezolano, 295

Bettelheim, Charles, economista francés, 305-306

Betto, Frai, sacerdote brasileño, 364

Bidalila, coronel, 355

«Bigotes», Antonio, 103

Bingham, Hiram, descubridor del Machu Picchu, 98

Blanco, Hugo, filotroskista, 318

Blum, William, ex agente: *The CIA, a forgotten history*, 380

Boccaccio, Giovanni: *El Decamerón*, 33

Bohemia, revista cubana, 362

Bolívar, Simón, 467

Bonadeo, Diego, comentarista deportivo, 60

Bonsal, embajador estadounidense en La Habana, 254

Bordón Machado, Víctor, combatiente, 170, 378

Borge, Tomás, líder nicaragüense, 295

Borrego, Orlando, colaborador del Che, 190, 215-216, 220, 223, 232, 235-241, 253, 285, 293, 306, 346, 365

Bosch, Juan, 98-99

Boti, Regino, ministro de Economía, 323

Boumedien, Huari, líder argelino, 310

Bravo, Douglas, 417-418

Brea, César, doctor, 83

Brewer, Tex, representante de los petroleros estadounidenses en Cuba, 250

Brezhnev, Leónidas, presidente del PCUS, 466

Brigadas Internacionales, 35

Brun, Albert, director de France Press, 507

Bunke Bider, Haydée Tamara, «Tania», guerrillera argentino-alemana, 256, 424, 434-435, 438, 442-443, 475, 482-483, 485, 501

Burgos, Elizabeth, 414

Buró de Represión de Actividades Comunistas (BRAC), 208

Bustos, Ciro Roberto, pintor argentino y guerrillero, 308-317, 403, 412, 421, 424, 434, 442-444, 475, 491, 496, 502, 515, 519

Byron, George Gordon, lord, 395

C

Cabaña Libre, La, diario del regimiento, 215

Cabero, Fortunato, soldado boliviano, 535

Cabot, John Moors, secretario adjunto de Asuntos Latinoamericanos, 107

Cabrera Flores, José, «Negro», guerrillero, 442, 482

Cabrera Infante, Guillermo, 261

Cáceres Patojo, Julio, amigo del Che, 229, 294

Cadena Garcés, Elsida, 181

Calica Ferrer, Carlos, amigo del Che, 32, 38-39, 63, 86-89, 94-97, 102

Caliento, Margarita, 79

Calixte, comandante, 369

Campa, Eliseo de la, piloto del Che, 161

Campesino, el, militar republicano, 36

Camus, Albert, 52

Cantillo, general, 177, 205

Cantinflas, guerrillero, 168

Capriles, Juan José, periodista boliviano, 451

Carpentier, Alejo, 261

Carranza, Reyna, segunda esposa de Gustavo Roca, 409

Carretero, Juan, «Ariel», 294, 396, 467

Carretoni, Jorge, hombre de confianza de Frondizi, 277-280

Carril, Delia del, 34

Carrillo, Justo, ministro cubano, 243

Carvajal, Ena, «Manana», 155

Casillas, Joaquín, coronel, 192, 201

Castañeda, Jorge, 351, 375, 396, 409

Castellanos, Alberto, escolta del Che, 296, 299, 313, 317

Castillo Armas, Carlos, presidente guatemalteco, 108

Castillo Chávez, José, «Paco», guerrillero, 483, 485

Castro Ruz, Fidel, 78, 103, 111-112, 115-116, 118-119, 420, 457-458, 487
   y el Che, 114, 116, 118, 120, 134, 156, 167, 225, 304, 333, 342-344, 351, 363, 397, 465-466, 500
   y la revolución cubana, 125-127, 131, 134-141, 144-147, 150, 165, 167, 171, 174, 178, 192, 224, 321, 335
   entrada en La Habana, 201-204
   toma del poder, 214
   y el marxismo, 223, 227
   como primer ministro, 231, 247, 249
   y la Unión Soviética, 249-251, 287-291
   y Estados Unidos, 252-253
   y los misiles soviéticos, 288-289
   carta de despedida del Che, 324-326
   intentos de atentados contra, 471
   y la muerte del Che, 504
   Llamamiento al pueblo cubano, 141
Castro Ruz, Raúl, 112-113, 115, 118, 132, 141, 144, 178, 180, 223, 228, 232
   ministro de Guerra, 242, 287, 291, 336, 342-343, 468
Central de Trabajadores de Cuba (CTC), 245, 323
Central Obrera Boliviana (COB), 91
Cervantes, Miguel de, 41
Chang Navarro, Juan Pablo, «el Chino», 412, 424, 434, 442, 470, 489, 508, 520, 529-531
Characayo, Mario, soldado boliviano, 520
Chávez, Mario, «El Lagunillero», 411
Chávez, Ñuflo, ministro de Asuntos Campesinos boliviano, 91, 93
Chomón, Faure, 189, 378

Choque Choque, Salustio, guerrillero, 429, 448
Choque Silva, Hugo, «Chingolo», guerrillero delator, 475, 496
Chou En-lai, 336, 367, 374
CIA (Agencia Central de Inteligencia), 107-108, 127, 150, 247, 261-263, 264, 279, 287, 303-307, 320, 322, 332, 346-348, 363-364, 369, 380, 396, 419, 435, 441, 444-445, 454, 466, 471, 474, 485, 503
Cienfuegos, Camilo, comandante, 131, 136-137, 162, 165-166, 174, 190, 192, 201, 204, 207, 228, 242, 397, 528
   muerte de, 242-243, 279
Cienfuegos, Osmany, ministro, 287, 352
Codovilla, secretario general del PC argentino, 316, 418
Coello, Carlos, «Tuma», asistente del Che y guerrillero, 379, 403, 406-407, 411, 417, 434, 464-465, 525
Colomé Ibarra, Abelardo, «Furri», ministro del Interior, 296, 309
Colomí, Víctor, 509
Comité de Ayuda a la República Española, 36
Concejo Federal de Inversiones (CFI), 277
Concepción, Octavio de la, «Moro», 413, 435, 520
Confederación de Trabajadores Cubanos, 175
Conferencia de Comercio y Desarrollo de la ONU, 307
Congreso de Juventudes Latinoamericanas, Primer (1960), 252
Cooke, John William, líder de la izquierda peronista, 307, 318, 409
Córdova Iturburu, Cayetano, «Policho», tío del Che, 34-35
Córdova Iturburu, «Negrita», 33

Coronado Córdoba, Benjamín, guerrillero boliviano, 423-424

Coronet, revista, 172

Corriere della Sera, 150, 445

Cortés, Julia, maestra de La Higuera, 526-527, 532-533

Cossío, Sabino, soldado boliviano, 520

Crespo, Luis, guajiro, 127, 145

Crítica, diario, 34

Crítica, revista boliviana, 451

Cruz, Margarito, capitán puertorriqueño, 491

Cuba Saravia, Simón, «Willy», guerrillero, 440, 469-470, 489, 505, 511, 515, 531-533

Cuba Socialista, periódico, 305

Cuba Socialista, revista, 185

Cubano Libre, El, periódico, 155, 179

Cubela, Rolando, 190, 378

Cuéllar, Mario, doctor, 464

Cuervo, René, 152-153

Cupull, Adys, 413, 441, 450

Curro, teniente, 151

D

Dalmau, Mario, 103

Debray, Jules Régis, «Danton», escritor francés, 112, 248, 404, 414, 424-425, 431, 434, 442-448, 453, 463, 487, 501-502, 515, 519, 521, 542

Díaz Lanz, Pedro Luis, desertor, 242

Dillon, Douglas, 271

Doce, Lidia, 160

Domínguez Flores, Antonio, «León», miembro del PCB, 411, 425, 470, 494

Dorticós Torrado, Osvaldo, presidente cubano, 231, 287, 304, 306, 332, 365

Dostoievski, Fiódor M.: *Los demonios*, 211-212

Dreke, Víctor, 352

Duarte, María Elena, cuñada del Che, 18

Dubois, Jules, periodista, 217, 227

Dulles, Allen, director de la CIA, 107, 290

Dulles, Foster, secretario de Estado, 107

Dumon, René, economista, 343

Duque de Estrada, Miguel Ángel, abogado, 190, 209, 266

Durant, Will: *Historia de la filosofía*, 496

E

Edelman, Fanny, 292

Eisenhower, Dwight D., presidente estadounidense, 107, 262

Ejército de Liberación Nacional de Bolivia, 420, 431, 433, 450, 462, 491

Ejército Guerrillero del Pueblo (EGP), 295, 312

Ejército Revolucionario congoleño, 356

Encinas, soldado boliviano, 515, 523

Engels, Friedrich, 117

Ercilia, tía del Che, 21, 111

Escalante, Aníbal, 284-285

Escudero, Manuel, 155-156

Espín, Vilma, esposa de Raúl Castro, 140, 220, 228

Espinoza, subteniente, 518

Estrada, Ulises de, 396

Evergreen Review, 445

F

Fajardo, Lidia, 155

Fajardo, María Caridad, 155

Falla, Manuel de, 37

Fangio, Juan Manuel, campeón mun-
    dial de Fórmula 1, 173
Fara, médico cubano, 379
Faulkner, William, 52, 496;
    Santuario, 33
Faustino, 224
Federación de Mineros de Bolivia,
    459
Feijin, Nora, 409
Felipe, León, 121, 245, 507
Feltrinelli, Giangiacomo, editor italia-
    no, 248, 503
Fenelón, 15
Fernández, Eduardo, 171
Fernández, Marcelo, ministro de Tra-
    bajo, 203, 224
Fernández, Omar, capitán, 229
Fernández Font, Marcelo, presidente
    del Banco Nacional de Cuba,
    305
Fernández Mell, Óscar, médico del
    Che en Cuba, 23, 72, 229, 294,
    375-378, 503
Fernández Montes de Oca, Alberto,
    «Pacho», guerrillero, 405-407, 411,
    434, 465, 472-473, 475, 489, 506,
    511-512, 520, 524
Fernández Retamar, Roberto, 261
Ferreyra, Chichina, 47, 49-50, 54, 57-
    59, 80, 115
Ferreyra, Martín, 42
Figueroa, Carlos, vecino de los Gue-
    vara, 39, 44, 46, 182
Flores Torrico, Walter, doctor, 446
Fondo Monetario Internacional (FMI),
    236
Fonseca, Carlos, líder nicaragüense,
    295
Fortuny, José Manuel, líder del PGT,
    105
Franco, Francisco, general, 36, 300,
    407
Franqui, Carlos, periodista cubano,
    175, 224, 324, 496

Frente Sandinista de Liberación Na-
    cional, 295
Frers, Germán, primo segundo del
    padre del Che, 22
Freud, Sigmund, 28, 33, 119
Frondizi, Arturo, presidente argentino,
    275-280, 298
Furry, comandante, 309-312, 316

G

Gadea, Hilda, primera esposa del
    Che, 23, 101, 104, 108, 110-114,
    118, 132-133, 173, 219, 228
Gainza Paz, dueño de *La Prensa*, 132
Gaitán, Jorge Eliécer, líder colombia-
    no, 78
Galeano, Eduardo, 259, 543
Galindo Marchant, Eduardo, tenien-
    te boliviano, 485, 492
Gallardo, Esteban, 156
Gallego Soto, Julio, hombre de con-
    fianza de Perón, 319-320
Galván Hidalgo, Lucio Edilberto,
    «Eustaquio», guerrillero, 470, 489,
    520
Gandhi, Mahatma, 210, 230
García, Calixto, 112
García, Eduardo «Gualo», 96-97, 101
García, Faustino, sanitario boliviano,
    480
García, Fernando, capitán de fragata,
    279
García Lupo, Rogelio, 319-320
García Márquez, Gabriel, 298
García Vals, Pancho, del PSP, 229, 232
Gardel, Carlos, 397
Gbenyé, presidente del Congo, 378
Godoy Zacarías, Rosendo, amigo del
    Che, 37
Góngora, Luis de, 496
González, Carmen, 36-37, 47
González, Froilán, 413, 450

González, Juan, 36
González, María Antonia, 111, 113-114, 119, 324
González, Paco, 36-37
González, Pancho, 131
González, Pepe, 36
González Aguilar, Juan, médico, 33, 36
Goodwin, Richard, consejero de Kennedy, 275, 278-279
Granado, Alberto, compañero del Che, 33, 51-57, 62-82, 93, 97-98, 102, 283, 295, 308, 322
Granado, Tomás, amigo del colegio del Che, 48, 51
Granma, embarcación, 125-126, 131, 137, 145, 204, 264
Greene, Graham, 496
Groswald, Bernardo, «Nardo», guerrillero argentino, 315
Guerra, Estela, guerrillera, 158-160
Guerra, Eutimio, traidor de los rebeldes cubanos, 137-138, 205
Guevara, Alfredo, 220
Guevara, Simón, 424, 436, 496
Guevara de la Serna, Ernesto Che:
    nacimiento (1928), 21
    problemas de salud, 21-23, 25, 28, 32, 62, 72, 82-83, 96, 102, 109, 139, 157-158, 380, 452, 468
    relaciones amorosas, 47, 49-50, 54, 57-59, 89, 102
    y el marxismo, 49, 74, 172, 211-213, 222-223
    como deportista, 51, 59-61
    viajes de, 62-89
    en Guatemala, 101-110
    en México, 110-116
    matrimonio con Hilda Gadea, 114-115
    y Fidel Castro, 114, 116, 118, 120, 134, 156, 167, 225, 304, 333, 342-344, 351, 488, 512
    viaje en el Granma, 125-128, 201
    en las guerrillas de Sierra Maestra, 129-197
    en África, 185, 272, 352-389
    entrada en La Habana, 201-204
    y Estados Unidos, 225, 250, 275
    gira internacional de, 227, 229-231, 254
    matrimonio con Aleida, 228-229
    como ministro de Industria, 238-240, 257-259, 308, 434
    como presidente del Banco Nacional de Cuba, 243-244, 250
    fotografía de Korda, 247-248
    y la Unión Soviética, 249, 287-288, 321-322
    y el bloqueo económico de Estados Unidos, 253-254, 269-270
    y la invasión norteamericana a Playa Girón, 262-266
    entrevista con Arturo Frondizi, 277-280
    y los misiles soviéticos, 287-289
    y China, 321, 336-337
    carta de despedida a Fidel, 324-326
    en la Asamblea General de Naciones Unidas, 329-322, 543
    en Bolivia, 398-514
    diario del, 504, 516, 526, 540
    detención de, 515-519, 523-526
    asesinato (1967), 13-14, 534-535
    informe de la autopsia, 536-537
    La guerra de guerrillas, 75, 212, 221, 313, 411
    Notas de viaje, 80
    Oda a Fidel, 120-121
    Pasajes de la guerra revolucionaria: Congo, 142, 339, 351, 374, 383, 387, 395
    Cuaderno filosófico, 239
Guevara de la Serna, Juan Martín, hermano del Che, 18, 177, 206, 219

Guevara de la Serna, Roberto, hermano del Che, 23, 28, 36, 207

Guevara Gadea, Hildita, hija del Che, 117, 133, 173, 219

Guevara Lynch de Martínez Castro, María Luisa, tía del Che, 281

Guevara Lynch, Ernesto, padre del Che, 17-18, 20, 22-24, 49, 99, 110, 132, 177, 206-208, 244
Mi hijo el Che, 21, 63, 130

Guevara March, Aleida, hija del Che, 257, 348, 400-401, 445, 534-535

Guevara March, Camilo, hijo del Che, 287

Guevara March, Celia, hija del Che, 292, 400

Guevara Rodríguez, Moisés, dirigente minero y guerrillero, 421, 483

Guillén, Nicolás, poeta cubano, 206, 261

Gutiérrez, Carlos, periodista uruguayo, 159

Gutiérrez Ardaya, Mario, «Julio», guerrillero boliviano, 434, 472, 475, 493, 494

Gutiérrez Menoyo, Eloy, 189-190, 195, 204, 208

Guzmán, Arturo, ministro de Industria, 365

Guzmán Lara, Loyola, «Loyo», 413, 475, 491

H

Hart, Armando, 140, 172
ministro de Educación, 203, 223, 282

Hemingway, Ernest, 496

Heraud, Javier, poeta, 318

Hermes Peña, jefe de la escolta del Che, 296, 299, 309, 317

Hernández, Ángel, «Sitaini», 370

Hernández Osorio, Manuel, «Miguel», guerrillero cubano, 434, 465, 472, 493-494

Herrero, Andro «Petiso», 96-97

historia de los combatientes en la selva cubana, La, documental de la CBS, 150

Hitler, Adolf, 35

Hoare, Mike, mercenario, 383

Huanca, sargento boliviano, 510, 513-514, 523, 531, 533-534

Huanca Flores, Francisco, «Pablo», guerrillero boliviano, 434, 493

Huerta Lorenzetti, Eduardo, teniente boliviano, 509, 513, 524, 526, 528, 533

Hurtado, Pablo, 131

I

Ibáñez del Campo, Carlos, general chileno, 68

Iglesias y Oñate, Joel, 143, 160-161, 168-169, 217

Illía, Arturo, presidente argentino, 312

Ilunga, Freddy, traductor congoleño, 366

Infante, Tita, compañera de estudios del Che, 49-50, 74, 90, 92, 117-118

Instituto Cubano del Azúcar, 190

Instituto de Intercambio Cultural Mexicano-Ruso, 119

Instituto Nacional de Reforma Agraria (INRA), 220, 232, 260, 285

International Telephone and Telegraph (ITT), 224

J

Jerez Meriño, Humberto, 158-160

Jerez Meriño, José, 159-160

Jiménez Bazán, Orlando, «Camba»,

guerrillero boliviano, 413, 434, 476-477, 493-494

Johnson, Lyndon B., presidente estadounidense, 443, 467, 477, 541

Jouve, Emilio, 313

Jouve, Héctor, 313

Jozami, Eduardo, 421, 442

Jung, Carl Gustav, 33

Junta Central de Planificación, 323

Jurado, general español, 36

K

Kabila, Laurent, revolucionario congoleño, 338-339, 352-353, 358-361, 368, 371, 376, 385, 389, 495

Kalfon, Pierre, 343, 463

Kasavubu, presidente congoleño, 383-384, 386-387

Kennedy, John F., presidente estadounidense, 262-263, 266, 278, 288-289, 301

Keynes, John Maynard, 117

KGB, 249, 322, 363, 396

Kidd, George, embajador del Canadá, 284-285

Kierkegaard, Sören Abaye, 211

Kolle Cueto, León, oficial boliviano, 528

Korda, fotógrafo oficial cubano, 146, 247-248, 513

Korenblatt, alergista estadounidense, 27

Kosygin, A. N., premier ruso, 287, 467

Kruschev, Nikita, presidente soviético, 251, 255, 287-289, 347

Ku Klux Klan, 272

Kumi, médico cubano, 376

L

La Fuente, David, coronel boliviano, 528

Lafeerté, Evelio de, 157, 181

Lafuente, Mario, soldado boliviano, 520

Lambert, teniente coronel, 355, 379, 382

Landívar, Walter, teniente de carabineros, 463

Lara, Jesús, dirigente comunista de Cochabamba, 421

Laredo, subteniente boliviano, 451

Lawrence, D. H., 395

Lebensohn, Moisés, 277

Lechín, Juan Claudio, escritor, 457-461

Lechín Oquendo, Juan, ex vicepresidente de Bolivia, 92, 457-458

Lenin, Vladimir Ilich Ulianov, 117, 191, 227, 419

Leonov, hombre del KGB en La Habana, 249

Lerner, Henry, guerrillero argentino, 315

Lévy, Bernard-Henri, filósofo, 542

Lezama Lima, José, 261
    Paradiso, 261

Libera Cortez, Alberto, teniente coronel boliviano, 429-430

Lin Piao, teórico marxista, 336

Líster, Enrique, general, 36

London, Jack, 130

López, Alberto T., contador, 319

López, Antonio «Ñico», 103-105, 111-112, 190

López, C., 117

López, Darío, 103

López, Rosario, «Rosarito», cocinera de los Guevara de la Serna, 25-26, 28, 35, 50

Lumumba, Patrice, líder revolucionario del Congo, 272, 330-331, 336, 349

Luvila, Singama, 359, 361

Lynch, Ana Isabel, abuela del Che, 21, 23, 219

M

Macek, Kenneth T., coronel, jefe del USARSEC, 436

Machado, Élida, 156

Machín Hoed de Beche, Gustavo, «Alejandro», 413, 435

McNamara, Robert, secretario de Defensa, 288

Mafu, teniente del ejército cubano, 387

Maymura, Freddy, «Médico», guerrillero, 412, 439, 483

Maldonado, Raúl, 254-255

Malinovski, Rodion, ministro de Defensa soviético, 288

Manresa, José, secretario privado del Che, 232

Mao Zedong, 117, 256, 291, 330, 336

March, Aleida, segunda esposa del Che, 162, 191-192, 201, 203, 219-220, 228-229, 232, 254, 342, 351, 397

Marcha, periódico izquierdista de Uruguay, 333

Margolles, Fernando, 111

Martí, José, 271, 512

Martín, Enrique, amigo de infancia del Che, 31-32

Martínez Caso, José, doctor, 537

Martínez Castro, Martín, 21, 60

Martínez Lien, Hedelberto, «Dive», ex combatiente, 156

Martínez Páez, Julio, doctor, ministro de Sanidad, 146, 203

Martínez Tamayo, José María, «Papi», 296, 313, 352

Martínez Tamayo, René, «Arturo», guerrillero, 413, 417, 470, 511, 515

Marx, Karl, 49, 117, 191, 227, 259

Masengo, Ildefonso, 371, 373, 379, 383, 386-388

Masetti, Jorge Ricardo, periodista argentino, 170, 233, 295, 298-299, 309-310, 313, 315, 322, 343, 398-399, 403, 412, 473

  Los que luchan y los que lloran, 298

Masferrer, Rolando, senador, 175, 217

Matos, Huber, gobernador de Camagüey, 242

Matthews, Herbert, periodista del New York Times, 141

Mazo, Gabriel del, embajador argentino en Uruguay, 278

McClintock, Robert, embajador estadounidense en Buenos Aires, 320

Mena, Adolfo, 407, 410

Méndez, Federico, 311-312

Méndez Korme, José Luis, «Ñato», guerrillero, 413, 475, 486, 521-522

Menéndez, Alfredo, 190, 220

Metutsov, Nikolai, 322-323

Michel, combatiente ruandés, 369

Míguez, Juanchilo, 31

Mikoyan, Anastas, canciller soviético, 249, 264, 291

Mikoyan, Sergo, hijo del canciller soviético, 251, 288

Miliciano, El, periódico, 190

Milton, John, 496

Minà, Gianni, periodista italiano, 333

Miret, Pedro, 220

Miró Cardona, José, 203-204, 222

Mitchell, Leroy, capitán de los boinas verdes, 473

Mitudidi, Léonard, comandante, 361-362, 367

Mobutu, Joseph, 354, 383-384, 389

Moja, 353

Molina, sargento boliviano, 485

Molina, Tomás, periodista boliviano, 507

Monje, Mario, «Estanislao», líder del PC de Bolivia, 212, 372, 393, 403, 406, 412-422, 435, 438

Montané Oropesa, Jesús, tesorero de Fidel, 114

Montero, Renán, «Iván», 502

Moore de la Serna, Edelmira, 20

Mora, Alberto, 254

Mora y Valverde, Manuel, dirigente comunista costarricense, 99

Morales, Calixto, 132, 201

Morales, Manuel, soldado boliviano, 520

Morgan, William, rebelde estadounidense, 225

Moulana, general congoleño, 355, 378, 382

Movimiento 26 de Julio, 126, 131-132, 140, 146, 151, 153, 167, 172, 175, 180, 185-186, 203-204, 206, 215, 258, 261, 421

Movimiento Justicialista, 408

Movimiento Nacionalista Revolucionario (MNR), de Bolivia, 91-92

Moyano Martín, Dolores, amiga de la infancia del Che, 29, 36, 47-48, 137, 211-213

Mugica, Adolfo, canciller argentino, 277

Mulele, revolucionario congoleño, 338, 383

Mundandi, comandante tutsi-ruandés, 368, 384

Mussolini, Benito, 35

Muteba, jefe de Comunicaciones congoleño, 367-368

N

Najdorf, Miguel, gran maestro argentino de ajedrez, 184, 297

Naranjo, Cristino, teniente, 157

Nasser, Gamal, presidente de Egipto, 229, 341, 351, 507

Negrín, Juan, primer ministro de la República española, 37

Nehru, Pandit J., 230

Neruda, Pablo, 33-34, 52, 351, 496
    Veinte poemas de amor y una canción desesperada, 34

Neto, Agostinho, jefe guerrillero angoleño, 335

New York Times, 141, 171

Ngola, André, 355

Nicholson, Roberto, primo del Che, 83, 90

Nietzsche, Friedrich, 211, 391

Niño de Guzmán, Jaime, mayor boliviano, 525, 529

Nougués, Isaías, 88-89, 94

Novotny, Antonin, primer ministro checoslovaco, 255

Núñez, Miguel Ángel, 146

Núñez Jiménez, 220

O

O'Donnell, Mario, doctor, 23

Ocampo, René, capitán boliviano, 529

Olaechea, Catalino, 369

Olmos Rimbaut, Heberto, teniente coronel boliviano, 528-529

Oltuski, Enrique, miembro de la guerrilla urbana, 184-188, 191, 203, 224, 268, 270, 285

Oncken, Wilhelm: *La historia universal*, 41

operación Mangosta, de la CIA, 276

Oppenheimer, Julius Robert, físico, 272

Organización de Estados Americanos (OEA), 78, 272
Organización de Naciones Unidas (ONU), 155, 329-332
Organizaciones Revolucionarias Integradas (ORI), 258, 284
Ovando Candia, Alfredo, general en jefe boliviano, 436, 475, 519, 528, 533, 539

P

Pacto de Bandung, 227
Pacto de Varsovia, 278
Padilla, Heberto, 261, 347
Pais, Frank, líder del Movimiento 26 de Julio, 126, 127, 140, 146, 149, 150, 310
Panno, Óscar, capitán boliviano, 529
Parada, Secundino, 426-428
Pardo Llada, periodista cubano, 229, 231
Partido Comunista argentino, 295, 316, 418
Partido Comunista de Bolivia (PCB), 212, 311, 313, 315, 393-394, 399, 416, 420-422, 443, 487
Partido Comunista de Cuba, 364
Partido Comunista de la Unión Soviética (PCUS), 225, 421
Partido Comunista Mexicano, 117
Partido Comunista venezolano, 418
Partido Guatemalteco del Trabajo, 105
Partido Revolucionario Auténtico (PRA) de Bolivia, 468
Partido Socialista Boliviano (PSB), 468
Partido Socialista Popular (PSP), de Cuba, 175, 180, 186-187, 189, 203, 216, 220, 223, 225, 258, 284, 421
Partido Único de la Revolución Socialista (PURS), 284

Pasternak, Boris: *El doctor Zhivago*, 223
Pastoriza, Lila, 442
Pavón Pereyra, Enrique, 407, 409
Paz Estenssoro, Víctor, presidente boliviano, 91-92, 393, 469
Pazos, Felipe, 167, 243, 273
Pelotón Femenino Mariana Grajales, 181
Peña, Pedro, 509
Peredo, Chato, guerrillero, 463, 521
Peredo Leigue, Guido Álvaro, «Inti», guerrillero, 313, 403, 412, 417, 419-421, 431, 437, 455, 470, 505, 508, 511, 517, 522
  Mi campaña junto al Che, 464
Peredo Leigue, Roberto, «Coco», guerrillero, 313, 411, 416, 419, 425, 434, 437, 463, 472, 489, 492-494, 501, 517
Pérez, Carlos, teniente boliviano, 509, 513, 526, 534-535
Pérez, Crescencio, líder campesino, 131-132, 135
Pérez, Faustino, médico del Ejército Revolucionario, 125-126, 140, 150
  como ministro de Malversación de Bienes, 203, 243
Pérez, Sergio, 132
Pérez Jiménez, Marcos, dictador venezolano, 380
Perón, Evita, 69-70, 82, 171
Perón, Juan Domingo, presidente argentino, 53, 69-70, 86, 109, 116, 147, 299-302, 318, 407-408
Pesant de Manzanillo, Beto, 179
Pesce, Hugo, doctor peruano, 74-75, 78
Petit de Murat, Ulyses, periodista y guionista cinematográfico, 110
Phillips, David Atlee, jefe de la CIA en Guatemala, 110
Pineda, campesino cubano, 170
Pinilla, Marta, 89

Pino, Rafael del, 125
Piñeiro, Manuel, «Barbarroja», vice-
    ministro del Interior, 294, 309,
    346, 396, 398, 403, 467, 502
Pirincho, rebelde argentino, 314-315
Pisani, Salvador, doctor, 82, 112
Plata Ríos, Hernán, mayor boliviano,
    430-431
Plejanov, Georgij, 259
Porta, Sabina, 54
Porter Jr., Robert W., general estado-
    unidense, 473, 538
Prado, Gary, capitán de rangers boli-
    viano, 444, 510, 513-519, 524-
    526, 529-530, 535, 539
Prensa, La, diario de Lima, 364
Prensa Latina, agencia de prensa, 149,
    233, 295, 298
Prensa Libre, diario boliviano, 433
Prío Socarrás, Carlos, ex presidente
    cubano, 127
Proust, Marcel, 496
Pueblo, El, periódico boliviano, 450
Puente, Luis de la, guerrillero perua-
    no, 318
Punto Final, revista chilena, 458

Q

Quadros, Jãnio, presidente brasileño,
    275, 278
Quevedo, Francisco de, 41
Quintanilla, Roberto, coronel boli-
    viano, 447
Quiñones, Manuel, del PSP, 189
Quiroga, corregidor de La Higuera,
    508
Quispaya Choque, Raúl, guerrillero
    boliviano, 434, 472

R

Radio Rebelde, 171, 175, 203
Ramírez, José «Pepe», 180
Ramírez, Nelly, campesina, 541
Ramón, *véase* Guevara, Ernesto Che
Ramos Latour, René, «Daniel», 150,
    175, 179
Ray, Manuel, ministro cubano, 243
Rea, Fidel, soldado boliviano, 480
Recondo, Rodolfo, 278
Redondo, Ciro, capitán, 147, 168, 176
Renan, Ernest, 211
Reque Terán, coronel boliviano, 447,
    484
Reunión Interamericana de la CIES,
    271
Reverte, Daniel, periodista, 530
Revolución, periódico, 247
Revolución, revista, 220
Revolution, periódico de París, 414
Reyes, Eliseo, «Rolando», guerrillero,
    412, 449, 464, 475, 501
Reyes Zayas, Israel, «Braulio», guerri-
    llero cubano, 482
Reynaga Gordillo, Aniceto, guerrille-
    ro, 434, 439, 493, 508, 511,
    529
Ricardo, guerrillero, 407, 470, 472,
    501-502
Rivalta, Pablo, maestro comunista,
    180-181, 336, 352-353, 384
Rivero Agüero, presidente cubano,
    190
Roa, Raúl, ministro de Relaciones
    Exteriores, 231, 265, 323, 336,
    342
Robeson, Paul, cantante, 272
Robles, Ángel, ex soldado boliviano,
    428
Roca, Gustavo, 409
Roca, Jaime «Jimmy», 80
Rocabado, Vicente, guerrillero deser-
    tor boliviano, 424, 448

Rocha, coronel boliviano, 428

Rodríguez, Armando, 132

Rodríguez, Carlos, 260

Rodríguez, Carlos Rafael, 161-162, 180, 284-285, 291, 304, 332, 342

Rodríguez, César, 232

Rodríguez, Félix, «capitán Ramos», agente de la CIA, 444-445, 471, 485, 493, 516, 529, 530, 532, 533, 538

Rodríguez, Geonel, guerrillero, 179

Rodríguez, Mariano, 166

Rodríguez, René, 266

Rodríguez, Roberto, «el Vaquerito», 195, 197, 378

Rodríguez, Zoila, 172-173, 182

Rodríguez Herrera, Mariano, 146, 154-162, 166, 181, 406

Rodríguez Llompart, Héctor, 254

Rojas, Honorato, campesino delator, 454, 477-484

Rojas Silveira, brigadier argentino, 281

Rojo, Ricardo, 94, 96-97, 121, 171, 262
    Mi amigo el Che, 94, 262

Román, Ramón, campesino, 170

Rosado, Irma, campesina de La Higuera, 509

Rosales del Toro, Ulises, comandante cubano, 309

Rosenberg, Julius y Ethel, 272

Rossell, Severino, «el guajiro», 111

Rostow, Walt, consejero para Asuntos Latinoamericanos, 443, 477, 541

Rotblat, Adolfo, «Pupi», revolucionario argentino, 314-315

Roth, George Andrew, periodista anglochileno, agente de la CIA, 441-442

Rozaballs, F., 166

Rubottom, Roy, subsecretario para Asuntos Latinoamericanos, 226, 232, 254

Rusk, Dean, 290

S

Salazar Mallén, doctor mexicano, 112

Saldaña, Rodolfo, 311, 412

Salgari, Emilio: *Sandokan, el pirata de la Malasia*, 29-30

San Martín, José de, libertador, 467

Sánchez, Celia, 131, 134, 140, 172, 228

Sánchez, Rubén, mayor boliviano, 434

Sánchez, Universo, 135

Sánchez Díaz, Antonio, «Marcos-Pinares», guerrillero cubano, 412, 427, 434, 455, 515, 520

Sánchez Mosquera, capitán, 151, 163, 168, 174, 178

Sánchez Pérez, José Ángel, 111

Sandino, Augusto César, 101, 104

Santamaría, Haydée, directora de la Casa de las Américas, 140, 248

Saravia, Hugo, capitán boliviano, 475

Sardiñas, Lalo, capitán, 147, 165, 178

Sarduy, Severo, 261

Sartre, Jean-Paul, 52, 252, 293, 496
    Las manos sucias, 209

Sattori, Fernando, coronel boliviano, 528

Saucedo Parada, Arnaldo, general boliviano, 444, 529

Scheg Colás, Víctor, 356

Schmukler, Héctor, 321

Selemani, Alexis, guerrillero congoleño, 366

Selich, Andrés, coronel boliviano, 516, 518-519, 524-526, 529, 539

Serguera, Jorge, «Papito», primer embajador de Cuba en Argelia, 298-302, 310, 319

Serna, Carmen de la, tía del Che, 34-35, 38

Serna, Celia de la, madre del Che, 17-18, 21, 23-24, 27, 34-36, 112, 116, 118, 176-177, 206-207, 214-215, 219, 292, 345
muerte de, 350, 362

Serna, María Luisa de la, tía del Che, 21

Shakespeare, William, 327

Shelton, «Papi», mayor de los boinas verdes, 472-473, 491, 520

Siles Suazo, Hernán, vicepresidente boliviano, 92

Silva Bogado, Augusto, capitán boliviano, 426-433

Sistema Presupuestario de Financiamiento, 236

Smith, Adam, 117

Smith, Earl, embajador estadounidense en Cuba, 205

Sociedad de Amigos de la Isla de Pascua, 64

Somoza, Anastasio, dictador nicaragüense, 380

Soria Galvarro, Carlos, investigador, 495

Soto, Jorge, 140, 141

Soumaliot, Gaston, líder guerrillero congoleño, 339, 371, 378

Spasski, Boris, campeón mundial de ajedrez, 297

Stalin, Josef Visarion Dzugasvili, 98

Steinbeck, John, 33

Sternfield, Larry, jefe de la CIA en Bolivia, 448

Stevenson, Adlai, delegado norteamericano en la ONU, 330-331

Suárez, Óscar, 31

Suárez Gayol, Jesús, «Rubio», guerrillero cubano, 435

Szulc, Tad, biógrafo de Fidel, 151

T

Tahl, gran maestro de ajedrez, 184

Taibo II, Paco Ignacio, 354, 396, 402

Tamayo Núñez, Leonardo, «Urbano», guerrillero, 194-197, 329, 406, 417, 443, 449, 511, 521, 529, 535

Tania, véase Bunke Bider, Haydée Tamara

Tapia Aruni, Eusebio, guerrillero, 437-440, 475

TASS, agencia soviética, 288-289

Tchamaleso, Godofredo, delegado de Kabila, 353

Terán, Mario, sargento, asesino del Che, 13-14, 530-531, 533, 538, 543

Thomas, Hugh, historiador, 217

Tiempos, Los, periódico de Cochabamba, 507

Tilton, John, jefe de la CIA en Bolivia, 448

Tito, Josip Broz, mariscal, 231

Tomasevich, comandante, 197

Torres, Felicito, 158

Torres, Félix, 190

Torres, Joaquín, dirigente obrero, 189

Torres, Juan José, general, jefe del Ejército boliviano, 519, 528, 539

Torres, Myrna, amiga nicaragüense del Che, 102, 104-106, 117

Torres, sargento, «Nane», 354

Torres, Sinecio, 144

Torres Rivas, Edelberto, profesor nicaragüense, 102, 105

Tribunales Revolucionarios, 209

Trotski, León, 342

Trujillo, Rafael Leónidas, presidente dominicano, 225

Tshombé, Moise, dictador del Congo, 272, 331, 354, 361, 380, 382, 384

U

Ubico, Jorge, coronel, dictador guatemalteco, 107
Ugarteche, Horacio, contralmirante boliviano, 528
Unamuno, Miguel de, 211
Unión Cívica Radical del Pueblo, de Argentina, 312
Unión Cívica Radical Intransigente, 277
United Fruit Company, 96, 107, 178
United Press, 295
Urrutia, Manuel, presidente cubano, 176, 203-204, 220, 231
Urrutia, Matilde, 34
Urrutia, Miriam, amiga de Chichina Ferreyra, 57-59, 92
Ustáriz Arce, Reginaldo, periodista, 525, 538

V

Vaca Marchetti, Lorgio, «Carlos», guerrillero boliviano, 413, 424
Valdés, Ramiro, comandante, 132, 147, 149, 174, 186-187
Valdovinos, Óscar «Valdo», 96
Vaneas, Azacio, 116
Vargas, Ángel, capitán boliviano, 529
Vargas, Epifanio, guía boliviano, 428, 430-431
Vargas Salinas, Mario, oficial boliviano, 405, 444, 448, 478-484
Vásquez Sempertegui, Marcos, oficial boliviano, 528
Vázquez Viaña, Humberto, 405, 414-416, 446, 465
    Una guerrilla para el Che, 398
Vázquez Viaña, Jorge, «Loro», guerrillero, 311, 405-407, 410, 424, 434, 437

Velásquez, Lucila, 112, 114
Venéreo, Evaristo, 119
Verde Olivo, periódico de las fuerzas armadas, 215, 295
Vilaseca Forne, Salvador, presidente del Banco Nacional de Cuba, 229, 233, 244, 305, 365
Villalón, 320-321
Villegas Tamayo, Harry, «Pombo», custodio del Che y guerrillero, 228, 329, 370, 403, 411, 414, 434, 463, 465, 473, 489, 504, 512, 521, 535
Villoldo, Gustavo, agente de la CIA, 444, 471, 538
Vilo Acuña, 144-145
Voltaire, François-Marie Arouet, 199

W

Walsh, Rodolfo, periodista, 149, 298
Wedner, alergista estadounidense, 27
Weisman, John, periodista, 445
Wellington, duque de, 123
White, Harold, profesor marxista, 102
Willaver, Whiting, embajador estadounidense en Costa Rica, 226

Y

Yacimientos Petrolíferos Bolivianos (YPFB), 428
Ydígoras Fuentes, Miguel, dictador guatemalteco, 294

Z

Zakarías, capitán, 372-373
Zaldívar, Oris Delfín, 171

Zambrana, soldado boliviano, 527
Zelaya, Guillén, 118
Zenón Acosta, Julio, 138, 469
Zenteno Anaya, Joaquín, coronel boliviano, 471, 484, 493, 516, 523-524, 529, 532-533, 539
Zerquera Palacios, Rafael, «Kumi», 362
Zola, Émile, 33

Che, de Pacho O´Donnell
se terminó de imprimir en junio 2006 en
Comercializadora y Maquiladora Tucef, S.A. de C.V.
Venado Nº 104, Col. Los Olivos
C.P. 13210, México, D. F.